做一个理想的法律人
To be a Volljurist

法律人进阶译丛【案例研习】
李昊/译丛主编

德国民事诉讼法案例研习

审判程序与强制执行

（第3版）

Fälle zum Zivilprozessrecht:
Erkenntnisverfahren und Zwangs-
svollstreckung, 3.Auflage

〔德〕多萝特娅·阿斯曼 /著
（Dorothea Assmann）

马 龙 /译

江西理工大学教学改革项目「民事法学鉴定式案例分析教学改革研究」（XJG-2019-24）
江西理工大学校级专业学位案例教学课程建设项目「民事法学鉴定式案例分析」
江西理工大学研究生教学改革项目「民事法学鉴定式案例分析教学改革研究」（YJG20021015）

著作权合同登记号　图字　01-2020-7351

图书在版编目（CIP）数据

德国民事诉讼法案例研习：审判程序与强制执行：第3版/（德）多萝特娅・阿斯曼著；马龙译. --北京：北京大学出版社,2024.10.（法律人进阶译丛）. ISBN 978-7-301-35619-7

Ⅰ. D951.651

中国国家版本馆CIP数据核字第20246YP473号

Fälle zum Zivilprozessrecht Erkenntnisverfahren und Zwangsvollstreckung, 3. Auflage, by Dorothea Assmann

© Verlag C. H. Beck oHG, München 2019

本书原版由C.H.贝克出版社于2019年出版。本书简体中文版由C.H.贝克出版社授权翻译出版。

书　　　名	德国民事诉讼法案例研习：审判程序与强制执行（第3版） DEGUO MINSHI SUSONGFA ANLI YANXI：SHENPAN CHENGXU YU QIANGZHI ZHIXING（DI-SAN BAN）
著作责任者	〔德〕多萝特娅・阿斯曼（Dorothea Assmann）　著 马　龙译
丛书策划	陆建华
责任编辑	陆建华　王　睿
标准书号	ISBN 978-7-301-35619-7
出版发行	北京大学出版社
地　　　址	北京市海淀区成府路205号　100871
网　　　址	http://www.pup.cn　http://www.yandayuanzhao.com
电子邮箱	编辑部 yandayuanzhao@pup.cn　总编室 zpup@pup.cn
新浪微博	@北京大学出版社　@北大出版社燕大元照法律图书
电　　　话	邮购部 010-62752015　发行部 010-62750672 编辑部 010-62117788
印　刷　者	大厂回族自治县彩虹印刷有限公司
经　销　者	新华书店
	880毫米×1230毫米　A5　15.75印张　389千字 2024年10月第1版　2024年10月第1次印刷
定　　　价	79.00元

未经许可，不得以任何方式复制或抄袭本书之部分或全部内容。

版权所有，侵权必究

举报电话：010-62752024　电子邮箱：fd@pup.cn

图书如有印装质量问题，请与出版部联系，电话：010-62756370

"法律人进阶译丛"编委会

主　编

李　昊

编委会

（按姓氏音序排列）

班天可　陈大创　季红明　蒋　毅　李　俊

李世刚　刘　颖　陆建华　马强伟　申柳华

孙新宽　唐波涛　唐志威　吴逸越　夏昊晗

徐文海　叶周侠　查云飞　翟远见　章　程

　　　　张焕然　张　静　张　挺

做一个理想的法律人（代译丛序）

近代中国的法学启蒙受自日本，而源于欧陆。无论是法律术语的移植、法典编纂的体例，还是法学教科书的撰写，都烙上了西方法学的深刻印记。即使是中华人民共和国成立后曾兴盛过一段时期的苏俄法学，从概念到体系仍无法脱离西方法学的根基。自20世纪70年代末以来，借助我国台湾地区法律书籍的影印及后续的引入，以及诸多西方法学著作的大规模译介，我国重启的法制进程进一步受到西方法学的深刻影响。当代中国的法律体系可谓奠基于西方法学的概念和体系之上。

自20世纪90年代开始的大规模的法律译介，无论是江平先生挂帅的"外国法律文库""美国法律文库"，抑或舒国滢先生等领衔的"西方法哲学文库"，以及北京大学出版社出版的"世界法学译丛"、上海人民出版社出版的"世界法学名著译丛"，诸多种种，均注重于西方法哲学思想尤其英美法学的引入，自有启蒙之功效。不过，或许囿于当时西欧小语种法律人才的稀缺，这些译丛相对忽略了以法律概念和体系建构见长的欧陆法学。弥补这一缺憾的重要转变，应当说始自米健教授主持的"当代德国法学名著"丛书和吴越教授主持的"德国法学教科书译丛"。以梅迪库斯教授的《德国民法总论》为开篇，德国法学擅长的体系建构之术和鞭辟入里的教义分析方法进入了中国法学的视野，辅以崇尚德国法学的我国台湾地区法学教科书和专著的引入，德国法学在中国当前的法学教育和法学研究中日益受到尊崇。然而,"当代德国法学名著"丛书虽然遴选了德国当代法学著述中的上乘之作,但囿于撷取名著的局限及外国专家的视角,丛书采用了学科分类的标准,而未区分注重体系层次的基础教科书与偏重思辨分析的学术专著,与戛然而止的"德国法学教科书译丛"一样,在基础教科书书目的选择上尚未能充分体现当代德国法学教育的整体面貌,是为缺憾。

  职是之故,自2009年始,我在中国人民大学出版社策划了现今的"外国法学教科书精品译丛",自2012年出版的德国畅销的布洛克斯和瓦尔克的《德国民法总论(第33版)》始,相继推出了韦斯特曼的《德国民法基本概念(第16版)(增订版)》、罗歇尔德斯的《德国债法总论(第7版)》、多伊奇和阿伦斯的《德国侵权法(第5版)》、慕斯拉克和豪的《德国民法概论(第14版)》,并将继续推出一系列德国主流的教科书,涵盖了德国民商法的大部分领域。该译丛最初计划完整选取德国、法国、意大利、日本诸国的民商法基础教科书,以反映当今世界大陆法系主要国家的民商法教学的全貌,可惜译者人才梯队不足,目前仅纳入"日本侵权行为法"和"日本民法的争点"两个选题。

  系统译介民商法之外的体系教科书的愿望在结识季红明、查云飞、蒋毅、陈大创、葛平亮、夏昊晗等诸多留德小友后得以实现,而凝聚之力源自对"法律人共同体"的共同推崇,以及对案例教学的热爱。德国法学教育最值得我国法学教育借鉴之处,当首推其"完全法律人"的培养理念,以及建立在法教义学基础上的以案例研习为主要内容的教学模式。这种法学教育模式将所学用于实践,在民法、公法和刑法三大领域通过模拟的案例分析培养学生体系化的法律思维方式,并体现在德国第一次国家司法考试中,进而借助第二次国家司法考试之前的法律实训,使学生能够贯通理论和实践,形成稳定的"法律人共同体"。德国国际合作机构(GIZ)和中国国家法官学院合作的《法律适用方法》(涉及刑法、合同法、物权法、侵权法、劳动合同法、公司法、知识产权法等领域,由中国法制出版社出版)即是德国案例分析方法中国化的一种尝试。

基于共同创业的驱动,我们相继组建了中德法教义学QQ群,推出了"中德法教义学苑"微信公众号,并在《北航法律评论》2015年第1辑策划了"法教义学与法学教育"专题,发表了我们共同的行动纲领:《实践指向的法律人教育与案例分析——比较、反思、行动》(季红明、蒋毅、查云飞执笔)。2015年暑期,在谢立斌院长的积极推动下,中国政法大学中德法学院与德国国际合作机构法律咨询项目合作,邀请民法、公法和刑法三个领域的德国教授授课,成功地举办了第一届"德国法案例分析暑期班"并延续至今。2016年暑期,季红明和夏昊晗也积极策划并参与了由西南政法大学黄家镇副教授牵头、民商法学院举办的"请求权基础案例分析法课程暑期培训班"。2017年暑期,加盟中南财经政法大学法学院的"中德法教义学苑"团队,成功举办了"案例分析暑期培训班",系统地在民法、公法和刑法三个领域以德国的鉴定式模式开展了案例分析教学。

中国法治的昌明端赖高素质法律人才的培养。如中国诸多深耕法学教育的启蒙者所认识的那样,理想的法学教育应当能够实现法科生法律知识的体系化,培养其运用法律技能解决实践问题的能力。基于对德国奠基于法教义学基础上的法学教育模式的赞同,本译丛期望通过德国基础法学教程尤其是案例研习方法的系统引入,循序渐进地从大学阶段培养法科学生的法律思维,训练其法律适用的技能,因此取名"法律人进阶译丛"。

本译丛从法律人培养的阶段划分入手,细分为五个子系列:

——法学启蒙。本子系列主要引介关于法律学习方法的工具书,旨在引导学生有效地进行法学入门学习,成为一名合格的法科生,并对未来的法律职场有一个初步的认识。

——法学基础。本子系列对应于德国法学教育的基础阶段,注重民法、刑法、公法三大部门法基础教程的引入,让学生在三大部门法领域中能够建立起系统的知识体系,同时也注重扩大学生在法理学、法律史和法学方法等基础学科上的知识储备。

——法学拓展。本子系列对应于德国法学教育的重点阶段,旨在让学生能够在三大部门法的基础上对法学的交叉领域和前沿领域,诸如诉讼法、公司法、劳动法、医疗法、网络法、工程法、金融法、欧盟法、比较法等有进一步的知识拓展。

——案例研习。本子系列与法学基础和法学拓展子系列相配套,通过引入德国的鉴定式案例分析方法,引导学生运用基础的法学知识,解决模拟案例,由此养成良好的法律思维模式,为步入法律职场奠定基础。

——经典阅读。本子系列着重遴选法学领域的经典著作和大型教科书(Grosse Lehrbücher),旨在培养学生深入思考法学基本问题及辨法析理之能力。

我们希望本译丛能够为中国未来法学教育的转型提供一种可行的思路,期冀更多法律人共同参与,培养具有严谨法律思维和较强法律适用能力的新一代法律人,建构法律人共同体。

虽然本译丛先期以择取的德国法学教程和著述为代表,但是并不以德国法独尊,而是注重以全球化的视角,实现对主要法治国家法律基础教科书和经典著作的系统引入,包括日本法、意大利法、法国法、荷兰法、英美法等,使之能够在同一舞台上进行自我展示和竞争。这也是引介本译丛的另一个初衷:通过不同法系的比较,取法各家,吸其所长。也希望借助本译丛的出版,展示近二十年来中国留学海外的法学人才梯队的更新,并借助新生力量,在既有译丛积累的丰富经验基础上,逐步实现对外国法专有术语译法的相对统一。

本译丛的开启和推动离不开诸多青年法律人的共同努力,在这个翻译难以纳入学术评价体系的时代,没有诸多富有热情的年轻译者的加入和投入,译丛自然无法顺利完成。在此,要特别感谢积极参与本译丛策划的诸位年轻学友和才俊,他们是:留德的季红明、查云飞、蒋毅、陈大创、黄河、葛平亮、杜如益、王剑一、申柳华、薛启明、曾见、姜龙、朱军、汤葆青、刘志阳、杜志浩、金健、胡强芝、孙文、唐志威，留日的王冷然、张挺、班天可、章程、徐文海、王融擎，留意的翟远见、李俊、肖俊、张晓勇，留法的李世刚、金伏海、刘骏，留荷的张静，等等。还要特别感谢德国奥格斯堡大学法学院的托马斯·M. J. 默勒斯（Thomas M. J. Möllers）教授慨然应允并资助其著作的出版。

  本译丛的出版还要感谢北京大学出版社学科副总编辑蒋浩先生和策划编辑陆建华先生，没有他们的大力支持和努力，本译丛众多选题的通过和版权的取得将无法达成。同时，本译丛部分图书得到中南财经政法大学法学院徐涤宇院长大力资助。

  回顾日本的法治发展路径，在系统引介西方法律的法典化进程之后，将是一个立足于本土化、将理论与实务相结合的新时代。在这个时代中，中国法律人不仅需要怀抱法治理想，还需要具备专业化的法律实践能力，能够直面本土问题，发挥专业素养，推动中国的法治实践。这也是中国未来的"法律人共同体"面临的历史重任。本译丛能预此大流，当幸甚焉。

李　昊

2018 年 12 月

让完全法律人的梦想照进现实
（代"案例研习"译者序）

（一）

改革开放之后，伴随着法制（治）的重建，我国法学开始复兴。传统的缘故，这种重建和复兴更多是通过借鉴与继受大陆法系国家的法典和法学理论来完成的。然进入 21 世纪，我国的法学仍被指幼稚，2006 年"中国法学向何处去"成为法（理）学热门讨论主题。（玄思倾向严重的）法理学与（脱离实践的）部门法学、部门法学与部门法学之间区隔严重，不但沟通严重不足，而且缺乏相对一致的思维方式，实在难谓存在"法律人共同体"。大学没有（也无力）提供实践指向的法律适用系统训练，而实习也无实质能力训练，其对法律人之能力要求、培养路径亦未真正明悉；法科毕业生多有无一技傍身之空虚感。

在法律体系与法律知识体系尚不健全的法制重建与恢复期，由于缺乏完备的法律基础，如此状况尚可理解，但随着我国法律体系渐次完善，法学缺乏实践品格、法学教育脱离现实需求之问题愈发凸显，亟待我们解决。有鉴于此，部分部门法学者逐渐确立反思法学的实践指向，更多讨论法教义学（释义学）及其应用，法律适用更受重视。此外，法学教育不能满足实践之需的问题，更为学界与实务界所重视。关于国外法学教育模式的文章日益增多，认知亦趋深入，中外法学教育的交流也更深入。以中德法学教育交流为例，米健教授创立了中国政法大学中德法学院,提供了系统的中德法律比较教育,研二时即由德国老师提供原汁原味的训练(部门法理论课+鉴定式案例研习),研三时资助通过德福(TestDaF)者到德国高校攻读法律硕士学位(LL. M.),接受德国法学教育系统训练。不少人后续留德攻读博士学位,有机会更深入地体验德国法学教育的整体面貌。国家留学基金委提供了许多资助留学攻读博士学位的名额,留德攻读博士学位、联合培养在各高校法学研习者之间蔚然成风,在德攻读博士学位期间攻读法律硕士学位更为普遍。由中德比较的视角以观,德国的完全法律人培养模式,是解决中国法学、法律人教育诸多问题的一剂良方。由此,法学可以是具有实践品格的学问,法律人教育能够融合科学与实践,法律人应当具有相对统一的思维方式。

德国完全法律人教育的目标,就是通过双阶法律教育培养实务人才,以法官能力培养为核心,兼及律师业务能力的培养。第一阶段通常是学制为4年半的大学法律学习(相当于我国的本科加硕士),以通过第一次国家考试为结业条件(实际通过多需要5年至6年的时间);第二阶段为实务见习期,为期2年,第二次国家考试通过者,为完全法律人,有资格从事各种法律职业,任法官、检察官、律师、公证人等职。

第一阶段的教育是科学教育;第二阶段则是(在法院、检察院、律所)见习期教育,是成为真正法律人的实务历练阶段。与见习期教育以实体法与诉讼法知识的综合运用解决实际案件的模式不同,第一阶段法学教育更多是分学科、渐进地融合法律知识、训练运用能力,虽是科学教育,但同样以实践为导向。大学的课程形式主要有讲授课(Vorlesung)、案例研习(Arbeitsgemeinschaft/Übung)、专题研讨(Seminar)和国考备考课程。讲授课重在阐明法律规范、制度以及不同的规范与制度之间的关联等,使学习者理解与掌握相关的法律规定以及学说与判例对这些法律规定的解释;而核心课程必备的案例研习课程则重在通过与讲授课相对一致的进度,以案例演练检查、巩固学习者对于法律的理解,同时培养和训练学习者的法律思维方法,使其通过相对一致的思维方式掌握抽象的法规范与具体案例之间的关联,循序渐进地掌握法律适用的方法。加上笔试(Klausur)的考查,这种一体设计使得习法者的法律适用能力能够得到良好提升,实现预期效果。由于包括第一次国家考试在内的绝大部分考试均以案例研习的形式出现,案例研习课程在德国法学训练中的重要地位不言自明,而其中所贯穿的是自始就予以讲解、操练的法律人核心装备——鉴定式案例研习方法。

通过第一次国家考试,即视为充分掌握了所考查的基本部门法的理论知识及其法律适用,方可进入第二阶段。在第二阶段,则侧重程序法的训练、培养实务能力,见习为期24个月,在法院、检察院、行政机关、律所以及自选实习地点经历相应的训练,到见习期结束时,见习文官将有能力适应并逐步熟悉法律工作。实务训练阶段着重练习法庭报告技术(Relationstechnik),即依据案卷材料,运用证据法、实体法的知识,认定案件事实并在此基础上作出鉴定与起草法律文件(裁判文书)。

凡通过两次国家考试者,都经过艰苦的锤炼(十几门大学必修课程各以一道案例解析题进行考查)和惨烈的淘汰,成为完全法律人,具有比较一致的法律思维模式,纵使其职业角色各异,亦能在共同的思维平台上进行沟通、讨论,形成良性互动与高效合作。

基于中国法与德国法的历史与现实的深刻关联,集德国完全法律人模式之优点、德国法人才基础和普及趋势为一体,取法于德国以改进我国法律人教育实为一条有效路径。

德国法案例研习教程属于我们拟订的中国法律人教育改善计划的第一篇章。该计划旨在以德国法为镜鉴,以推动中国法学的科学化为目标,以法学教育的改善为着眼点,通过建立法律人共同体,明确法学研究的实践定位,提升中国法学研究的质量,最终落实于司法技术的改进以实现对社会生活的合理调整。通过研习德国案例,我们可以透视德国法,统观立法、司法、法学、完全法律人培养的互动协作运转的体系,发现并掌握其运行规律。研习德国案例,旨在掌握其核心方法,将其活用于中国法的土壤,以更新的观念,培养新人——中国的完全法律人。

实际上,完全法律人的培养模式早已扎根于我国的土壤,成为我们法律人培养的现实。中国国家法官学院与德国国际合作机构已合作二十余年,以鉴定式和法庭报告技术解答中国法问题,培训法官。在接受培训的众多法官中,就有受此启发写成名作《要件审判九步法》的邹碧华法官。国家法官学院教师刘汉富翻译的《德国民事诉讼法律与实务》2000年由法律出版社出版,作为国家法官学院高级法官培训指定教材,而该教材实际是德国完全法律人培养第二阶段用书(Dieter Knöringer, Die Assessorklausur im Zivilprozeβ, 7. Aufl. 1998.)。该书在我国湮没无闻的命运,多因我们的大学教育尚未开展鉴定式案例研习,请求权基础训练仅属耳闻,遑论法庭报告技术。如今,中国法的鉴定式案例分析在诸多高校展开,完全法律人观念也得到推广。新型法律人正在出现,贯通民法、民诉的学者(如中国人民大学法学院的金印老师)已成为我们身边可见的榜样。深刻的变革正在发生。

(二)

翻译德国案例研习教程以改进我国法律人教育之设想,正是基于丛书策划者们与德国法邂逅的切身体悟。我们在大学教育和实习经历中与德国法相识,在我国台湾地区法学著作(尤其是王泽鉴教授的法学教科书)、德国法学著作中真切感受到德式法学方法论的魅力。与时代的急剧转型相应,我们也必须深入地思考中国法学的实践转向、法学方法论与部门法的结合问题。

进入中国政法大学中德法学院学习,与本科就读于中国政法大学、西南政法大学等不同院校的同学交流,对于我们共同观念的形成和认识的提升至关重要。我2008级的同学中,有中国政法大学毕业的夏昊晗(曾从事法务工作多年)、林佳业、蒋毅,有来自西南政法大学的查云飞。我是自北京化工大学毕业,在法院工作两年后重新回到校园的;李浩然毕业于西南政法大学,是我在中德法学院的2009级同门。在中德法学院学习初期,我们的法学思维并没有表现出大的不同。在分析德国法的禁止双方代理案件时,我们还更多依从感觉(价值)判断,对法律概念的解释、扩张或续造并无清晰的意识。真正的变化开始于研二期间中德法学院提供的德国法系统训练,法律思维能力在随后攻读德国法律硕士期间也有了显著提升。德国高校法律硕士的选课也特别注重基础学科,注重对不同部门学科的总体了解。这就为我们从不同学科的视角看待学科发展提供了宝贵的知识基础。

我们时常交流学术想法,对教义学的观念、方法存有共识,对中德交流的形式、对学术与实务的沟通也常有思考,对未来抱有很多设想,读法律硕士时就讨论过以后组建民法、刑法、公法的团队教学等。及至在德国攻读博士学位之后,我们仍以不同的方式加深对德国法教育的认识。除了攻读法律硕士期间所选修的科目——法律史、法理学、法学方法论、民事诉讼法、强制执行法,我们后续又选修德国宪法史、罗马法史、罗马私法史,听过欧洲近代法律史等课程。2013年上半年,林佳业、蒋毅和我对中德司法考试进行了初步的比较研究。同时,对教义学、方法论文献的系统研读和利益法学的翻译也加深了我们对学术与实践关系的认识,推进我们对于中国问题的反思,形成更清晰的系统解决方案。

基于此,我于2013年下半年提出翻译德国案例研习教程以改进我国法律人教育之设想,当即获得在弗莱堡大学攻读博士学位的蒋毅(刑法方向)和李浩然(公法方向)的支持,我们就具体书目达成初步共识。但是,困难在于需要获得国内出版社的支持。2014年年初,幸得华中科技大学张定军老师的关心,就联系国内出版社之事宜,指点我们求教于李昊老师。这才给最初的设想打开了实现的大门！不仅我们的想法立获认可，李昊老师还以自己策划出版的丰富经验解答了我们关于费用的问题。2014年3月中旬，我与蒋毅、李浩然在弗莱堡起草具体策划案，刑法由蒋毅负责，公法由李浩然负责，民法由我负责。因案例书需配合简明的教科书，策划选题时对此也需加以考虑，并由查云飞补充公法方面的设想，我们共同就未来推动的事项予以体系化整理，如新媒体时代中德交流平台的建立、中国法课程的系统改造和组建民法、刑法、公法的教学团队等。

2014年还不是一个可以清楚地看到案例研习教程前景的年份，策划案由李昊老师接手后一度未获出版社立项。之后我补充策划了3个预期会很畅销的德国法选题（《如何高效学习法律》《如何解答法律题》和《法律职业成长：训练机构、机遇与申请》），与4本民法案例研习教程一起再次申请立项，经北京大学出版社蒋浩副总编辑、陆建华编辑和李昊老师大力举荐才得以通过。

之后，因为商法书目的拓展，邀请陈大创（时于科隆大学攻读信托法方向博士学位）加入策划团队。基于我们的共识和彼此信赖，邀其推进商法方面的教程。至此，形成6人的策划团队。

策划过程中，我们决定把民法书目定为硕士期间所用过的教材，夏昊晗、林佳业提供了宝贵的借鉴意见。特别关键的是华东政法大学的张传奇老师，不但对民法书目进行了认真的核查，而且主动提出承担近350页的《德国民法总则案例研习》的翻译，很快就为《德国债法案例研习Ⅰ：合同之债》《德国债法案例研习Ⅱ：法定之债》《德国物权法案例研习》三本书找到了可以信赖的译者，分别为赵文杰老师（现任教于华东政法大学）、薛启明老师（现任教于山东师范大学）和吴香香老师（现任教于中国政法大学）。在策划选题之初，出版前景尚不明朗，张传奇老师却如此热切地承担此项费时费力的翻译工作，在此特别感谢他为案例研习教程所作的巨大贡献，若没有他的参与，这些书或许就难觅合适的译者。当然，非常感谢香香师姐，文杰、启明师兄,也感谢曾影响他们与德国法结缘的老师。

在首批选题通过后,我们又扩展了翻译计划,《德国劳动法案例研习》由中国政法大学中德法学院的博士丁皖婧(现任教于中国劳动关系学院)承担翻译,沈建峰师兄(现任教于中央财经大学法学院)承担校对;《德国商法案例研习》由科隆大学博士李金镂(现任教于中南财经政法大学法学院)翻译。江西理工大学的马龙老师(武汉大学民事诉讼法博士)主动提出承担《德国民事诉讼法案例研习》的翻译,解决了一直困扰我们的难题。在此谨致谢意!

关于刑法的选题,因为 Beulke 教授刑法案例教科书的授权问题,蒋毅翻译好的近百页文字只能沉寂于其电脑中。否则,刑法选题可以更早出版,发挥其对刑法学习的积极影响。后经北京大学法学院江溯老师引荐,幸得希尔根多夫教授的《德国大学刑法案例辅导》三卷本弥补了这一缺憾。

2014 年,葛云松、田士永两位老师关于法学教育、案例教学的雄文面世(葛文《法学教育的理想》,田文《"民法学案例研习"的教学目的》),推动了国人对此的深入认知。2014 年,我们组建了团队,创建并运营"中德法教义学苑"公众号和相关 QQ、微信群,也致力于深化国内对德国法和鉴定式案例研习的认知。我们所推动的其他翻译书目,也在各出版社立项通过,陆续出版。2015 年,中国政法大学中德法学院的鉴定式案例研习暑期班开创了德国教授面对本科生亲授鉴定式案例研习方法的先河。2016 年和 2019 年西南政法大学民商法学院举办的"请求权基础案例分析法暑期培训班",还有 2017 年至 2019 年的中南财经政法大学法学院"案例分析暑期班"、广东财经大学法学院"案例研习班"、2018 年浙江理工大学法政学院"案例研习班"……我们都以不同的形式参与其中。中南财经政法大学 2016 级的法学实验班是参考德国法科教育经验优化的培养方案开设的,现今第一届学生即将毕业。在他们身上,镌刻的是不同于以往的教育模式,不管他们知或不知,其中已留下了我们的印迹。走过的这些年月,我们和德国法难舍难分,受师友激励前行,与更年轻的同行相遇,分享他乡所学,也目送年轻一代去往他乡。梦想当初似乎遥不可及,今日却已渐次照进现实。

观念为行动的先导,而行动塑造着现实。我们所做的,仅仅是一场探险之旅的邀请。真诚邀请我们见过或素未谋面的学友,与我们一起探索未知,描绘通向未来的地图。或许这些书才是我们能够提供给大家的与德国法更好相会的最好的辅助,通过它们可以更好地接近德国法(教科书、专著、评注……)和完全法律人的教育理念以及路径。或许它们也是引领我们通向更好的中国法的一些路标,也许它们能够锻炼我们传授识图、绘图、铺就未来道路的能力。

因为德国法而相遇,真是奇妙的缘分!所有的一切,缘起于情谊,成长于共识。通过分享我们所学所见的美好,我们结识了更多同行学友,得到师长、同学和朋友们热心无私的支持。尤为难忘的是时为中德法学院德方负责人的汉马可(Marco Haase)教授,他以无比的热忱投入到我们研二的4门德国法案例研习课(民法2门,刑法、行政法各1门)的教学之中,在精神上和思维上引领我们前行。赴德留学的圣诞,我们齐聚柏林,因为他在,我们才有宾至如归的心安。Haase老师对中国挚诚热爱,奉献于中德交流十数载,是我们的"马可·波罗",是激励我们前行的榜样。这一路的启明星,是情谊与温情。希望它照亮我们法律人未来的探索之行。披星戴月,日夜兼程。

(三)

预知未来的最好路径即是当下的践行。完全法律人的养成,与人格的发展密不可分。我们所期待的法律人应是独立自主的个体,有独立思考的能力和行为习惯。身处社会中的法律人应在互动中塑造现实,不论是在学习小组中,在班级活动中,还是在更多维、广泛的生活世界的行动中。

对于使用本译丛的读者贤达而言,为达到好的效果,自主学习的学生可以组成学习小组(《如何高效学习法律》有相关介绍),小组的基本单元为5人左右,以理论课程的学习为前提,鉴定式案例研习作为辅助。解答案例时,先独立自行作答,使用法条汇编、教科书(有可能的情况下也应使用评注、重要文章)等文献,再进行小组讨论。讨论依据鉴定式的分析框架和思考次序进行,相关写作体例可以参考《如何解答法律题》和《法律研习的方法》。"案例研习"教程的使用也应遵循循序渐进的规律,比如民法可从民法总则开始,再由债法总则、债法各论、物权法依次进行,再到亲属法、继承法、民事诉讼法等;公法从基本权开始,再到行政法与行政诉讼法。以民法总则为例,建议先仔细阅读布洛克斯等的《德国民法总论》,再结合民法总则案例研习教科书进行研习;因鉴定式案例研习涉及法律解释,可配合旺克的《法律解释》一书,通过实例来掌握基本的解释方法。若想依据中国法解答德国案例,则可配以朱庆育的《民法总论》、李宇的《民法总则要义》、朱庆育主编的《合同法评注选》以及《法学家》《中德私法研究》等刊物上刊发的相关评注文章及其他重要学术文献。对小组的讨论过程,建议形成讨论记录(纪要),记录口头讨论进程和问题总结。借此所训练的能力,为日常所需。自主学习和小组讨论学习,也是应对未来法律职业生涯的日常演练。就具体效用而言,经此系统训练的同学,既可轻松应对法考(主观题难度低于鉴定式案例研习),又能在深造之路上获得明显的优势。

借助鉴定式案例研习,可磨砺心智。在解决具体案例问题的过程中,需要综合运用法条,这就涉及文义的探寻,对体系更深入的理解,对规范生成历史、目的的理解,对整个法律制度的理解,乃至对于社会的历史和社会学视角的横向观察。其实,对个案的分析解答,就是不断地建立起个人对法律、共同体、历史与当下的往复沟通的紧密联系的过程,调适规范与事实契合的过程,也是设身处地感受、参与、塑造观念与生活的过程。妥当的解答,除了要求对法律学科进行系统的学习思考,对法律的社会、历史时空的维度进行更深更广的认知,也要求环顾四周的世界,培养健全的判断力,展望、预测未来的能力,以及长远思考的能力。

小组讨论中可辨析多样的观念,启迪思考。借此,将个人的成长史和习惯纳入共同经验中予以打量、检验和对话,形成新的话语及同情式理解的经验。这是法学的深入学习之旅,人格的塑造之旅;这是由具体案例而展开的对话,是互动中激荡的思想、疑惑、追问,与跨越时空的不同的智慧心灵的相遇。

鉴定式案例研习是一个基础,由此而往,由肩负责任的成长中的独立个体赋予规范以具体的生活意义,赋予自身以意义,面向未来肩负其担当。真正的完全法律人,当由此而生!

季红明
2020年春于南京

中文版前言

欣闻本人的案例研习专著在译为汉语后被收入北京大学出版社的"法律人进阶译丛",感谢两国出版机构的勠力同心以及译者马龙博士的勤勉工作,诚挚希望由此促进中德两国的法律合作。

本书收录了源自审判和执行程序的各种案例,并附有详细的案件解决方案、前置的纲要和详尽的进一步提示。在涉及案件处理方案时,最重要的是构建适当的结构,从而引导读者学习如何正确地处理民事诉讼法案件。本书可帮助中国法学专业的本科生和研究生熟悉德国处理案件的方法,由此培养学生的法律思维方式和法律适用能力。

本书中的案件主要来自笔者在波茨坦大学负责的民事诉讼法练习课及相关的深入研修活动。

多萝特娅·阿斯曼
2024 年 4 月于波茨坦

第 2 版前言

本书新版的内容源自 2019 年年中之前的各类立法、判例和文献。本次对全书进行了全面修订,替换了一个案例,并对部分案例的内容进行扩展。

欢迎细心的读者们提出意见和建议。可将意见和建议发送至笔者邮箱:assmann@uni-potsdam.de。

感谢 Juliane Mudrack、Philippe Maximilian Klein 和 Johannes Schroth 在更新和编纂新案例方面的鼎力支持,感谢 Denise Herzmann、Katrin Laffin 和 Emily Scholz 在格式编辑处理方面的积极协助。

多萝特娅·阿斯曼
2019 年 7 月于波茨坦

第 1 版前言

在全体联邦州,民事诉讼法的基础知识均属于第一次国家考试的必修内容。仅在考查范围方面,要求略有不同。因此,学习者必须谙熟如何处理民事诉讼法案例。

伴随律师执业培训的引入以及重点领域的构建,民事诉讼法的重要性愈发显现。掌握民事诉讼法知识,对于第一次国家司法考试及格后的见习期而言,也属于基本要求。

本书作为新的案例选集包含了大量源自审判程序和强制执行程序的案例,并伴有详细的案件处理方案、前置的纲要和详尽的进一步提示。在涉及案件处理方案时,最重要的是构建适当的结构,以引导读者学习如何正确地处理民事诉讼法案件。

本书中的案件主要源于笔者在波茨坦大学负责的民事诉讼法练习课及相关的深入研修活动。

感谢 Frank Bockhold 博士、André Sangs 和 Arne Ziervogel 在编纂案例方面提供的鼎力支持。也感谢 Hannes Arndt 先生、Caroline Apelt 女士、Katharina Fritzsch 女士和 Irina Heinrich 女士提出的批评意见。

多萝特娅·阿斯曼
2009 年 3 月于波茨坦

目 录

第一编　处理民事诉讼法案件的提示 …………………… 001

一、法官闭卷考试 …………………………………………… 003
　（一）与法院有关的实体判决要件 ……………………… 004
　（二）与当事人有关的实体判决要件 …………………… 006
　（三）与诉讼标的有关的实体判决要件 ………………… 006
　（四）特别的实体判决要件 ……………………………… 007
　（五）不存在诉讼障碍 …………………………………… 008
二、律师闭卷考试 …………………………………………… 008
三、上诉闭卷考试 …………………………………………… 009
　（一）上诉的合法性 ……………………………………… 009
　（二）上诉具有理由 ……………………………………… 010
四、强制执行法中的法律救济闭卷考试 …………………… 011

第二编　案例 ……………………………………………… 015

案例1　较量 …………………………………………………… 017
　　诉的变更——审判籍——民事合伙的当事人能
　　力——诉讼实施权——意定诉讼担当——另外的诉
　　讼系属——撤回实施诉讼的授权

案例 2　绿地上的房屋 ·················· 038
　　审判籍——诉讼上的抵销——另外的诉讼系属——反诉——单方的终结诉讼的表示——作为终结诉讼之事件的时效抗辩权

案例 3　未获偿付的租金债权 ············· 069
　　针对缺席判决的申诉——形式要求——(诉讼材料)送达法院——部分撤诉(部分诉之收回)——书证——虚假的当事人名称——诉讼外和解——另外的诉讼系属——债权人诉讼——执行异议之诉——失权

案例 4　撤回方面的问题 ················ 100
　　撤诉许诺(诉之收回的承诺)——缺席判决——诉讼上的和解——撤回诉讼上的和解——恢复原状——撤销诉讼上的和解——撤诉(诉之收回)——诉讼行为的解释、转换、撤销和撤回——撤诉时的诉讼费

案例 5　好朋友 ······················ 126
　　缺席判决——作出驳回性缺席判决时的既判力——进行部分之诉时的既判力——认诺的消除——控诉——嗣后的诉之客观合并——中间确认之反诉——消极的确认之反诉

案例 6　心爱的传家宝 ················· 154
　　相对立的既判力——发生诉讼上的抵销时的既判力——单方的终结诉讼的表示——作为终结诉讼之事件的诉讼上的抵销——因提出迟延而驳回抵销——另外的诉讼系属和另外的诉讼抵销

案例7　斗犬贝尔特 ·· 176
　　缺席判决——补充送达——将来给付之诉——符合法律规定的起诉——未编号的诉之申请(诉讼请求)——诉之客观合并——意定当事人变更——意定当事人扩展——诉讼告知——参加效力

案例8　寒冷的气候 ·· 212
　　转让涉讼物/系争物——诉讼实施权——法定诉讼担当——原告、被告适格——(执行)条款抗议——(执行)条款异议之诉——执行异议之诉——执行担当与当事人适格——为了使一项行为取得效力而进行的执行

案例9　短路 ·· 238
　　控诉——因迟延而驳回——(诉讼)迟滞的概念——证据使用禁止——在控诉审中准许提出新的防御方法

案例10　无他,仅仅是生这个男人的气 ·························· 255
　　第二次缺席判决——最有利原则——控诉——申诉——因迟误产生的诉讼费——执行决定——针对根据执行决定所为之执行的执行异议之诉——回复原状之诉——依照《民法典》第826条冲破既判力

案例11　Frieda家的麻烦 ··· 279
　　执行抗议——抗议权——扣押禁止——第三人异议之诉——扣押期待权——针对根据诉讼上的和解所为之执行的执行异议之诉——形成权的失权——强制执行迁出房屋/腾空

案例 12　困境中的护林员 ···································· 309

执行抗议——抗议权——禁止扣押的对象——从物上的强制执行——第三人异议之诉——作为阻止转让的权利的土地质权——作为阻止转让的权利的担保物所有权——执行异议之诉——可执行的证书（具有执行力的文书）——根据担保合同提出的抗辩

案例 13　干净的东西 ···································· 334

针对执行决定的申诉——向无诉讼能力的人送达——诉讼能力——司法辅助官抗议——恢复原状——执行异议之诉——《民事诉讼法》第 796 条第 2 款规定的失权——无效之诉——诉讼上的和解——诉讼上的和解无效时的请求返还之诉——权利保护需求

案例 14　小农场 ···································· 366

反诉——反诉的特别审判籍——独立的第三人反诉——人证——取回之诉——职务上的当事人——别除

案例 15　鲁莽草率的出租人 ···································· 386

假处分——给付处分——控诉——权利保护需求——依照《民事诉讼法》第 885 条及下一条强制执行迁出房屋/腾空——名义（主体）变更——假处分程序中的反申请

德文缩略语与中译名 ···································· 411

参考文献缩略语与中译名 ···································· 421

术语索引与中译名 ···································· 427

译后记 ···································· 467

第一编

处理民事诉讼法案件的提示

《民事诉讼法》闭卷考试的结构取决于闭卷考试的类型。下文将简要探讨几种最重要的闭卷考试类型[1]——法官闭卷考试、律师闭卷考试、上诉闭卷考试和强制执行法中的法律救济闭卷考试——应当采取何种结构的解决方案。

一、法官闭卷考试

在法官闭卷考试中,在编者注(Bearbeitervermerk)部分提出的问题是关于一个已经被提起的诉或者一个尚待提起的诉是否有希望获得胜利。《民事诉讼法》闭卷考试正是由这两类案件共同构建的。研习此类案件,必须审查诉的合法性以及诉是否具有理由。本案例书编写的一个出发点,在于学生已经熟练掌握了对诉是否具有理由进行实体法审查的思路。对诉是否具有理由的实体法审查思路,与对其他实体法案例的研习与处理并无区别。据此,本书仅着重探讨关于(诉的)合法性审查的特殊内容。

如果诉合法且具有理由,则有希望胜诉。诉具有合法性,必须满足下列实体判决要件(Sachurteilsvoraussetzungen)。可以替代"实体判决要件"这一概念的还包括"诉讼要件"和"合法性要件"这两个概念。下文列出了全部实体判决要件。当然,在解答闭卷考试试题时,并非总是要处理所有的实体判决要件,而是仅需研讨那些有疑问

---

[1] 参见 Schumann Rn. 20 ff.中的有关内容。

的实体判决要件。但是,有一些特定的实体判决要件总是必须审查的,例如法院的管辖权。

(一) 与法院有关的实体判决要件

1. 德国司法管辖权(《法院组织法》第18—20条)

4 　　只有《法院组织法》第18—20条意义上的享有司法豁免权的人成为了原告或者被告,才必须讨论德国法院的裁判权问题。当然,只有针对享有司法豁免权的人提起诉时,才能否定诉的合法性。与此相反,享有司法豁免权的人可以成为原告,因为起诉可以被视为放弃了司法豁免权。

2. 民事诉讼程序的开启(《法院组织法》第13条)

5 　　只有当有必要将民事司法管辖权问题与其他司法管辖权问题界分清楚时,例如对于案涉纠纷究竟是民事法律纠纷还是公法争议存在疑问时,才能探讨开启民事诉讼程序的问题。

3. 国际管辖

6 　　只有在法律纠纷具有涉外因素时,才须要探讨国际管辖问题。

4. 受诉法院的管辖权[2]

7 　　在任何情况下都必须审查法院是否具有管辖权。对此,首先应当研究探讨事务管辖权和地域管辖权方面的问题。关于地域管辖权的问题,必须对应当予以考虑的全部相关审判籍进行审查。[3] 只有当特殊的司法机关(Rechtspflegeorgan)具有管辖权时,才须要探讨职能管辖权方面的问题:

a) 事务管辖权(《法院组织法》第23、23a、71条)
b) 职能管辖权

---

[2] 关于《民事诉讼法》中的管辖、管辖权问题参见 Coester-Waltjen Jura 2007, 826ff.。
[3] 关于《民事诉讼法》中的审判籍问题参见 Schreiber Jura 2012, 268ff.。

c) 地域管辖权(《民事诉讼法》第 12 条及以下数条)

aa) 专属审判籍[《民事诉讼法》第 24 条、第 29a 条、第 29c 条第 1 款第 2 句、第 32a 条、第 32b 条、第 802 条,特别法(例如《不作为之诉法》*第 6 条第 1 款)]

应当首先审查是否存在专属审判籍,因为专属审判籍的存在将排除普通审判籍和特别审判籍。专属审判籍仅限于法律中明确规定具有专属排他性的审判籍。

bb) 普通审判籍(《民事诉讼法》第 12 条及以下数条)

cc) 特别审判籍(《民事诉讼法》第 20 条及以下数条)

dd) 两个以上法院都有管辖权时,原告可以自由选择管辖法院(《民事诉讼法》第 35 条)

d) 管辖合意/协议管辖(Gerichtsstandsvereinbarung)(《民事诉讼法》第 38、40 条)

e) 因无责问的辩论而产生的审判籍(《民事诉讼法》第 39 条)——注意《民事诉讼法》第 504 条!

如果受诉法院本没有管辖权,则(被告)针对本案进行的无责问的辩论将可以使(前述法院的)管辖权成立(例外情形:《民事诉讼法》第 40 条第 2 款第 2 句)。《民事诉讼法》第 39 条不容忽视。

f) 因移送而产生的审判籍(《民事诉讼法》第 281 条第 2 款)

如果案件已经被移送至另一法院,则受移送法院就具有了管辖权,因为(当事人)对移送裁定不得声明不服,并且移送裁定对受移送法院具有拘束力。

---

* 这部法律德语全称为"Gesetz über Unterlassungsklagen bei Verbraucherrechts- und anderen Verstößen",简称为"Unterlassungsklagengesetz",缩写为"UKlaG"。复旦大学法学院王全弟教授等将其译为《侵害消费者权益及其它违法行为的不作为诉讼法》,中华人民共和国商务部将其译为《针对消费者权益和其他违法行为的禁令救济法》,华东师范大学法学院吴泽勇教授则根据法律简称将其译为《不作为之诉法》。本次翻译采用吴泽勇教授的译法。——译者注

(二)与当事人有关的实体判决要件

1. 当事人能力(《民事诉讼法》第 50 条)

8　　只有当事人不是自然人,例如当事人是有限责任公司或者民事合伙,才必须探讨当事人能力。

2. 诉讼能力(《民事诉讼法》第 51 条及下一条)

9　　前述规则同样适用于探讨诉讼能力。

3. 合法的法定代理(《民事诉讼法》第 51 条及下一条)

10　　在当事人之一无诉讼行为能力时,应当对合法的法定代理进行探讨。

4. 诉讼实施权(《民事诉讼法》第 51 条)

11　　如果一方当事人以自己的名义主张行使一项他人的权利,则必须对诉讼实施权进行探讨。如果某人主张其自身权利,但是依照实体法,其缺少处分权限(Verfügungsbefugnis),则其可能不享有诉讼实施权(例如《支付不能法》第 80 条第 1 款):

a)法定诉讼担当(例如《民事诉讼法》第 265 条第 2 款,《民法典》第 1368 条)

b)意定诉讼担当

(三)与诉讼标的有关的实体判决要件

1. 请求权的可诉性(例如《民法典》第 1297 条第 1 款)

12　　依照法律规定,在极少数情况下,请求权不具有可诉性(Klagbarkeit),并且应当把这种不可诉性与自然债务实质上的不可执行性(Undurchsetzbarkeit)(例如《民法典》第 656 条、第 762 条、第 763 条第 2 句)区分开来。但是可以通过合同完全或者临时排除这种可诉性。当然,对于通过合同排除可诉性,法院不得依职权审查,只能在当事人行使抗辩权时方可审查,因此通过合同排除可诉性构成了一种诉讼障碍(Prozesshindernis)。

2. 诉的合法提出(《民事诉讼法》第253条第1、2款)

与此有关的还包括依照《民事诉讼法》第166条及以下数条进行的合法送达,和《民事诉讼法》第78、79条规定的提出者、递交者的诉讼行为能力。诉讼行为能力不是实体判决要件,其仅作为诉讼行为要件(Prozesshandlungsvoraussetzung)对有效起诉具有意义。

在这一点上,如果存在相关方面的问题,则还应当探讨起诉状的必要内容,例如《民事诉讼法》第253条第2款第2项规定的诉讼请求。

3. 同一案件未另行发生诉讼系属(《民事诉讼法》第261条第3款第1项)

只有某一案件已经发生诉讼系属,才对同一案件未另行发生诉讼系属这一问题进行探讨。

4. 不存在相对立的既判力(《民事诉讼法》第322条)

只有在某一案件中已经存在确定的(发生既判力的)裁判,才对不存在相对立的既判力这一问题进行讨论。

5. 一般性的权利保护需求

在通常情况下,(民事诉讼)都需要存在权利保护需求,只有在极少数例外的情形中才可以不需要具有权利保护需求。因此,只有在案情中存在诸多线索,表明可能欠缺权利保护需求,才必须讨论该问题(即一般性的权利保护需求)。

(四)特别的实体判决要件

只有存在下列构成要件或者存在特别的诉的种类(Klageart)时,才必须讨论特别的实体判决要件,例如:

- 如有必要,《民事诉讼法施行法》第 15a 条结合州的法律(例如《勃兰登堡州调解法》第 1 条);
- 如有必要,诉的除斥期间(Klageausschlussfrist);
- 将来给付之诉(《民事诉讼法》第 257—259 条);
- 反诉(《民事诉讼法》第 33 条);
- (中间)确认之诉(《民事诉讼法》第 256 条);
- 证书诉讼(《民事诉讼法》第 592 条及以下数条);
- 变更之诉(《民事诉讼法》第 323 条);
- 再审之诉(《民事诉讼法》第 578 条及以下数条)。

(五)不存在诉讼障碍

19 只有当事人主张存在诉讼障碍,才必须探讨诉讼障碍方面的问题,因为只有在当事人行使抗辩权时法院才对诉讼障碍予以审查:

1. 仲裁协议抗辩权(《民事诉讼法》第 1032 条)
2. 诉讼费偿付存在瑕疵(《民事诉讼法》第 269 条第 6 款)
3. 欧盟—外国人(诉讼费)担保(《民事诉讼法》第 110 条及以下数条)

二、律师闭卷考试

20 与法官鉴定(Richtergutachten)不同,律师闭卷考试大多要求考生给出律师建议,故而通常建议在律师闭卷考试中采用反向的审查顺序(umgekehrte Prüfungsreihenfolge)。为了确定接下来在诉讼中采取的进一步行动,首先必须确认实体层面的法律状况(Rechtslage)。因此,首先应当审查实体层面的法律状况,然后审查诉讼层面的可能性。与此相反,在向被告提供律师建议方面,通常表现为首先审查对方的行为在诉讼层面的合法性。

三、上诉闭卷考试

上诉闭卷考试涉及已经进行的一审程序或者二审程序。对于此类闭卷考试,在编者注中提出的问题大多是关于法律救济能否获得胜诉,或者针对裁判可以采取哪些(诉讼上的)行动。在此种情形中,首先必须厘清的是,针对将被声明不服的裁判,法律规定了哪些法律救济。紧接着的就是要审查法律救济的合法性,然后审查法律救济是否具有理由。在审查法律救济是否具有理由时,应当再次审查已经被声明不服的裁判的合法性及其是否具有理由。

如果案件处理涉及的是上诉[4](控诉、上告、即时抗告或者法律抗告),推荐下述案件解决方案:

(一)上诉的合法性

1. 上诉的容许性(参见《民事诉讼法》第511条第1款、第542条、第567条第1款、第574条第1款)
2. 上诉人的败诉利益

a) 原告形式上的败诉利益

此种败诉利益源自被声明不服的裁判中能够产生既判力(rechtskraftfähigen)的内容与上诉人在较低一审级中最终提出的申请之间的比较。如果这种比较显示出对上诉人的不利偏向,则应当肯定形式上的败诉利益存在。

b) 被告实质上的败诉利益

与此相应,决定性因素在于,判决于被告而言是否不利以及判决是否会对被告的法律地位造成负面影响。

---

[4] 关于《民事诉讼法》中规定的各种上诉,也请参见 Schreiber Jura 2007, 750 ff.。

3. 确定的被声明不服的标的额(《民事诉讼法》第 511 条第 2 款第 1 项、第 567 条第 2 款)或者法院的许可(《民事诉讼法》第 511 条第 2 款第 2 项、第 543 条、第 574 条第 1 款第 2 项)

4. 形式(《民事诉讼法》第 519 条,第 549 条,第 569 条第 2、3 款,第 575 条第 1 款)

上诉应当向哪个法院提出(提交上诉资料),须依照《法院组织法》第 72、119、133 条确定(级别管辖)

5. 上诉期间(《民事诉讼法》第 517 条、第 548 条、第 569 条第 1 款、第 575 条第 1 款第 1 句)

6. 上诉理由(《民事诉讼法》第 520 条、第 551 条、第 571 条、第 575 条第 3 款)

7. 提出上诉理由的期间(《民事诉讼法》第 520 条第 2 款、第 551 条第 2 款、第 575 条第 2 款)

(二) 上诉具有理由

24 对不同的上诉,审查范围也是不同的。例如,如果裁判基于违法行为产生(《民事诉讼法》第 546 条)或者《民事诉讼法》第 529 条规定的应当作为(审理和裁判)基础的事实将导致不同的裁判(《民事诉讼法》第 513 条第 1 款),则控诉即具有理由。因此,控诉法院必须依职权审查一审中诉的合法性。对此,无论是哪种法律上的观点,都一致认为此时必须审查诉是否具有理由。

25 有关上告和法律抗告的内容,参见《民事诉讼法》第 545、576 条。

1. 前审中的诉(请求)合法

26 此处应当注意的是,并非所有的上诉都可以基于一审法院错误地行使了管辖权而提起(《民事诉讼法》第 513 条第 2 款、第 571 条第 2 款第 2 句);对于上告和法律抗告,如果一审法院错误地拒绝行使管辖权,(上告法院或者抗告法院)对此也不进行审查(《民事诉讼法》第 545 条第 2 款、第 576 条第 2 款)。与此同时,不应再审查事务管辖权(《法院组织法》第 23 条及下一条、第 71 条)和地域管辖权(《民事诉讼法》第 12 条及以下数条)。但该规则不适用于国际管辖权。

所有其他的实体判决要件,只要存疑,就都应当如上文所述(→边码 4 及以下数段)对其进行审查。

2. 诉具有理由

在审查诉是否具有理由的程序中应当注意,如存在可能导致不同的裁判发生的事实,则控诉法院必须依照《民事诉讼法》第 529 条第 1 款第 1 项对其作出新的认定;同样,如存在可能导致不同裁判的新的事实以及新的攻击防御方法,则控诉法院必须依照《民事诉讼法》第 529 条第 1 款第 2 项、第 531 条第 2 款对其予以考虑。

四、强制执行法中的法律救济闭卷考试

首先必须将强制执行中的法律救济同请求发给执行条款的程序中的法律救济区分开来,因为发给执行条款的程序应当被归类为审判程序并且被置于强制执行程序之前。不得将《民事诉讼法》第 732 条规定的抗议或者《民事诉讼法》第 768 条规定的执行条款异议之诉与《民事诉讼法》第 766 条规定的执行抗议或者《民事诉讼法》第 767 条规定的执行异议之诉相混淆。

强制执行法中的法律救济方面的难点在于找到正确的法律救济措施。涉及强制执行程序中的法律救济时,必须将可以针对强制执行的程序推进主张形式上的抗辩的法律救济,与可以针对强制执行的程序推进主张实体法上的抗辩的法律救济相区分。

采取强制执行时,可以针对程序主张形式上的抗辩的法律救济,包括《民事诉讼法》第 766 条规定的执行抗议、《民事诉讼法》第 793 条规定的即时抗告、《司法辅助官法》第 11 条规定的针对司法辅

助官所作裁判的法律救济和《土地登记法》第71条规定的抗告。

32　　如果实体法上的抗辩反对的是被给予执行名义请求权,则该抗辩可以和《民事诉讼法》第767条规定的执行异议之诉一并主张;如果因一项阻止转让的权利而主张强制执行不合法,则实体法上的抗辩可以和《民事诉讼法》第771条规定的第三人异议之诉一并主张;如果原告享有质权或者优先权,则实体法上的抗辩可以和《民事诉讼法》第805条规定的优先受偿之诉一并主张。

33　　在开始具体的审查之前,必须首先在能够考虑适用的法律救济类型中作出选择。紧接着就应当对其合法性进行审查。这里有一特殊之处,即在任何情况下都必须首先讨论该法律救济的容许性。但是在容许性的范畴内都无法澄清哪种法律救济是正确、合法的,这是因为不同类型的法律救济的合法性要件也是不尽相同的。

34

> **《民事诉讼法》第766条规定的执行抗议**
>
> (一)合法性
> 　1. 容许性
> 　　a) 法院执行员的行为
> 　　b) 法院执行员的费用估算
> 　　c) 执行法院的命令和措施
> 　2. 管辖(《民事诉讼法》第766、764、802条,《司法辅助官法》第20条第1款第17项第2句)
> 　3. 形式、期间
> 　　a) 形式(类推适用《民事诉讼法》第573条第1款第2句)
> 　　b) 没有期间要求
> 　4. 当事人能力、诉讼能力
> 　5. 抗议权限(Erinnerungsbefugnis)
> 　6. 权利保护需求

(二)具有理由

1. 存在一般的程序要件(Verfahrensvoraussetzungen)(例如《民事诉讼法》第753条第1款规定的申请)

2. 存在一般的执行要件(《民事诉讼法》第750条)和特别的执行要件(Vollstreckungsvoraussetzungen)(例如《民事诉讼法》第751、756、765条)

3. 不存在执行障碍(Vollstreckungshindernisse)

4. 具体措施的实施具有合法性(Rechtmäßigkeit)

《民事诉讼法》第771条规定的第三人异议之诉

(一)诉的合法性

1. 容许性

主张阻止第三人转让强制执行标的的权利

2. 管辖

a) 事务管辖:《法院组织法》第23、71条,《民事诉讼法》第6条

b) 地域管辖:实施强制执行的地区的法院(《民事诉讼法》第771条第1款、第802条)

3. 起诉合法合规

诉讼请求:"请求宣告依据[执行名义(案卷号……)]对(执行标的)的强制执行不合法。"

4. 当事人能力、诉讼能力

5. 权利保护需求

(二)诉具有理由

1. 原告享有"阻止转让的权利"

2. 作为被告的债权人没有提出抗辩

> a) 原告未有效获取权利
> b) 原告有义务容忍强制执行
> c) 原告对被给予执行名义的债权须承担(共同)责任

36
> **《民事诉讼法》第767条规定的执行异议之诉**

(一)合法性

1. 容许性

针对被给予执行名义的请求权主张实体法上的抗辩

2. 管辖

   a)事务管辖:《民事诉讼法》第767条第1款、第802条:一审受诉法院

   b)地域管辖:《民事诉讼法》第767条第1款、第802条:一审受诉法院

3. 起诉合法合规

诉讼请求:"请求宣告依据[执行名义(案卷号……)]的强制执行不合法。"

4. 当事人能力、诉讼能力

5. 权利保护需求

(二)具有理由

1. 反对被给予执行名义的请求权的实体法上的抗辩

2. 不存在《民事诉讼法》第767条第2款规定的抗辩失权情形:

只有在言词辩论结束后产生的抗辩才是合法的。

3. 不存在《民事诉讼法》第767条第3款规定的失权情形

第二编

案 例

案例 1　较量

一、案情

来自波茨坦的木匠 Volker Voll（以下简称 V）负责对 Kraft 民事合伙（以下简称 K-GbR）的建筑物进行施工，K-GbR 唯一的总经理（业务执行人）是 Carsten Carl（以下简称 C）。K-GbR 在波茨坦的相应的建筑物中拥有办公室，K-GbR 正是在这里的办公室开展业务的。此外，K-GbR 还在那里运营着一家重竞技体育中心。V 的工作是对建筑物进行维修，就这项工作 V 与 K-GbR 达成一致，约定承揽报酬的金额为 5000 欧元。V 将承揽报酬的债权让与给柏林商业银行（以下简称 H），用于为其从该银行获得贷款提供担保。在担保合同中，银行授权 V 可以以 V 自己的名义通过司法途径主张被让与的债权。因为 K-GbR 拒绝验收工程，V 为该民事合伙设置了一个合理的验收期限，但是该民事合伙已逾期。在 K-GbR 表明不愿意支付工程款之后，V 向波茨坦区法院提起诉讼，请求法院判令 K-GbR 向自己支付 5000 欧元。在起诉状中他透露，他自己不再是其所主张的债权的权利所有人，是基于银行的诉讼授权而起诉的。在法官进行提示后，V 变更了自己的诉讼请求，要求被告向 H 支付 5000 欧元。K-GbR 在诉讼中首次主张承揽工程存在瑕疵（事实上该瑕疵并不存在），主张消除该瑕疵将会产生 2500 欧元的费用，因此请求法院驳回诉讼。

问题 1：V 是否有希望获得胜诉？

变体1:在V起诉至波茨坦区法院的同时,H对V实施诉讼是否适当产生了质疑。因此,H对K-GbR提起了诉讼。

问题2:H的诉讼是否合法?

变体2:H未起诉K-GbR,而是在言词辩论中提出申请后撤回了对V实施诉讼的授权。然而,V继续以自己的名义实施诉讼。K-GbR现在提出申请,请求法院以诉讼不合法为由驳回诉讼。

问题3:V是否有希望获得胜诉?

二、思路

(一)问题1

1. 诉的变更的合法性·· 2
  (1) 诉的变更··· 2
  (2) 合法性··· 3
2. 诉的合法性·· 5
  (1) 波茨坦区法院的管辖权································· 6
    ① 事务管辖权·· 7
    ② 地域管辖权·· 8
      a) 专属审判籍·· 8
      b)《民事诉讼法》第12条、第17条第1款规定的普通审判籍································ 9
      c)《民事诉讼法》第21条规定的营业所的特别审判籍·· 11
      d)《民事诉讼法》第29条第1款规定的履行地的特别审判籍·· 12
  (2)《民事诉讼法》第50条及以下数条规定的当事人能力和诉讼能力······························ 13
  (3) V的诉讼实施权·· 20

                ① 法定诉讼担当 …………………………… 22
                ② 意定诉讼担当 …………………………… 23
                    a) 权利所有人作出授权 ………………… 24
                    b) 被授权人自身有值得保护的利益 …… 25
                    c) 被告不具有相对立的值得保护的利益 … 27
                    d) 权利或者权利的行使具有可转让性 …… 28
            (4) 其他的实体判决要件 …………………………… 30
            (5) 小结 …………………………………………… 31
        3. 诉讼具有理由 …………………………………………… 32
        4. 结论 ……………………………………………………… 34
    (二) 问题 2
        1. 诉的合法性 ……………………………………………… 35
            (1) 波茨坦区法院的管辖权 ……………………… 36
            (2)《民事诉讼法》第 50 条及以下数条规定的当事人
                能力和诉讼能力以及诉讼实施权 ……………… 37
            (3) 同一案件未另行发生诉讼系属(《民事诉讼法》
                第 261 条第 3 款第 1 项) ……………………… 39
                ① 当事人的同一性 ……………………………… 40
                ② 同一诉讼标的 ………………………………… 41
        2. 结论 ……………………………………………………… 44
    (三) 问题 3
        1. 诉的合法性 ……………………………………………… 46
            (1) 波茨坦区法院的管辖权 ……………………… 47
            (2) 诉讼实施权 …………………………………… 48
                ① 实施诉讼授权的有效撤回 …………………… 49
                    a) 第一种观点 ……………………………… 51
                    b) 第二种观点 ……………………………… 52
                    c) 第三种观点 ……………………………… 57

d)小结 ·································· 58
②撤回的后果 ·························· 59
2.结论 ······································ 65

三、解答

(一)问题1

1　如果诉合法并且具有理由,则具有胜诉的希望。

1.诉的变更的合法性

(1)诉的变更

2　V首先亲自起诉要求(被告)向自己付款,而后又将诉讼请求变更为向H付款。这里可能存在《民事诉讼法》第263条及以下数条意义上的诉的变更。诉讼标的,即诉讼请求或者诉讼理由或者前述两者,在已经发生诉讼系属的诉讼期间内发生变更,即构成诉的变更。该案例中,在改向H付款的诉之转换中,即发生了诉讼请求的变更。

> 提示:依据通说,根据诉讼请求和生活事实情况这两个方面(二分肢)确定诉讼标的(诉讼请求权),其中,在诉讼请求中原告应当将其请求的法律后果具体化,并且原告应当能从生活事实情况中推导出其请求的法律后果。[1]

(2)合法性

3　诉的变更一般应该是合法的。对此应当首先审查对诉讼请求的变更是否可以依据《民事诉讼法》第264条的规定不视为诉之变更。如果《民事诉讼法》第264条与此无关,则必须具备《民事诉讼法》第263条规定的各项要件。

---

[1] Vgl. BGHZ 154, 342 (347 f.) = NJW 2003, 2317 (2318); BGHZ 117, 1 (5) = NJW 1992, 1172 (1173); BGH NJW 2010, 2210 (2211 Rn. 10); 2001, 3713; 1999, 2118.

对此应当考虑适用《民事诉讼法》第264条第2项。该情形包括诉讼请求的扩张或者限制,这样的扩张或者限制并非伴随诉讼理由的变更而发生,而仅仅是从数量上或者从性质上修改先前的诉讼标的。[2] 这是因为,由于诉讼请求发生了从向债权让与人给付转变为向债权受让人给付的转换,而诉讼理由并没有变化,所以存在对诉讼请求的定性修改。[3] 因此,依照《民事诉讼法》第264条第2项的规定,此种诉讼请求的转换不能被视为诉的变更,因而《民事诉讼法》第263条规定的各项要件不必全部满足。

2. 诉的合法性

如果实体判决要件齐备,则诉即为合法。

(1)波茨坦区法院的管辖权

因为当事人已经向波茨坦区法院起诉,所以必须审查该法院是否具有管辖权。

①事务管辖权

依照《民事诉讼法》第1条的规定,法院的事务管辖权应当根据《法院组织法》第23、71条确定。依照《法院组织法》第23条第1项,区法院对除不考虑诉讼标的额应移送地方法院的案件之外的金钱或者金钱价值不超过5000欧元标的的民事诉讼案件具有管辖权。该案例不存在《法院组织法》第71条第2款规定的不考虑诉讼标的额应移送地方法院的情形,同样也不存在《法院组织法》第23条第2项规定的不考虑诉讼标的额应移送区法院的情形。此处争议额已明确为5000欧元,因而区法院具有事务管辖权。

---

[2] Vgl. Zöller/Greger §264 ZPO Rn. 3.
[3] Vgl. BGH NJW-RR 1990, 505;定性限制;Wieczorek/Schütze/Assmann §264 ZPO Rn. 28。

②地域管辖权[4]

a) 专属审判籍

8　　是否存在专属审判籍并非显而易见。

b)《民事诉讼法》第 12 条、第 17 条第 1 款规定的普通审判籍

9　　波茨坦区法院的地域管辖权可能源于 K- GbR 的普通审判籍。

10　　V 已经起诉,被告是 K- GbR 而非单个合伙人。因为被告不是自然人而是民事合伙(不包括合伙企业在内的民法上的合伙),所以应当考虑《民事诉讼法》第 17 条第 1 款规定的法人的普通审判籍。可以适用前述法律的前提是此处的民事合伙(GbR)极大概率是《民事诉讼法》第 17 条第 1 款所说的合伙(Gesellschaft)。根据联邦普通法院的判例[5],民法上的(显名)合伙被视为具有权利能力,只要其能够通过参与法律交往(Rechtsverkehr)为自己具有相应的权利和义务提出依据、说明理由。因此,只要民法上的(显名)合伙具有可确认的所在地,就可以具有《民事诉讼法》第 17 条第 1 款规定的普通审判籍。[6] 依照《民事诉讼法》第 17 条第 1 款第 2 句,除非另有规定的,管理被执行的地方可视为其所在地。因为当前欠缺对所在地的明确确认,所以可以去查明管理被执行的地方(《民事诉讼法》第 17 条第 1 款第 2 句)。管理被执行的地方,可以根据经营管理活动地以及为了进行经营管理而任命的代表机构的工作地、活动地来确定。[7] K- GbR 在波茨坦的办公场所开展业务,因此那里即为其管理活动地/管理机构所在地(Verwaltungsort)。依照《民事诉讼法》第 17 条第 1 款的规定,波茨坦区法院具有管辖权。

---

[4]　关于审判籍也参见 Schreiber Jura 2012, 268 ff.。
[5]　BGHZ 146, 341 (343) = NJW 2001, 1056 ff.
[6]　BGH NJW 2009, 1610 (1611); Zöller/Schultzky §17 ZPO Rn. 5; Thomas/Putzo/Hüßtege §17 ZPO Rn. 4.
[7]　BGH NJW 2009, 1610 (1611); Musielak/Voit/Heinrich §17 ZPO Rn. 10.

c)《民事诉讼法》第 21 条规定的营业所的特别审判籍

此外,由于《民事诉讼法》第 21 条第 1 款规定了营业所的特别审判籍,故而还应当考虑波茨坦区法院的地域管辖权。如果一个持续运营且已经设立一定期限的业务机构开展工商业活动,即存在《民事诉讼法》第 21 条第 1 款意义上的营业所。[8] K-GbR 在波茨坦的建筑物内经营业务,因而可以认为这构成了营业所。《民事诉讼法》第 21 条的意义和目的在于让(权利人)在与工商业者的纠纷中主张权利更为便利,并且在普通审判籍之外设置一个补充的特别审判籍。[9] 然而如同案例中此处的情形,如果所在地和营业所位于相同的地方,则《民事诉讼法》第 21 条就几乎没有任何实际意义。[10] 出于这样的原因,部分人认为,营业所的概念应当进行如下的限缩,即营业所的地点必须不同于所在地。[11] 然而,因为在某些情形中,营业所比所在地(住所)更容易被确定[12],所以并不应当进行这样的限缩。此外,诉与业务经营活动的联系,对于设立营业所的审判籍也是有必要的。如果一个法律行为的完成已经涉及营业所的业务经营活动或者本身就是该业务经营活动的结果,即构成了前述的联系。[13] 该案例表明纠纷与 K-GbR 的业务经营活动之间的关联性,其表现在 V 的工作是对建筑物进行施工,完工后才能进行业务经营活动。因此,波茨坦区法院也可以依据《民事诉讼法》第 21 条第 1 款的规定获得管辖权。

d)《民事诉讼法》第 29 条第 1 款规定的履行地的特别审判籍

该案例涉及源自 V 与 K-GbR 之间的承揽合同关系(《民法典》

---

[8] Musielak/Voit/Heinrich §21 ZPO Rn. 2.
[9] MüKoZPO/Patzina §21 ZPO Rn. 1.
[10] BeckOK ZPO/Toussaint §21 ZPO Rn. 2.
[11] Zöller/Schultzky §21 ZPO Rn. 6; HK-ZPO/Bendtsen §21 ZPO Rn. 2; a.A. Stein/Jonas/Roth §21 ZPO Rn. 10.
[12] Stein/Jonas/Roth §21 ZPO Rn. 10.
[13] BGH NJW 2011, 2056 (2057); Zöller/Schultzky §21 ZPO Rn. 11.

第631条)的纠纷,因而还须考虑履行地的审判籍(《民事诉讼法》第29条第1款)。据此,有争议债务的履行地的法院具有管辖权。《民事诉讼法》第29条第1款意义上的履行地要根据实体法来确定,也即根据《民法典》第269条规定的给付地(Leistungsort)来确定。[14] 除非法律对相关情形另有规定,给付地(履行地)为债务人的营业所所在地(《民法典》第269条第2款)。依照《民法典》第270条第4款,前述规则也适用于金钱债务。债务人(K- GbR)在波茨坦拥有营业所,因而波茨坦区法院根据《民事诉讼法》第29条第1款同样具有地域管辖权。

(2)《民事诉讼法》第50条及以下数条规定的当事人能力和诉讼能力

13　　依照《民事诉讼法》第50条并结合《民法典》第1条,V作为自然人具有权利能力,因此其具有当事人能力,并且依照《民事诉讼法》第51条及下一条,并结合《民法典》第2条、第104条及以下数条的规定,V具有诉讼能力。

14　　K- GbR的当事人能力是存疑的。出发点是《民事诉讼法》第50条第1款。依据该法律规定,有权利能力者,有当事人能力。

15　　联邦普通法院[15]及持相同观点的文献[16]均认为,民法上的(显名)合伙具有**权利能力**,只要其能够通过参与法律交往为自己具有相应的权利和义务提出根据、说明理由。

16　　如果民事合伙拥有自己的身份配置(Identitätsausstattung)(名称和所在地)、自己的行为组织机构以及责任基础(Haftungssubstrat),则其在任何情况下都可以被视为(具有权利能力的)显名合伙。[17]

---

[14] BGH NJOZ 2016, 771 Rn. 4; Musielak/Voit/Heinrich §29 ZPO Rn. 15.
[15] BGHZ 146, 341 (343) = NJW 2001, 1056.
[16] MüKoBGB/Schäfer §705 BGB Rn. 295; Palandt/Sprau §705 BGB Rn. 24 f.
[17] Vgl. Ulmer ZIP 2001, 585 (593, 599);限制性观点参见 Wertenbruch NJW 2002, 324 (328)。

K- GbR 有自己的名称和所在地(参见→边码 10)。其还拥有必 17
要的行为组织机构,因为其具有《民法典》第 714、709 条规定的有代
表权的合伙人。之所以能够认为其具有责任基础,是因为合伙已经
通过《民法典》第 705 条规定的由合伙人提供所约定的出资从而拥有
了合伙本身的财产。

因此,K- GbR 可以被视为具有权利能力。民事合伙的**当事人能** 18
力是对其在与第三人的关系中的法律主体性予以承认的必要程序法
结论(后果)。[18]

K- GbR 由具有合伙事务执行权能的合伙人 C 代表,C 拥有法定 19
代表人的职务(《民法典》第 714 条、第 710 条第 1 句)。[19]

(3) V 的诉讼实施权

V 是否有诉讼实施权,即 V 是否拥有就其所主张的权利以正确 20
的当事人身份实施诉讼的权能,是有争议的。[20]

V 在将其债权转让给 H 之后就不再是该债权的权利所有人。因 21
此,他为了让 H 实现该债权而提起诉讼,就是在以自己的名义主张他
人的权利。

①法定诉讼担当

该案例中法定诉讼担当(的可适用性)并不明显,尤其《民事诉 22
讼法》第 265 条第 2 款与该案例无关,这是因为法定诉讼担当的前提
是在发生诉讼系属后才将所主张的债权进行转让。然而 V 在起诉前
(《民事诉讼法》第 261 条第 1 款、第 253 条第 1 款)就已经将债权转
让给了 H。

---

[18] BGHZ 146, 341 (348) = NJW 2001, 1056 (1058).

[19] 法人和与法人具有同等地位的合伙的诉讼能力存在争议, vgl. Zöller/Althammer § 52 ZPO Rn. 2 m. w. N.; Jauernig/Hess § 20 Rn. 5 m. w. N. MüKoZPO/Lindacher § 52 ZPO Rn. 23 ff. 正确地指出这是一个错误的、不妥的提议。

[20] Musielak/Voit/Weth § 51 ZPO Rn. 16.

②意定诉讼担当

23 　　因此,必要时最多考虑适用意定诉讼担当。适用意定诉讼担当在当前得到了非常广泛的认可[21],其前提是要满足下列要件:

a)权利所有人作出授权

24 　　原告必须获得权利所有人就实施诉讼的授权。[22] 从案情来看,H 对 V 确实进行了这样的授权。

b)被授权人自身有值得保护的利益

25 　　除此之外,被授权人需要对其所主张的他人的权利具有值得保护的自身利益。[23] 如果被授权人请求法院作出的裁判对被授权人的法律状况有影响,则可以认为被授权人具有这样的利益。[24]

26 　　对于让与担保,由于信托的性质故而可以承认让与人具有值得保护的自身利益。[25] 此处受让人仅能将债权的财产价值用于担保自身对让与人享有的请求权[26],因而受让人在与让与人的关系中只可以根据担保的目的拥有、使用该债权。[27] 此外,让与人能够主张已被转让的债权的利益还源自,在担保事件中,在让与人无法获取相关利益时,让与人仍然会面临受让人为了实现被担保的债权而向让

---

[21] BGH NJW 2002, 1038; Musielak/Voit/Weth §51 ZPO Rn. 25 ff.; vgl. Zöller/Althammer Vor §50 ZPO Rn. 38 ff.

[22] Vgl. BGH r+s 2017, 326 Rn. 8; NJW 2017, 486 Rn. 5; 2011, 2581; 1989, 1932 (1933); RGZ 73, 306 (308); Thomas/Putzo/Hüßtege §51 ZPO Rn. 33; Rosenberg/Schwab/Gottwald §46 Rn. 33.

[23] Vgl. BGH NJW 2017, 487 (488 Rn. 17); 2000, 738; Zöller/Althammer Vor §50 ZPO Rn. 40 m. w. N.; Jauernig/Hess §22 Rn. 15.

[24] BGH NJW 2017, 486 Rn. 5; 2009, 1213 (1215); OLG Celle NJW 1989, 2477; Zöller/Althammer Vor §50 ZPO Rn. 40; Jauernig/Hess §22 Rn. 16.

[25] BGH NJW 1990, 1117; 1989, 1932 (1933); MüKoZPO/Lindacher Vor §§50 ff. ZPO Rn. 63; Rosenberg/Schwab/Gottwald §46 Rn. 39. Vgl. auch OLG Brandenburg NJW- RR 2002, 1703.

[26] MüKoBGB/Roth/Kieninger §398 BGB Rn. 99.

[27] Palandt/Grüneberg §398 BGB Rn. 25.

与人提出相应要求的风险。[28] 另外,要求被授权人具有值得保护的利益也是为了保护诉讼中的对方当事人不会被迫成为权利所有人之外的其他人的诉讼对手,这也可以被用来证明法律要求相关当事人对实施别人的诉讼具有值得保护的利益是具有正当性的。[29] 该案例中,V 是 K-GbR 的原合同伙伴。假如没有发生向 H 银行的担保让与,则 V 将成为 K-GbR 的唯一可能的诉讼对手,因此 V 并非受迫与 K-GbR 进行诉讼。

c) 被告不具有相对立的值得保护的利益

被告具有相对立的值得保护的利益,主要出现在被告因原告选择的诉讼实施的类型而不公平地遭受不利益时。[30] 可能的情形有:由于被授权人缺乏财产,导致费用偿还请求权大概率不可能实现,从而存在对意定诉讼担当的明显滥用。[31] 然而在该案例中 K-GbR 显然不具有相对立的利益。

提示: 然而,联邦普通法院[32]确立的诸项原则并非完全适用。尽管提起诉讼的合伙缺乏财产,联邦普通法院仍然准许意定诉讼担当,只要对方当事人不会由于存在特殊情况而不公平地遭受不利益。如果提起诉讼的有限责任公司在诉讼期间内才出现财产缺乏,同时资不抵债、债权让与的公开与对实施诉讼的授权之间又没有直接的、时间上的联系,则大概率可以接受前述的法院对意定诉讼担当的准许。[33] 也存在特殊的情况,如在为债权成立说明理由时,提起诉讼的有限责任公司(合同伙伴/债权让与人)已经在商业登记处进行了解散登记,因为对于这样的

---

[28] Vgl. Leyendecker ZZP 122 (2009), 465 (483).
[29] Vgl. MüKoZPO/Lindacher Vor §§ 50 ff. ZPO Rn. 55.
[30] BGHZ 96, 151 (155 f.) = NJW 1986, 850; BGH NJW 1989, 1932 (1933).
[31] BGHZ 96, 151 (155) = NJW 1986, 850 (851); BAG NZA 2003, 59 (62).
[32] BGHZ 96, 151 (152 ff.) = NJW 1986, 850 f.
[33] Vgl. BGH NJW-RR 2011, 1690 (1691); NJW 1995, 3186 (3187); 1989, 1932 (1933 f.).

情形对方当事人当时明显已知,并且伴随被主张的请求权的实现,所以前述的让与债权的有限责任公司被免除了其对受让人的债务。[34]

d)权利或者权利的行使具有可转让性

28 　　诉讼担当人主张的权利必须具有可转让性。[35] 该案例正属于这样的情形,因为承揽报酬债权是可以转让的。

29 　　因此,V 的意定诉讼担当是合法的,因而 V 的诉讼实施权应当获得肯定。

(4)其他的实体判决要件

30 　　可以认为其他实体判决要件都齐备,因为案情中没有线索表明缺少这些实体判决要件。特别是 V 不必依照《民事诉讼法》第 79 条第 1 款第 2 句第 1 半句的规定由律师进行代理,因为 V 为了实现债权而提起诉讼,V 是该债权的原债权人(《民事诉讼法》第 79 条第 1 款第 2 句第 2 半句)。

(5)小结

31 　　V 针对 K- GbR 的诉是合法的。

3.诉具有理由

32 　　V 不要求向自己给付而是向 H 给付。所以,只有 H 是适格的原告,这是最重要的。因此,当 H 针对 K- GbR 主张的支付请求权成立时,V 的诉就具有理由。

33 　　H 针对 K- GbR 的请求权可能源自《民法典》第 631 条第 1 款、第 398 条。在没有任何反面的提示下,可以认为 V 依据《民法典》第 631 条第 1 款而享有的对 K- GbR 的承揽报酬请求权,已经依照《民法典》第 398 条的规定被有效地转让给了 H。因为从案情可知,承揽加工并无缺陷,而且因为《民法典》第 640 条第 2 款第 1 句规定的期间已

---

[34] BGH NJW 2003, 2231 (2232).
[35] OLG Frankfurt BeckRS 2016, 118609 Rn. 13; Zöller/Althammer Vor § 50 ZPO Rn. 42.

经届满,承揽的工作被视为已验收,所以请求权也以约定的金额为限,并且请求权所涉款项已经到期应付。因此,依照《民法典》第631条第1款、第398条的规定,H对K-GbR享有一项支付金额为5000欧元的请求权。诉具有理由。

提示:在诉讼请求转换为向H给付之后,要点仅在于H的请求权是否存在。假如V希望按照自己原先的诉讼请求要求被告向自己给付,则V需要一项能够收回债权的实体法上的权利。这样的权利不会随着受让人向让与人作出允许让与人以自己的名义实施诉讼的授权而自动产生。更确切地说,实施诉讼的授权和实体法上的收回权授权应当分离。[36] 在发生公开的担保让与时,获得实施诉讼授权的让与人通常只有权要求(被告)向受让人给付。[37]

4. 结论

V有希望获得胜诉,因为诉合法并且具有理由。　　　　　　　　　34

(二)问题2

1. 诉的合法性

如果实体判决要件齐备,则诉即为合法。　　　　　　　　　　　35

(1)波茨坦区法院的管辖权

关于事务管辖权和地域管辖权,可以参考上文相关内容(→边码7及以下数段)。据此,波茨坦区法院有管辖权。　　　　　　　36

(2)《民事诉讼法》第50条及以下数条规定的当事人能力和诉讼能力以及诉讼实施权

---

[36] BGH NJW 2012, 1207 (1208 Rn. 10); Stein/Jonas/Jacoby Vor §50 ZPO Rn. 59;但 vgl. Musielak/Voit/Weth §51 ZPO Rn. 32:认为在有疑义时,两种授权都要齐备。

[37] BGH NJW 1999, 715 (717); 1989, 1932 (1933); 1960, 958 (959).

37　　H作为法人,依照《民事诉讼法》第50条第1款并结合《股份法》第1条第1款第1句的规定,具有权利能力,因此具有当事人能力。依照《股份法》第78条第1款,该公司由其董事会代表。H也具有诉讼实施权,因为该公司本身就是其受让的债权的权利所有人,即其是在主张自己的权利。

38　　K-GbR具有权利能力,因此具有当事人能力(→边码18)。该合伙由执行合伙事务的合伙人C代表(→边码19)。

　　(3)同一案件未另行发生诉讼系属(《民事诉讼法》第261条第3款第1项)

39　　H的诉不得另行发生相对立的诉讼系属。依照《民事诉讼法》第261条第3款第1项的规定,在诉讼系属期间,各方当事人都不得使该诉讼案件另行处于未决状态。* 此处有争议之处在于,V向波茨坦区法院提起诉讼是否构成另行发生诉讼系属。

　　①当事人的同一性

40　　依照《民事诉讼法》第261条第3款第1项,构成另行发生诉讼系属的前提是两个诉的当事人具有同一性。该案例不存在当事人的同一性,因为在第一个诉讼中K-GbR的对方当事人是V,而在第二个诉讼中K-GbR的对方当事人则是H。但是,假如判决的既判力扩张至各当事人,则诉讼系属抗辩就仅能针对第三人提出。[38] 针对诉讼担当人的判决的既判力也及于权利所有人[39],只要被授权人参加、实施诉讼的依据是授权。[40] 该案例中,V在起诉时,已经公开将

---

* "Anhängigkeit"及其形容词"anhängig",应当译为"未决状态",而非"(诉讼)系属",两者在诉讼上意义不同。参见陈卫佐译注:《德国民法典》(第5版),法律出版社2020年版。——译者注

〔38〕 Vgl. Wieczorek/Schütze/Assmann §261 ZPO Rn. 75.
〔39〕 BGH NJW 1993, 3072 (3073); MüKoZPO/Lindacher Vor §§50 ff. ZPO Rn. 72; Rosenberg/Schwab/Gottwald §46 Rn. 62.
〔40〕 BGH NJW 1980, 2461 (2463); MüKoZPO/Gottwald §325 ZPO Rn. 57; Wieczorek/Schütze/Assmann §261 ZPO Rn. 75.

债权转让给了 H,其参加、实施诉讼的依据是 H 对其的授权。

②同一诉讼标的

最终,各个诉讼还必须涉及同一诉讼标的。 41

该案例中,无论是 V 还是 H,其谋求的都是相同的请求权目标,即请求法院判令 K-GbR 向 H 支付 5000 欧元,并且两个原告都是根据相同的生活事实情况推导得出这样一个相同的请求权目标。无论是 V 还是 H 提出支付要求,都不会产生不同的诉讼标的。诚然,相互之间对请求权存在争议[41]的诉讼主体,也属于诉讼标的的个体化范畴(即主体属于区分诉讼标的的要素之一,主体不意味着诉讼标的不同)。[42]然而该案例中 H 是债权的权利所有人,H 只是授权 V 通过司法诉讼途径主张债权。因此,存在同一诉讼标的。 42

依照《民事诉讼法》第 261 条第 3 款第 1 项的规定,V 的诉的诉讼系属与 H 的诉相对立。 43

2. 结论

H 的诉是不合法的。 44

(三)问题 3

如果 V 的诉合法且具有理由,则其会胜诉。 45

1. 诉的合法性

如果实体判决要件齐备,则诉即为合法。 46

(1)波茨坦区法院的管辖权

关于事务管辖权和地域管辖权,可以参考上文相关内容(→边码 7 及以下数段)。据此,波茨坦区法院有管辖权。 47

---

[41] OLG Koblenz AnwBl. 1985, 44.(对应德语原文脚注 42。——译者注)
[42] Henckel, Parteilehre und Streitgegenstand im Zivilprozeß, 1961, S. 217 正确地指出:使诉讼标的个别化的并非当事人,而是被主张的请求权的主体。(对应德语原文脚注 41。——译者注)

(2)诉讼实施权

48 有争议之处在于,V是否具有诉讼实施权。最初,H授权V可以主张请求权,因而V首先是以意定诉讼担当人的身份出现的(→边码23及以下数段)。但是,意定诉讼担当的要件必须在事实审的最后一次言词辩论这个时间点上仍然存在(成立)。[43] 对此可以表示怀疑,因为H已经撤回了对V实施诉讼的授权。然而有争议的是,实施诉讼的授权在诉讼程序正在进行的过程中是否能够被有效撤回,以及这样的撤回对诉讼程序的合法性有哪些影响。

①实施诉讼授权的有效撤回

49 在诉讼程序进行过程中,已经作出的实施诉讼授权能在多大程度上被撤回,关键在于对撤回的合法性的判断依据究竟是诉讼法还是实体法。

50 实施诉讼的授权究竟是诉讼行为还是实体法上的意思表示,目前仍有争议。将此种授权视为实体法上的意思表示的人,认为撤回也应当适用实体法的规定。[44] 而在将此种授权归类为诉讼行为的人中,一部分人依据诉讼法对撤回进行评判[45],另一部分人则根据实体法来评判[46]。

a)第一种观点

51 部分人认为,撤回实施诉讼的授权,无须任何区分和理由说明,在任何时候都应当被认为具有合法性。[47]

---

〔43〕 BGH NJW 2015, 2425 (2426 Rn. 15).
〔44〕 Rosenberg/Schwab/Gottwald §46 Rn. 33.
〔45〕 Lindacher LMK 2015, 371947.
〔46〕 BGH NJW 2015, 2425 (2427 Rn. 21); 2000, 738 (739); Stein/Jonas/Jacoby Vor §50 ZPO Rn. 56; Leyendecker ZZP 122 (2009), 465 (473).
〔47〕 BGH NJW 2014, 1970 (1971 Rn. 8); 1993, 3072 (3073); NJW- RR 1986, 158,然而该判例认为,在任何情形中这一问题都不会严重影响裁判;Prütting/Gehrlein/Gehrlein §50 ZPO Rn. 39。

b) 第二种观点

另一种观点将实施诉讼的授权视为诉讼行为,并且依据诉讼法的一般原则来评判撤回的合法性。[48] 据此,撤回的可能性关键在于,实施诉讼的授权是被视为与效行为还是被视为取效行为。

52

与效行为原则上是不能被撤回的,因为与效行为直接对诉讼情况造成影响。[49] 如果实施诉讼的授权被归类为与效行为,则在起诉后撤回授权不合法。

53

与之相反的是取效行为,其旨在仅促使法院作出一定的具体裁判[50],只要对方当事人尚未获得受保护的法律地位,取效行为就是可以被撤回的。[51] 如果将实施诉讼的授权视为取效行为[52],则在言词辩论开始之前,撤回都是合法的。

54

实施诉讼的授权并不具有诉讼构成机能,这一点将不能支持将撤回归类为与效行为的观点。实施诉讼的授权仅为意定诉讼担当这项法律制度的要件。[53] 此外,因为法院必须依职权确认意定诉讼担当的合法性[54],所以撤回是一种取效行为。

55

该案例中,言词辩论在实施诉讼的授权被撤回之前就已经开始了。因此,未经有权要求法院作出实体裁判的被告同意,原告就不能撤诉(《民事诉讼法》第 269 条)。[55] 然而,被告可以通过表示同意,放弃对其有利的法律地位。因此,如果被告同意,则在言词辩论开始之后的撤回也具有合法性。K-GbR 请求法院以诉不合法为由

56

---

[48] Lindacher LMK 2015, 371947.
[49] MüKoZPO/Rauscher Einl. Rn. 428; Zöller/Greger Vor § 128 ZPO Rn. 18.
[50] MüKoZPO/Rauscher Einl. Rn. 416; Rosenberg/Schwab/Gottwald § 64 Rn. 1.
[51] MüKoZPO/Rauscher Einl. Rn. 428; Zöller/Greger Vor § 128 ZPO Rn. 18.
[52] BGH NJW 2015, 2425 (2428 Rn. 28).
[53] Leyendecker ZZP 122 (2009), 465 (475).
[54] BGH NJW 1994, 2549 (2550); 1993, 918 (919); Zöller/Althammer Vor § 50 ZPO Rn. 44.
[55] BGH NJW 2015, 2425 (2428 Rn. 29); vgl. Hoffmann ZZP 130 (2017), 403 (421); Lindacher LMK 2015, 371947.

驳回诉,在这样的申请中存在着对撤回实施诉讼授权的可推断的同意,因而撤回具有合法性。

c)第三种观点

还有观点认为,授权虽然是一种诉讼行为,但是因为诉讼法并不包含涉及实施诉讼授权的作出和有效性的法律规定,所以授权的法律存续性在原则上仍然应当根据实体法来进行评判。[56] 该观点认为,根据实体法规定,实施诉讼的授权与《民法典》第 185 条规定的处分授权具有可比性,因而撤回实施诉讼的授权可以准用《民法典》第 183 条。[57] 与此对应,授权在法律行为实施之前都可以撤回,除非作为授权基础的法律行为还会产生另外的结果。因此具有决定性意义的是,就实施诉讼的授权而言,究竟应该选择哪个时间点来与实施法律行为的时间点进行比较。对于这一问题,部分学者将起诉视为具有决定性作用的时间点。[58] 与此相反,根据联邦普通法院一项已经被变更的判例,经由司法诉讼路径实现权利,也即实施诉讼,可以被视为主要行为(Hauptgeschäft)。[59] 因为能否撤回视主要行为是否完全实现而定——对于多举(mehraktigen)的处分行为,在最后一个分行为(Teilakts)实施之前都可以被撤回,所以,只要诉讼担当人的诉讼行为对于实现权利必要和适当,并且作为(诉讼行为)基础的法律关系不会产生另外的结果,实施诉讼的授权在诉讼过程中也是可以被自由撤回的。[60] 该案例中,对于通过司法诉讼实现权利,仍然有其

---

〔56〕 此乃通说,vgl. nur BGH NJW 2015, 2425 (2427 Rn. 21); OLG Frankfurt BeckRS 2016, 118609 Rn. 13; Musielak/Voit/Weth § 51 ZPO Rn. 26; Stein/Jonas/Jacoby Vor § 50 ZPO Rn. 56; Leyendecker ZZP 122 (2009), 465 (476)。

〔57〕 BGH NJW 2015, 2425 (2427 Rn. 22); a.A. Leyendecker ZZP 122 (2009), 465 (476),《民法典》第 671 条规定的委托关系是自由的可撤销性的基础,应当根据这样的自由的可撤销性来安排。

〔58〕 RGZ 164, 240 (242):主要行为是起诉; BeckOGK/Regenfus § 183 BGB Rn. 29; Staudinger/Gursky (2014) § 183 BGB Rn. 12。

〔59〕 BGH NJW 2015, 2425 (2427 Rn. 24).

〔60〕 BGH NJW 2015, 2425 (2427 Rn. 24).

他的行为(例如收集关于承揽加工存在瑕疵的证据)可以实施——诉讼尚未终结,因而主要行为尚未完成。各方就不可撤回尚未达成一致。故就本观点来看,实施诉讼的授权可以被有效撤回。

d)小结

所有的观点均认为,撤回实施诉讼的授权是有效的。

②撤回的后果

当撤回有效时,作为诉讼实施权要件之一的实施诉讼授权就被取消了。假如这将导致诉讼实施权的灭失,则诉讼就一定会以不合法为由被驳回。由此,真正的权利所有人就可以自由地以自己的名义重新提起诉讼。因为在此种情形中,被告一定会再次针对相同的诉讼标的进行防御,权利所有人有可能会滥用(制度、权利),所以存在争议的是,实施诉讼授权的消灭是否会同时导致诉讼实施权的不复存在。[61]

第一种观点对撤回的后果不发表意见,因为该问题并不会严重影响裁判。

根据第二种观点,应当在诉讼法视角下考虑撤回的有效性问题,撤回有效时,诉讼实施权就消灭。法律对于撤回须取得被告同意的规定,可以防止可能发生的(制度、权利)滥用。

第三种观点认为,撤回的后果是实施诉讼的授权——也即诉讼实施权的要件——将消灭。当然,根据联邦普通法院的观点,在言词辩论开始之后撤回实施诉讼的授权,在程序法上并不会对原告的诉讼实施权产生影响,因而只要被告不同意以诉讼不合法为由驳回诉讼,实施诉讼的授权就可以被视为继续存在。[62] 此处联邦普通法院观点的基础在于,属于取效行为的诉讼行为的撤回只有在对方尚未获得受保护的法律地位时才可以进行。因为被告方当事人在应诉进

---

[61] Leyendecker ZZP 122 (2009), 465 (476 f.).
[62] BGH NJW 2015, 2425 (2428 Rn. 29).

行本案答辩之后就已经取得了受保护的法律地位,对实施诉讼授权的撤回就不再能够剥夺被告的这种法律地位。就这方面而言,撤回的效果类似于《民事诉讼法》第 269 条第 1 款规定的撤诉。在言词辩论开始之后,未经被告同意,也不再允许撤诉。该案例中,对实施诉讼授权的撤回是在提出申请之后进行的,即撤回发生在言词辩论开始之后(《民事诉讼法》第 137 条第 1 款)。因为 K-GbR 请求法院以诉不合法为由驳回诉,所以具备了必要的同意。因此,由于欠缺诉讼实施权,法院应当以 V 的诉不合法为由驳回该诉。

63 因为第一种观点对各种效力不发表意见,而另外两种观点对此的结论相同,所以可以不对争议进行评判。

64 伴随有效的撤回,诉讼实施权被取消。

2. 结论

65 该诉不合法。

提示:在撤回实施诉讼的授权之后,H 还有多大可能将已经由 V 实施的诉讼继续进行下去,这一问题存在争议。

根据联邦普通法院的观点,依照《民事诉讼法》第 263 条,权利所有人继续进行诉讼的,须通过变更意定当事人来实现。[63]

根据另一种观点,类似于《民事诉讼法》第 265 条第 2 款,撤回授权原则上对效力待定的诉讼不会有任何影响,因而诉讼程序应当由诉讼担当人继续进行。[64]根据这一观点,只有类似于《民事诉讼法》第 265 条第 2 款第 2 句的情形,诉讼才能被承受。然而,缺少可比较的利益状况,无法支持前述规则的适用,因为在发生诉讼担当时,实体权利并不能被转让给诉讼担当人。被告可以通过行使抗辩权提出存在相对立的诉讼系属来得到充分

---

[63] BGH NJW 2015, 2425 (2428 Rn. 29, 30); 1993, 3072 (3073).
[64] Leyendecker ZZP 122 (2009), 465 (482 ff.) 发生担保行为时。

的保护。[65]

此外应当考虑的是,类似于《民事诉讼法》第239条适用有关法定当事人变更的法律规定,从而让权利所有人加入到诉讼程序中。[66] 但是该案例中意定诉讼担当人的权利地位欠缺与实体法上的权利所有人的可类比性。只能是因为死亡或者丧失诉讼能力,权利所有人才会失去通过诉讼主张权利的能力,而这将引起诉讼程序中断,以确定继承人。与此相反,在意定诉讼担当的情形中,从一开始就应当立即确定实体法上的权利所有人。[67]

---

[65] BGH NJW 1993, 3072 (3073); NJW-RR 1986, 158.
[66] Leyendecker ZZP 122 (2009), 465 (484 f.)在除担保行为之外的意定诉讼担当的其他情形中。
[67] BGH NJW 1993, 3072 f.

案例 2　绿地上的房屋

一、案情

手工业者 Bobby(以下简称 B)居住在施普雷河畔菲尔斯滕瓦尔德(Fürstenwalde/Spree)并在柯尼希斯武斯特豪森(Königs Wusterhausen)拥有一家手工业企业,他定期接受来自柏林的报纸出版商 Karl(以下简称 K)的委托。这次,他受托对 K 在波茨坦度过周末所用的郊外小住宅(Wochenendhaus)的窗户进行修缮。B 在其学徒 Arnold(以下简称 A)的协助下合乎规范地正常开展工作。然而,在安装新窗户期间,由于 A 粗心大意,K 的优质木地板被损坏。在工作验收之后 K 才注意到这一情况。他现在要求 B 赔偿损失。

因为 B 拒绝付款,K 将 B 诉至波茨坦地方法院,请求法院判令 B 赔偿 6000 欧元的损失。

B 对诉讼请求的金额无异议;然而他认为他不必支付损害赔偿,因为损害不是他造成的。他认为他不必为 A 的行为承担责任,因为他对帮工进行了认真的筛选,并对选出的 A 进行了仔细监督。作为替代或者补偿,B 希望使用支付金额为 7500 欧元的承揽报酬尾款的请求权进行抵销。K 认为这样的抵销是不合法的,因为 B 已经通过诉讼途径在另外一个柏林地方法院的处于未决状态的诉讼案件中主张了相同的债权——这些情况与本案密切相关。

双方当事人均由律师代理。

编者注:施普雷河畔菲尔斯滕瓦尔德有一所区法院,该法院位于奥德河畔法兰克福地方法院辖区内。柯尼希斯武斯特豪森同样有一所区法院,该法院位于科特布斯地方法院辖区内。

问题1:该诉是否有希望获得胜利?

变体1:其他如基本案情所述,但是B只有一项承揽报酬尾款的请求权,金额为2000欧元,目前他尚未通过诉讼主张该债权。他没有使用该债权进行抵销,而是对K提起了反诉。

问题2:反诉是否合法?

变体2:2018年3月5日,B委托其律师将K诉至柏林地方法院,请求法院判令K向其支付承揽报酬尾款7500欧元。对B的承揽工作,K已经于2009年进行了验收。在先期首次期日,由律师代理的K提出,(对方主张的)请求权诉讼时效已经于2018年1月1日届满。关于这一点,B的律师表示该案诉讼已经终结,并请求法院判令K负担诉讼费用。K的律师仍然要求法院以诉讼无理由为由驳回诉。K的律师认为,B早已知晓时效期间已然届满,其本可以较早地起诉来防止时效届满。因为时效抗辩具有溯及力,诉从一开始就不具有理由。

问题3:法院应当如何裁判?

二、思路

(一)问题1
  1. 诉的合法性 ·················· 2
    (1)管辖权 ···················· 3
      ①事务管辖权 ·············· 4
      ②地域管辖权 ·············· 5
        a)专属审判籍 ············ 5
        b)《民事诉讼法》第12、13条规定的普通
          审判籍 ·················· 6

   c)《民事诉讼法》第 21 条第 1 款规定的营业所
    的特别审判籍 ·················· 7
   d)《民事诉讼法》第 29 条第 1 款规定的履行地
    的特别审判籍 ·················· 8
   e)《民事诉讼法》第 32 条规定的侵权行为的
    特别审判籍 ···················· 9
  (2)依照《民事诉讼法》第 253 条依法起诉 ········ 10
  (3)其他的实体判决要件 ················ 11
  (4)小结 ······················· 12
 2. 诉具有理由 ······················ 13
  (1)请求权已经产生 ·················· 14
   ①《民法典》第 280 条第 1 款、第 241 条第 2 款
    规定的请求权 ·················· 14
    a)债务关系 ··················· 15
    b)违反义务 ··················· 16
    c)必须担责 ··················· 17
     aa)《民法典》第 276 条规定的 B 自身的过错 ··· 18
     bb)《民法典》第 278 条规定的归责 ········ 19
    d)法律后果 ··················· 20
    e)小结 ····················· 21
   ②《民法典》第 823 条第 1 款规定的请求权 ······ 22
   ③《民法典》第 831 条第 1 款规定的请求权 ······ 23
    a)作为事务辅助人的 A ··············· 24
    b)A 的违法侵权行为 ··············· 25
     aa)可归责的侵权 ················ 26
     bb)违法性 ··················· 27
    c)在执行事务中 ················· 28
    d)B 不能免责 ·················· 29

                e) 小结 ·· 30
            (2) 依照《民法典》第 389、387 条通过抵销消灭
                请求权 ·· 31
                ① 抵销值得注意之处 ························ 32
                    a) 诉讼行为要件 ························ 33
                    b) 条件的诉讼合法性 ·················· 34
                    c) 适用于为了抵销而被提出的对待债权的
                       合法法律途径 ························ 36
                    d) 对待债权的确定性 ·················· 37
                    e) 无另外的诉讼系属 ·················· 38
                    f) 小结 ······································ 42
                ② 抵销适状 ··································· 43
                    a) 相互的、同种类的债权 ············ 44
                        aa) 主债权 ····························· 45
                        bb) 对待债权 ·························· 46
                        cc) 相互性 ····························· 47
                        dd) 相同种类 ·························· 48
                    b) 对待债权到期且可以实现 ········ 49
                    c) 主债权可以履行 ······················ 50
                    d) 小结 ····································· 51
                ③ 不具有排除抵销的情形 ·················· 52
                ④《民法典》第 388 条规定的抵销的表示 ······· 53
                ⑤《民法典》第 389 条规定的抵销的效力 ········ 55
        3. 结论 ··· 56
(二) 问题 2
    1. 反诉的合法性 ·· 57
        (1) 诉讼系属 ·· 58
        (2) 同类诉讼 ·· 59

　　　　（3）一般的实体判决要件 …………………… 60
　　　　　　①波茨坦地方法院的管辖权 ………………… 61
　　　　　　　a）事务管辖权 ……………………… 62
　　　　　　　b）地域管辖权 ……………………… 63
　　　　　　　　aa）专属审判籍 ……………………… 63
　　　　　　　　bb）《民事诉讼法》第12、13条规定的普通
　　　　　　　　　　审判籍 ……………………………… 64
　　　　　　　　cc）《民事诉讼法》第29条第1款规定的
　　　　　　　　　　履行地的特别审判籍 ………………… 65
　　　　　　　　dd）《民事诉讼法》第33条规定的反诉的
　　　　　　　　　　特别审判籍 …………………………… 66
　　　　　　　c）小结 ………………………………… 67
　　　　　　②依照《民事诉讼法》第253条依法提起反诉 … 68
　　　　（4）当事人的同一性 ………………………… 69
　　　　（5）牵连性 ………………………………… 70
　　2. 结论 ……………………………………………… 71

（三）问题3
　　1.《民事诉讼法》第263、264条规定的诉的变更的
　　　合法性 …………………………………………… 73
　　　（1）作为诉的变更的单方终结表示 …………… 74
　　　　　①特权性的撤诉 …………………………… 75
　　　　　②同种类的制度 …………………………… 76
　　　　　③诉的变更之理论 ………………………… 77
　　　　　④裁判 ……………………………………… 78
　　　（2）合法性 ………………………………… 79
　　　　　①《民事诉讼法》第264条第2项的情形 …… 80
　　　　　②《民事诉讼法》第264条第3项的情形 …… 81
　　　　　③《民事诉讼法》第263条 ………………… 82

    ④小结 …………………………………… 83
  2. 变更后的诉的合法性 ………………………………… 84
   （1）柏林地方法院的管辖权 …………………… 85
   （2）《民事诉讼法》第256条规定的确认之诉的特别
     要件 …………………………………………… 86
    ①可以被确认的法律关系 ………………… 87
    ②确认利益 ………………………………… 88
   （3）结论 ………………………………………… 89
  3. 变更后的诉具有理由 ………………………………… 90
   （1）诉的原始合法性 …………………………… 91
    ①管辖权 …………………………………… 92
     a）事务管辖权 ………………………… 92
     b）地域管辖权 ………………………… 93
      aa）专属审判籍 …………………… 93
      bb）《民事诉讼法》第12、13条规定的普通
       审判籍 …………………………… 94
      cc）《民事诉讼法》第29条第1款规定的
       履行地的特别审判籍 …………… 95
    ②依照《民事诉讼法》第253条依法起诉 ……… 96
    ③其他实体判决要件 ……………………… 97
    ④小结 ……………………………………… 98
   （2）诉原先具有理由 …………………………… 99
   （3）诉讼系属后终结（本案）的事件 …………… 100
    ①第一种观点 ……………………………… 103
    ②第二种观点 ……………………………… 105
    ③评判 ……………………………………… 107
   （4）诉嗣后不具有理由 ………………………… 109
   （5）小结 ………………………………………… 110

  4. 诉讼费用 ……………………………………………… 111
  5. 结论 …………………………………………………… 113

三、解答

(一) 问题 1

1 如果诉合法并且具有理由，则有希望获胜。

  1. 诉的合法性

2 如果具备实体判决要件，则诉合法。

  (1) 管辖权

3 因为当事人已经向波茨坦地方法院起诉，所以必须审查该法院是否具有管辖权。

  ①事务管辖权

4 依照《民事诉讼法》第 1 条的指示，对事务管辖权应当适用《法院组织法》第 71、23 条。据此，全部民事诉讼案件，只要不属于区法院管辖，均由地方法院管辖。《法院组织法》第 23 条第 2 项规定的不考虑诉讼标的额应移送区法院的情形，在本案例中并不存在。同样地，区法院对以金钱或者金钱价值超过 5000 欧元的请求为标的的诉讼并无管辖权（参见《法院组织法》第 23 条第 1 项）。在本案例中，K 主张的损害赔偿金额为 6000 欧元，超过了 5000 欧元，因而地方法院具有事务管辖权。

  ②地域管辖权

  a) 专属审判籍

5 是否存在专属审判籍并非显而易见。

  b)《民事诉讼法》第 12、13 条规定的普通审判籍

6 依照《民事诉讼法》第 13 条，普通审判籍依被告的住所地确定（《民法典》第 7 条）。B 居住在施普雷河畔菲尔斯滕瓦尔德，即其住

所位于奥德河畔法兰克福地方法院辖区内,因而波茨坦地方法院无法依据《民事诉讼法》第12、13条取得地域管辖权。

c)《民事诉讼法》第21条第1款规定的营业所的特别审判籍

因为B的手工业企业位于柯尼希斯武斯特豪森,该地属于科特布斯地方法院辖区,由此可知波茨坦地方法院也无法依据《民事诉讼法》第21条第1款取得地域管辖权。

d)《民事诉讼法》第29条第1款规定的履行地的特别审判籍

可以考虑《民事诉讼法》第29条第1款规定的履行地的特别审判籍,因为在K和B之间存在一个《民法典》第631条规定的承揽合同,依照《民法典》第280条第1款、第241条第2款,可以因违反合同所衍生的附随义务而产生一项损害赔偿请求权。据此,对因合同关系而产生的纠纷,由有争议义务的履行地法院管辖。如果涉及因违反给付义务或者附随义务而产生的损害赔偿,则"有争议的义务"并非进行损害赔偿的义务,而是被违反的给付义务或者附随义务。[1] 根据实体法来确定履行地,也即根据《民法典》第269条规定的给付地来确定履行地。[2] 从这方面来看,被违反的附随义务的给付地与主义务的给付地是一致的。[3] 在该案例中,主义务的给付地是应当进行承揽加工的地方。据此,波茨坦是当前的给付地,因为B应当在该地进行窗户的修缮,在施工过程中和施工范围内,他也有义务顾及K的法益。因此,波茨坦也是附随义务的给付地(履行地)。[4] 换言之,依照《民事诉讼法》第29条第1款的规定,波茨坦地方法院具有地域管辖权。

---

[1] BGH NJW- RR 2013, 309 Rn. 14; OLG Schleswig OLGR 2005, 630 (631); Zöller/Schultzky §29 ZPO Rn. 25 "损害赔偿";vgl. auch MüKoBGB/Krüger §269 BGB Rn. 43。

[2] BGH NJOZ 2016, 771 Rn. 4; Musielak/Voit/Heinrich §29 ZPO Rn. 15。

[3] BGH NJW- RR 2014, 248 (249 Rn. 13); vgl. BGH BeckRS 1976, 31115362; Zöller/Schultzky §29 ZPO Rn. 25 "附随义务";Palandt/Grüneberg §269 BGB Rn. 7,当然,只有在有疑义时才会以同步为出发点。

[4] Vgl. 适用于阐明义务 BGH NJW- RR 2014, 248 (249); BayObLG NJW 2002, 2888。

e)《民事诉讼法》第 32 条规定的侵权行为的特别审判籍

最后,波茨坦地方法院的地域管辖权也可能源自《民事诉讼法》第 32 条规定的侵权行为的特别审判籍。据此,行为发生在法院辖区内,即法院有管辖权。这样的侵权行为地方,可以是(侵权的至少)一个基本构成要件要素变为现实的任一地方,也即或者它可能是确定了相当起因的行为地,或者是受保护的法益受到干涉、干预的(侵权)结果发生地。[5] 为了说明、论证存在《民事诉讼法》第 32 条规定的审判籍,原告主张的可以产生侵权请求权的诸事实必须具有法律合理性。在该案例中,依据 K 的陈述,K 的请求权可能源自《民法典》第 831 条第 1 款第 1 句的规定。因为在该案例中,无论是侵权行为(安装过程中地板被损坏)的行为地还是结果发生地均位于波茨坦的 K 的房屋内,所以依照《民事诉讼法》第 32 条,对于 K 的侵权请求权,波茨坦地方法院具有地域管辖权。

提示:在个别情形中是否确实存在侵权请求权,在论证诉的合法性时并不必须得到证实。只要对请求权进行法律合理性说明即为足够(法律合理性理论)[6],论证诉具有理由时才必须进行属实性证明。[7] 该案例中的正是所谓的双重重大关系事实,因为能够论证管辖权存在的事实同时也是对于实体法上的请求权而言必要的构成要件特征,因此其对于论证诉讼具有理由具有重大意义。[8]

此外还具有争议的是,依照《民事诉讼法》第 32 条规定的具有地域管辖权的法院,是仅能够审查侵权请求权,还是也能够审

---

[5] BGH NJW 1994, 1414.

[6] Vgl. BGH NZG 2010, 587; MüKoZPO/Patzina §32 ZPO Rn. 39; Musielak/Voit/Heinrich §32 ZPO Rn. 19; a. A. Würthwein ZZP 106 (1993), 51 (64 ff.),其希望放弃法律合理性审查。

[7] BGHZ 124, 237 (240) = NJW 1994, 1413; BGHZ 7, 184 (186) = NJW 1952, 1336; 批评意见参见 BLAH Grundzüge §253 ZPO Rn. 15。

[8] Vgl. dazu Wieczorek/Schütze/Assmann Vor §253 ZPO Rn. 134.

查竞合的合同请求权。[9] 根据联邦普通法院的判例[10],法院应当考虑所有可能的法律观点,对法律争议作出裁判,只要当事人主张的是一个统一的、诉讼上的请求权。《法院组织法》第17条第2款的新规定支持了联邦普通法院这一观点。假如将审查权限限制在侵权请求权的范围内,将会导致诉讼标的这一概念受到限制(这里是纯粹实体法上的诉讼标的概念,因为涉及的是单个请求权基础),进而导致既判力受到限制。

(2)依照《民事诉讼法》第253条依法起诉

因为起诉是一种诉讼行为,所以原告还必须具有诉讼实施能力。在地方法院进行的诉讼实行律师强制代理(《民事诉讼法》第78条第1款),因而仅需要执业律师具有诉讼实施能力即可。K有律师代理诉讼。因此诉的提起是合法的。

10

(3)其他的实体判决要件

关于其他的实体判决要件,不存在疑问。

11

(4)小结

诉具有合法性。

12

2. 诉具有理由

如果K对B享有要求B支付金额为6000欧元的损害赔偿请求权,并且该请求权未因抵销而被消灭,则诉具有理由。

13

(1)请求权已经产生

①《民法典》第280条第1款、第241条第2款规定的请求权

可以考虑《民法典》第280条第1款、第241条第2款规定的损

14

---

[9] Hierzu BGHZ 153, 173 = NJW 2003, 828 m. w. N.
[10] BGHZ 153, 173 (176 ff.) = NJW 2003, 828 (829 f.); zust. Kiethe NJW 2003, 1294 ff.; ebenso KG NJW 2006, 2336 (2337); OLG Brandenburg BeckRS 2013, 04176; zur früheren a. A.: BGH NJW 1988, 1466 (1467); OLG Hamm NJW- RR 2002, 1291; Peglau JA 1999, 140 (141 f.); noch immer kritisch Musielak/Voit/Heinrich § 32 ZPO Rn. 10 f., § 12 ZPO Rn. 10 ff.

害赔偿请求权。

a)债务关系

15 依照《民法典》第631条订立承揽合同,是因为K和B之间存在《民法典》第280条第1款规定的必要的债务关系。

b)违反义务

16 很可能有人违反了因债务关系产生的义务。依照《民法典》第241条第2款,B有义务顾及K的法益。在安装窗户时,K的地板遭受损坏,因此其对地板的所有权受到了侵害,由此发生了违反前述顾及义务的情形。

c)必须担责

17 B必须对违反义务承担责任。

aa)《民法典》第276条规定的B自身的过错

18 B未曾损坏K的地板,因而其不具有过错(《民法典》第276条)。

bb)《民法典》第278条规定的归责

19 但是有可能依照《民法典》第278条的规定要求B对A的过错承担责任。B将A视作其学徒以履行B的债务。对于此种情形,由辅助人员来履行债务人义务的,其须履行的义务也包括保护义务。[11] A由于他自己的疏忽而损坏了K的地板,因此他构成了《民法典》第276条第2款规定的过失行为。在此过程中,A系参与到因K和B之间的承揽合同而产生的义务的履行过程中并开展工作。依照《民法典》第278条的规定,B必须在其过错范围内对A的过错负责。

d)法律后果

20 因为具备《民法典》第280条第1款、第241条第2款规定的诸要件,所以K可以依照《民法典》第249条及以下数条的规定,要求就因违反义务而产生的损害获得赔偿。在该案例中,K的损失金额为

---

[11] MüKoBGB/Grundmann §278 BGB Rn. 21.

6000 欧元。

e) 小结

依照《民法典》第 280 条第 1 款、第 241 条第 2 款,K 对 B 具有金额为 6000 欧元的请求权。

② 《民法典》第 823 条第 1 款规定的请求权

《民法典》第 823 条第 1 款规定的损害赔偿请求权的要件为 B 侵害了 K 的权利。但是 B 自己未曾实施行为,因而目前尚欠缺此要件。

③ 《民法典》第 831 条第 1 款规定的请求权

此外,K 对 B 还可能具有《民法典》第 831 条第 1 款规定的损害赔偿请求权。

a) 作为事务辅助人的 A

适用该规定时,A 必须是 B 的事务辅助人。在该案例中,A 是 B 的学徒。因此,A 有意思表示并希望积极加入 B 的义务范围履行职务并接受 B 的指令约束,因而他可以被视作 B 的事务辅助人。

b) A 的违法侵权行为

A 必须已经实施了不法的侵权行为(《民法典》第 823 条第 1 款)。

aa) 可归责的侵权

由于损坏了地板,A 以可归责于自身的行为侵害了 K 的所有权。

bb) 违法性

(案例中的)违法性是显著的,因为显而易见没有任何正当化事由(违法阻却事由)。

c) 在执行事务中

A 是在执行 B 分配给他的安装任务时损坏了地板,因此其是在执行事务中。

d) B 不能免责

B 也许无法依照《民法典》第 831 条第 1 款第 2 句的规定免除责任。然而 B 已经进行了认真筛选并对选出的 A 进行了仔细监督。

因此，B 成功获得免责。

e）小结

30　　K 对 B 不具有《民法典》第 831 条第 1 款规定的请求权。

（2）依照《民法典》第 389、387 条通过抵销消灭请求权

31　　然而，K 依照《民法典》第 280 条第 1 款、第 241 条第 2 款享有的请求权，可能已经依照《民法典》第 389、387 条的规定，与金额为 7500 欧元的对待债权进行抵销而被消灭了。

①抵销值得注意之处

32　　前述通过抵销消灭请求权的前提是，B 在诉讼中可以考虑进行替代性的抵销。预备抵销很普遍，也是被法律（《法院费用法》第 45 条第 3 款）认可的。根据主流观点，诉讼中的第一次抵销[12]既是诉讼行为，也是实体法上的意思表示。[13] 因此，其成立必须具备诉讼行为的要件以及实体法上法律行为的要件。

a）诉讼行为要件

33　　依据《民事诉讼法》第 50 条及以下数条的规定，B 的当事人能力和诉讼能力不存在疑问。B 依照《民事诉讼法》第 78 条第 1 款的规定合法地委托律师在地方法院代理诉讼。

b）条件的诉讼合法性

34　　然而有疑问的是，作为诉讼行为的抵销是否可以替代性地——也即在某一条件下——进行表示。原则上，只要是诉讼外的条件，诉讼行为都是排斥附加条件的（bedingungsfeindlich）。然而，如果涉及的是诉讼内的条件，则诉讼中的预备抵销合法。在该案例中，抵销被设置为须依据一个诉讼内的条件，即抵销的前提是被告针对诉争债权的成立采取的首要防御未获得成功。

---

〔12〕　参见 Huber JuS 2008, 1050 f.; Wolf JA 2008, 673 ff. und 753 ff. 中关于诉讼上的抵销的内容。

〔13〕　BGH NJW 1957, 591; MüKoZPO/Fritsche § 145 ZPO Rn. 19; Zöller/Greger § 145 ZPO Rn. 11; Musielak/Voit/Stadler § 145 ZPO Rn. 14.

提示：部分学者认为预备抵销是多余的、不必要的，因为法院在能够就抵销作出裁判之前本来就一定要确认主债权成立。[14] 这一点始终适用于抵销一方通过否认作为请求权根据、理由的事实主张，或者主张妨碍请求权、消灭请求权的抗辩等方式来否认诉争债权成立的情形。[15] 与之相反，如果被告首先提出抗辩以反对诉争债权，例如提出时效抗辩，则预备抵销有意义，因为这样就能预先为法院的审查确定一定的顺序。[16] 反对者认为，不能使预备抵销的前提为诉争债权的成立，而应当使其以法院所作的与此相应的判决为前提。[17] 除此之外，假如首先就提出抵销，将会引起的后果是：作为请求权依据的事实将被视为被告已经作出了《民事诉讼法》第288条意义上的自认。[18]

在该案例中，条件已成就，因为B无法通过他的首要防御对抗K的损害赔偿请求权。

c) 适用于为了抵销而被提出的对待债权的合法法律途径

虽然在诉讼中抵销只是一种防御方法，但是可以使为了抵销而被提出的对待债权获得具有既判力的裁判（《民事诉讼法》第322条第2款）。因此，有疑问的是，是否至少必须为对待债权启动民事诉讼程序。在该案例中这个问题可以被暂时搁置，因为民事诉讼程序也适用于对待债权。

提示：有争议之处在于，在对待债权存在争议或者未经法院作出有既判力的确认时，法院可否径行对这样未被引入诉

---

[14] Jauernig/Hess §45 Rn. 7; vgl. Rosenberg/Schwab/Gottwald §104 Rn. 21.
[15] MüKoZPO/Fritsche §145 ZPO Rn. 22.
[16] MüKoZPO/Fritsche §145 ZPO Rn. 23; Rosenberg/Schwab/Gottwald §104 Rn. 19, 以上文献均提及逻辑上的依赖性。
[17] Musielak/Voit Grundkurs Rn. 562; a. A. Rosenberg/Schwab/Gottwald §104 Rn. 20.
[18] BGH NJW-RR 1996, 699 f.; Grunsky/Jacoby Rn. 395.

讼中的对待债权作出裁判,还是在前述情形中在被告催促(另一诉讼的法院)就对待债权作出具有既判力的裁判之前,当前诉讼必须中止。[19] 尤其有疑问的是,《法院组织法》第 17 条第 2 款是否授予了法院一项可以对未被引入诉讼中的对待债权进行审查的宽泛权限。[20] 不支持此种审查权的原因在于,抵销不仅是一个法律观点,还是一项独立的反对权,这种反对权将另外的独立标的补充添加到由原告确定的诉讼标的中,因此其并不在《法院组织法》第 17 条第 2 款规定的范围内。[21]

对于为了抵销而被提出的对待债权而言,作出裁判的法院的事务管辖权和地域管辖权——即使涉及专属审判籍——并不重要,因为抵销在诉讼上是一种抗辩权。[22]

d) 对待债权的确定性

只有对待债权足够明确,抵销才具有合法性。[23] 在该案例中正是这样的情形。

---

[19] Vgl. hierzu Rosenberg/Schwab/Gottwald § 104 Rn. 27 f.; MüKoZPO/Fritsche § 145 ZPO Rn. 31 ff.

[20] 认为法院具有该权限的:Jauernig/Stürner § 387 BGB Rn. 23; Gaa NJW 1997, 3343 (3344 ff.);反对法院具有该权限的:Rosenberg/Schwab/Gottwald § 104 Rn. 27 f.; Musielak/Voit/Wittschier § 17 GVG Rn. 10。

[21] BAG NJW 2008, 1020 (1021); 2002, 317; Musielak/Voit/Wittschier § 17 GVG Rn. 10; vgl. dazu auch Musielak/Voit Grundkurs Rn. 586 m. w. N.; Zöller/Lückemann § 17 GVG Rn. 10; Rupp NJW 1992, 3274 f.

[22] MüKoZPO/Fritsche § 145 ZPO Rn. 32; Zöller/Greger § 145 ZPO Rn. 19; Rosenberg/Schwab/Gottwald § 104 Rn. 22. 然而德国法院必须——无论如何至少在《欧盟民商事案件司法管辖权及裁判的承认与执行条例》(EuGVVO)的适用范围外——在对待债权方面要具有国际管辖权, vgl. BGH NJW 2015, 1118 (1119 Rn. 18)。相比之下仍然存在争议的是:这是否也适用于欧洲的民事诉讼法;参见 Stein/Jonas/Althammer § 145 ZPO Rn. 42 ff.中关于争端状况的内容,当然该文献内容就国际管辖权对于对待债权的必要性这一问题总体上持否定观点。

[23] BGH BeckRS 2017, 127385 Rn. 12; NJW 2000, 2500; Stein/Jonas/Althammer § 322 ZPO Rn. 157.

e) 无另外的诉讼系属

然而与抵销的主张可能相对立的是对待债权已经另行发生诉讼系属(参见《民事诉讼法》第261条第3款第1项)。当然这需要具备一个前提,即通过抵销的途径得到主张的对待债权成为了当前案件的诉讼标的,因此发生诉讼系属。 38

依据通说[24],诉讼系属并不对立,因为以抗辩权形式主张的对待债权,并不会成为诉讼标的,而仅仅是防御方法。在(另一诉讼中法院)就抵销抗辩作出裁判之前,受诉法院可以依照《民事诉讼法》第148条中止诉讼。 39

相反的意见[25]认为诉讼系属是相对立的。持该观点者主张,抵销可以类比反诉,在反诉中诉讼案件的系属关系是无可争议的。支持这一观点的还包括,依照《民法典》第204条第1款第5项,抵销可以使消灭时效停止并且诉讼标的额将依照《法院费用法》第45条第3款被提高。除此之外,依照《民事诉讼法》第322条第2款就对待债权作出的裁判将产生既判力。 40

因为各种观点得出的结论也均不相同,所以必须对观点之间的争议作出评判。本书认为应当遵循通说,因为对待债权仅被视为针对诉争债权的防御方法,自然就不是诉讼标的。 41

> 提示:如果被告在另一起诉讼中已经使用自己的对待债权针对原告进行了抵销,则涉及相对立的诉讼系属的纠纷同样将变得重要。对重复抵销的,实践中多数情形的做法是在另一程序作出裁判之前中止第二个诉讼,这样的做法具有合目的性,是

---

[24] BGHZ 57, 242 (243 ff.) = NJW 1972, 450 (451); Grunsky/Jacoby Rn. 401; Musielak/Voit Grundkurs Rn. 568; Rosenberg/Schwab/Gottwald §104 Rn. 23; Schilken Rn. 439; Stein/Jonas/Althammer §145 ZPO Rn. 49; Thomas/Putzo/Seiler §145 ZPO Rn. 20; Zöller/Greger §145 ZPO Rn. 18; Wolf JA 2008, 753 (754 f.).

[25] Zeiss/Schreiber Rn. 395; Blomeyer §60 I 1a.

较为妥当的。[26] 诉讼的中止取决于哪个法院更早就对待债权作出裁判。依照《民事诉讼法》第322条第2款,就对待债权作出的实体判决,其既判力涉及的内容还包括:在诉讼请求的数额内被用于抵销的对待债权不存在,或者对待债权因被用于抵销而不再存在。[27] 在此之后,较晚作出裁判的法院就要受到就对待债权作出的裁判的实质上的既判力的约束(先决性/判决先决效力)。

f) 小结

42　对于替代性抵销的主张,在诉讼中应当予以重视。

②抵销适状

43　因为抵销是实体法上的意思表示,所以应当审查这种意思表示是否有效。有效的前提首先就是抵销适状。

a) 相互的、同种类的债权

44　适用于此案的前提是存在相互的、同种类的债权。

aa) 主债权

45　依照《民法典》第280条第1款、第241条第2款,K 对 B 具有金额为6000欧元的损害赔偿债权(→边码21)。

bb) 对待债权

46　依照《民法典》第631条第1款,B 具有一项要求 K 支付7500欧元的承揽报酬尾款的请求权。

cc) 相互性

47　债权是相互的债权(即互负债务)。

dd) 相同种类

48　债权是相同种类的债权,因为债权指向的标的物都是金钱。

---

[26]　Vgl. BGH NJW-RR 2004, 1000 (1001); vgl. OLG Hamm BeckRS 2016, 11676 Rn. 89.
[27]　BGH NJW-RR 2004, 1000 (1001).

b) 对待债权到期且可以实现

另外,对待债权必须是已经到期并且可以实现的。依照《民法典》第641条第1款第1句,承揽报酬债权在验收工作时到期。在该案例中正是这样的情形,因而B的债权已经到期,并且在案例中没有给出相对立提示的情况下,债权也是可以实现的。

c) 主债权可以履行

K对B的主债权也是可以履行的(《民法典》第271条第1款)。

d) 小结

成立抵销适状。

③不具有排除抵销的情形

不存在抵销禁止的事由、情形。

④《民法典》第388条规定的抵销的表示

B在诉讼中作出了抵销的表示(《民法典》第388条),当然只是替代性的。

原则上,抵销表示在实体法上也是排斥附加条件的(《民法典》第388条第2句)。然而,预备抵销在诉讼中是被普遍认可的。[28] 只是在教义学上对此进行理由说明时存在争议。部分学者将诉争债权的成立视为纯粹的法前提(法定条件),因而并不将其视为《民法典》第388条第2句意义上的真正的条件。[29] 另一部分学者则认为预备抵销并非附条件的抵销,因为法院只有在诉争债权成立时才会对抵销进行考量。[30] 部分学者认为《民法典》第388条第2句应当通过目的性限缩方式进行限制,认为附条件的诉讼上的抵销具有合法性,因为《民法典》第388条第2句的目的是立法者希望防止各种

---

[28] Vgl. Rosenberg/Schwab/Gottwald §104 Rn. 14 ff.; Musielak/Voit Grundkurs Rn. 561 f.; Huber JuS 2008, 1050.

[29] BGH BeckRS 2013, 20849 Rn. 11; Grunsky/Jacoby Rn. 397; Jauernig/Hess §45 Rn. 7 Fn. 9.

[30] Rosenberg/Schwab/Gottwald §104 Rn. 18 ff.

不确定性,包括主债权和对待债权是否已经被消灭以及这一问题在诉讼中是否能够解决。[31]

⑤《民法典》第 389 条规定的抵销的效力

55　　经由 B 实施有效的抵销,只要相关债权一致,各债权就可消灭,抵销效力回溯到这些债权开始适用于相互抵销的时间点。在该案例中,因为对待债权在金额上超过了主债权,所以 K 对 B 的金额为 6000 欧元的请求权就完全被消灭了。

3. 结论

56　　该诉合法,但不具有理由。

(二)问题 2

1. 反诉的合法性

57　　如果一般的实体判决要件和特别的实体判决要件均齐备,则反诉[32]具有合法性。

(1)诉讼系属

58　　只有本诉已经发生系属,反诉才具有合法性。该案例正是这样的情形,K 对 B 的诉已经发生系属。

(2)同类诉讼

59　　本诉和反诉必须以相同的诉讼方式被提起。两种诉都要在普通程序中被提起。

(3)一般的实体判决要件

60　　对于反诉而言,一般的实体判决要件必须齐备,类似于对诉的规定。

①波茨坦地方法院的管辖权

61　　波茨坦地方法院一定要对反诉具有管辖权。

---

[31] Musielak/Voit Grundkurs Rn. 562; MüKoBGB/Schlüter § 388 BGB Rn. 4.
[32] 关于反诉也请参见 Koch JA 2013, 95 ff.; Huber JuS 2007, 1079。

a) 事务管辖权

事务管辖权应当根据诉讼标的额来确定,因为《民事诉讼法》第 1 条并结合《法院组织法》第 23 条第 2 项或者《法院组织法》第 71 条第 2 款规定的不考虑诉讼标的额的管辖权并非显而易见。在该案例中,反诉的诉讼标的额为 2000 欧元,依照《民事诉讼法》第 1 条并结合《法院组织法》第 23、71 条区法院可能有管辖权。但是这里涉及的是反诉,也许本诉的诉讼标的额和反诉的诉讼标的额需要合并计算。然而,依照《民事诉讼法》第 5 条第 2 半句应当否定这一判断,该法律规范明确规定本诉和反诉的诉讼标的额不合并计算。《民事诉讼法》第 506 条规定了相反的情形,即虽然诉是向区法院提起,但对反诉的管辖权归属地方法院。对该案例中的情形,法律上没有具体规定。然而最普遍的观点认为,只要区法院对反诉没有专属管辖权(参见《民事诉讼法》第 33 条第 2 款),地方法院就具有事务管辖权,以防止诉讼案件变得支离破碎、四分五裂。[33] 因此,地方法院对反诉债权具有管辖权。

提示:有争议之处在于,当地方法院对反诉具有管辖权时,即使有理由认为区法院对本诉具有专属管辖权,是否仍然可以依当事人申请将牵涉的本诉也依照《民事诉讼法》第 506 条移送给地方法院。[34]

---

〔33〕 Stein/Jonas/Roth §33 ZPO Rn. 14; Koch JA 2013, 95 (97); vgl. Zöller/Schultzky §33 ZPO Rn. 16, 17 并参考 1964 年 1 月 1 日发布的《民事诉讼法》第 10 条:"对地方法院的判决,不得以其属于区法院管辖为理由而声明不服。"

〔34〕 对此持肯定态度的:BeckOK ZPO/Toussaint §506 ZPO Rn. 10; MüKoZPO/Deppenkemper §506 ZPO Rn. 11; vgl. auch OLG München BeckRS 2014, 22332 Rn. 12(非明显恣意); OLG Karlsruhe BeckRS 2011, 24801(须具有合理性); Zöller/Herget §506 ZPO Rn. 2(须具有法律上的合理性);持否定态度的:OLG München BeckRS 2008, 42093 Rn. 6; Musielak/Voit/Wittschier §506 ZPO Rn. 1。

b）地域管辖权

aa）专属审判籍

63　　反诉的专属审判籍并非显而易见。

bb）《民事诉讼法》第 12、13 条规定的普通审判籍

64　　依照《民事诉讼法》第 13 条，根据 K 的住所地（《民法典》第 7 条）确定普通审判籍。然而，K 的住所位于柏林，并不在波茨坦，因为 K 已经永久居住在柏林（参见《民法典》第 7 条第 1 款），而他在波茨坦只有一个用于度过周末的郊外小住宅。

cc）《民事诉讼法》第 29 条第 1 款规定的履行地的特别审判籍

65　　该案例涉及的是合同纠纷，即基于 K 和 B 之间的承揽合同关系产生的纠纷（《民法典》第 631 条），因而可以考虑履行地的审判籍（《民事诉讼法》第 29 条第 1 款）。据此，有争议的义务可以在哪个地方履行，该地的法院就具有管辖权。履行地根据实体法来确定，也即依照《民法典》第 269 条规定的给付地来确定。[35] 除非法律对相关情形另有规定，给付地（履行地）是 K 的住所（《民法典》第 269 条第 1 款）。依照《民法典》第 270 条第 4 款，前述规则也适用于金钱债务。因为 K 在柏林居住，所以依照第 29 条第 1 款，波茨坦地方法院并不具有地域管辖权。

dd）《民事诉讼法》第 33 条规定的反诉的特别审判籍

66　　如果对待请求权/反诉请求（Gegenanspruch）与在本诉中主张的请求权之间存在关联性，则可以向本诉的法院提起反诉。争议之处在于，这里的存在关联性究竟必须是法律上的关联性[36]还是存在经济上的关联性即可[37]。如果请求权和对待请求权根据相同的生活

---

[35] BGH NJOZ 2016, 771 Rn. 4; Musielak/Voit/Heinrich §29 ZPO Rn. 15.

[36] OLG Frankfurt BeckRS 2013, 02536; Musielak/Voit/Heinrich §33 ZPO Rn. 2; Stein/Jonas/Roth §33 ZPO Rn. 26.

[37] Thomas/Putzo/Hüßtege §33 ZPO Rn. 4; Lüke Rn. 237 (tatsächlicher Zusammenhang); Rosenberg/Schwab/Gottwald §97 Rn. 18.

事实情况推导得出;或者请求权和对待请求权虽然源于不同的生活事实情况,但是这些生活事实情况之间存在某种条件关系;或者请求权和对待请求权虽然来源于不同的法律关系,但是依据法律关系的目的以及按照一般公众观念(Verkehrsanschauung),这些法律关系在经济上表现为一个整体,表现为一种具有内在关联性、整体归属性的生活上的关系,则构成法律上的关联性。[38] 在该案例中,K 的损害赔偿请求权和 B 的承揽报酬请求权源于一个具有内在关联性、整体归属性的生活上的关系,因为两种请求权都源于 B 在 K 处进行的承揽加工。因此,即使根据狭义的观点也已经存在必要的关联性,所以波茨坦地方法院具有《民事诉讼法》第 33 条规定的地域管辖权。

c)小结

波茨坦地方法院对反诉具有事务管辖权和地域管辖权。　　67

②依照《民事诉讼法》第 253 条依法提起反诉

反诉同样应当依照《民事诉讼法》第 253 条依法提起,尤其是须由律师(《民事诉讼法》第 78 条第 1 款)提起。　　68

(4)当事人的同一性

提起反诉的,本诉和反诉的当事人在原则上必须具有同一性。在该案例中具备该要件。　　69

(5)牵连性

争议之处在于,《民事诉讼法》第 33 条要求的对待请求权/反诉请求与在本诉中主张的请求权之间的关联性,究竟是反诉的合法性要件[39],还是仅对于特别审判籍而言具有必要性[40](对此→本书第 14 个案例边码 20 及以下数段)。然而在该案例中可以不解决这个争　　70

---

[38] So BGH NJW 1975, 1228; BB 1953, 485.
[39] BGH NJW 1975, 1228.
[40] 此系学界通说,vgl. nur MüKoZPO/Patzina §33 ZPO Rn. 2; Musielak/Voit/Heinrich §33 ZPO Rn. 3; Zöller/Schultzky §33 ZPO Rn. 1 m. w. N。

议,因为请求权之间的关联性已被给定(→边码66)。

2. 结论

71　　反诉具有合法性。

(三)问题3

72　　如果诉合法并且具有理由,则诉有希望获胜。

1.《民事诉讼法》第263、264条规定的诉的变更的合法性

73　　B原先请求法院判令K对承揽报酬尾款予以清偿。但是B没有一直坚持该请求,而是表示诉讼在本案方面已经终结。[41] K不同意该终结表示,而是继续请求法院驳回诉。因此形成了单方的终结表示。这大概率可以被视为是一种具有合法性的诉的变更。

(1)作为诉的变更的单方终结表示

74　　如何为单方的终结表示进行归类,是有争议的。[42]

①特权性的撤诉[43]

75　　部分学者认为,可以将单方的终结表示作为有特权性形式的撤诉来处理,即此种撤诉的生效无须被告同意,也不存在《民事诉讼法》第269条第3款第2句规定的诉讼费用法律后果。根据这样的观点,终结表示中将不存在诉的变更。

②同种类的制度

76　　其他学者则将单方的终结表示视为一种特定类型的制度。[44] 根据此种观点,终结表示是一种通过申请形式向法院请求确认(本案)终结的取效性诉讼行为。这样的诉讼行为将使得各方需要准备并进行一个特别的诉讼阶段(Verfahrensabschnitt),该诉讼阶段将会

---

[41] 有关民事诉讼和行政诉讼中的(本案)终结请参见Bremkamp JA 2010, 207。
[42] Vgl. dazu Rosenberg/Schwab/Gottwald §132 Rn. 21 ff.
[43] Blomeyer §64 I; ders. JuS 1962, 212 (213).
[44] Schwab ZZP 72 (1959), 127 (133).

着力解决中间争议。如果终结本案的事件已经发生,则法院将作出判决确认本案终结。[45] 对于诉讼费用裁判,可以类推适用《民事诉讼法》第91a条。[46] 如果本案终结不成立,则法院就主诉讼请求作出裁判,对有欠缺的终结可以由中间判决进行确认或者在判决的裁判理由部分加以说明。[47]

③诉的变更之理论

依据通说[48],单方的终结表示是一种诉的变更,将诉讼变更为一种请求法院确认本案终结的确认之诉。

④裁判

因为各种观点得出的结论均不相同,所以必须对观点之间的争议作出评判。不支持撤诉理论的事实是:在《民事诉讼法》修订增加第269条第3款第3句之后,法律就规定了一种特权性的诉讼费用法律后果,其仅适用于在诉讼系属之前起诉的动因就已消灭的情形。第二种观点虽然得出了一个具有合理性的结论,但是如果将单方的终结表示视为依照《民事诉讼法》第264条第2项具有合法性的诉的变更,就没有必要去构建一种特定类型的法律制度。[49] 因此,宜根据通说,将单方的终结表示归类为诉的变更,因为原告最终希望法院确认本案终结并判令被告负担诉讼费用。

> **提示**:从考试策略上来讲,本书也建议遵从通说观点,因为只有如此才能得出对已经主张的请求权须进行实质审查的结论。

---

[45] Schwab ZZP 72 (1959), 127 (135).
[46] Schwab ZZP 72 (1959), 127 (140 f.).
[47] Schwab ZZP 72 (1959), 127 (135).
[48] BGH NJW 2002, 442; 1994, 2363 (2364); Thomas/Putzo/Hüßtege §91a ZPO Rn. 32; Zöller/Althammer §91a ZPO Rn. 34 f.
[49] Wieczorek/Schütze/Smid/Hartmann §91a ZPO Rn. 22.

(2) 合法性

79　　因为根据通说,此处存在诉的变更[50],所以必须审查其合法性。

①《民事诉讼法》第 264 条第 2 项的情形

80　　部分学者将确认申请视为对本案中诉讼请求的限制,因而依照《民事诉讼法》第 264 条第 2 项,确认申请不得被视为诉的变更。[51]

②《民事诉讼法》第 264 条第 3 项的情形

81　　另有学者认为,因为终结本案的事件导致了诉讼请求的变更,所以可以适用《民事诉讼法》第 264 条第 3 项,因而这种诉讼请求的变更同样不能被视为诉的变更。[52]

③《民事诉讼法》第 263 条

82　　还有部分学者认为《民事诉讼法》第 264 条不能适用于此处,而应视其为《民事诉讼法》第 263 条规定的诉的变更,并且这种诉的变更具有合法性,因为这种诉的变更是适切的。[53] 在这些情形中不存在被告的同意。

④小结

83　　所有观点的结论都是诉的变更具有合法性,因而对观点之间的争议进行评判实际上无关紧要。然而对其中一种观点的评判对于审查变更之后的诉的合法性而言是有必要的(立即查看)。因为在诉讼从给付之诉转变为确认之诉时,通常适用《民事诉讼法》第 264 条第 2 项[54]——对诉讼请求的限制,因为给付命令消灭了——所以此处也可以视为在确认申请中依照《民事诉讼法》第 264 条第 2 项对原先

---

[50] 关于诉的变更也参见 Schlinker Jura 2007, 1 ff.。
[51] BGH NJW 2008, 2580 Rn. 8; 2002, 442; OLG Nürnberg NJW-RR 1989, 444; Thomas/Putzo/Hüßtege §91a ZPO Rn. 32.
[52] Stein/Jonas/Muthorst §91a ZPO Rn. 47.
[53] OLG Saarbrücken NJW 1967, 2212 (2213);旧版《民事诉讼法》第 264 条规定的适切的诉的变更。
[54] BAG NJW 2011, 1988 (1989 Rn. 21); 2006, 2060 (2061 Rn. 15).

的诉讼请求的限制。[55]

2. 变更后的诉的合法性

因为此处诉讼请求已经发生变更,所以事实上这就是诉的变更,对诉讼请求的每一种变更都会引起诉讼标的的变更。然而这样的变化依然应当依照《民事诉讼法》第 264 条第 2 项不能被视为诉的变更。变更后的诉讼仍然必须具备诸项实体判决要件,因为《民事诉讼法》第 264 条第 2 项只能排除《民事诉讼法》第 263 条规定的要件。

(1)柏林地方法院的管辖权

因为有《民事诉讼法》第 261 条第 3 款第 2 项(管辖恒定,perpetuatio fori)的规定,所以对柏林地方法院管辖权的审查不再具有必要性,据此,由于决定管辖的情况在诉讼系属后发生变动,所以法院的地域管辖权和事务管辖权不再受到影响。虽然该法律规定不适用于诉的变更的情形,因为有了新的诉讼标的[56],但是根据主流观点,诉讼请求的变化因《民事诉讼法》第 264 条第 2 项的规定不能被视为诉的变更,而可以适用《民事诉讼法》第 261 条第 3 款第 2 项(管辖恒定)。[57] 据此,由于决定管辖的情况在诉讼系属后发生变动,所以法院的地域管辖权和事务管辖权不再受到影响,因而柏林地方法院的管辖权不再需要受到审查。

(2)《民事诉讼法》第 256 条规定的确认之诉的特别要件

依照《民事诉讼法》第 256 条第 1 款,确认之诉不仅需要具备一般的实体判决要件,还必须具备特别的实体判决要件。

①可以被确认的法律关系

此处应将原先的诉讼关系视为可以被确认的法律关系,也即原

---

[55] BGH NJW 2008, 2580 Rn. 8; Wieczorek/Schütze/Assmann §264 ZPO Rn. 44.
[56] BGH NJW 2001, 2477 (2478); MüKoZPO/Becker-Eberhard §261 ZPO Rn. 81.
[57] Vgl. BGH NJW 2001, 2477 (2478) zu §264 Nr. 3 ZPO; Zöller/Greger §261 ZPO Rn. 12.

先合法且具有理由的诉是否由于终结本案的事件发生而嗣后变得不合法或者不具有理由。对此是存在疑虑的,因为本案的终结也可能仅仅是纯粹的事实,纯粹的事实是不具有可确认性的。[58] 然而,能被视为事实的,也只能是终结本案的事实自身,而非是否由于该事件造成本案终结这一问题。因此,根据通说[59],(确认之诉)应当以可以被确认的法律关系为出发点。

②确认利益

88   立即进行确认对 B 具有法律上的利益,因为只有立即进行确认,他才无须负担诉讼费用。[60]

(3)结论

89   诉具有合法性,因为案情中并未包含任何线索能够表明其他实体判决要件存在欠缺,尤其是 B 获得了律师代理诉讼(《民事诉讼法》第 78 条第 1 款第 1 句)。

3. 变更后的诉具有理由

90   确认之诉是否具有理由,关键在于本案的终结究竟有没有实际发生。诉原先合法且具有理由,由于诉讼系属后发生的事件导致诉变得不合法或者不具有理由的,即属于此种情形。[61]

(1)诉的原始合法性

91   诉原先必须具有合法性。

①管辖权

a)事务管辖权

92   依照《民事诉讼法》第 1 条,并结合《法院组织法》第 71 条第 1 款、第 23 条第 1 项,地方法院对当事人主张的金额为 7500 欧元的请

---

[58] Vgl. Musielak/Voit Grundkurs Rn. 502.
[59] 应当毫不迟疑地以可以被确认的法律关系为出发点,vgl. nur BGH BGHR 2006, 199; Zöller/Althammer § 91a ZPO Rn. 37。
[60] 对这一点,Musielak/Voit Grundkurs Rn. 502 也不愿意认可。
[61] BGHZ 83, 12 (14) = NJW 1982, 1598; BGH NJW- RR 2004, 1619 (1620).

求权具有事务管辖权,因为诉讼标的额超过了5000欧元。

b)地域管辖权

aa)专属审判籍

是否存在专属审判籍并非显而易见。 93

bb)《民事诉讼法》第12、13条规定的普通审判籍

依照《民事诉讼法》第13条,普通审判籍依被告的住所地确定(《民法典》第7条)。K在柏林居住,因而依照《民事诉讼法》第12、13条,柏林地方法院具有地域管辖权。 94

cc)《民事诉讼法》第29条第1款规定的履行地的特别审判籍

该案例涉及的是合同纠纷,即基于K和B之间的承揽合同关系产生的纠纷(《民法典》第631条),因而可以考虑《民事诉讼法》第29条第1款规定的履行地的特别审判籍。据此,有争议的义务可以在哪个地方履行,该地的法院就具有管辖权。履行地根据实体法来确定,也即依照《民法典》第269条规定的给付地来确定。[62] 除非法律对相关情形另有规定,债务人的住所地即为给付地(履行地)(《民法典》第269条第1款)。依照《民法典》第270条第4款,前述规则也适用于金钱债务。因为K在柏林居住,所以柏林地方法院也可以依照《民事诉讼法》第29条第1款具有地域管辖权。 95

②依照《民事诉讼法》第253条依法起诉

要通过律师依法提起诉(《民事诉讼法》第78条第1款第1句)。 96

③其他实体判决要件

关于其他的实体判决要件,不存在疑问。 97

④小结

诉原先具有合法性。 98

(2)诉原先具有理由

诉原先具有理由。依照《民法典》第631条第1款、第641条第1 99

---

[62] BGH NJOZ 2016, 771 Rn. 4; Musielak/Voit/Heinrich §29 ZPO Rn. 15.

款，B 要求支付承揽报酬尾款的请求权成立。虽然依照《民法典》第 195 条、第 199 条第 1 款的规定，在 2018 年 3 月 5 日起诉之时消灭时效已经届满，但是 K 尚未提出时效抗辩。因此在起诉的这个时间点上，该债权尚可以实现。

(3) 诉讼系属后终结(本案)的事件

100　　除此之外，终结本案的事件必须发生在诉讼系属之后(《民事诉讼法》第 261 条第 1 款、第 253 条第 1 款)，因为此事件的发生导致原本合法且具有理由的诉变得不合法或者不具有理由。提出时效抗辩可以被视为终结本案的事件。

101　　然而问题在于，终结本案的事件是否在诉讼系属后才发生。原则上，B 的请求权自 2018 年 1 月 1 日起，也就是在起诉前，就已经时效届满。但是 K 在起诉后才提出时效抗辩。伴随时效抗辩提出，请求权不再可以实现，并且这种效力追溯至消灭时效完成的时间点。提出抗辩的时间点与其效力发生的时间点是相互分离的。

102　　有争议之处在于时效抗辩是否可以被视为终结本案的事件。

①第一种观点

103　　如果消灭时效在起诉前已经完成并且时效抗辩在诉讼系属后方才提出，则根据该观点[63]此时并未发生终结本案的事件。在该观点内部探讨中，不同学者对观点的论证、给出的理由不尽相同。部分学者指出，在诉讼中主张时效抗辩，其效力追溯到时效完成的时间点，因而诉从一开始就不具有理由。[64] 另一部分学者认为不存在终结本案的事件是因为要符合终结表示这项制度的意义和目的，据此应当保护原告免受不当的不利益。[65] 因此，其发生的诸多情形可能受原告影响，尤其是本身是基于原告的行动并且原告原本能够防止

---

[63]　El- Gayar MDR 1998, 698 (699); Cziupka JR 2010, 372.
[64]　El- Gayar MDR 1998, 698 (699).
[65]　OLG Schleswig NJW- RR 1986, 38 (39); OLG Koblenz WRP 1982, 657 (658); vgl. auch OLG Hamm WRP 1977, 199 f.; Cziupka JR 2010, 372 f.; Ulrich WRP 1990, 651 (655).

其发生的情形,不能被视为终结本案的事件。[66]

根据该观点,不成立终结本案的事件。

②第二种观点

另一种观点认为,成立终结本案的事件。[67] 对于是否成立本案终结这一问题,嗣后发生的诉不合法或者诉不具有理由究竟基于何种情形而发生,这一点原则上是不重要的。本案终结也可能发生在这样的情形之下:诉由于仅可归责于原告的事由而变得不合法或者不具有理由。时效抗辩与其他具有溯及力的形成权(例如抵销)的可比性,支持了这一观点。[68] 虽然时效抗辩被提出,当事人主张的请求权不能实现,且这一效力会回溯至时效完成的时间点[69],但是只有提出时效抗辩,才会导致诉不具有理由。[70]

联邦普通法院也持此种观点[71],因为该观点认为抵销适状在起诉前就已经成立,但抵销表示则是在起诉后才作出的,因而(本案)终结确与抵销相似(对此→第 6 个案例边码 51 及以下数段)。在诉讼程序进行过程中首次提出的时效抗辩即为终结本案的事件。被主张的请求权的时效在诉讼系属前已经届满的,亦适用该规则。[72] 因为时效届满本身既不会影响请求权的成立,也不会影响请求权的可实现性。[73] 债务人自时效届满时起也仅仅是有权永久地拒绝给付/履行。债务人是否行使其在时效届满之后获得的时效抗辩权,听凭债务人自身意愿。只有提出抗辩,而非时效届满,才能导致诉讼案件在

---

[66] Cziupka JR 2010, 372 (374); Ulrich WRP 1990, 651 (655).
[67] OLG Frankfurt GRUR- RR 2002, 183; OLG München WRP 1987, 267 (268); Thomas/Putzo/Hüßtege §91a ZPO Rn. 5.
[68] Vgl. El- Gayar MDR 1998, 698 (699),但该文献就此得出了另外的结论。
[69] Vgl. Staudinger/Peters/Jacoby (2014) §214 BGB Rn. 14.
[70] Staudinger/Peters/Jacoby (2014) §214 BGB Rn. 14; Cziupka JR 2010, 372 (373).
[71] BGH NJW 2010, 2422 (2424 Rn. 26 ff.).
[72] BGH NJW 2010, 2422 (2424 Rn. 26).
[73] BGH NJW 2010, 2422 (2424 Rn. 27); vgl. BGHZ 156, 269 (271).

本案方面实质上的终结。[74] 原告主观上可能存在的责任与公平性问题无关。[75]

③评判

107　　各种观点得出了不同的结论,因而有必要对争议进行评判。充足的论据支持了后一种观点。时效抗辩的溯及力只是一种法律上的拟制。由债务人酌情决定提出的抗辩才能导致诉讼案件实质上的终结。

108　　成立诉讼系属后的终结本案的事件。

(4)诉嗣后不具有理由

109　　原先合法且具有理由的诉一定要因为时效抗辩在诉讼系属后才变得不具有理由。时效抗辩的提出产生了永久性的拒绝给付权,因而请求权不能实现。诉因此变得不具有理由。

(5)小结

110　　变更后的诉具有理由。

4. 诉讼费用

111　　依照《民事诉讼法》第91条,案件的诉讼费用应当由败诉方K负担,因为确认之诉合法且具有理由。

112　　B通过司法诉讼途径主张已罹时效的请求权,构成了诉讼案件终结的最重要致因,从这一事实中也没有得出其他的结论。因为在《民事诉讼法》第91条中不存在公平性权衡。此外,假如K同意了终结表示,则依照《民事诉讼法》第91a条,K作为被告可以要求法院通过公平裁量对诉讼费用作出裁判。[76]

5. 结论

113　　变更后的诉合法并且具有理由。法院应当确认:本案已经终结,K负担该诉讼案件的诉讼费用。

---

[74] BGH NJW 2010, 2422 (2424 Rn. 28).
[75] BGH NJW 2010, 2422 (2424 Rn. 30).
[76] Vgl. BGH NJW 2010, 2422 (2424).

案例3　未获偿付的租金债权

一、案情

律师 Rudi Ratlos(以下简称 R)位于科隆的数个办公室系从 Volker Voll(以下简称 V)处租来的。由于 R 律师最重要的客户出现经济困难,R 律师陷入财务窘境。他无法支付2017年10—12月的每月租金为2000欧元的房租。尽管出现拖欠支付的情况,但是 V 仍然不想解除使用租赁合同,因为 R 是长期租户,而且 R 能够在可预见的时间内改善自己的经济状况。事实上,R 自2018年1月起重新按时向 V 支付了租金。

V 多次要求 R 结清尚未支付的2017年10—12月的租金,但均未果,于是 V 于2018年2月15日委托律师代理诉讼,将 R 起诉至科隆地方法院。他请求法院判令 R 支付拖欠的金额共计6000欧元的租金。起诉状于2018年2月26日送达 R,与传唤其于2018年6月20日的先期首次期日到场的传票一并送达。

2018年2月20日 R 就已经将一部分拖欠的租金(金额为600欧元)以现金的方式支付给了 V。患有弱视的 V 为此给 R 开具了一张收据,但是 V 自己没有填写这张收据,而仅仅是签了名字,因为他忘了携带自己的眼镜。在收据上署名之后,他将收据交给 R 来填写。然而 R 在收据单上填入的是6000欧元,而不是实际清偿的600欧元。V 由于视力不佳而没有注意到这一点。翌日,V 的律师撤回600欧元部分的诉讼。

在2018年6月20日的辩论期日(庭审期日),R没有到场。经V的律师申请,法院对R宣布了缺席判决,该缺席判决要求R向V支付拖欠的租金5400欧元。该缺席判决已经于2018年6月29日合法送达R。

R想要防御该判决的执行,因此撰写了一份申诉状并署名。他主张他已经于2018年2月20日全额清偿了债务。他还附上了收据作为证据。R想把申诉状和收据通过传真发给科隆地方法院。在法院的主页上快速检索后,他发现了一个传真号码。这个传真号码是法院的候补文官部(Referendarabteilung)的传真号码,由于场地有限,该部门没有被安置在法院大楼内。书状于2018年7月13日上午被法院候补文官部的传真机接收,直到之后的星期一也就是2018年7月16日才被转交给法院的邮件收件处。V认为申诉已经超过了期间限制。除此之外,R填写空白收据存在违约。但是V没有证据证明仅有600欧元被支付,R却违反约定填写收据。因此,V的律师宣布将申请法院对R进行当事人讯问,讯问其违反约定填写空白收据一事。R明确表示拒绝接受这样的讯问,但无法为不接受讯问提供正当事由。

问题1:法院将如何裁判?

经营体育用品商店的Xtrem股份公司(以下简称X)位于波茨坦的营业场所也是从V处租来的。2017年全年,该公司累计拖欠租金6000欧元,尽管多次催告,该公司仍然没有清偿。因此V委托律师代理于2018年4月26日向波茨坦地方法院起诉,请求法院判令X向其支付6000欧元。诉状于2018年5月3日送达X。X提出抗辩称,公司2017年过度支付的运营成本预付款有望获得偿付,但是目前尚未进行结算。在诉讼进行过程中,V和代表公司董事会的X达成诉讼外和解。和解协议内容如下:

"Xtrem股份公司与Volker Voll之间的和解协议

1. Xtrem 股份公司有义务向 Volker Voll 支付 4000 欧元。该笔支付最迟于 2018 年 5 月 28 日完成。付款完成后,基于双方之间存在的使用租赁关系而产生的 2017 年的全部的、相互之间的请求权均履行完毕。

2. Volker Voll 有义务在收到付款后撤回其于 2018 年 4 月 26 日向波茨坦地方法院就该案件提起的诉(案卷号:……)。

3. [……]"

6 月中旬,尽管经过多次催告,V 仍然没有收到任何付款,V 于 2018 年 6 月 27 日重新起诉 X,这次的诉是向波茨坦区法院提起的,"要求支付和解协议中约定的 4000 欧元"。在起诉状中,V 因疏忽将被告误写为"Xtreme 有限责任公司",而这是一家波茨坦的专门销售调味料的企业。在传唤地址处,V 标明的是 X 股份公司的地址。V 将诉讼外和解协议和原先诉讼的案卷号均附于诉状后。X 认为向其送达的诉状不合法,认为其并非被告,而且主张 V 尚未履行其因和解而产生的义务(V 未履行该义务情况属实)。

问题 2:向波茨坦区法院提起的诉是否合法?

变体 1:在 V 将 X 起诉至波茨坦地方法院的诉讼进行过程中证实一件事,即 X 不具有就运营成本预付款获得偿付的请求权,未达成庭外和解。然而在诉讼过程中,Garanta 银行(以下简称 G)突然申请加入诉讼,G 主张 V 已经将其对 X 的全部租金债权于 2018 年 5 月 10 日让与给了自己。V 认为该让与是无效的,他对这笔钱仍然享有权利。

问题 3:律师会向 X 提供什么建议?

变体 2:X 的律师在 2018 年 6 月 15 日的言词辩论中承认了 V 的债权,因而法院作出认诺判决,判令 X 向 V 付款。在认诺判决发生既判力之后,G 才申请加入诉讼并如实地主张 V 已经于 2018 年 5 月 10 日将其对 X 的租金债权有效地让与给了 G。因此,X 不确定其是否可以向 V 付款。V 当前面临因判决而被强制执行的情况。X 向其律师寻求建议,针对强制执行 X 公司可以如何应对。

问题 4:X 的律师会提出怎样的建议?

二、思路

(一)问题 1
  1. 申诉的合法性 ················· 2
    (1)容许性 ················· 3
    (2)形式和相对人 ············· 4
    (3)期间 ·················· 9
    (4)小结 ·················· 16
  2. 部分撤诉的效力 ··············· 17
  3. 诉的合法性 ················· 19
    (1)管辖权 ················· 20
      ①事务管辖权 ·············· 21
      ②地域管辖权 ·············· 23
    (2)依照《民事诉讼法》第 253 条依法起诉 ··· 24
    (3)其他实体判决要件 ·········· 25
  4. 诉具有理由 ················· 26
    (1)请求权已经产生 ············ 27
    (2)请求权已经消灭 ············ 29
      ①金额为 600 欧元的请求权的消灭 ···· 30
      ②剩余金额为 5400 欧元的请求权的消灭 ··· 31
    (3)小结 ·················· 42
  5. 总结 ···················· 43

(二)问题 2
  1. 对 V 的诉的合法性 ·············· 44
    (1)波茨坦区法院的管辖权 ········ 45

          ①事务管辖权 ················· 46
          ②地域管辖权 ················· 47
      (2)依照《民事诉讼法》第253条依法起诉 ·········· 49
      (3)《民事诉讼法》第50条及以下数条规定的
          当事人能力和诉讼能力 ················· 55
      (4)同一案件无另外的诉讼系属(《民事诉讼法》
          第261条第3款第1项) ················· 57
          ①当事人的同一性 ················· 59
          ②同一诉讼标的 ··················· 60
          ③尽管有另外的诉讼系属,但是仍有可能
            重新起诉 ······················ 68
    2. 结论 ······························ 71

(三)问题3
    1. 实体法律状况 ························ 72
      (1)V对X依照《民法典》第535条第2款具有的
          支付金额为6000欧元的请求权 ··········· 73
          ①请求权成立 ··················· 73
          ②请求权的权利所有人 ··············· 74
      (2)小结 ··························· 75
    2. X的诉讼法上的行为方式 ················· 76
      (1)驳回诉的请求 ····················· 78
      (2)《民事诉讼法》第307条规定的认诺 ·········· 79
      (3)《民事诉讼法》第75条规定的诉讼告知和脱离
          诉讼的申请(债权人争议) ··············· 88
    3. 结论 ······························ 89

(四)问题4
    1. 实体法律状况 ························ 91
      (1)债权的债权人 ····················· 92

    (2) 债权的履行 ·································· 93
  2. 诉讼法上的鉴定式分析 ·························· 95
    (1)《民事诉讼法》第 767 条规定的执行异议之诉
        的合法性 ································· 96
      ① 容许性 ································· 97
      ② 管辖权 ································· 98
      ③《民事诉讼法》第 50 条及以下数条规定的
        当事人能力和诉讼能力 ··················· 99
      ④ 依照《民事诉讼法》第 253 条依法起诉 ······· 101
      ⑤ 权利保护需求 ·························· 102
      ⑥ 其他实体判决要件 ······················ 103
    (2)《民事诉讼法》第 767 条规定的执行异议之诉
        具有理由 ······························· 105
      ① 实体法上的抗辩 ························ 106
        a) 原告不适格 ························· 107
        b) 履行 ······························· 108
      ② 不存在《民事诉讼法》第 767 条第 2 款规定
        的抗辩失权 ···························· 109
        a) V 作为原告不适格 ··················· 110
        b) 依照《民法典》第 372 条第 2 句、第 378 条
          以提存的方式履行 ··················· 114
  3. 结论 ·· 115

三、解答

（一）问题 1

1   科隆地方法院进行裁判的前提是申诉具有合法性。如果申诉合

法,依照《民事诉讼法》第 342 条,该诉讼就应当恢复到发生缺席之前的状态,然后法院可以依照《民事诉讼法》第 343 条裁判。如果申诉不合法,依照《民事诉讼法》第 341 条第 1 款第 2 句,法院将以申诉不合法为由驳回申诉。

提示:对申诉的合法性,依照《民事诉讼法》第 341 条第 1 款第 1 句的规定,法院应当依职权审查。

1. 申诉的合法性

如果申诉要件齐备,就具有合法性(《民事诉讼法》第 341 条第 1 款第 1 句)。 2

(1) 容许性

依照《民事诉讼法》第 338 条,申诉是法律容许针对缺席判决的法律救济。R 收到了缺席判决宣告,因而其有权提出申诉。 3

(2) 形式和相对人

依照《民事诉讼法》第 340 条第 1 款,申诉应当通过向受诉法院提交申诉状的方式提出。R 已经书面向科隆地方法院提出申诉。 4

有疑问的是,申诉是否符合形式要求。申诉状是一种重要的诉讼行为,对诉讼有直接的形成力。因此申诉状是一种确定书状(bestimmender Schriftsatz)[1],与准备书状相比,法律对确定书状有更高的形式要求。[2] 虽然《民事诉讼法》第 340 条没有指示应遵守有关准备书状的一般性法律规定,但是《民事诉讼法》第 130 条及以下数条仍应准用。[3] 依照《民事诉讼法》第 130 条第 6 项,书状应当包含书状责任人的签名。R 通过传真发出了这份他已经签名的书状。这样的书状欠缺手写的亲笔签名,因为收件人(即法院)看到的只是传真机打印出来的书状的副本。但这没问题,因为《民事诉讼 5

[1] BGH NJW 1987, 2588 f.; Musielak/Voit/Stadler § 340 ZPO Rn. 1.
[2] Wieczorek/Schütze/Gerken § 129 ZPO Rn. 11; MüKoZPO/Fritsche § 129 ZPO Rn. 11.
[3] MüKoZPO/Fritsche § 129 ZPO Rn. 11; Musielak/Voit/Stadler § 340 ZPO Rn. 1.

法》第 130 条只是一项"应该的规定"(Sollvorschrift)。

6　　然而,与《民事诉讼法》第 130 条的内容相反,判例认为《民事诉讼法》第 130 条第 6 项对于确定书状的规定应当视为"必须的规定"(Mussvorschrift)。[4] 对此必须明确指出,确定书状不是一份草稿,而是一个诉讼法上的表示,其源于书状签名人,签名人对其内容承担责任。[5]

7　　但是通过传真发送申诉状及其电传复制件都是合法的。依照《民事诉讼法》第 130 条第 6 项,在副本中显示签名即为足够。因此,法律关于签名的要求已经被满足。

8　　依照《民事诉讼法》第 78 条第 1 款第 1 句和第 4 款,R 作为律师具有诉讼能力。可以认为《民事诉讼法》第 340 条第 2 款规定的诸项要求均被满足。R 已经陈述了他的防御方法(《民事诉讼法》第 340 条第 3 款)。

(3)期间

9　　申诉期间为两周,从缺席判决送达之日起算(《民事诉讼法》第 339 条第 1 款)。

10　　缺席判决于 2018 年 6 月 29 日对 R 完成送达。因此,申诉期间从这一天开始起算。但是依照《民事诉讼法》第 222 条第 1 款和《民法典》第 187 条第 1 款,计算期间时,事件所在的当日不算入。因此,依照《民事诉讼法》第 222 条第 1 款和《民法典》第 187 条第 1 款,期间的计算应当开始于 2018 年 6 月 30 日 0 点。依照《民事诉讼法》第 222 条第 1 款和《民法典》第 188 条第 2 款,该期间终结于 2018 年 7 月 13 日 24 点。

提示: 期间"随"送达起算。就这点而言,《民事诉讼法》的

---

[4] BGHZ 92, 251 (254) = NJW 1985, 328 (329); BGHZ 65, 46 (47) = NJW 1975, 1704; a. A. Zöller/Greger §130 ZPO Rn. 21 f.

[5] BGH NJW 2005, 2086 (2087); RGZ 151, 82 (84).

规定与《民法典》第 187、188 条的相关规定是完全一致的。只是在计算期间时,事件或者时间点所在的当日不算入,尽管这一天对于期间的起算至关重要。如《民法典》第 187 条第 1 款("起算")和《民法典》第 188 条("期间的起算日")所示,此处期间本身也是从相关事件或者时间点起算的。[6]

R 的申诉状于 2018 年 7 月 16 日才到达法院的邮件收件处。有疑问之处在于,书状被寄达法院候补文官部,是否属于遵守了申诉期间。

决定性因素在于,管辖法院在何时获得了对书状的事实上的支配力。[7] 也即书状必须在期间之内进入到管辖法院的支配范围内,使法院保管、支配书状具有正当性。[8] 这就需要具备一个前提:法院能够在正常情况下了解到书状的内容。[9] 而这并不依赖于法院书记处主管相关事宜的公职人员按照规定的期限收到书状。[10]

在该案例中,R 的申诉状于 2018 年 7 月 13 日上午通过传真寄达法院的候补文官部。候补文官部的工作人员在这个时间点上就拥有了保管、支配该书状的正当性。在候补文官部完成法院分配的任务之后,该部门仍然是法院的组成部分。[11] 所以,该文书同时也就进入了法院支配范围内。

候补文官部与法院本部在空间上的隔离并不能导致不同的结果。毕竟该部门在空间上的外迁只是一种法院组织内部部门的措

11

12

13

14

---

[6] BGH NJW 1984, 1358 中有关控诉期间的内容。
[7] St. Rspr., vgl. nur BGH NJW- RR 2018, 957 Rn. 10; 2012, 1461 Rn. 9; 1997, 892 (893).
[8] BGH NJW- RR 2018, 957 Rn. 10; NJW 1984, 1237.
[9] BGH NJW- RR 2018, 957 Rn. 10; NJW 1994, 1354 (1355).
[10] BVerfG NJW 2005, 3346 f.; 1980, 580; BGH NJW- RR 2018, 957 Rn. 10; NJW 1981, 1216 f.
[11] BGH NJW- RR 2018, 957 Rn. 11.

施,公民对此没有产生任何影响,因此这也不能给公民造成负担。[12] 公民有权利用法律规定的程序法上的期间。[13]

15　　因此,随着 R 的书状于 2018 年 7 月 13 日到达候补文官部的传真机,《民事诉讼法》第 339 条第 1 款规定的期间得到遵守。

(4)小结

16　　R 的申诉合法。依照《民事诉讼法》第 342 条,诉讼将恢复到发生缺席之前的状态。诉讼将继续进行,就好像缺席判决从来没有被宣布一样。

2. 部分撤诉的效力

17　　V 的律师已经撤回了 600 欧元部分的诉讼。有疑问之处在于,依照《民事诉讼法》第 269 条,部分撤诉是否有效。虽然原则上在诉讼系属后,即在依照《民事诉讼法》第 261 条第 1 款、第 253 条第 1 款的规定送达诉状之后,才能考虑撤诉,因为在此之前尚未发生诉讼法上的关系。但是也有例外的情形,如果在诉讼系属前递交诉状的动因消失,导致诉讼被撤回,则在诉讼系属前撤诉亦属合法(《民事诉讼法》第 269 条第 3 款第 3 句第 2 半句)。在该案例中,R 在原告提交诉状和诉状被送达前履行了金额为 600 欧元的一部分租金债务,这一点双方无争议,因而诉讼的动因在这一范围内就消失了。因为诉讼标的是可分的,所以诉讼也可以被部分撤回。[14] 因此,诉讼标的现仅包含 5400 欧元的拖欠租金。

18　　在这方面,必须审查诉的合法性及其是否具有理由。

提示:法院应当依照《民事诉讼法》第 341a 条确定一个就申诉和本案进行言词辩论的期日。

---

[12]　BGH NJW-RR 2018, 957 Rn. 12.
[13]　BVerfG NJW 2005, 678 (679); 1986, 244.
[14]　MüKoZPO/Becker-Eberhard §269 ZPO Rn. 6.

3. 诉的合法性

如果实体判决要件齐备,则诉具有合法性。 19

(1)管辖权

因为当事人已经向科隆地方法院起诉,所以必须审查该法院是否具有管辖权。 20

①事务管辖权

依照《民事诉讼法》第1条的指示,事务管辖权应当适用《法院组织法》第71、23条。据此,全部民事诉讼案件,只要不属于区法院管辖,均由地方法院管辖。《法院组织法》第23条第2项规定的不考虑诉讼标的额应移送区法院的情形,在该案例中并不存在。尤其是该案例涉及的并非关于住房的使用租赁关系(Mietverhältnis über Wohnraum),因而《法院组织法》第23条第2项第a目与此无关。同样,区法院对以金钱或者金钱价值超过5000欧元的请求为标的的诉讼并无管辖权(参见《法院组织法》第23条第1项)。 21

在该案例中,V 主张应当支付的拖欠租金金额总计为5400欧元,因争议额大于5000欧元,地方法院具有事务管辖权。 22

②地域管辖权

科隆地方法院的地域管辖权可能源于《民事诉讼法》第29a条第1款规定的专属审判籍。据此,因关于房屋的使用租赁关系(Mietverhältnis über Räume)而产生的诉讼,由房屋所在地的法院专属管辖。V 主张(被告应)支付拖欠租金。所以该案例涉及一起因房屋的使用租赁关系而产生的诉讼,所以科隆地方法院具有专属管辖权。 23

(2)依照《民事诉讼法》第253条依法起诉

因为起诉是一项诉讼行为,所以原告还必须具有诉讼能力。在地方法院进行诉讼实行律师强制代理(《民事诉讼法》第78条第1款第1句),因而仅需要执业律师具有诉讼能力即可。V 由律师代理诉讼。因此诉是合法提起的。 24

(3)其他实体判决要件

25　关于其他的实体判决要件,不存在疑问。因此诉讼具有合法性。

4.诉具有理由

26　依照《民法典》第535条第2款,V可能对R具有一项要求支付5400欧元的请求权。

(1)请求权已经产生

27　请求权首先必须已经产生。在V和R之间成立一个《民法典》第535条意义上的有效的关于办公室的使用租赁合同。约定的租金是每月2000欧元。在2017年10—12月的时间范围内,该使用租赁关系存在。

28　因此,V要求R支付2017年10—12月的金额共计6000欧元的租金的请求权已经产生。

(2)请求权已经消灭

29　当然,请求权可能因《民法典》第362条第1款规定的履行完成而消灭。为消灭请求权,债务人必须向债权人履行所负担的给付。

①金额为600欧元的请求权的消灭

30　R已经向V支付600欧元现金,对此双方无争议。因此,R已经在这个数额范围内履行了所负担的给付,依照《民法典》第362条第1款,R已经使V的债权在这个数额范围内归于消灭。

②剩余金额为5400欧元的请求权的消灭

31　有争议之处在于,R是否已经向V支付了除前述600欧元之外的5400欧元。R主张其已经支付,而V否认其收到了这笔钱。

32　如果对一项事实的主张存在争议,首先必须明确由谁来对请求权规范——此处为《民法典》第362条第1款——的事实构成要件(Tatbestandsvoraussetzungen)的存在承担证明责任。根据证明责任的一般规则,原则上由因一定的事实情况存在而能够获得有利的法律后果的人对事实要件承担证明责任。[15] 请求权人必须证明使权利成立的(rechtsbegründende)事实,对方当事人必须证明权利受制(rechtshemmende)事实、权利妨害(rechtshindernde)事实或者权利消灭(rechtsvernichtende)事实。[16] 因为 R 主张存在《民法典》第 362 条规定的请求权的消灭,所以他应当承担各相关事实构成要件存在的证明责任。

有疑问之处在于,R 通过出示收据是否就已经成功地证明了其已经向 V 履行了给付。 33

依照《民事诉讼法》第 416 条,由制作人署名的私文书,可以证明文书内所作的陈述是由制作人作出的。当然这需要一项前提,即私文书是真实的。[17] 如果签名可以归属于姓名/名称主体且位于签名上方的文字源于文书制作人本人或者根据其意思作出,则该私文书真实。[18] 依照《民事诉讼法》第 440 条第 1 款,对未经承认的私文书的真实性应当加以证明。原则上,援引文书的人作为举证人,必须对(文书的)真实性加以证明。[19] 34

原告 V 已经承认文书上载有的签名是他自己的签名(《民事诉讼法》第 439 条第 2 款),并表示该文书是一张空白收据。因此可以确定该签名的真实性。 35

依照《民事诉讼法》第 440 条第 2 款,位于签名上方的文字记载,推定其是真实的,这有利于引证该文书的当事人。如果位于签名上方的文本既不是制作人书写的也不是制作人制作的,则前述推定 36

---

[15] BGH NJW 1995, 49 (509); 1991, 1052 (1053); Rosenberg/Schwab/Gottwald §116 Rn. 7; 对于民事诉讼上的陈述/说明责任和证明责任,也参见 Stein JuS 2016, 896 ff.。
[16] BGH NJW 1991, 1052 (1053); 1989, 1728 (1729); Zöller/Greger Vor §284 ZPO Rn. 17a。
[17] Thomas/Putzo/Reichold §416 ZPO Rn. 2; Musielak/Voit/Huber §416 ZPO Rn. 3。
[18] BGH NJW-RR 2015, 819 (821 Rn. 15); NJW 1988, 2741。
[19] BGH NJW 1988, 2741; 1986, 3086; BeckOK ZPO/Krafka §440 ZPO Rn. 4; MüKoZPO/Schreiber §440 ZPO Rn. 2。

内容还包括文书的内容应符合签名人的意思,这也适用于空白签名甚至是滥用空白文书的情形。[20]

37　　V 主张存在滥用空白文书的情况,以此否认文书内容与他的意思相符。因为《民事诉讼法》第 440 条第 2 款是一项可以反驳的法律上推定的证明责任规范,所以通过证明反面事实来反对该推定是合法的(《民事诉讼法》第 292 条)。[21] 然而有疑问之处在于,V 是否成功证明了反面事实。单纯否认文字记载的真实性,或者通过说明书证的文本可能在未经制作人同意的情况下嗣后被放置在制作人签名的上方来动摇推定,对于成功证明反面事实而言都是不够的。[22] 更确切地说,V 必须对反面事实进行完全证明,在该案例中,也就是要对滥用空白文书的情形进行证明。[23]

38　　《民事诉讼法》第 292 条第 2 句明确规定:反面事实的证明可以依照《民事诉讼法》第 445 条申请讯问当事人而进行。V 的律师已经提出申请,请求法院对 R 就其违约填写收据单的行为进行当事人讯问。V 没有提交其他的证据,因而这样的当事人讯问是合法的。然而 R 拒绝法院对其进行讯问。依照《民事诉讼法》第 446 条,如果应当接受讯问的当事人拒绝对其进行的讯问,法院应当根据自由心证,判断待证事实可否被视为已经得到证明。在这种情况下,法院应当考虑全部案情,尤其是要考虑拒绝的理由。

39　　R 未曾给出其拒绝接受讯问的正当事由。此外,他还有财务方面的问题,以及没有线索表明 V 的主张的可信度值得怀疑。根据对全部案情的评价,法院应当认为当事人主张的事实,即 R 违约填写空白收据,已经获得了证明。因此,V 成功地证明了反面事实,该反面

---

[20] BGH NJW-RR 2015, 819 (821 Rn. 17); NJW 1988, 2741; Rosenberg/Schwab/Gottwald § 120 Rn. 17.
[21] BGH NJW-RR 2015, 819 (821 Rn. 18); 2006, 847 (848 Rn. 18); NJW 1986, 3086 (3087); HK-ZPO/Siebert § 440 ZPO Rn. 5; MüKoZPO/Schreiber § 440 ZPO Rn. 3.
[22] BGH NJW-RR 2015, 819 (821 Rn. 19).
[23] BGH NJW 1986, 3086 (3087); BeckOK ZPO/Krafka § 440 ZPO Rn. 10.

事实表明文书内容与 V 的意思不相符。因此,该私文书应当被视为不真实。

因为 R 除了这份不真实的私文书之外没有提交任何其他的证据,所以他仍然须要证明其已经支付了 5400 欧元。因此,V 的债权在这个数额范围内并未因《民法典》第 362 条第 1 款规定的履行而被消灭。

V 源自《民法典》第 535 条第 2 款的请求权,在 600 欧元的金额范围内被消灭,而该请求权在 5400 欧元金额范围内仍然存在。

(3) 小结

该诉在 5400 欧元金额范围内是具有理由的。

5. 结论

法院应当依照《民事诉讼法》第 343 条第 1 句在 5400 欧元金额范围内维持缺席判决。

(二) 问题 2

1. 对 V 的诉的合法性

如果实体判决要件齐备,则诉具有合法性。

(1) 波茨坦区法院的管辖权

因为当事人已经向波茨坦区法院起诉,所以必须审查该法院是否具有管辖权。

① 事务管辖权

依照《民事诉讼法》第 1 条的指示,事务管辖权应当适用《法院组织法》第 71、23 条。据此,全部民事诉讼案件,只要不属于区法院管辖,均由地方法院管辖。《法院组织法》第 23 条第 2 项规定的不考虑诉讼标的额应移送区法院的情形,在该案例中并不存在。尤其是该案例涉及的并非关于住房的使用租赁关系,因而《法院组织法》第 23 条第 2 项第 a 目与此无关。依照《法院组织法》第 23 条第 1 项,区法院的管辖权涵盖诉讼标的物为金钱或者金钱价值、数额不超过5000欧元的请求权纠纷。在该案例中V主张的支付请求权金额为4000欧元,争议额小于5000欧元,因而区法院具有事务管辖权。

②地域管辖权

47　　波茨坦区法院的地域管辖权可能源于《民事诉讼法》第29a条第1款规定的专属审判籍。据此,因房屋的使用租赁关系而产生的诉讼,由房屋所在地的法院专属管辖。

48　　有疑问之处在于,该案例涉及的是否是因房屋的使用租赁关系而产生的诉讼纠纷。2018年4月26日的诉讼确系基于此种纠纷,因为V主张(要求被告)支付拖欠的租金(参见→边码23)。双方当事人之间达成的和解只是对原先债务关系的改造,因而2018年6月27日提起的诉涉及的仍然是相同的诉讼请求权,属于《民事诉讼法》第29a条第1款意义上的因房屋的使用租赁关系而产生的纠纷。因此,波茨坦区法院具有专属管辖权。

(2)依照《民事诉讼法》第253条依法起诉

49　　诉必须依法提起。原告已经依照《民事诉讼法》第253条第2款第1项在诉状中标明了诉讼当事人的姓名/名称。在他的诉状中,V错误地将X有限责任公司列为被告,但是V原本的意思是起诉X股份公司来主张其请求权。有疑问之处在于,错误标称会产生怎样的效果。

50　　原则上,当事人名称作为诉讼行为的一部分,对其进行解释是较为容易的。[24] 决定性因素在于,从接收方(法院和对方当事人)的角度看,起诉的当事人选择的名称会对客观评价其表示内容具有何种意义。[25] 即使在出现客观上不正确或者不明确的名称时,该当事人

---

[24]　BGH NJW-RR 2013, 458 Rn. 5; 2008, 582 (583 Rn. 7); NJW 1987, 1946 (1947) m. w. N.

[25]　BGH NJW 2017, 2472 (2473 Rn. 19); 2008, 582 (583 Rn. 7); NJW-RR 2013, 458 Rn. 5; MüKoZPO/Becker-Eberhard §253 ZPO Rn. 46.

名称明显涉及的人*原则上也应当被视为诉讼当事人。[26] 对此,除了起诉状的首部包含的信息之外,起诉状的全部内容包括可能附随的附件内容都应被(法院)考虑。[27]

因为事实上存在一家 X 有限责任公司,该公司被 V 在起诉状的首列列为被告,所以可以想象,即使这并非 V 的本意,该公司也已经成为了 V 提起的诉的当事人。因此,如欲将其"更换(Wechsel)"为正确的当事人,即原告原本想要起诉的被告,在该案例中为 X 股份公司,V 可能只能通过当事人变更(Parteiänderung)来实现。 51

然而,V 在其诉状中既附上了诉讼外和解协议,又附上了在波茨坦地方法院进行的原先诉讼程序的案卷号,这些将导致不一样的其他情况。因为即使没有选择正确的名称,而是错误地选择了事实上存在的其他(法/自然)人的名称/姓名,只要从诉状的内容和可能有的附件中可以毫无疑问地分辨出实际上被提及的是哪个当事人,则这个实际上被提及的人就将成为诉讼案件的当事人。[28] 52

在该案例中,从案件的整体情况来看,V 无意与 X 有限责任公司进行诉讼,毫无疑问 V 想要起诉 X 股份公司来主张其请求权。V"因要求支付和解协议中约定的 4000 欧元"而起诉,这样就直接引用了其所附上的和解协议。波茨坦区法院应当根据和解协议毫不迟疑地看出,该和解协议是由 X 股份公司和 V 达成的。起诉的金额也与和解协议中约定的数额精确相符。 53

另外,从 V 的起诉状中还能看出,被告被标称为"有限责任公司"在法律形式上与其传唤地址(在该地址仅存在 X 股份公司)之间 54

---

* 德语原文为 Person,表明既包括自然人也包括法人。——译者注
[26] BGH NJW 2017, 2472 (2473 Rn. 19); 2008, 582 (583 Rn. 7); NJW-RR 2013, 458 Rn. 5; HK-ZPO/Saenger §253 ZPO Rn. 8.
[27] BGH NJW 2017, 2472 (2473 Rn. 20); NJW-RR 2013, 394 (395 Rn. 13); 2008, 582 (583).
[28] BGH NJW-RR 2008, 582 (583); OLG Hamm NJW-RR 1991, 188 f.

存在矛盾之处,所以法院也可能——为了消除最后的疑虑——会借助原告提供的案卷号来查清被告的身份,从而支持原告真正的意思,也即认可 X 股份公司的当事人地位。因此,对诉讼请求的解释可以得出的结论是,V 原本希望起诉以主张请求权的是 X 股份公司而不是 X 有限责任公司。故并不需要进行当事人变更。

提示:在这样的情形下,法院会进行所谓的首部更正。法律授权法院随时可以依职权实施首部更正措施。[29]

(3)《民事诉讼法》第 50 条及以下数条规定的当事人能力和诉讼能力

依照《民事诉讼法》第 50 条第 1 款和第 51 条及下一条,V 作为自然人具有当事人能力和诉讼能力。

依照《民事诉讼法》第 50 条并结合《股份法》第 1 条第 1 款第 1 句,X 作为法人具有权利能力,因此具有当事人能力。依照《股份法》第 78 条第 1 款,该公司由其董事会代表。

(4)同一案件无另外的诉讼系属(《民事诉讼法》第 261 条第 3 款第 1 项)

有疑问之处在于,V 向波茨坦区法院提起的诉是否存在对立的诉讼系属。依照《民事诉讼法》第 261 条第 3 款第 1 项,在诉讼系属期间当事人双方都不能使该诉讼案件另行发生系属关系。V(重新)起诉 X,可能与波茨坦地方法院正在进行的诉讼程序产生对立。

与诉讼上的和解相比,诉讼外的和解不会直接产生终结诉讼的效力。[30] 在该案例中,诉讼也没有通过其他方式即通过(本案)终结或者撤诉的方式终结。和解协议中规定的 V 的撤诉义务,其尚未履行。

---

[29] BAG NZA-RR 2015, 380 (381 Rn. 14).
[30] BGH NJW 2002, 1503 (1504); BeckOK ZPO/Hoffmann § 794 Rn. 33; HK-ZPO/Kindl § 794 ZPO Rn. 23; Musielak/Voit/Lackmann § 794 ZPO Rn. 27.

①当事人的同一性

依照《民事诉讼法》第261条第3款第1项,另行发生诉讼系属的要件为,两个诉讼的当事人具有同一性。在两个诉讼程序中,V都是原告,X都是被告。因此存在当事人的同一性。 59

②同一诉讼标的

诉讼必须涉及同一诉讼标的。 60

按照通行的诉讼标的二分肢说,诉讼标的要依据从诉讼请求、申请中得出的一般的权利保护目标和所请求的具体的法律后果以及依据能够推导出法律后果的生活事实情况(诉之理由)来确定。[31] 61

只要各方当事人以和解的方式在诉讼外对他们之间已经发生系属关系的诉讼案件中有争议的法律关系做出新的安排,就应当区分:只有各方当事人终结旧的债务关系并约定了新的债务关系(债务更新),从而使他们之间相互的债权不依赖于先前的诉讼而获得了一个全新的基础,这样才存在一个另外的、不一样的生活事实情况。[32]债务更新导致新的债务关系产生。然而,根据联邦普通法院的持久性判例,和解通常不具有债务更新的效力。[33] 62

因此,只有各方当事人的意思都明确一致同意此种债务更新,也即他们都毫无疑问地希望将他们在债法上的关系置于一个新的基础之上,债务更新才能被接受。[34] 63

与此相反,如果和解协议所包括的内容只是在保持原先的债务关系的同一性的情况下对诉讼关系进行更改,则和解协议应当被视为单一的生活事实情况的非独立组成部分,原告从这样的生活事实 64

---

[31] Vgl. BGHZ 154, 342 (347 f.) = NJW 2003, 2317 (2318); BGHZ 117, 1 (5) = NJW 1992, 1172(1173); BGH NJW 2001, 3713; 1999, 2118. 有关诉讼标的概念的详细阐述参见 MüKoZPO/Becker- Eberhard Vor §253 ZPO Rn. 32 ff.。

[32] BGH NJW 2002, 1503.

[33] BGH NJW 2002, 1503; NJW- RR 1987, 1426 (1427).

[34] Vgl. BGH NJW 2002, 1503; NJW - RR 1987, 1426 (1427); MüKoBGB/Emmerich §311 BGB Rn. 16.

情况中已经推导出了他原先的请求权,并且原告当下仍然在用该生活事实情况论证其(已经修改过的)诉讼请求具有理由。[35] 因此,只要请求权的内容保持一致,诉讼标的就没有发生改变。

65　　　因此应当审查的是,V 和 X 是否通过达成和解的方式替换掉(Loslösung)了原先的债务关系(使用租赁合同,《民法典》第 535 条)并计划进行债务更新,或者 V 向波茨坦地方法院主张的租金支付请求权是否只是以一种新的、修改过的形式来提出。在和解协议第 1 条中,双方当事人直接提到了在波茨坦地方法院进行辩论的诉讼案件,也即 2017 年 X 拖欠租金的案件。和解协议的措辞也表明,双方当事人希望将构成诉讼标的的各个请求权考虑在内,并对这些请求权进行有拘束力的调整、规制。并无显著事实表明当事人中的任何一方希望为替换掉原先的债务关系的新债务关系说明理由。

66　　　因此,由于和解是对原先的债务关系的单纯改造(Umgestaltung),所以两个诉讼涉及的是相同的诉讼请求权。

67　　　也就是说,V 向波茨坦区法院提起的诉与正在波茨坦地方法院进行的诉讼程序的诉讼系属相对立。

③尽管有另外的诉讼系属,但是仍有可能重新起诉

68　　　如果《民事诉讼法》第 261 条第 3 款第 1 项希望应对的各种风险并不存在,则诉讼标的同一将例外地不会导致第二个诉讼不合法。除了减轻司法的多重负担之外[36],前述法律规定尤其是为了防止被告被迫就同一个案件在两个以上诉讼程序中进行防御,和防止法院作出相互矛盾的判决。[37] 然而,假如诉讼外达成的和解会导致原先的诉讼程序的继续进行不合法,则不存在双重的诉讼实施。[38]

---

〔35〕　BGH NJW 2002, 1503.
〔36〕　Musielak/Voit/Foerste § 261 ZPO Rn. 9.
〔37〕　BGH NJW 2002, 1503; 2001, 3713; 1952, 705 (706); MüKoZPO/Becker - Eberhard § 261 ZPO Rn. 4.
〔38〕　BGH NJW 2002, 1503 (1504).

诉讼外的和解本身并不能直接终结诉讼(→边码58)。但是有疑问之处在于,诉讼外和解协议第2条中约定的撤诉许诺能够产生哪些诉讼上的效力。撤诉许诺本身只能说明撤诉义务具有理由。但撤诉许诺并不意味着撤诉本身。被告仅有权提出"撤诉许诺的抗辩",该抗辩权可以使诉讼不合法(→案例4的边码6及下一段)。[39]如果把撤诉许诺视为实体法上的合同,则前述的抗辩权就是《民法典》第242条规定的恶意抗辩权[40];而如果把撤诉许诺归类为诉讼法上的合同(诉讼契约),则该抗辩权就是一种诉讼法上的抗辩权。[41]

因此,(在原先的诉讼中)诉讼程序继续进行的合法性取决于和解协议第2条中的约定。根据该约定,V有义务在收到约定的和解支付款之后撤回因租金拖欠而提起的诉。当然,X未履行其义务,因而V也没有义务撤诉。因此,该条款与在波茨坦地方法院继续实施诉讼并不对立。因此,没有理由将在波茨坦区法院进行诉讼作为例外受理。更确切地说,V必须在波茨坦地方法院继续实施诉讼并相应地进行诉的变更,他现在应当要求X向其支付4000欧元。

2. 结论

V在波茨坦区法院对X的诉讼因为存在相对立的诉讼系属而不合法。

(三) 问题3

1. 实体法律状况

首先应当审查实体法律状况。

---

[39] BGH NJW 2002, 1503 (1504) m. w. N.; vgl. Brammsen/Leiblek JuS 1997, 54 (57).
[40] RGZ 102, 217 (222 f.); BGH NJW- RR 1989, 802 m. w. N.; NJW 1984, 805.
[41] Musielak/Voit Grundkurs Rn. 478; Rosenberg/Schwab/Gottwald §130 Rn. 8.

(1) V 对 X 依照《民法典》第 535 条第 2 款具有支付金额为 6000 欧元的请求权

①请求权成立

73　　V 和 X 之间存在一个《民法典》第 535 条规定的有效的使用租赁合同,因而 V 对 X 的支付租金请求权已经产生。因为 X 对 2017 年产生的金额为 6000 欧元的租金到期应付但仍然没有支付,并且 X 也无法使用就运营成本预付款获得偿付的对待请求权进行抵销,所以 V 的请求权在该数额范围内成立。

②请求权的权利所有人

74　　目前尚不清楚该请求权是否已经依照《民法典》第 398 条第 1 款被转让给 G。因此,若 X 向 V 或者向 G 付款,将存在向虚假/错误的债权人给付而必须再次给付的风险。对让与的有效性的怀疑可以导致债务人发生《民法典》第 407 条第 1 款意义上的不知。[42] 但是上述怀疑只有在其客观上具有理由时才会导致不知。[43] 在该案例中 V 仅表示让与无效,却没有用具体的事实证明这一点,也没有为此提供理由。因此,关于《民法典》第 407 条第 1 款的适用存在不确定性。在这些情形中,债务人有权依照《民法典》第 372 条第 2 句的规定进行提存。[44] 因为债权人的身份存在不确定性,就这点而言不应由 X 承担过失责任,所以只要 X 将相关金额提存并将提存物的取回排除,X 就可以被免除支付义务(《民法典》第 372 条第 2 句、第 378 条)。

(2) 小结

75　　依照《民法典》第 535 条第 2 款,X 有义务支付 6000 欧元。然而不确定的是,谁是请求权的权利所有人以及 X 对发生《民法典》第

---

[42] Vgl. BGH NJW-RR 2009, 491 (492 Rn. 8); 2004, 1145 (1147 f.).
[43] Palandt/Grüneberg §407 BGB Rn. 6.
[44] RGZ 61, 245 (250).

407条第1款意义上的让与是否已经知情。只有当X将所负担的金额提存并将提存物的取回排除时,X才能被免除义务(《民法典》第372条第2句、第378条)。

2. X的诉讼法上的行为方式

有疑问之处在于,应当建议X采取诉讼法上的哪种行为方式。

债务人可以选择:债务人可以援引让与一事,或者不否认原告适格继续实施诉讼,亦或依照《民事诉讼法》第72、75条采取措施。

(1)驳回诉的请求

X可能会主张V不是请求权的权利所有人并请求法院驳回诉。这样的话,V就一定要证明实际上他拥有该请求权。但是尚不清楚的是X的债权人究竟是V还是G,所以这样的行为方式存在风险,即如果V成功证实相应内容,则X应当负担全部的诉讼费用(《民事诉讼法》第91条第1款第1句)。《民事诉讼法》第378条规定的提存抗辩也包含了同样的风险,因为作为清偿代用的免除债务效力的提存是一种终结本案的事件。因此,如果V成功证实他仍然是该债权的债权人,则他可以在诉讼中表示诉讼案件在本案部分终结。在这种情形中,X也必须负担诉讼费用。在发生双方一致的本案终结表示时,可以从《民事诉讼法》第91a条第1款第1句得出前述诉讼费用负担判断;但如果X不同意,即在发生单方的终结表示时,可以从《民事诉讼法》第91条第1款第1句得出前述诉讼费用负担判断。

(2)《民事诉讼法》第307条规定的认诺

因为X基于这一缘由认识到自己有付款义务,所以似乎可考虑适用《民事诉讼法》第307条规定的诉讼上的认诺来作为一种较低诉讼费用的变体。(胜诉方律师的)费用可能会减少至一项费用[参见《法院费用法》附件1第1211号第2项(费用目录)]。

然而《民事诉讼法》第93条不得适用于此,因为正是X拒绝支付导致了诉讼的发生。

81　　即使不能确定 V 实际上是请求权的权利所有人,法院仍有可能判决(X)向 V 给付(律师费用)。此时将可能存在以下风险,即 X 因法院判决而必须向 V 给付,而如果 G 是债权的权利所有人,则 X 将同时基于实体法上的原因有义务向 G 进行给付。

82　　保护 X 避免上述风险的法律依据首先可能是《民法典》第 407 条第 2 款。《民法典》第 407 条第 2 款以保护债务人为目的,对《民事诉讼法》第 325 条(的效力范围)进行了扩大。[45] 根据该法律规定,如果在发生诉讼系属时债务人不知道债权转让,对于(法院)在债务人和原债权人之间的诉讼中作出的有既判力的判决,新债权人必须容许(某人)对新债权人自身主张该判决。* 联邦普通法院[46]基于法条文义以及该法律规定的意义和目的认为,受让人不能援引对其有利的判决,该法律规定仅用于保护债务人。[47] 这就意味着,新债权人不能援引自己的前手权利人通过与债务人进行诉讼赢得的对该前手权利人有利且对新债权人也有益的判决。

83　　该案例中,X 在诉讼系属后才知道发生了债权让与,之后其就可以适用《民法典》第 407 条第 2 款。然而这种保护在这里并不适用,因为 X 由于认诺将被判令向 V 付款,因此法院不可能作出对 X 有利的判决。

84　　但是除此之外,部分学者认为,只有当受让人不得不接受(某

---

〔45〕 BGHZ 52, 150 (152) = NJW 1969, 1479 f.; Staudinger/Busche (2014) § 407 BGB Rn. 18; vgl. auch Stamm NJW 2016, 2369 m. w. N.:作为《民事诉讼法》第 265、325 条的镜像的《民法典》第 407 条第 2 款。

* 参见陈卫佐译注:《德国民法典》(第 5 版),法律出版社 2020 年版,第 162—163 页。本款德语原文中使用的是被动语态,即主张判决的主体并不明确,因而对此存在争议(甚至有学者根据法律文句认为新债权人自己也可以主张该判决)。为了更加符合现代汉语语法和一般表达规范,这里冒昧地对陈卫佐教授的法条译文作出了调整。——译者注

〔46〕 BGHZ 52, 150 (152) = NJW 1969, 1479 (1480); vgl. auch BGH NJW 2005, 2157 (2158).

〔47〕 但对此观点表示怀疑的参见 Grunsky JZ 1969, 604; Schwab GS Bruns, 1980, S. 181 (187 ff.).

人)对让与人有利的判决时,其结果是让与人而非受让人被视为对债务人享有权利的权利所有人,此时才需要保护债务人的利益。受让人相应地依照《民法典》第407条第2款(准用)重新丧失已被转让的债权。[48]

根据通说[49],通过类推推论的方式从《民法典》第407条第2款这样的例外性法律规定中可以推导出的此类判决的既判力扩张,既不能有利于受让人(债权的成立也对他发生既判力),又不能给受让人造成负担(让与人依据判决享有债权,受让人因此丧失了权利所有人地位)。对债务人不利的判决给受让人造成负担的,除了规范目的之外,判决的既判力效力不仅可能将保护债务人免受不利益,而且还可能额外地持续保障债务人防御受让人的请求权。

因此,自知道发生债权让与起,债务人可以依照《民法典》第407条第1款不再向原债权人给付,即发生免责效力,这并不依据是否存在要求其向让与人给付的判决,也不依据债权让与究竟是发生在诉讼系属前还是发生在诉讼系属后。[50] 换言之,《民法典》第407条第1款不会因《民法典》第407条第2款受到抑制,也不会因《民事诉讼法》第325条第1款受到抑制。

对于该案例,通说观点的意义在于,V和X之间的判决可能产生的既判力效力既不会有利于G又不会造成G的负担。可能会产生的后果是,即使存在判令X向V给付的判决,在X的债权人身份方面已经存在《民法典》第407条第1款意义上的恶意,X仍可以免责而无须向V给付。但是此处对X是否真的不知道这一问题是值得怀疑的(参见→边码74)。

---

[48] Braun ZZP 117 (2004), 3 (22 ff.); ders. JZ 2005, 363 (364); Blomeyer NJW 1970, 179 (180); ähnlich Stamm NJW 2016, 2369 (2373 f.).
[49] BGHZ 163, 59 = NJW 2005, 2157 (2158); BGHZ 52, 150 (152 ff.) = NJW 1969, 1479 (1480); MüKoBGB/Roth/Kieninger § 407 BGB Rn. 24.
[50] BGHZ 86, 337 (340) = NJW 1983, 886 (887); MüKoBGB/Roth § 407 BGB Rn. 26; Palandt/Grüneberg § 407 BGB Rn. 11.

(3)《民事诉讼法》第 75 条规定的诉讼告知和脱离诉讼的申请（债权人争议）

88　　但是可以考虑《民事诉讼法》第 75 条规定的诉讼告知和脱离诉讼的申请。[51] X 可以依照《民事诉讼法》第 72 条及下一条将诉讼告知 G。之后 G 可以加入 X 和 V 的诉讼(《民事诉讼法》第 74 条第 1 款）。如果 G 这样做，则可能产生的情况是：X 可以在抛弃取回权的情况下将金额进行有利于诉讼中债权人的提存(《民法典》第 372 条第 2 句、第 378 条），并且依照《民事诉讼法》第 75 条第 1 句申请脱离诉讼。法院可以作出判决准许 X 脱离诉讼，只判令 X 负担因其针对债权所提出的无理由的申诉而发生的费用。

3. 结论

89　　由于在 V 的债权权利所有人身份方面存在不确定性，所以可以建议 X 依照《民事诉讼法》第 72 条及下一条将诉讼告知 G，在 G 参加诉讼时，在抛弃取回权的情况下将所涉金额进行提存，并向法院申请脱离诉讼(《民事诉讼法》第 75 条）。

90　　如果 G 没有加入诉讼，依照《民事诉讼法》第 74、68 条进行诉讼告知将产生使 G 加入诉讼的效力，其结果是在 V 和 X 诉讼中的事实确认将在之后 G 和 X 的诉讼中对 G 也发生效力。换言之，如果法院判决 X 向 V 付款，则 V 是债权的权利所有人这个确认事项将对 G 也产生约束力。

（四）问题 4

1. 实体法律状况

91　　首先应当审查实体法律状况。

（1）债权的债权人

92　　根据案件事实情况，V 已经将对 X 享有的《民法典》第 535 条第

---

[51] Vgl. dazu Stamm NJW 2016, 2369 (2371).

2款规定的使用租赁债权有效地转让给了G(《民法典》第398条),因而现在G是债权的权利所有人。

(2)债权的履行

依照《民法典》第362条第1款,只有所负担的给付被向真正的、正确的债权人履行,债权才消灭。然而依照《民法典》第407条第1款,假如在给付之前X不知道发生了债权让与,则其向V的给付也可以产生有利于X的免责效力。但是,实际上X已经知道了债权让与,则其向V的给付就不再能够免除其对G负担的债务。

因此,X必须反对将要面临的V对其的执行,因为如果不这样做的话,则G有可能对其再进行一次执行。

2.诉讼法上的鉴定式分析

可以考虑《民事诉讼法》第767条第1款规定的执行异议之诉。

(1)《民事诉讼法》第767条规定的执行异议之诉的合法性

执行异议之诉需要的实体判决要件必须齐备。

①容许性

如果债务人可以提出的抗辩系对判决所确定的请求权本身有异议,则容许(相关人员)依照《民事诉讼法》第767条第1款提起执行异议之诉。对X可以援引的、已被确定的请求权,V作为原告不适格以及债务已经履行都可以被考虑作为反对该请求权的抗辩。因此,(该案例中)执行异议之诉具有容许性。

②管辖权

依照《民事诉讼法》第767条第1款,一审受诉法院即波茨坦地方法院具有事务管辖权和地域管辖权。依照《民事诉讼法》第802条,此种管辖权为专属管辖权。

③《民事诉讼法》第50条及以下数条规定的当事人能力和诉讼能力

V作为自然人,依照《民事诉讼法》第50条第1款、第51条及下一条,具有当事人能力和诉讼能力。

100　　X作为法人,依照《民事诉讼法》第50条第1款并结合《股份法》第1条,具有权利能力,因此具有当事人能力。依照《股份法》第78条第1款,该公司由其董事会代表。

　　④依照《民事诉讼法》第253条依法起诉

101　　在起诉状中,(当事人)一定要依照《民事诉讼法》第253条第2款第2项请求法院宣告依据执行名义(案卷号……)进行的强制执行不合法。

　　⑤权利保护需求

102　　虽然强制执行尚未开始,但是如果面临被执行的风险,即具备了执行异议之诉方面的权利保护需求。该案例正属于此种情形。

　　⑥其他实体判决要件

103　　关于其他的实体判决要件,不存在疑问。

104　　据此,执行异议之诉合法。

　　(2)《民事诉讼法》第767条规定的执行异议之诉具有理由

105　　如果原告有权针对被判决确定的请求权进行实体法上的抗辩,并且未发生《民事诉讼法》第767条第2款规定的失权,则诉具有理由。

　　①实体法上的抗辩

106　　可以考虑的(实体法上的抗辩)包括V存在原告不适格和债务获得履行的情形。

　　a)原告不适格

107　　V不是被判决确定的请求权的债权人。在债权让与后,G是债权人。

　　b)履行

108　　X尚未履行债权。无论是向V给付(此种给付将可能无法让X免除债务),还是向G给付(此种给付将可能无法让X免除被判决确定的其应向V履行的义务),在该案例中均无助于X解决问题。但是 X 也许可以依照《民法典》第 372 条第 2 句、第 378 条通过提存并且排除提存物的取回,从而免除自己的债务。对此,《民法典》第 372 条第 2 句的要件必须具备。该案例中,债权人的身份存在不确定性。作为执行债权人的 V 和作为受让人的 G 均主张该债权。[52] 这种不确定性并非基于 X 的过失。假如 X 将金钱提存,并依照《民法典》第 376 条第 2 款第 1 项抛弃其取回权,则其将以相同的方式免除自身债务,恰如其在提存时已向债权人给付一样(《民法典》第 378 条)。

②不存在《民事诉讼法》第 767 条第 2 款规定的抗辩失权

所主张的抗辩,不得存在《民事诉讼法》第 767 条第 2 款规定的归于失权的情形。据此,只有抗辩所基于的事由是在一审程序的言词辩论终结之后才产生的,抗辩才合法。此处应当对可以考虑的抗辩加以区分。

a) V 作为原告不适格

该案例中,抗辩产生的时间点客观上是在最后一次言词辩论终结之前。G 作为受让人,已经在诉讼进行的过程中成为了债权的权利所有人。但是 X 在最后一次言词辩论终结之后才知道债权的让与。有疑问之处在于,判断失权与否的决定性因素,究竟是债务人事后才获悉,亦或仅是客观上的法律状况。假如是第一种情形,X 的抗辩未发生失权;而假如是第二种情形,则已经发生失权。对此是有争议的。

根据判例的观点,判断依据仅为客观的法律状况,而非当事人何时知道或者应当知道相关事实。[53] 判例援引《民事诉讼法》第 767 条第 2 款的规定作为论据,明确判断依据是事由的产生而非(当事人

---

[52] Vgl. MüKoBGB/Fetzer §372 BGB Rn. 10.
[53] BGHZ 145, 352 = NJW 2001, 231; BGHZ 61, 25 (26) = NJW 1973, 1328;对此表示担忧的有 Schlosser NJW 1995, 1404 (1405) 并考虑到《欧洲人权公约》第 6 条:(判例)违反了程序公平的宪法原则。

的)认知。另外,《民法典》第 407 条第 1 款规定的抗辩权只能对新债权人主张,不能对希望强制执行的原债权人主张。除此之外,要使债务人获得保护还存在一种更简单的方法,即依照《民法典》第 372 条第 2 句、第 378 条进行提存。

112 　　另一种观点认为,如果债务人事后才知道存在债权让与,则构成了《民法典》第 407 条第 1 款规定的原则情形之外的例外情形。[54] 在这种例外情形中,决定性因素是对相关事实的获悉。因为此处债务人的抗辩,是伴随着债务人知道债权的发生是因原债权人向第三人的让与才产生的。据此,债务人于事后才获悉存在债权让与,将可能构成《民事诉讼法》第 767 条第 2 款意义上应当予以重视的事实,因为《民法典》第 407 条第 1 款对债务人提供的保护,即债务人可以向原债权人给付而免除债务,将可能由于这种事后知晓而丧失。

113 　　第一种观点更有说服力,因为《民法典》第 407 条第 1 款对债务人的保护仅用于防御新债权人而非防御原债权人。除此之外,实体法也通过设立提存制度为债务人提供了充足的保护,因而 X 关于原告不适格的抗辩依照《民事诉讼法》第 767 条第 2 款已经归于失权。[55]

　　b) 依照《民法典》第 372 条第 2 句、第 378 条以提存的方式履行

114 　　与此对应,X 只能依照《民法典》第 372 条第 2 句,以 V 和 G 为受益人,将金额提存,并且依照《民法典》第 376 条第 2 款第 1 项抛弃其取回权。如此,则 X 可以依照《民法典》第 378 条实现履行效果,并且通过提起执行异议之诉来主张该抗辩。依照《民事诉讼法》第 767 条第 2 款,此种抗辩并不会发生失权,因为这种履行效果是在言词辩

---

[54] RGZ 84, 286 (292); OLG Koblenz JurBüro 1989, 704.
[55] 参见 Brand/Fett JuS 2002, 637 ff.关于《民法典》第 407 条第 1 款规定的抗辩失权时的执行异议之诉的内容。

论终结之后经过提存才产生的。

3. 结论

律师可以向 X 建议,如果 V 继续威胁要强制执行,则 X 将把金额提存并抛弃取回权,同时提起执行异议之诉。

案例4　撤回方面的问题

[根据 BGH NJW 2007, 1460 改编]

一、案情

原告 Konrad(以下简称 K)于2017年2月13日向斯图加特地方法院起诉居住于斯图加特的 Bärbel(以下简称 B),要求其支付源自一份买卖合同的10000欧元。诉状于2017年2月20日向 B 送达。第一次期日前的数周,双方当事人的诉讼代理人进行了会谈。会谈双方达成协议:K 逐步撤回就买卖标的物进行所有权返还转让(而提起)的诉讼。在第一次言词辩论中,只有 K 的律师出庭,他向法院申请作出缺席判决,因为 B 并未返还买卖标的物(的所有权)。B 的律师由于原告方已经作出撤诉许诺而没有出庭。

问题1:斯图加特地方法院可否依当事人申请作出缺席判决?

变体1:双方并未在诉讼前达成协议。但是,由律师代理的双方当事人于2017年4月20日在地方法院达成诉讼和解,在和解协议中双方约定,B 返还买卖物并向 K 支付用益补偿(Nutzungsentschädigung)。作为回报,K 放弃其购买价款请求权。K 保留以向法院提交简单书状的方式进行撤回的权利,撤回书状须于2017年5月4日前到达法院。现实情况是,对于 K 而言,买卖物再行出售已经不再有利可图,因此这样的和解对他是不利的。K 委托其律师撤回和解,但是该律师于2017年5月5日才注意到,撤回期间已经届满。

问题2:如果 K 的以往总是很可靠的律师助理 Rosalinde(以下简

称 R)违反指示发生迟误,没有及时提醒 K 撤回期间届满一事,则 K 的诉讼代理人能否采取一些措施?

问题 3a:双方当事人在法院不介入的情况下就撤回期间再延长两个星期达成一致,将会怎样?

问题 3b:双方当事人在辩论期日之后在法院不介入的情况下授予 B 一项撤回权,并且 B 及时作出撤回表示,又当如何?

变体 2:如变体 1 一般,双方当事人在律师的代理下在地方法院就相同内容达成诉讼上的和解。但是经过较短时间之后,K 获悉 B 在达成诉讼上的和解之前已经将买卖标的物出让,于是 K 向斯图加特地方法院重新起诉 B,要求 B 支付购买价款。在起诉状中,K 同时表示,由于 B 恶意欺诈,遂撤销和解(协议)。

问题 4:该诉有获胜的希望吗?

变体 3:在原案进行言词辩论之前——诉讼外的和解并未达成,K 的律师于 2017 年 3 月 6 日书面通知法院,B 于 2017 年 2 月 21 日已经支付了购买价款使债权实现。出于这一原因,K 的律师作出撤诉表示,并请求法院依照《民事诉讼法》第 269 条第 3 款第 3 句判令 B 负担全案的诉讼费用。与此相反,B 的律师认为 K 应当依照《民事诉讼法》第 269 条第 3 款第 2 句负担全案的诉讼费用,并提出了相应的申请。于是,K 的律师以错误为由撤回了撤诉(表示),因为他认为在诉讼系属前支付已完成,而且诉讼已经终结。如果法院不准许该撤回,则法院至少应当将因疏忽而作出的撤诉表示解释为(本案)终结表示,抑或将其转换为终结表示。

问题 5:斯图加特地方法院会作出何种裁判?

二、思路

(一)问题 1

1. 依照《民事诉讼法》第 331 条第 1 款第 1 句申请作出

  缺席判决 ·· 2
 2.《民事诉讼法》第 331 条第 1 款第 1 句规定的被告
  在言词辩论期日的迟误 ································ 3
 3. 不存在《民事诉讼法》第 335 条规定的作出裁判的
  障碍 ·· 4
  （1）《民事诉讼法》第 335 条第 1 款第 2 项规定的
    合法传唤 ·· 5
  （2）《民事诉讼法》第 335 条第 1 款第 1 项规定的
    法院应当依职权调查的事项 ················ 6
 4. 不存在《民事诉讼法》第 337 条规定的依职权延期 ··· 8
 5. 诉的合法性 ·· 10
  （1）斯图加特地方法院的管辖权 ················ 11
    ①事务管辖权 ································ 12
    ②地域管辖权 ································ 13
     a) 专属审判籍 ···························· 13
     b)《民事诉讼法》第 12、13 条规定的普通
      审判籍 ·································· 14
     c)《民事诉讼法》第 29 条第 1 款规定的
      履行地的特别审判籍 ················ 15
  （2）欠缺《民事诉讼法》第 261 条第 1 款规定的
    诉讼系属 ·· 16
  （3）其他实体判决要件 ···························· 17
  （4）因违反撤诉许诺而不合法 ··················· 18
 6.《民事诉讼法》第 331 条第 2 款规定的诉的正当性 ······ 19
 7. 结论 ·· 20
（二）问题 2
 1. 合法性 ·· 22
  （1）容许性：《民事诉讼法》第 233 条中提及的

　　　　　期间发生迟误 …………………………………… 23
　　　　　①不变期间 ……………………………………… 24
　　　　　②其他期间 ……………………………………… 25
　　　　　③类推适用《民事诉讼法》第 233 条 ………… 26
　　　(2) 结论 ………………………………………………… 30
　　2. 辅助鉴定 ………………………………………………… 31
　　　(1) 合法性 ……………………………………………… 32
　　　　①管辖权 …………………………………………… 32
　　　　②形式 ……………………………………………… 33
　　　　③期间 ……………………………………………… 36
　　　(2) 具有理由 …………………………………………… 38
　　3. 结论 ……………………………………………………… 39
(三) 问题 3a ……………………………………………………… 40
(四) 问题 3b ……………………………………………………… 46
(五) 问题 4
　　1. 合法性 …………………………………………………… 48
　　　(1) 管辖权 ……………………………………………… 49
　　　(2) 依照《民事诉讼法》第 261 条第 3 款第 1 项
　　　　　无另外的诉讼系属 …………………………………… 50
　　　　①经由诉讼上的和解终结原先的程序 …………… 51
　　　　②《民法典》第 142 条规定的诉讼上的和解的
　　　　　无效性 …………………………………………… 52
　　　　　a) 依照《民法典》第 123 条第 1 款中的第 1 种
　　　　　　可选择情形进行有效的撤销 ………………… 53
　　　　　b) 实体法上的无效性的影响 …………………… 54
　　　　③小结 ……………………………………………… 55
　　2. 结论 ……………………………………………………… 56

第二编　案例·案例 4　撤回方面的问题　　103

(六)问题 5
　1.有效的撤诉 ·················· 59
　　(1)撤诉表示 ················· 59
　　　①类推适用《民法典》第 133、157 条解释为
　　　　终结表示 ················ 60
　　　②类推适用《民法典》第 140 条转换为终结
　　　　表示 ·················· 61
　　　③类推适用《民法典》第 199 条及以下数条
　　　　之撤诉表示的可撤销性 ·········· 62
　　　④类推适用《民事诉讼法》第 290 条的撤回 ····· 64
　　　⑤具备回复原状之诉的事由 ········· 67
　　(2)被告的同意 ··············· 70
　　(3)结论 ·················· 71
　2.K 依照《民事诉讼法》第 269 条第 3 款第 3 句提出
　　的诉讼费用的请求 ·············· 72
　　(1)《民事诉讼法》第 269 条第 4 款规定的请求的
　　　合法性 ·················· 73
　　(2)请求具有理由 ·············· 74
　　　①撤诉的有效性 ·············· 75
　　　②《民事诉讼法》第 269 条第 3 款第 3 句的要件 ····· 76
　　(3)结论 ·················· 77
　3.B 依照《民事诉讼法》第 269 条第 3 款第 2 句提出
　　的诉讼费用的请求 ·············· 78
　　(1)《民事诉讼法》第 269 条第 4 款规定的请求的
　　　合法性 ·················· 79
　　(2)请求具有理由 ·············· 80
　　　①有效的撤诉 ··············· 81
　　　②《民事诉讼法》第 269 条第 3 款第 2 句规定的

      要件 ……………………………………… 82
    (3)结论 ……………………………………… 83

三、解答

(一)问题1

如果缺席判决的要件齐备,斯图加特地方法院将作出缺席判决。[1]

1. 依照《民事诉讼法》第331条第1款第1句申请作出缺席判决

针对被告的缺席判决,首要前提是原告提出相应的申请。K的律师已经向法院申请作出缺席判决。

提示:在原告有关案件的申请/请求中,联邦普通法院通常将原告针对被告的缺席判决申请视为"减记"。[2]*

2.《民事诉讼法》第331条第1款第1句规定的被告在言词辩论期日的迟误

除此之外,还必须具备的要件是被告在言词辩论期日没有出庭/到场(《民事诉讼法》第331条第1款第1句)。在言词辩论期日,并未有具有诉讼能力的律师代表(代理)B出庭/到场(依照《民事诉讼法》第78条第1款第1句,在地方法院进行诉讼实行律师强制代理)。

---

〔1〕 关于针对被告的缺席判决也参见 Schreiber Jura 2000, 276 ff.。
〔2〕 BGHZ 37, 79 (83) = NJW 1962, 1149 (1150); OLG Koblenz BeckRS 1997, 04417 Rn. 13; MüKoZPO/Prütting §331 ZPO Rn. 6.
* "Minus(减记)"是一种法律上常用的比喻。在民事诉讼中,法律禁止法院就当事人未请求的事项进行裁判,因此不可以作出"Plus(加记)"裁判,即法院不得超诉请判决。但是,法院可以作出"减记"裁判,例如判决金额可以低于当事人请求的损害赔偿请求金额。诉讼法学理论认为,上告相对于控诉而言也是一种"减记",因为当事人在上告中不得提出新的事实。——译者注

3. 不存在《民事诉讼法》第 335 条规定的作出裁判的障碍

4 此外,如果存在《民事诉讼法》第 335 条第 1 款所称的作出裁判的障碍,则不得作出缺席判决。

(1)《民事诉讼法》第 335 条第 1 款第 2 项规定的合法传唤

5 在没有相反的信息的情况下,应当认为 B 受到了合法的传唤。

(2)《民事诉讼法》第 335 条第 1 款第 1 项规定的法院应当依职权调查的事项

6 撤诉许诺可能构成一项法院应当依职权调查的事项,对此有必要予以证实。但是这样的许诺只能说明存在撤诉义务,并不意味着撤诉本身。被告仅有权行使"撤诉许诺的抗辩权",因而法院不必依职权进行调查。[3] 这种抗辩权必须在言词辩论中被提出。

> 提示:有争议之处在于,撤回许诺究竟是一种实体法上的合同,还是一种诉讼上的合同(诉讼契约)。[4] 第二种观点更可取,因为其契合诉讼上的法律规则。但是两种观点都认为诉不合法,倾向于实体法的观点是基于恶意抗辩权得出该结论,而倾向于诉讼法的观点则是基于诉讼上的抗辩权得出该结论。

7 但是在此处,法院并不知道存在撤诉许诺,因而仅凭这一原因就不可能将该撤诉许诺考虑在内。

4. 不存在《民事诉讼法》第 337 条规定的依职权延期

8 如果指定诉讼代理人代理的 B 非因自身过错而受阻碍无法出庭/到场,则法院可以考虑依照《民事诉讼法》第 337 条依职权延期。此处的疑问在于,B 的诉讼代理人没有出庭/到场是否可以归咎于 B。B 未履行作为撤诉要件的所有权返还义务,可以视为 B 自身的过

---

[3] BGH NJW-RR 1989, 802 m. w. N.: 恶意抗辩权;Rosenberg/Schwab/Gottwald §130 Rn. 8: 诉讼上的抗辩;vgl. Wieczorek/Schütze/Assmann §269 ZPO Rn. 77。

[4] Vgl. Wieczorek/Schütze/Assmann §269 ZPO Rn. 77 m. w. N.

错,而她本应该将此事及时通知律师。除此之外,也可以考虑存在《民事诉讼法》第85条第2款规定的当事人过错等同于诉讼代理人的过错。但是有疑问的是,即使K的律师已经作出了撤诉许诺,B的律师是否因过错而受到责难。该案例中,撤诉许诺在言词辩论的期日之前数周被作出。但是B的律师不能相信对方会撤诉。一方面,因为B未履行所有权返还的义务,而律师本可以就此向B讯问。另一方面,法院本应当依照《民事诉讼法》第270条不拘形式地通知B的律师存在撤诉。但是实际上其并未收到这样的法院通知。因此,其应当遵守期日。

综上,B的律师在期日没有出庭/到场是存在过错的。依照《民事诉讼法》第85条第2款,该过错应当归咎于B。因此,不存在《民事诉讼法》第337条规定的延期事由。

9

提示:原则上,无过错不出庭/到场的前提包括,一方面存在不可归责于当事人的受阻原因(例如交通堵塞),另一方面因迟误一方当事人及时通知法院,或者通过其他方式使法院获悉(其无法按时出庭/到场)[5],使得法院有可能安排延期。[6]

5.诉的合法性

除此之外,作出缺席判决,必须具备诉的实体判决要件。

10

(1)斯图加特地方法院的管辖权

因为当事人已经向斯图加特地方法院起诉,所以必须审查该法院是否具有管辖权。

11

①事务管辖权

依照《民事诉讼法》第1条的指示,地方法院的事务管辖权应当适用《法院组织法》第71、23条。据此,全部民事诉讼案件,只要不属

12

---

[5] Stein/Jonas/Bartels §337 ZPO Rn. 9.
[6] BGH NJW 2009, 687 (688 Rn. 11); 2007, 2047 (2048); Musielak/Voit/Stadler §337 ZPO Rn. 6.

于区法院管辖,均由地方法院管辖。《法院组织法》第 23 条第 2 项规定的不考虑诉讼标的额的应移送区法院的情形,在该案例中并不存在。故地方法院对金钱或者金钱价值超过 5000 欧元标的的诉讼具有管辖权(参见《法院组织法》第 23 条第 1 项)。在该案例中,K 向 B 主张的请求权金额为 10000 欧元,因而地方法院具有事务管辖权。

②地域管辖权

a) 专属审判籍

13　　是否存在专属审判籍并非显而易见。

b)《民事诉讼法》第 12、13 条规定的普通审判籍

14　　依照《民事诉讼法》第 13 条,B 的普通审判籍依其住所地(《民法典》第 7 条)确定。B 居住于斯图加特,因而斯图加特地方法院依照《民事诉讼法》第 12、13 条对针对 B 提起的诉具有地域管辖权。

c)《民事诉讼法》第 29 条第 1 款规定的履行地的特别审判籍

15　　该案例是一起合同纠纷,即由 K 和 B 之间的买卖合同(《民法典》第 433 条)引起的纠纷、诉讼,因而可以考虑履行地的审判籍。据此,有争议的义务的履行地法院具有管辖权。履行地根据实体法来确定,也即根据《民法典》第 269 条规定的给付地来确定。[7] 依照《民法典》第 270 条第 4 款,前述规则同样适用于金钱债务。除非法律对相关情形另有规定,债务人的住所地即为给付地(履行地)(《民法典》第 269 条第 1 款)。B 居住在斯图加特,因而斯图加特地方法院依照《民事诉讼法》第 29 条第 1 款也具有地域管辖权。

(2) 欠缺《民事诉讼法》第 261 条第 1 款规定的诉讼系属

16　　如果诉讼依照《民事诉讼法》第 269 条第 3 款第 1 句可以被视为不再处于未决状态,则法院不得作出缺席判决。适用该规则的前提是 K 有效地完成了撤诉。但是双方诉讼代理人之间的约定仅包含一项撤诉许诺,该许诺只是使 K 有义务撤诉。依照《民事诉讼法》第

---

[7] Vgl. BGHZ 157, 20 (23) = NJW 2004, 54; Musielak/Voit/Heinrich §29 ZPO Rn. 15.

269条第2款,撤诉需要(当事人)向法院作出表示。在该案例中此种表示尚未被提交给法院。因此,诉讼系属并未丧失,而是仍然存在。[8]

(3)其他实体判决要件

关于其他的实体判决要件,不存在疑问。该案的诉是由具有诉讼能力的律师(《民事诉讼法》第78条第1款第1句)依照《民事诉讼法》第253条合法提起的。因此,诉具有合法性。

(4)因违反撤诉许诺而不合法

原告不履行撤诉许诺将因各种不同的原因导致诉不合法。如果将撤诉许诺归为债法上的合同,则被告可以依照《民法典》第242条行使恶意抗辩权来反对该合同[9],如果撤诉许诺被归类为诉讼上的合同,则被告有权行使诉讼上的抗辩权[10]。但是法院可以仅依据被告行使抗辩权对撤诉许诺进行审查,这一点与撤诉许诺的归类无关。B实际并未就撤诉许诺行使抗辩权。除此之外,因为B尚未履行其(所有权)返还义务,K也没有违反撤诉许诺。因此诉具有合法性。

6.《民事诉讼法》第331条第2款规定的诉的正当性

除此之外,原告口头进行的事实陈述一定要使诉讼请求/诉之申请正当(《民事诉讼法》第331条第2款),也即诉具有法律合理性(schlüssig)。诉的法律合理性(Schlüssigkeit der Klage)意味着当事人陈述的用于论证诉讼请求合理性的事实可以得出的结论正是(当事人向法院)请求的法律后果。K依照《民法典》第433条第2款向B主张支付基于买卖合同的10000欧元的请求权。关于该请求权的诸

---

[8] Vgl. Wagner,诉讼上的合同,1998, S. 510 ff.;但是如果已经通知法院存在撤诉许诺,则对于因此种许诺而丧失诉讼系属的参见 Schlosser, Einverständliches Parteihandeln im Ziviprozeβ, 1968, S. 71。

[9] BGH NJW 1984, 805; LAG Hessen BeckRS 2011, 69460.

[10] Wieczorek/Schütze/Assmann §269 ZPO Rn. 77; MüKoZPO/Becker-Eberhard §269 ZPO Rn. 12; Rosenberg/Schwab/Gottwald §130 Rn. 8.

项要件——有效的买卖合同——当事人已经进行了法律合理性陈述。

7. 结论

20　在当前的状况下,作出缺席判决是合法的。地方法院将依当事人申请作出缺席判决。

(二) 问题 2

21　在该案例中,还要考虑《民事诉讼法》第 233 条规定的恢复原状的申请。[11] 如果相关要件齐备(《民事诉讼法》第 233 条),斯图加特地方法院将准许恢复原状。有关恢复原状的申请一定要合法且具有理由。

1. 合法性

22　如果各项要件齐备,则恢复原状申请即为合法。

(1) 容许性:《民事诉讼法》第 233 条中提及的期间发生迟误

23　只有《民事诉讼法》第 233 条提及的各类期间之一发生迟误,才能恢复原状。

① 不变期间

24　撤回期间原本应当属于《民事诉讼法》第 224 条第 1 款第 2 句意义上的不变期间。但是不变期间仅指《民事诉讼法》规定为不变期间的期间。而撤回期间不是这样的期间。

② 其他期间

25　撤回期间也不是《民事诉讼法》第 233 条提及的其他期间。

③ 类推适用《民事诉讼法》第 233 条

26　因此在必要时可以考虑将《民事诉讼法》第 233 条类推适用于有关诉讼上的和解的撤回期间。这样类推适用的前提是存在计划外的

---

[11] 关于恢复原状参见 Schreiber Jura 2011, 601 ff.; Schroeder JA 2004, 636 ff.。

规制漏洞,并且存在具有可比性的利益状况。

提示:在闭卷考试中,判断是否存在计划外的规制漏洞是很困难的,因为立法历史(立法沿革)在很大程度上是不清楚的。因此通常可以假设存在违反计划的情形。故而应当将主要关注点放在利益状况的可比性上。

根据通说[12],这里既不存在规制漏洞,也不具有事实情况方面的可比性,因为撤回期间是一项约定期间而不是法定期间。法院无权对当事人约定的期间进行处置。应当听凭双方当事人自行约定更长的期间来避免违反期间的情形发生。因此,通说认为不能将《民事诉讼法》第233条类推适用于撤回期间。也即根据通说观点,迟误撤回期间,不能恢复原状。 27

根据相反的观点[13],诉讼上的和解所具有的终结程序效力会产生各种各样的问题,但立法者没有看到这一点,也就未能对其进行规制。因此,存在一个规制漏洞需要填补。迟误撤回期间与迟误《民事诉讼法》第233条提及的各类期间一样,会产生相同的法律后果,即终局性地终结诉讼。基于此,该观点主张,迟误撤回期间可以恢复原状。 28

两种观点得出了不同的结论。因此必须解决这一争议。通说的论据是较为令人信服的,其关于撤回期间是约定期间、与《民事诉讼法》第233条提及的期间不具有可比性的论证尤其具有说服力。 29

---

[12] BGHZ 61, 394 (395 ff.) m. w. N. = NJW 1974, 107 f. (108 d 之下:无规制漏洞); BGH NJW- RR 2018, 1023 (1024 Rn. 17); NJW 1995, 521 (522); BAG NJW 1998, 2844 (2845); 1978, 1876 f.; vgl. BVerwG NVwZ-RR 2000, 255; HK- ZPO/Saenger §233 ZPO Rn. 4; Rosenberg/Schwab/Gottwald §69 Rn. 2。

[13] Stein/Jonas/Roth §233 ZPO Rn. 12 m. w. N., 作者因存在相互对立的判例而建议(当事人)约定准用《民事诉讼法》第233条及以下数条作为预防措施。Zöller/Greger §233 ZPO Rn. 7 则相反地建议(当事人)对确认性保留(Bestätigungsvorbehalts)作出约定。

(2)结论

30　　因此,不能适用《民事诉讼法》第233条。撤回期间已经届满,故诉讼上的和解在撤回期间届满后终局性地生效。

2. 辅助鉴定

31　　如果想要不依通说而对容许性予以认可,则还必须具备恢复原状的其他要件。

　　　提示:此处必须在辅助鉴定中进行进一步审查,因为如果不这样做的话,则在处理案例过程中就可能不会斟酌案例问题中有关可靠的律师助理的提示。

(1)合法性

①管辖权

32　　依照《民事诉讼法》第237条,对补充实施的诉讼行为进行裁判的法院,应当对恢复原状的申请进行裁判,在该案例中也就是由斯图加特地方法院裁判。

②形式

33　　依照《民事诉讼法》第236条第1款,恢复原状的申请形式,依有待补行的诉讼行为的形式确定,也即根据撤回的形式确定。在该案例中双方约定为书面形式,因而撤回必须以书面形式进行。

34　　依照《民事诉讼法》第236条第2款第1句,恢复原状申请必须载明恢复原状的理由;此点必须在提出申请时或者在提出申请的程序中予以疏明(《民事诉讼法》第294条)。

35　　除此之外,发生迟误的诉讼行为,也即撤回,必须在申请期间内补行(《民事诉讼法》第236条第2款第2句)。

③期间

36　　恢复原状期间为两个星期(《民事诉讼法》第234条第1款第1句)。依照《民事诉讼法》第234条第2款,该期间自障碍消失时起算。在该案例中,律师不知道期间届满,构成了撤回的障碍。该障碍因 2017 年 5 月 5 日律师获悉(期间届满)而被消除,因此期间从这一天起算。但是,依照《民事诉讼法》第 222 条第 1 款、《民法典》第 187 条第 1 款,事件发生的当日在计算期间时不算入(参见提示→案例 3 边码 10)。因此,依照《民事诉讼法》第 222 条第 1 款、《民法典》第 187 条第 1 款,期间的计算开始于 2017 年 5 月 6 日 0 时。

依照《民事诉讼法》第 222 条第 1 款、《民法典》第 188 条第 2 款,该期间在 2017 年 5 月 19 日 24 时届满。 37

(2)具有理由

如果当事人受到妨碍未能遵守撤回期间,且该当事人对此不存在过错,则恢复原状申请具有理由。对此,当事人必须对自己的过错负责。此外,依照《民事诉讼法》第 51 条第 2 款,法定代表人的过错等同于当事人的过错,依照《民事诉讼法》第 85 条第 2 款,诉讼代理人的过错等同于当事人的过错。与此相反,第三人的过错,例如诉讼代理人的办公人员的过错,不能归责于当事人,除非诉讼代理人没有履行监管义务和组织义务[14],即诉讼代理人自身相应地存在过错。[15] 律师通常可以信任一个可靠的、训练有素且充分受到监督的能正确执行自己的指令的助理。[16] K 的律师已经要求 R 提醒他诉讼上的和解的撤回期间。如果律师的助理此前一直较为可靠,律师就可以相信该助理会遵从(他下达的)具体的单条指令。基于这一原因,不能认为 K 的律师存在过错,因而也就不能依照《民事诉讼法》第 85 条第 2 款归责于 K,从而认为 K 有过错。 38

---

[14] BGH NJW 2015, 2038 (2039 Rn. 7); 2011, 151 (152 Rn. 6).

[15] Vgl. BGH NJW- RR 2001, 1072 (1073) m. w. N.; Stein/Jonas/Roth § 233 ZPO Rn. 33: Büroverschulden; Musielak/Voit/Grandel § 233 ZPO Rn. 3 f. m. w. N.

[16] BGH NJW 2011, 151 (152 Rn. 13); NJW- RR 2003, 935 (936); NJW 1988, 1853: 口头指令;关于将上诉期间记录下来备忘方面的例外参见 BGH NJW 2003, 435 (436);关于交给实习生办理相关事务的,参见 BGH NJW 2014, 225 Rn. 7。

3. 结论

39 　　只要支持将《民事诉讼法》第233条及以下数条准用于迟误撤回期间,符合形式规定并按期提出的恢复原状申请就具有理由。

(三)问题3a

40 　　如果延长期间有效,则K的律师就可以进行撤回。

41 　　但是有疑问之处在于,当事人是否可以在没有法院介入的情况下约定延长撤回期间。几乎所有人一致认为,当事人可以延长该期间,法院没有必要对延长(期间)制作笔录。[17] 但是,对于期间的延长是否应当告知法院,仍然存在争议。

42 　　一种观点认为,延长撤回期间无须告知法院。[18] 其理由是:撤回期间是当事人约定的期间,对这种期间当事人可以自由处置(参见联邦普通法院就这项争议的论证→边码27)。当事人可以通过约定告知义务来避免证明困难。

43 　　相反的观点认为必须在撤回期间内告知法院延长期间。[19] 否则法院将无法为这样的约定制作笔录。

44 　　应当遵循第二种观点。即使当事人可以对此种期间进行处置,出于法的安定性的原因,当事人也有必要履行向法院告知的义

---

[17] BGH NJW-RR 2018, 1023 (1024 Rn. 17); OLG Karlsruhe NJOZ 2005, 3392 (3393); OLG Hamm BeckRS 2007, 9007; 2006, 13157; BeckOK ZPO/Hoffmann §794 ZPO Rn. 10; Musielak/Voit/Lackmann §794 ZPO Rn. 14; Zöller/Geimer §794 ZPO Rn. 10c; a. A. LG Bonn NJW-RR 1998, 427.

[18] OLG Karlsruhe NJOZ 2005, 3392 (3393); OLG Hamm BeckRS 2006, 13157; BeckOK BGB/Fischer §779 BGB Rn. 101; HK-ZPO/Kindl §794 ZPO Rn. 15; Staudinger/Marburger (2014) §779 BGB Rn. 108; Thomas/Putzo/Seiler §794 ZPO Rn. 20; Zimmermann §794 ZPO Rn. 9; Zöller/Geimer §794 ZPO Rn. 10c; BGH NJW-RR 2018, 1023 (1024 Rn. 17) 与BeckOK BGB/Fischer §779 BGB Rn. 101相反,并未就告知义务表达见解,而认为仅仅是无须制作笔录(协同、协力)。

[19] OLG Hamm BeckRS 2007, 9007 (obiter dictum); MüKoZPO/Wolfensteiner §794 ZPO Rn. 63; Fuhlrott/Oltmanns NZA 2019, 129 (131):以书状方式的。

务。因为诉讼上的和解会终结诉讼,所以必须明确在哪一个时间点上发生了诉讼终结。[20]

只有按照第一种观点,才有可能按期撤回和解。 45

(四)问题 3b

B 原本可以撤回和解,其后果为诉讼不被终结。但是这需要 B 有效地获得撤回权。根据双方在诉讼上的和解中的约定,只有 K 有权撤回。在达成诉讼上的和解之后,双方在诉讼外才对 B 的撤回权作了约定。有疑问之处在于,就补充的条件作出的约定——撤回权的保留通常属于一种延缓条件[21]——在没有法院介入的情况下是否有效。对此应否定其效力,因为补充的条件对于诉讼上的和解的效力具有重要影响,因此该条件应当符合法律对达成诉讼上的和解的形式要求。[22] 对诉讼上的和解有必要制作笔录以确保法的安定性,其目的在于防止当事人之间对和解的内容、和解的有效成立及其在诉讼上的后果产生争议。[23] 在该案例中,上述形式要求没有得到遵守,因此 B 未能有效地撤回和解。 46

(五)问题 4

如果诉合法并且具有理由,则这个诉有获胜的希望。 47

1. 合法性

实体判决要件齐备,诉即合法。 48

---

[20] Vgl. auch BVerwGE 92, 29 (31 f.) m. w. N. = NJW 1993, 2193 (2194).
[21] BGH NJW- RR 2018, 1023 (1024 Rn. 13); NJW 1984, 312; Musielak/Voit/Lackmann §794 ZPO Rn. 11.
[22] BGH NJW- RR 2018, 1023 (1024 Rn. 18); BeckOK BGB/Fischer §779 BGB Rn. 101; Musielak/Voit/Lackmann §794 ZPO Rn. 11.
[23] BGH NJW- RR 2018, 1023 (1024 Rn. 18).

(1) 管辖权

49 依照《民事诉讼法》第 1 条并结合《法院组织法》第 23 条、第 71 条第 1 款,斯图加特地方法院具有事务管辖权,依照《民事诉讼法》第 12、13、29 条,该法院具有地域管辖权(→边码 11 及以下数段)。

(2) 依照《民事诉讼法》第 261 条第 3 款第 1 项无另外的诉讼系属

50 然而依照《民事诉讼法》第 261 条第 3 款第 1 项,新的诉讼可能与先前的程序产生诉讼系属方面的对立关系。如果诉讼上的和解[24]未使原先的诉讼终结,就会出现此种情形。

① 经由诉讼上的和解终结原先的程序

51 根据通说,诉讼上的和解既有程序法效力,也有实体法效力(参见《民法典》第 779 条)。诉讼上的和解是诉讼行为,因为其终结诉讼;同时它也是私法上的法律行为,因为其从实体法律方面(sachlichrechtlich)对当事人的请求权和债务/义务进行规制(相当普遍的通说观点:诉讼上的和解的双重性质[25])。在其诉讼上的特性方面,其具有终结程序的效力,即终结诉讼和终结诉讼系属。

② 《民法典》第 142 条规定的诉讼上的和解的无效性

52 但是,由于(当事人)依照《民法典》第 142 条第 1 款进行撤销,诉讼上的和解可能会归于无效,进而就不会终结程序。

提示:因错误(Irrtums)而撤销诉讼上的和解,应当将其与《民法典》第 779 条第 1 款规定的无效性区分开来。这条法律规定的要件为:被双方当事人视为和解基础的无争议的事实情况不合乎现实,且争执或不确定性在实情已被知悉的情况下不会发生。因此,《民法典》第 779 条规定的无效性系基于各方当事

---

[24] 关于诉讼上的和解也参见 Schreiber Jura 2012, 23 ff.; Eisenreich JuS 1999, 797 ff.。
[25] Vgl. BGHZ 164, 190 (193 ff.) m. w. N. = NJW 2005, 3576 (3577); BGHZ 86, 184 (186) = NJW 1983, 996 (997); BGHZ 28, 171 (172) = NJW 1958, 1970; BGH NJW-RR 2018, 1023 Rn. 11; Schilken Rn. 652; 有关其他理论参见 Rosenberg/Schwab/Gottwald § 131 Rn. 33 ff.。

人共同的基础性错误;这是一种欠缺行为基础而受到法律规制的特别情形。[26]

a) 依照《民法典》第 123 条第 1 款中的第 1 种可选择情形进行有效的撤销

K 进行有效的撤销的前提是:存在撤销理由,并且 K 已经在撤销期间内向合同伙伴就撤销作出表示。B 通过其代理人恶意欺诈了 K,使 K 误以为 B 能够返还买卖物,进而使双方达成了诉讼上的和解,因此存在《民法典》第 123 条第 1 款中第 1 种可选择情形规定的撤销理由。B 的代理人不能被视为《民法典》第 123 条第 2 款第 1 句意义上的第三人。[27] K 已经在撤销期间内(《民法典》第 124 条第 1 款)向 B 就撤销作出表示(《民法典》第 143 条第 1 款)。实体法上的表示也可以在诉状中作出,诉状须在之后依照《民法典》第 130 条第 1 款通过送达使该表示到达(相对人)。因此,该诉讼上的和解应当被视为自始无效(《民法典》第 142 条第 1 款)。

53

b) 实体法上的无效性的影响

然而有疑问之处在于:以存在实体法瑕疵为由进行的撤销将如何对诉讼上的和解发生效力。这取决于诉讼上的和解的法律性质。由于诉讼上的和解具有双重性质(→边码 51),如果和解无效,则不会发生终结诉讼的效力。因此,应当继续实施原先的诉讼,并且还要在这一诉讼程序中查清诉讼上的和解是否有效。[28]

54

③ 小结

在斯图加特地方法院进行的诉讼并未因和解而终结,因此请求

55

---

[26] BGH NJW 2000, 2497 (2498); Staudinger/Marburger (2014) § 779 BGB Rn. 69, 73; BeckOK BGB/Fischer § 779 BGB Rn. 42; MüKoBGB/Habersack § 779 BGB Rn. 62.

[27] MüKoBGB/Armbrüster § 123 BGB Rn. 75.

[28] H. M., vgl. nur BGHZ 142, 253 (254) = NJW 1999, 2903; BGHZ 28, 171 (172 ff.) = NJW 1958, 1970 ff.; OLG Hamm NJW-RR 2016, 1412 Rn. 26; Zöller/Geimer § 794 ZPO Rn. 15a m. w. N.

支付的新诉将发生另外的诉讼系属,与原先的诉的诉讼系属相互对立(《民事诉讼法》第 261 条第 3 款第 1 项)。

2. 结论

K 提起的新诉已然不合法。K 必须申请继续进行原先的程序,并援引和解自始无效(作为申请的理由)。[29]

提示:存在争议的情形是,嗣后由于(和解协议的)解除或者当事人(另作)约定,最初已经有效完成的和解被取消。联邦劳动法院[30]认为应当继续进行原先的程序,而联邦普通法院[31]则认为和解的嗣后取消并不能取消和解终结诉讼的效力,因此只能考虑进行新的程序。如果诉讼上的和解已经有效完成,则该和解产生了终结诉讼的效力。根据联邦普通法院的观点,虽然和解在实体法上的效力因当事人(另作)约定而被取消,但是其在诉讼上的效力不会被取消。根据联邦普通法院的观点,同样适用的还包括解除的情形,解除将只会导致原先的合同关系转换为返还性债务关系(Rückgewährschuldverhältnis),同样适用的还包括行为基础(嗣后)丧失的情形。出于这一原因,必须开始一个新的诉讼。与此相反,各类文献[32]转而关注解除和行为基础(嗣后)丧失,尤其是基于诉讼经济性原因而发生的前述情形。处理原先诉讼的法院已经知悉了当事人之间的争议,会就诉讼是否继续进行作出最佳裁决。

---

[29] Gehrlein §9 Rn. 41; Jauernig/Hess §48 Rn. 26.
[30] BAG NJW 1983, 2212 (2214 ff.); 1957, 1127; 1956, 1215 (1216).
[31] BGHZ 41, 310 (312 f.) = NJW 1964, 1524 (1525); BGHZ 16, 388 (393) = NJW 1955, 705 (706); BGH NJW 1982, 2072 (2073); zust. Musielak/Voit Grundkurs Rn. 538; Schellhammer Rn. 701.
[32] Rosenberg/Schwab/Gottwald §131 Rn. 64, 67; Brox/Walker Rn. 1334; Lüke Rn. 255; Schilken Rn. 656.

(六) 问题 5

地方法院原则上要针对原告最终的(诉讼)请求和申请作出裁判。K 的律师最后表示本案诉讼已终结。因为 B 的律师对这项终结表示不认可,所以这就构成了单方的终结表示,根据通说,这就意味着发生诉的变更,诉讼请求变更为确认本案已经终结的请求[33](对此→案例 2 问题 3)。地方法院必须以判决的形式对该确认之诉作出裁决。

57

然而有问题之处在于是否仍然可以作出终结表示。如果已经有效撤诉,则依照《民事诉讼法》第 269 条第 3 款第 1 句,诉讼应被视为未处于未决状态,因此对诉讼不能作出终结表示。在这种情形中,法院应当以裁定的形式对诉讼费用的请求/申请作出裁判(参见《民事诉讼法》第 269 条第 4 款)。因此首先应当审查 K 的律师是否已经有效撤诉。

58

1. 有效的撤诉[34]

(1)撤诉表示

依照《民事诉讼法》第 269 条第 2 款第 1 句,应当向法院作出撤诉表示。在 2017 年 3 月 6 日的书状中,拥有诉讼能力的 K 的律师向法院表示,因为 B 已经完成支付,所以撤诉。该律师同时提出申请,依照《民事诉讼法》第 269 条第 3 款第 3 句,请求由 B 负担案件的诉讼费用。从该申请可以看出,该律师认为 B 在诉讼系属前,也即在起诉状送达前(《民事诉讼法》第 261 条第 1 款、第 253 条第 1 款)已经完成支付,因此作出撤诉表示。而实际上,诉的动因是在诉讼系属后才不复存在的,因此无法再在撤诉的同时获得《民事诉讼法》第 269 条第 3 款第 3 句规定的较为有利的诉讼费用后果。更确切地

59

---

[33] BGH NJW 1994, 2363 (2364) m. w. N.
[34] 有关撤诉参见 Brammsen/Leible JuS 1997, 54 ff.。

说,在这种情形下,作出终结表示可能才是正确的行动方式。

①类推适用《民法典》第133、157条解释为终结表示

60　　因此应当审查法院能否将K的律师于2017年3月6日所作的撤诉表示解释为终结表示。原则上,诉讼行为也可以准用《民法典》第133、157条进行解释。但是对此适用的前提是表示的内容不够明确,因此需要进行解释。如果根据表示的文本及其目的,表示可以明确无误地表达出作出表示的人的意思,则无须进行解释。[35] 在该案例中,K的律师已经明确表示撤诉。除了该表示的文本之外,其意在撤诉的内容明确的意思,也表现在K的诉讼费用的申请中(《民事诉讼法》第269条第3款第3句),该申请是撤诉的强制性要件。因此,该撤诉表示由于其明确无误的内容而不能被解释为终结表示。

②类推适用《民法典》第140条转换为终结表示

61　　但是,也有可能考虑将撤诉表示转换为终结表示。根据通说,如果诉讼行为的要件齐备,转换与当事人可能的意思相符,并且对方当事人不存在值得保护且与己方当事人矛盾对立的利益,则原则上可以类推适用《民法典》第140条将无效的诉讼行为转换为合法、有效且具有可比性的诉讼行为。[36] 但是前提是有待转换的诉讼行为无效。但是在言词辩论开始之前,要求撤诉当然合法,尤其是在未获得被告同意的情况下撤诉要合法(《民事诉讼法》第269条第1款)。除此之外,撤诉要由具有诉讼能力的K的律师来实施。K的律师对由B依照《民事诉讼法》第269条第3款第3句负担案件诉讼费用的申请,不影响撤诉的有效性。该申请不具有理由。出于这一原因,不能将撤诉表示转换为终结表示。

---

[35] BGHZ 25, 318 (319); BGH NJW 2007, 1460 Rn. 10.
[36] Vgl. BGH NJW 2015, 2590 (2591 Rn. 7); 2011, 1292 Rn. 9; 2001, 1217 (1218) m. w. N.

③类推适用《民法典》第 199 条及以下数条之撤诉表示的可撤销性

然而 K 的律师已经以错误为由撤回了撤诉表示。 62

因为 K 的律师此处误以为 B 在诉讼系属前已经支付,所以有机会将撤回解释为《民法典》第 119 条及以下数条规定的撤销。但是对此需要具备的前提是,完全有可能撤销撤诉。民事诉讼法律并不包含与《民法典》第 119 条及以下数条相符的适用于各种诉讼行为的法律规定。根据通说[37],适用于意思表示的法律规定,如果其规定的是意思表示因意思瑕疵而可以归于无效或者被撤销,则该法律规定不得类推适用于诉讼行为,因为程序法的立法目的就在于防止程序参与人遭遇此类不确定性的困扰。[38] 因此,作出表示的一方发生错误,原则上并不会影响其诉讼行为的有效性。 63

④类推适用《民事诉讼法》第 290 条的撤回

在撤回诉讼行为时,应当对取效行为和与效行为加以区分。[39] 取效行为旨在使法院作出一定的裁决,只要不会因为取效行为产生新的程序状况(Verfahrenslage),使对方当事人获得有利的诉讼态势(vorteilhafte Prozesssituation),取效行为就是可以被撤回的。[40] 与此相反,与效行为会在程序中直接产生一定的诉讼上的效力,原则上不能将其撤回。[41] 撤诉是一种与效行为[42],通常不能撤回,只有在法 64

---

[37] BGHZ 80, 389 (392) = NJW 2007, 1460 (1461 Rn. 13); BGH NJW 1981, 2193 (2194); Rosenberg/Schwab/Gottwald § 65 Rn. 49; Lüke Rn. 215.

[38] BGH NJW 1981, 2193 (2194).

[39] Vgl. zur Unterscheidung von Erwirkungs-und Bewirkungshandlungen Rosenberg/Schwab/Gottwald § 64.

[40] Vgl. BGH NJW 2015, 2425 (2427 f. Rn. 27 f.); MüKoZPO/Rauscher Einl. Rn. 428; Zöller/Greger Vor § 128 ZPO Rn. 18.

[41] Vgl. BGH NJW 2016, 716 (717 Rn. 18); 2015, 2425 (2427) Rn. 27; MüKoZPO/Rauscher Einl. Rn. 428.

[42] Vgl. BGH NJW 2015, 2425 (2427 Rn. 27); MüKoZPO/Rauscher Einl. Rn. 416; Musielak/Voit/Musielak Einl. Rn. 61.

定的例外情形中可以考虑撤回。《民事诉讼法》第290条规定允许撤回因错误而作出的自认。在该案例中不能直接适用该条法律规定,因为此处并非撤回自认。因此,在必要时可以考虑将该条法律规定类推适用撤回撤诉表示。类推适用的前提是法律中存在计划外的漏洞,并且确认了在有法律规制的构成要件(要件事实)与法律未规制的构成要件(要件事实)之间确实存在具有可比性的利益状况。

65　　对于是否存在计划外的规制漏洞是存在疑问的。如果立法者只允许撤回某些特定的表示,则可以认为,立法者对其他情形不愿意作出这样的规定。因此,考虑到前述法律规定本身的例外性质,对于能否类推适用该法律规定仍然是存疑的。

66　　此外该案例中还欠缺具有可比性的利益状况。自认涉及作为作出实体裁决基础的在事实方面有争议的法律关系。《民事诉讼法》第290条的法律规定考虑到了这一点,具体的方式是该法律规定意图防止将因错误作出而与真实情况不相符的自认作为实体裁决的基础。但是该观点并不能适用于撤诉,无论事实方面有争议的法律关系如何,撤诉都会导致诉讼案件的诉讼系属终结。[43] 假如可以适用《民事诉讼法》第290条,则单纯的动机错误可以使当事人有权撤销。[44] 因此,《民事诉讼法》第290条不能类推适用于因错误而实施的诉讼行为。

⑤具备回复原状之诉的事由

67　　另外,根据通说[45],只要具有《民事诉讼法》第580条意义上的可以针对已经确定的判决提起再审之诉的理由,就可以考虑撤回诉讼行为。在该案例中,假如想要提起再审之诉,首先要让判决发生既

---

[43]　关于认诺参见 BGHZ 80, 389 (393 f.) = NJW 1981, 2193 (2194)。
[44]　BGHZ 80, 389 (394) = NJW 1981, 2193 (2194)。
[45]　BGHZ 80, 389 (394) = NJW 1981, 2193 (2194); BGH NJW 2013, 2686 Rn. 7; 2002, 436 (438); OLG Hamm NJW 2017, 1401 (1402 Rn. 18); Rosenberg/Schwab/Gottwald §65 Rn. 48.

判力,这是非常荒谬的。[46]

在该案例中并不具备《民事诉讼法》第 580 条意义上的回复原状之诉事由的诸项要件。 68

因此不能撤回撤诉表示;即撤诉表示仍然有效。 69

(2)被告的同意

因为在言词辩论之前已经撤诉,所以无须被告同意(《民事诉讼法》第 269 条第 1 款)。 70

(3)结论

因此,K 的律师已经有效撤诉,进而他不能再行表示诉讼的终结。 71

2. K 依照《民事诉讼法》第 269 条第 3 款第 3 句提出的诉讼费用的请求

因此,法院应当对 K 的律师依照《民事诉讼法》第 269 条第 3 款第 3 句原先提出的请求作出裁决。该请求一定是合法且具有理由的。 72

(1)《民事诉讼法》第 269 条第 4 款规定的请求的合法性

《民事诉讼法》第 269 条第 4 款规定请求须由具有诉讼能力的律师有效提出。 73

(2)请求具有理由

如果撤诉有效并且《民事诉讼法》第 269 条第 3 款第 3 句要求的要件齐备,则请求具有理由。 74

①撤诉的有效性

K 的律师已经有效撤诉(参见→边码 71)。 75

②《民事诉讼法》第 269 条第 3 款第 3 句的要件

依照《民事诉讼法》第 269 条第 3 款第 3 句,如果因提起诉的 76

---

[46] Jauernig/Hess §30 Rn. 30; Lüke Rn. 215.

动因在诉讼系属之前被取消而立即撤诉,则在考虑此前案件事实和争议情况的基础上,根据公平裁量确定费用承担义务。诉状已经于 2017 年 2 月 20 日向 B 送达,因此诉已经在这个时间点上发生诉讼系属(参见《民事诉讼法》第 261 条第 1 款、第 253 条第 1 款)。但是支付购买价款却在 2017 年 2 月 21 日才发生,也即支付发生在诉讼系属之后。此种情形不能适用《民事诉讼法》第 269 条第 3 款第 3 句。[47]

(3)结论

77　K 的律师请求法院依照《民事诉讼法》第 269 条第 3 款第 3 句作出诉讼费用裁判,并判令 B 负担诉讼费用,该请求不具有理由,应当被驳回。

3. B 依照《民事诉讼法》第 269 条第 3 款第 2 句提出的诉讼费用的请求

78　如果 B 的诉讼代理人请求法院判令 K 依照《民事诉讼法》第 269 条第 3 款第 2 句负担案件的诉讼费用,并且该请求合法且具有理由,则斯图加特地方法院将会支持 B 的诉讼代理人的请求。

(1)《民事诉讼法》第 269 条第 4 款规定的请求的合法性

79　B 的律师(《民事诉讼法》第 78 条第 1 款第 1 句)请求法院依照《民事诉讼法》第 269 条第 3 款第 2 句判令 K 负担案件的诉讼费用,依照《民事诉讼法》第 269 条第 4 款,该请求具有合法性。

(2)请求具有理由

80　如果 K 的律师已经有效撤诉,并且《民事诉讼法》第 269 条第 3 款第 2 句规定的要件齐备,则请求具有理由。

①有效的撤诉

81　K 的律师已经有效撤诉(参见→边码 71)。

---

[47] BGH NJW 2014, 3520 (3521 Rn. 6); 2004, 223 (224); 支持类推适用该法律规定的不同观点参见 Bonifacio MDR 2002, 499 (500); Schneider JurBüro 2002, 509 (510)。

②《民事诉讼法》第 269 条第 3 款第 2 句规定的要件

因为并未有法院就案件的诉讼费用另行作出确定判决,并且基于其他的原因被告也不应负担诉讼费用,所以原告应当依照《民事诉讼法》第 269 条第 3 款第 2 句负担案件的诉讼费用。

(3)结论

K 已经有效撤诉,因此地方法院将会依照《民事诉讼法》第 269 条第 3 款第 2 句判令 K 负担案件的诉讼费用。法院将会同意 B 的律师的请求,并以裁定的形式作出裁判,判令 K 负担案件的诉讼费用。

案例 5　好朋友

一、案情

2013 年 1 月 13 日,居住在魏玛的 Benjamin Blume(以下简称 B)的家门前发生了一场交通事故,B 在此次交通事故中存在过错,并且 B 在该事故中损坏了其当时的朋友 Karl Kurz(以下简称 K)的乘用车。因该事故,K 遭受金额为 10000 欧元的损失。因为当时 B 资金紧张,并且经济较好的 K 不想因此影响他们的友谊,所以 K 于 2013 年 1 月 28 日作出书面表示,允许 B 对 K"因 2013 年 1 月 13 日的交通事故而具有的全部请求权"的偿付可以延期至 2017 年 12 月 31 日。在 B 和 K 的关系明显恶化之后,K 认为向 B 作出的延期表示已经丢失且 K 自己对丢失无过错,遂于 2013 年 9 月 16 日将 B 起诉至魏玛区法院,要求 B 支付损害赔偿。但是因为 K 考虑到 B 还是有可能找到前述表示,所以 K 最初只起诉要求赔偿 2000 欧元以降低诉讼费用风险,并且没有提到他的损失实际上是 10000 欧元。他希望在获得胜诉的情况下稍后继续索要剩余的 8000 欧元。在 2013 年 12 月 20 日的言词辩论的期日,B 出乎他人意料地随身携带了延期表示,该延期表示是 B 在 K 起诉 B 时找到的。对此 K——为了节省诉讼费用——向法院表示其不提出任何申请或诉讼请求。依 B 的申请,法院作出缺席判决驳回了诉。对此,K 没有提出申诉。

2018 年 1 月 4 日,K 由其律师代理,将 B 起诉至埃尔福特地方法院,要求 B 支付 10000 欧元。在开庭期日,K 的律师和 B 到场。B 认为该诉与魏玛区法院的判决的既判力相对立。K 的律师认为 B 的陈述无关紧要,因为 B 没有委托律师代理诉讼。除此之外,K 的律师还认为魏玛区法院的判决与新的诉并不对立。首先,K 此前起诉主张的金额仅为 2000 欧元,其次,延缓履行的期间现在已经届满,因而目前请求权整体上才刚刚到期而应获得给付。K 的律师依起诉状提出了相应的诉讼请求,并请求法院对 B 作出缺席判决。B 请求法院驳回诉。

问题 1:地方法院将如何作出裁判?

变体 1:在魏玛区法院庭审的言词辩论期日,B 并未随身携带延期表示,因为他一直没有找到该延期表示且其对此无过错。法院指出,由于 B 无法证明其所主张的延缓履行的事实,B 将会败诉,作出认诺判决于 B 而言可能是诉讼成本最低的一个选择,此后 B 在言词辩论中对 K 的请求作了认诺。因此,法院开庭对 B 作出认诺判决,B 被判令支付 2000 欧元。

判决送达两周后,B 找到了延期表示,之后询问自己的律师 B. Rago 博士(以下简称 R),就这 2000 欧元的相关情况,他现在能做些什么?

问题 2:R 应当向 B 提出什么建议?请您假设法院将于 2017 年 12 月 31 日前作出裁判。

变体 2:2018 年 1 月 26 日,K 对其在埃尔福特地方法院提起的最初的诉进行了追加,要求 B 支付另外的 6000 欧元。其陈述称,K 在 2013 年向 B 提供了一笔金额为 20000 欧元的借款,该借款现已到期应当偿还。出于诉讼成本方面的原因,K 目前只起诉主张 6000 欧元。由律师代理的 B 就此请求驳回诉,并主张这笔钱是 K 赠与 B 的。

问题 3:此处的诉的追加是否合法?

问题 4:如果 K 败诉,则 B 可以采取什么措施以防止 K 在另外的诉讼中要求 B 偿还剩余的 14000 欧元?

编者注：魏玛位于魏玛区法院和埃尔福特地方法院的辖区内。

二、思路

(一)问题1
1. 依照《民事诉讼法》第331条第1款第1句申请宣告缺席判决……………………………………………… 2
2. 《民事诉讼法》第331条第1款第1句规定的被告在言词辩论期日发生迟误………………………… 3
3. 不存在《民事诉讼法》第335条规定的判决宣告障碍…………………………………………………… 4
4. 不存在《民事诉讼法》第337条规定的须依职权延期的情形…………………………………………… 5
5. 诉的合法性……………………………………………… 6
  (1) 埃尔福特地方法院的管辖权 ……………………… 7
    ① 事务管辖权 ………………………………… 8
    ② 地域管辖权 ………………………………… 9
      a) 专属审判籍 ……………………………… 9
      b) 《民事诉讼法》第12、13条规定的普通审判籍 ……………………………………… 10
      c) 《民事诉讼法》第32条规定的侵权行为的特别审判籍 …………………………… 11
  (2) 不存在与魏玛区法院的判决的既判力相矛盾的情形 ………………………………………… 12
    ① 确定判决 …………………………………… 14
    ② 既判力的范围 ……………………………… 15
      a) 在2000欧元的金额范围内 ……………… 17
        aa) 第一种观点 ………………………… 20

            bb）第二种观点 ·························· 22
            cc）观点评判 ···························· 24
          b）在 8000 欧元的金额范围内 ············ 26
            aa）第一种观点 ·························· 27
            bb）第二种观点 ·························· 29
            cc）第三种观点 ·························· 31
            dd）观点评判 ···························· 33
    6. 诉的有理性 ································· 35
      （1）K 就能够说明请求具有理由的事实所作的陈述 ··· 37
      （2）K 向 B 行使抗辩权而作的陈述 ············ 38
      （3）《民法典》第 242 条规定的失权 ············ 39
    7. 结论 ·· 40
  （二）问题 2
    1. 控诉的合法性 ······························· 43
      （1）控诉的容许性 ······························ 44
      （2）控诉人的败诉（利益） ······················ 46
      （3）被声明不服的标的达到一定价值或者得到
          法院的准许 ·································· 50
      （4）《民事诉讼法》第 519 条规定的形式 ·········· 53
      （5）《民事诉讼法》第 517 条规定的控诉期间 ······ 55
      （6）在《民事诉讼法》第 520 条规定的期间内说明
          控诉理由 ···································· 56
      （7）小结 ······································ 57
    2. 控诉具有理由 ································ 58
      （1）《民事诉讼法》第 513 条第 1 款第 1 种可选
          情形规定的基于一审裁判的作出系基于违法
          行为（而提出控诉） ·························· 59
          ①一审的诉的合法性 ······················ 60

    a) 魏玛区法院的管辖权 …………………… 61
    b) 其他实体判决要件 …………………… 62
   ② 诉具有理由 ………………………………… 63
 （2）由于依照《民事诉讼法》第529条第1款第2项、
   第531条第2款可以被准许提出的新的事实涉及
   诉具有理由，使另一裁判正当化 ……………… 66
   ① 有效地撤回认诺 ………………………… 68
    a) 类推适用《民法典》第119条及以下数条
     撤销 …………………………………… 69
    b) 依照《民法典》第313条第1、3款和第346条
     消除 …………………………………… 70
    c) 认诺的撤回 …………………………… 71
     aa) 对方当事人同意 ………………… 72
     bb) 类推适用《民事诉讼法》第290条 …… 73
     cc) 类推适用《民事诉讼法》第323条 …… 74
     dd) 类推适用《民事诉讼法》第580条 …… 75
   ② 依照《民事诉讼法》第531条第2款第3项准许
    提出新的防御方法 …………………………… 77
   ③ 本院裁判和提出证据 …………………… 79
    a) 源自《民法典》第823条第1款的请求权 … 82
    b) 约定延缓履行的抗辩权 ……………… 83
   ④ 结论 …………………………………… 85

（三）问题3

 1.《民事诉讼法》第260条的要件 ……………… 87
  （1）两个以上请求权 …………………… 89
  （2）当事人的同一性 …………………… 90
  （3）埃尔福特地方法院的管辖权 ………… 91
  （4）相同的诉讼种类 …………………… 93

(5)小结 …………………………………… 94
2.《民事诉讼法》第263条及以下数条的要件 ………… 95
(1)《民事诉讼法》第264条规定的诉的变更的
合法性 …………………………… 97
(2)《民事诉讼法》第263条规定的诉的变更的
合法性 …………………………… 98
①B明确同意………………………… 99
②依照《民事诉讼法》第267条推定同意 ……… 100
3.结论 …………………………………… 102
(四)问题4
1.《民事诉讼法》第256条第2款规定的中间确认之
反诉………………………………………… 103
2.《民事诉讼法》第256条第1款规定的消极的确认
之反诉……………………………………… 104

三、解答

(一)问题1

如果缺席判决的要件都具备,则埃尔福特地方法院将宣告缺席判决。　1

1.依照《民事诉讼法》第331条第1款第1句申请宣告缺席判决

针对被告作出缺席判决的首要前提是原告提出了相应的申请。K的律师已经申请宣告缺席判决。　2

2.《民事诉讼法》第331条第1款第1句规定的被告在言词辩论期日发生迟误

除此之外,被告必须在言词辩论期日没有到场(《民事诉讼法》第331条第1款第1句)。B虽然到场参加了言词辩论,但是依照　3

《民事诉讼法》第 78 条第 1 款第 1 句,在地方法院进行诉讼实行律师强制代理。因为 B 没有律师代理,所以他没有诉讼能力,他不能提出各类申请,也不能参加庭审进行辩论。因此,依照《民事诉讼法》第 333 条,他应当被视为未到场。

3. 不存在《民事诉讼法》第 335 条规定的判决宣告障碍

4   另外,如果存在《民事诉讼法》第 335 条第 1 款规定的宣告障碍,则不得作出缺席判决。因为案情中没有相反的信息,所以该案例中不存在宣告障碍。

4. 不存在《民事诉讼法》第 337 条规定的须依职权延期的情形

5   不考虑依照《民事诉讼法》第 337 条依职权延期,因为有关 B 的律师迟误期日无过错一事并非显而易见,并且依照《民事诉讼法》第 85 条第 2 款,律师的过错等同于当事人的过错。

5. 诉的合法性

6   除此之外,宣告缺席判决还须具备实体判决要件。

(1)埃尔福特地方法院的管辖权

7   因为诉系向埃尔福特地方法院提起,所以必须审查该法院是否具有管辖权。

①事务管辖权

8   依照《民事诉讼法》第 1 条的指示,地方法院的事务管辖权应当适用《法院组织法》第 71、23 条。据此,全部民事诉讼案件,只要不属于区法院管辖,均由地方法院管辖。《法院组织法》第 23 条第 2 项规定的不考虑诉讼标的额应移送区法院的情形,在该案例中并不存在。故地方法院对金钱或者金钱价值超过 5000 欧元标的的民事诉讼案件具有管辖权(参见《法院组织法》第 23 条第 1 项)。在该案例中,K 向 B 主张的请求权金额为 10000 欧元,因而地方法院具有事务管辖权。

②地域管辖权

a)专属审判籍

是否存在专属审判籍并非显而易见。 9

b)《民事诉讼法》第12、13条规定的普通审判籍

依照《民事诉讼法》第13条,B的普通审判籍依其住所地(《民法典》第7条)确定。B居住于魏玛,魏玛属于埃尔福特地方法院辖区,因而埃尔福特地方法院依照《民事诉讼法》第12、13条对针对B提起的诉具有地域管辖权。 10

c)《民事诉讼法》第32条规定的侵权行为的特别审判籍

根据原告具有法律合理性的陈述,交通事故是B造成的,构成了《民法典》第823条第1款规定的侵权行为,所以也可以考虑《民事诉讼法》第32条规定的侵权行为的审判籍。据此,侵权行为地法院具有管辖权。侵权行为地指的是侵权行为主要构成要件特征得以实现之地,或者是相当肇因被确定的行为地,或者是产生后果的结果地。[1] 为了说明可以适用《民事诉讼法》第32条规定的审判籍的理由,原告必须合理地主张作为侵权请求权基础的事实。该事故发生在B的家门前,即发生在魏玛,因此埃尔福特地方法院依照《民事诉讼法》第32条具有地域管辖权。 11

(2)不存在与魏玛区法院的判决的既判力相矛盾的情形

K的诉有可能与魏玛区法院的确定判决(《民事诉讼法》第322条第1款)相对立。[2] 对此,法院应当依职权审查。因此,K的律师提出的抗辩并不能论证B因为欠缺诉讼能力(参见《民事诉讼法》第78条第1款第1句)而不能援引与K的诉相对立的既判力。此外,K本人对此也发表了意见。 12

只有关于相同诉讼标的的诉讼已经存在一个确定判决,既判力 13

---

[1] BGH NJW 1994, 1414.
[2] 关于既判力参见 Schreiber Jura 2008, 121 ff.。

才相互矛盾对立。

①确定判决

14 　　魏玛区法院的缺席判决因申诉期间届满而产生了形式上的确定力(《民事诉讼法》第705条),因此也产生了实质上的确定力(《民事诉讼法》第322条第1款),也即产生既判力。

②既判力的范围

15 　　然而有疑问之处在于,判决在实质上的确定力能够在多大程度上覆盖 K 当前提起的诉的诉讼标的。如果新诉涉及的是相同的诉讼标的,则新诉不合法。根据通说关于诉讼法上诉讼标的的概念二分肢理论,诉讼标的由诉讼请求和为论证诉讼请求正当性而须陈述的生活事实情况共同构成。[3]

16 　　在之前的诉讼程序中,K 对于因2013年1月13日的事故产生的损害赔偿请求权仅主张了2000欧元,与该诉讼程序相反,在当前的诉中,K 请求法院对其因事故产生的金额为10000欧元的全部损害赔偿作出判决。

a) 在2000欧元的金额范围内

17 　　在当前的诉讼程序中,诉讼请求金额中的2000欧元部分与先前诉讼程序的诉讼请求相同,前诉的该请求已经被魏玛区法院驳回,并且该判决已经确定。两者还具有相同的生活事实情况,所主张的都是因同一起交通事故产生的同一损害。

18 　　但是,特殊情况在于,在最后一次就案件事实进行的言词辩论之后,产生了新的非常重要的情况,也即在判决的既判力发生之后请求权的到期应获偿付才发生。对此可以认为,由于嗣后发生了到期应付,作为诉讼请求正当性基础的生活事实情况发生了变化,因而判决的既判力与新诉并不矛盾对立。如果在前诉中,法院作出争议性判

---

[3] BGH NJW 2010, 2210 (2211 Rn. 10); 有关诉讼标的概念参见 Horn JuS 1992, 680 ff.。

决,以"目前不具有理由"为由驳回诉,这是可以接受的,因为虽然原则上存在请求权,但是在最后一次言词辩论的时间点上该请求权尚未到期应付。[4]

但是在该案例中,前诉并未因欠缺到期应付条件而被法院以"目前不具有理由"为由驳回,而是被法院在未进行实体审查的情况下通过作出缺席判决的方式驳回。在这样的情形中,缺席判决的既判力与在到期应付情况发生后提起的诉是否矛盾对立,是存在争议的。[5]

aa) 第一种观点

根据第一种观点[6],由于存在相对立的既判力,故原则上新诉不具有合法性。首先这是法的安定性的要求。被告对从法院获得实体方面的终局裁判并且不再就该案接受法院审判具有正当利益。在这一方面,此处的情形也与被法院以"目前不具有理由"为由驳回诉的情况不尽相同;法院将审查实体方面(本案)的请求权,以便明确被告的义务。但是在当前状况下,考虑到案卷状况,被告无法从法院获得实体方面(本案)的终局裁判。因此,可以期待原告为了促成终局性裁判而接受法院以"目前不具有理由"为由驳回诉。毕竟,他不得不为过早地起诉被告且没有及时撤诉等行为承担责任。因此,"逃往迟误"对原告并无助益。

根据该观点,缺席判决的既判力与 K 的诉相互对立。

提示:联邦普通法院的裁判[7]涉及一个特殊情形,即此处缺席判决在控诉法院就原告的控诉已经作出表示时方才作

---

[4] Vgl. BGH NJW 2014, 1306 (1307 Rn. 11); OLG Frankfurt BeckRS 2017, 116818 Rn. 22.

[5] 参见 Hau JuS 2003, 1157 ff.。

[6] BGHZ 153, 239 (242 ff.) = NJW 2003, 1044 f. m. w. N.;对此表示赞同的观点参见 MüKoZPO/Gottwald §322 ZPO Rn. 178; Wieczorek/Schütze/Büscher §322 ZPO Rn. 170; Hau JuS 2003, 1157 (1158)。

[7] BGHZ 153, 239 = NJW 2003, 1044.

出,即控诉法院同样会将原告的请求视为目前不具有理由。在这种情形中,法的安定性这一理由就遭到了削弱,原因在于被告可以提起附带控诉,故而被告自己对促成终局性裁判一事拥有决定权。[8]

bb) 第二种观点

22 根据另一种观点[9],如果原告能够说明在第一次诉讼中存在的障碍嗣后已经消除,则缺席判决的既判力与重新主张请求权并不矛盾对立。支持这一观点的理由首先是,嗣后发生的到期应付使主要事实已经发生变化(既判力的时间范围)。除此之外,法院作出缺席判决时,不会进行实体审查。因此,至少不能排除原告仅仅是出于前述原因而走上了"逃往迟误"这条路,因为原告嗣后已经知悉他的请求权尚未到期应付。如果他能够说明其逃往迟误的诸项原因已经被消除,则他应当可以提起一个新的诉。

23 根据该观点,缺席判决的既判力与 K 的诉并不矛盾对立。

cc) 观点评判

24 两种观点得出的结论不同,因此必须对争议进行评判。与原告相比,因过早被提起的诉而被迫应诉的被告似乎更值得保护,因为与法院以当时不具有理由为由驳回诉的情形不同,被告并不会就原告主张的请求权获得终局性裁判,而且还可能要再次被迫应诉。出于上述原因,应当遵循第一种观点。

25 由于存在矛盾对立的既判力,K 的诉在 2000 欧元的金额范围内不合法。

b) 在 8000 欧元的金额范围内

26 K 的第一次诉被法院以缺席判决的形式作出了确定裁判,在该

---

[8] Hau JuS 2003, 1157 (1158 f.); 批评意见也参见 Just NJW 2003, 2289 以及 Jauernig/Hess § 66 Rn. 14 Fn. 11。

[9] Musielak/Voit/Musielak § 322 ZPO Rn. 54 ff. m. w. N.; Musielak/Voit Grundkurs Rn. 347 f.; Lüke Rn. 374; Stein/Jonas/Althammer § 322 ZPO Rn. 252 f.

诉中 K 仅主张了 2000 欧元,也即只主张了其损失的一部分。这是一个部分之诉,而且是一个遮断式的部分之诉(verdeckte Teilklage),因为原告只主张了其可分割的金钱请求权中的一部分,且其并未表明这仅仅是其整个请求权的一部分。因此,须明确的问题在于就部分之诉所作裁判的既判力能在多大程度上扩张至整个请求权。[10]

aa) 第一种观点

此前[11]各类文献均认为,因诉讼标的同一,使全面而广泛的既判力会扩张至遮断式的部分之诉。如果根据事实构成和裁判理由无法作出不同的裁判,法院将会就整个请求权进行裁判。在没有作出保留的情况下,起诉意味着作出了一项表示:原告有权获得不少于但也不多于其起诉主张的请求权的给付。如果作出与此不同的评价,其也会与诉讼上的武器平等原则相矛盾,因为这样会意味着既判力只对胜诉的原告发生对其有益的效力,而被告由于欠缺可审判性(Erkennbarkeit),无法通过提起消极的确认之反诉,从而对对方随后会主张的追加请求进行防御。除此之外,支持既判力扩张的理由还基于诉讼经济原则,因为诉争(在既判力扩张后)将获得全面终结。 27

根据该观点,部分之诉的既判力与涉及剩余请求权的追加之诉(Nachforderungsklage)矛盾对立。 28

bb) 第二种观点

根据通说观点[12],此处不发生既判力扩张,且诉是被驳回以及因何种原因而被驳回,抑或诉获得法院支持,以及部分之诉究竟是开放式的(offene)还是遮断式的,在此均无影响。支持该观点的理由首 29

---

[10] 参见 Brötel JuS 2003, 429 ff.相关提示。
[11] Vgl. Bötticher MDR 1962, 724 (725); Grasmeher FamRZ 1961, 241 ff. (266 f.); Lent NJW 1955, 1865 ff.
[12] 参见 BGHZ 135, 178 (181) = BGH BeckRS 2012, 19866 Rn. 5; NJW 2017, 893 (894 Rn. 19); 2015, 2566 (2567 Rn. 19); 1997, 1990; Rosenberg/Schwab/Gottwald §155 Rn. 17 f.; Zeiss/Schreiber Rn. 583。

先是,依照《民事诉讼法》第 308 条第 1 款和第 322 条第 1 款规定的既判力只涉及作为部分之诉标的的请求部分,即使请求权理由被法院进行了整体评议并作出否定评价。法院在作出裁判时,不得超出原告确定的诉讼标的。诉讼标的系由原告确定而非由法院确定。但是原告作出估算仅表示,原告在该诉讼中仅对一定的数额作出请求,而并非表示被告所负债务不多不少(就是这样的数额)。法院不能驳回诉,当然这也并不意味着法院对诉作出积极的肯定。如果不这样处理,原告遭受损失的风险将会大于他获得胜诉的机会。即使是驳回诉的判决,也仅仅是包含了一种确认,即确认原告对其主张的(《民事诉讼法》第 308 条第 1 款)诉讼上的请求不享有权利。除此之外,根据《民事诉讼法》第 322 条还可得出一点:先决性的法律关系并不会随着发展而产生既判力。在这方面,法院的审查义务超出了裁判对象的范畴。另外,也不存在违反武器平等原则的情况。更确切地说,假如不按照本观点进行处理,原告将对可以进一步主张债权提出请求无所知悉,则原告甚至都会遭受不利。因《民事诉讼法》第 308 条第 1 款的规定,法院能够判决以支持原告的内容不能超过原告提出的请求,因此债权的其他部分将可能会发生终局性的丧失。诉讼经济原则方面也构成了不支持既判力扩张至未被原告起诉主张的部分(债权)的理由,因为被告可以(在这个诉讼中)对后续债权履行给付,从而可以阻止另一诉讼程序的开启。

30　　根据该观点,缺席判决的既判力与后续进行的诉并不矛盾对立。

cc)第三种观点

31　　根据另一种观点[13],对于遮断式的部分之诉,只有法院基于实体法上的原因驳回诉,也即法院否定了请求权理由,才发生既判力扩张。支持该观点的法条为《民事诉讼法》第 322 条第 1 款。与支持诉请的判决不同,驳回诉的判决必然是从整体上对请求权作出裁判。

---

〔13〕 Musielak/Voit/Musielak §322 ZPO Rn. 71 f.; Jauernig/Hess §63 Rn. 12.

驳回包含了确认,确认的内容为:在诉讼标的的范围内被告不存在对原告的给付义务。从法教义学上看,追加之诉大多会因为存在矛盾对立的既判力而被视为不合法[14],但在部分情况下,由于确定裁判具有先决效力,追加之诉将被视为不具有理由。[15]

根据该观点,该案例中虽然法院判决驳回诉,但是既判力并不矛盾对立。因为判决是缺席判决,法院并未对请求权进行实体法方面的审查。

dd) 观点评判

应当拒绝接受第一种观点,因为该观点违反了处分原则。原告在提出诉讼请求时主张多少数额完全由原告自行决定。定量量化的诉讼请求将诉讼标的和判决标的在数额上限制为原告主张的请求,因此法院判决支持原告的数额,不能超过其主张的请求,法院判决不支持原告的数额,也不能超过其主张的请求(《民事诉讼法》第253条第2款第2项、第308条、第322条)。没有必要在第二种观点和第三种观点之间作评判,因为两者在此处得出的结论是相同的,即关于2000欧元的缺席判决的既判力与关于金额为8000欧元的追加请求的诉并不矛盾对立。应当认可这一结论,其中通说观点的论据尤其令人信服。

因此,诉在2000欧元金额范围内因为存在矛盾对立的既判力而不合法,除此部分之外的诉则合法,因为其合法性并无其他值得疑虑之处。

6. 诉的有理性

如果法院在未进行进一步实质审查的情况下可以将原告陈述的事实在诉讼请求意义上归入(subsumieren)请求权基础,则诉具有法

---

[14] Jauernig/Hess §63 Rn. 12. 对开放式部分之诉中的既判力扩张是存在争议的,支持者:Schulte, Zur Rechtskrafterstreckung bei Teilklagen, 1999, S. 75 f.; 反对者:Jauernig/Hess §63 Rn. 12。

[15] Musielak/Voit/Musielak §322 ZPO Rn. 73:也是有关开放式部分之诉的内容。

律合理性。[16]

36   依照《民事诉讼法》第 331 条第 1 款第 1 句,原告所作的关于事实的陈述,被视为得到了被告的自认。拟制自认不得扩张至法律问题;法院具有评价法律适用的自由(参见《民事诉讼法》第 331 条第 2 款)。

> **提示**:但是也有观点[17]认为,并不禁止律师强制代理和当事人提出主义。在律师诉讼中,因到场的被告欠缺诉讼能力而发生迟误时,法院依照《民事诉讼法》第 331 条,对由到场的被告在法院审查原告陈述的法律合理性时提交的证书,进行审查。这尤其适用于因该证书引起法院对原告陈述的事实的真实性产生明显怀疑的情形。

(1)K 就能够说明请求具有理由的事实所作的陈述

37   K 的律师已经陈述了能说明请求具有理由的事实。根据其陈述的主要事实,K 至少有权主张以《民法典》第 823 条第 1 款为法律依据[也可能是以《道路交通法》(StVG)第 7 条第 1 款、第 18 条为法律依据]的金额为 10000 欧元的损害赔偿请求权。

(2)K 向 B 行使抗辩权而作的陈述

38   K 的律师进一步陈述,延缓履行期间已经届满,因此原告确实曾经向被告提供了延期履行的优待条件。但是被告现在不得主张延期履行抗辩权,因为债的履行仅被延期至 2017 年 12 月 31 日。

> **提示**:换言之,一方面,原告必须陈述能说明请求具有理由的事实。另一方面,原告并不需要就产生权利妨害抗辩或者权利消灭抗辩的事实进行陈述,同时也无需设法使这两种事实归为无效。即便原告陈述的事实有可能证明抗辩权具有理由,法

---

[16] Musielak/Voit/Stadler §331 ZPO Rn. 7; MüKoZPO/Prütting §331 ZPO Rn. 10.
[17] OLG Brandenburg NJW-RR 1995, 1471.

院仍可以作出缺席判决,因为被告并未提出这样的抗辩,法院也不应当依职权对这样的抗辩进行审查,除非原告指明被告提出了这样的抗辩并将其引入言词辩论中。[18]

(3)《民法典》第242条规定的失权

K陈述他已经(遮断式地)向魏玛区法院提起诉讼要求支付2000欧元。法院在进行法律评判时可能将其视为与剩余的8000欧元有关的失权构成要件(《民法典》第242条)。如果原告此后再行主张自己的权利(时间因素),尤其是在期限届满后主张自己的权利,此时出现了基于权利人行为的相关情况,这些情形足以论证权利人对义务人的信任具有合理性,权利人将不再提出其请求(情况因素),即可考虑适用失权效果。[19] 对此,单纯提起遮断式的部分之诉是不够的。从原告的陈述中也无法推断出存在其他能够论证失权正当性的情况。

7. 结论

K对B的诉在金额为8000欧元的范围内合法并且具有法律合理性。法院可以通过作出缺席判决判令B支付8000欧元,并通过作出诉讼判决(Prozessurteil)对诉的其余部分以不合法为由予以驳回。

(二)问题2

可以考虑提起控诉。

如果控诉合法并且具有理由,即可能有希望获得胜诉。

1. 控诉的合法性

如果控诉的要件齐备(《民事诉讼法》第522条第1款),控诉即

---

[18] BGH NJW 1999, 2120 (2123) m. w. N.; OLG Düsseldorf NJW 1991, 2089 f.; Zöller/Herget §331 ZPO Rn. 4.
[19] BGH NJW- RR 2014, 195 f. Rn. 7, 11; BeckRS 2013, 03632 Rn. 13; NJW 1989, 836 (838).

为合法。[20]

(1) 控诉的容许性

44　　容许针对一审作出的终局判决提起控诉(《民事诉讼法》第511条第1款)。

45　　B希望提起的控诉所针对的裁判是魏玛区法院的一审终局判决。

(2) 控诉人的败诉(利益)

46　　败诉(利益)作为各种上诉的合法性要件,其确定在一审原告方面和一审被告方面是不同的。[21]

47　　根据主流观点[22],在被告方面适用实质性败诉原则。据此,唯一具有决定性意义的问题在于,判决是否对被告不利以及是否对被告的权利地位造成影响。被告就案件实体部分提出的申请/请求无关紧要,因为法院不会对此作出裁判,而是仅就其诉之申请作出裁判。基于认诺判决确定B有义务向K给付,因此B在实质上负担不利,虽然法院已经根据他的认诺作出了对其不利的判决。

48　　根据相反的观点,只要被告曾经提出过申请,则其须承担形式上的败诉。[23] 据此,只有裁判的内容与其提出的申请不一致且对其产生不利影响,被告才会负担不利。因此,认诺判决在原则上并不会使作出认诺的被告在形式上负担不利。[24] 但是根据这一观点,被告也不能以所作认诺无效或者存在撤回事由为理由来申请撤销认诺判决。[25]

49　　因为两种观点得出的结论相同,所以不必对观点争议作出评判。

---

[20] 参见 Schreiber Jura 2007, 750 ff.有关《民事诉讼法》的上诉部分。
[21] Kramer Rn. 256.
[22] BGH NJW- RR 2015, 1203 (1204 Rn. 8); OLG Koblenz NJW- RR 1993, 462; Schellhammer Rn. 971; Wieczorek/Schütze/Gerken Vor §§511-514 ZPO Rn. 37.
[23] Rosenberg/Schwab/Gottwald §136 Rn. 8, 21 f.; Lüke Rn. 388; vgl. Schilken Rn. 877.
[24] MüKoZPO/Rimmelspacher Vor §511 ZPO Rn. 29; Jauernig/Hess §72 Rn. 24.
[25] Rosenberg/Schwab/Gottwald §136 Rn. 22; Lüke Rn. 388; Schilken Rn. 877.

应当肯定 B 存在败诉(利益)。

提示：相反地，在原告方面适用形式上败诉原则。[26] 败诉(利益)可以通过将被声明不服的裁判中能够发生既判力的内容与上诉人在较低审级诉讼中最终提出的请求进行比较后得出。如果该比较表明(在前述的相关裁判内容与前述的最终请求之间)存在对上诉人不利的不一致，则可以肯定存在形式上的败诉(利益)。

(3)被声明不服的标的达到一定价值或者得到法院的准许

依照《民事诉讼法》第 511 条第 2 款，只有当被声明不服的标的额高于 600 欧元或者一审法院在判决中准许控诉，控诉才具有合法性。

B 在控诉审中的请求应当在败诉(利益)的范围内确定被声明不服的标的额(《民事诉讼法》第 528 条)。

在该案例中，被声明不服的标的额为 2000 欧元，因为 B 在撤回其认诺的情况下，请求二审法院完全撤销一审判决。因此构成了《民事诉讼法》第 511 条第 2 款第 1 项规定的争议额控诉(Streitwertberufung)。

(4)《民事诉讼法》第 519 条规定的形式

控诉状应当具备《民事诉讼法》第 519 条第 2 款要求的内容，由律师(《民事诉讼法》第 78 条第 1 款第 1 句)向《民事诉讼法》第 519 条第 1 款规定的具有管辖权的控诉法院提出。依照《法院组织法》第 72 条第 1 款，就针对魏玛区法院的裁判提出的控诉作出裁判，埃尔福特地方法院具有管辖权。

在该案例中，B 可以通过其律师按照法定形式要求向埃尔福特地方法院提出控诉。

---

[26] BGH NJW-RR 2007, 138 (139) m. w. N.

(5)《民事诉讼法》第 517 条规定的控诉期间

55　　依照《民事诉讼法》第 517 条,控诉应当在(一审)判决送达时起一个月内提出。根据案情可知,B 在认诺判决送达两周后发现了延期表示,因此其可以在法定期间提起控诉。

(6)在《民事诉讼法》第 520 条规定的期间内说明控诉理由

56　　依照《民事诉讼法》第 520 条第 2 款,必须在(一审)判决送达时起两个月内对《民事诉讼法》第 520 条第 3 款要求的内容以符合法律规定的方式说明控诉的理由。

(7)小结

57　　控诉很有可能是合法的。

2. 控诉具有理由

58　　如果裁判是基于违法行为作出的(《民事诉讼法》第 546 条),或者《民事诉讼法》第 529 条规定的作为控诉法院审理和裁判之基础的事实将导致不同的裁判(《民事诉讼法》第 513 条第 1 款),控诉即具有理由。

(1)《民事诉讼法》第 513 条第 1 款第 1 种可选择情形规定的基于一审裁判的作出系基于违法行为(而提出控诉)

59　　因此,控诉法院应当依职权审查一审中诉的合法性。此外,必须在考虑全部法律观点的情况下审查诉是否具有理由。

①一审的诉的合法性

60　　如果实体判决要件齐备,则诉具有合法性。

a)魏玛区法院的管辖权

61　　该诉已由魏玛区法院作出裁判。依照《民事诉讼法》第 513 条第 2 款,不得因一审法院的管辖错误而提出控诉,所以无须对一审法院是否具有事务管辖权(《法院组织法》第 23 条第 1 项、第 71 条第 1 款)和地域管辖权(《民事诉讼法》第 12 条及以下数条)进行审查。

提示:《民事诉讼法》第 513 条第 2 款效力涵盖范围包括地

域管辖、事物关系和功能管辖,但不包括国际管辖。[27]

b)其他实体判决要件

可以认为其他实体判决要件都存在,因为案件事实情况并不包含欠缺实体判决要件的线索。 62

②诉具有理由

受质疑的魏玛区法院的判决是一份认诺判决。在当事人作出认诺表示之后,区法院只须据此就认诺的有效性作出裁决,而不必就 K 的诉是否具有理由作出评判。[28] B 在言词辩论中对(对方)主张的诉讼上的请求作出完全的认诺。 63

认诺是一种诉讼行为,只有诉讼行为要件齐备,也即当事人具备当事人能力、诉讼能力(Prozessfähigkeit)和诉讼实施能力(Postulationsfähigkeit),认诺才有效。此处为当事人诉讼,所以 B 具有诉讼实施能力(《民事诉讼法》第 79 条第 1 款第 1 句)。依照《民事诉讼法》第 50 条及以下数条的规定,B 也具有当事人能力和诉讼能力。 64

因此存在有效的认诺。基于一审的事实认定,不能认为此处存在违法行为。 65

(2)由于依照《民事诉讼法》第 529 条第 1 款第 2 项、第 531 条第 2 款可以被准许提出的新的事实涉及诉具有理由,使另一裁判正当化

受质疑的魏玛区法院的判决是一份认诺判决。在当事人作出认诺表示之后,区法院只须据此就诉讼要件和认诺的有效性作出裁 66

---

[27] BGHZ 157, 224 (227) = NJW 2004, 1456; BGH NJW-RR 2015, 941 (942 Rn. 14); KG BeckRS 2018, 14615 Rn. 11; Musielak/Voit/Ball §513 ZPO Rn. 7.

[28] Vgl. BGH NJW 1953, 1830 (1831); OLG Hamm NJW 2015, 357 (358 Rn. 40); Thomas/Putzo/Seiler §307 ZPO Rn. 10; Zöller/Feskorn §307 ZPO Rn. 5.

决,而不必就K的诉是否具有理由作出评判。[29] 依照《民事诉讼法》第529条第1款第1句,如果控诉法院不必对《民事诉讼法》第529条第1款第2项、第531条第2款规定的新的事实予以斟酌,则控诉法院在原则上还要受到一审中当事人所作的认诺的拘束,不得对诉有无理由进行审查。前述的新的事实可能因B的撤回而导致认诺归于无效。如果B有效地撤回了认诺,而且依照《民事诉讼法》第531条第2款应当允许其撤回,这将使另一裁判正当化(导致不同裁判)。

67 因此应当审查认诺本身是否能被消除,以及随之而来的认诺判决的基础能否被消除。

①有效地撤回认诺

68 存在有效的认诺。

a)类推适用《民法典》第119条及以下数条撤销

69 可以考虑能否依照《民法典》第119条及以下数条撤销认诺。与实体法上的债务承认严格区分开来的《民事诉讼法》第307条意义上的认诺是一项诉讼行为而非意思表示,因此不得适用《民法典》第119条及以下数条。即使是类推适用,也因为欠缺可比较的利益状况而不得为之。[30] 若听任当事人撤销诉讼行为,尤其是撤销诉讼上的认诺,将会带来非常显著的法律上的不确定性。

b)依照《民法典》第313条第1、3款和第346条消除

70 同撤销一样,依照或者类推适用《民法典》第313条第1、3款和第346条的消除认诺,基于同样的原因也不能对其予以考虑。衡量不同的利益状况,尤其首先从法的安定性角度出发,都不允许将这些

---

[29] Vgl. BGH NJW 1953, 1830 (1831); OLG Hamm NJW 2015, 357 (358 Rn. 40); Thomas/Putzo/Seiler §307 ZPO Rn. 10; Zöller/Feskorn §307 ZPO Rn. 5.

[30] BGHZ 80, 389 (392) = NJW 1981, 2193 (2194); BGH NJW 2016, 716 (717 Rn. 18); OLG Hamm NJW 2017, 1401 (1402 Rn. 18); Jauernig/Hess §47 Rn. 11; Schilken Rn. 590; a. A. Lüke Rn. 235.

法律规范类推适用于认诺。

c) 认诺的撤回

B 有可能可以撤回认诺。但是对诉讼过程予以终局性确认的诉讼行为——例如认诺——原则上不可撤回。[31] 当然,在例外的情形中,也可以撤回。 71

aa) 对方当事人同意

如果对方当事人同意,则有可能可以撤回认诺[32],但是该案例并非此种情形。 72

bb) 类推适用《民事诉讼法》第 290 条

《民事诉讼法》第 290 条对撤回一种诉讼行为即撤回自认作了明确规定。该法律规范是否能够类推适用于认诺是存在争议的,通说观点[33]认为不能类推适用。但是在该案例中,由于《民事诉讼法》第 290 条规定的要件并不齐备,所以争议仍然悬而未决。B 作出认诺并非因错误引起,因为 B 是在知悉与请求权相对立的延期支付抗辩权存在的情况下对对方的请求作出了认诺。 73

cc) 类推适用《民事诉讼法》第 323 条

但是将《民事诉讼法》第 323 条类推适用于继续性债务关系中的认诺获得了认可,因此如果存在变更原因,可以考虑撤回认诺。[34] 然而在该案例中不存在判决要求定期给付,实际情况也没有发生改变,所以同样也不能考虑类推适用《民事诉讼法》第 323 条撤回认诺。因此,重新找到延期表示并不构成变更原因。 74

dd) 类推适用《民事诉讼法》第 580 条

但是可以考虑对撤回准用《民事诉讼法》第 580 条第 7 项第 b 75

---

[31] BGH NJW 2016, 716 Rn. 18; 2002, 436 (438); BLAH Grundzüge § 128 ZPO Rn. 58 f.
[32] Thomas/Putzo/Seiler § 307 ZPO Rn. 8.
[33] BGH NJW 1981, 2193 (2194); Zöller/Feskorn Vor § § 306, 307 ZPO Rn. 4; Musielak/Voit Grundkurs Rn. 457.
[34] BGH NJW 2002, 436 (438); Zöller/Feskorn Vor § § 306, 307 ZPO Rn. 4.

目。该法律规范不能直接适用,因为再审只能针对确定判决进行,但是并不能消除一项据以作出判决的认诺表示。当然该法律规范可以类推适用于认诺。[35] 如果在《民事诉讼法》第 580 条规定的各个情形中确定判决本身可以被消除,则这也必然可以适用于消除诉讼行为。法的安定性也不会与此矛盾对立,因为《民事诉讼法》第 580 条所基于的价值判断恰恰是:在该法律规范所规制的情形中,保障实质上的公平正义总是优先于保障法的安定性。

76 B 重新找到的延期表示是一份书证,如果 B 在诉讼中已经提交了这份书证,则该书证可以为他带来一个于其有利的裁判,即法院会以目前不具有理由为由驳回诉。因此 B 可以类推适用《民事诉讼法》第 580 条第 7 项第 b 目撤回认诺。

②依照《民事诉讼法》第 531 条第 2 款第 3 项准许提出新的防御方法

77 如果 B 在一审中未曾主张撤回认诺,并且 B 并非因为自己的疏忽而未主张,则法院可以依照《民事诉讼法》第 531 条第 2 款第 3 项对撤回自认予以审查。B 在一审中未能主张撤回,因为他在那时尚未找到相应的书证,且其对没有找到书证不存在过错。因此法院必须对撤回予以斟酌。

78 因此,控诉法院可以自由地通过该路径审查诉是否具有理由。

③本院裁判和提出证据

79 依照《民事诉讼法》第 313b 条第 1 款,认诺判决不需要载明事实和裁判理由,因为认诺判决只是基于认诺作出的。相应地,控诉法院在这种情形中可以不受《民事诉讼法》第 529 条的约束。只要在认诺判决中没有对当事人的事实陈述予以确认,控诉法官即可自由确定事实。[36]

---

[35] BGH NJW 2002, 436 (438) m. w. N.; OLG Hamm NJW 2015, 357 (358 Rn. 39).
[36] Vgl. Wieczorek/Schütze/Gerken § 529 ZPO Rn. 16.

因此,埃尔福特地方法院应当依照《民事诉讼法》第538条第1款自行对案件作出裁判,并且还应当自行收集必要的证据。　　80

提示:为了避免当事人丧失在一审中进行辩论的机会,在一方当事人提出相应申请时,控诉法院可以类推适用《民事诉讼法》第538条第2款第1句第6项[37]将案件发回魏玛区法院重审。

如果K起诉主张的损害赔偿请求权已经产生并且具有可执行性,则K的诉具有理由。　　81

a)源自《民法典》第823条第1款的请求权

K有权向B行使基于《民法典》第823条第1款(也可能是基于《道路交通法》第7条第1款、第18条)的金额为10000欧元的损害赔偿请求权,因为B违法且有过错地侵害了K的所有权。而在此请求权中,K仅仅起诉主张了其中一部分金额,即2000欧元。　　82

b)约定延缓履行的抗辩权

但是K和B已经就延期履行达成协议,因此损害赔偿债权的到期应付时间点被推迟到了2018年1月1日(《民法典》第271条第2款)。[38]　　83

如果抗辩权的提出能够依照《民事诉讼法》第531条第2款获得准许,则B可以以行使抗辩权的方式主张前述延期履行协议,并且在双方有争议的情况下,其可以依照《民事诉讼法》第415条及以下数条的规定,通过依照《民事诉讼法》第420条规定的提交延期履行协议的方式,使用书证这种证据来证实其主张。法院应当依照《民事诉讼法》第531条第2款第3项准许这项抗辩权的提出,因为B在一审　　84

---

[37] Vgl. OLG Jena NJW-RR 2009, 1519; KG NJW-RR 1995, 958 und OLG München MDR 1991, 795, beide zu §538 Abs. 1 Nr. 5 ZPO a. F.; MüKoZPO/Rimmelspacher §538 ZPO Rn. 70.

[38] Vgl. BGH NJW 1998, 2060 (2061); MüKoBGB/Krüger §271 BGB Rn. 21.

中没有成功提交延期履行协议并非因 B 自己的疏忽、迟误造成。在宣告控诉裁判时[39]，延缓履行期间尚未届满，所以诉在当时不具有理由。

④结论

85　　B 必须在判决送达后一个月内提起控诉，并且必须在提起控诉后的两个月内在提交的控诉理由书中撤回认诺，因为认诺属于可以类推适用《民事诉讼法》第 580 条的诉讼行为。这样，控诉即具有理由，因为在控诉裁判时 B 还没有向 K 进行支付的义务。只要 B 或者 K 没有申请发回重审，埃尔福特地方法院就可以对魏玛区法院作出的认诺判决作出变更，以"诉目前不具有理由"为由驳回 K 的诉。

(三)问题 3

86　　除了起诉提出请求之外，K 还主张了一个全新的请求，并将一个新的诉讼标的带入诉讼。依据《民事诉讼法》第 261 条第 2 款可以得出，也可以在诉讼进行中提出请求。因为 K 还主张了另一个诉讼请求，所以这就构成了一个嗣后的诉之客观合并。但是有争议之处在于，对此必须具备哪些要件，即究竟是满足《民事诉讼法》第 260 条的要件，还是《民事诉讼法》第 263 条规定的诉的变更的要件。

1.《民事诉讼法》第 260 条的要件

87　　根据一种观点[40]，嗣后的诉之合并与初始的诉之合并相同，都必须具备《民事诉讼法》第 260 条规定的各项要件。与此相反，有关诉的变更的法律规范不能准用于此，因为原先的请求获得了维持，只

---

[39] Vgl. Wieczorek/Schütze/Assmann Vor §§257-259 ZPO Rn. 15.
[40] Wieczorek/Schütze/Assmann §263 ZPO Rn. 36 m. w. N.; Musielak/Voit/Foerste §263 ZPO Rn. 4.

是另外增加了一项请求。被告不必放弃其最初的防御,《民事诉讼法》第 263 条旨在避免出现这样的情形。被告提出请求的情况与被告在新诉中本应提起的请求没有什么不同。

因此,根据该观点,如果《民事诉讼法》第 260 条规定的要件齐备,并且 K 从一开始本就可以在一个诉中主张两个请求,即为满足条件。

(1)两个以上请求权

K 在该案例中主张了两个以上请求权,即因交通事故产生的损害赔偿请求权和因贷款合同产生的请求权。二者涉及不同的诉讼标的,因为它们基于完全不同的生活事实情况。

(2)当事人的同一性

K 主张的两个请求权都针对 B。

(3)埃尔福特地方法院的管辖权

埃尔福特地方法院还必须对新的请求权具有事务管辖权和地域管辖权。关于事务管辖权,依照《民事诉讼法》第 5 条应当将全部请求合并计算价额,因此依照《民事诉讼法》第 1 条并结合《法院组织法》第 71 条第 1 款、第 23 条,同时考虑到新提出的请求的争议额也超过了 5000 欧元,所以埃尔福特地方法院具有事务管辖权。

依照《民事诉讼法》第 12、13 条,法院的地域管辖权源自 B 的普通审判籍(参见→边码 10)。

(4)相同的诉讼种类

两个请求权都是在普通程序中被主张的,也即都是在相同种类的诉讼中被主张的。

(5)小结

因此,《民事诉讼法》第 260 条规定的诉的合并的要件齐备。诉的追加具有合法性。

2.《民事诉讼法》第 263 条及以下数条的要件

95　　根据通说观点[41],对于嗣后的诉之合并,可以类推适用《民事诉讼法》第 263 条及以下数条等有关诉的变更的法律规范,因为(嗣后的诉之合并)增加了防御的难度,迟滞了案件的终结,并且对嗣后被引入的请求权的处置在某些情况下不再适切。[42]

96　　据此,应当审查诉的变更的要件是否齐备。

(1)《民事诉讼法》第 264 条规定的诉的变更的合法性

97　　因为发生了诉的追加,所以可以考虑适用《民事诉讼法》第 264 条第 2 项。但是该条款只涵盖诉讼请求发生扩张或者被限制的情形,这种扩张或者限制并未伴随一个不同的诉讼标的进入诉讼,而仅仅是当前的诉讼标的被当事人进行了定量或者定性修改。[43] 但是该案例是一个全新的生活事实情况被引入案件中,因而不构成《民事诉讼法》第 264 条第 2 项意义上的单纯的(诉的)追加/扩张。

(2)《民事诉讼法》第 263 条规定的诉的变更的合法性

98　　因此,必须具备《民事诉讼法》第 263 条规定的各要件。

①B 明确同意

99　　B 没有明确同意进行诉的变更。

②依照《民事诉讼法》第 267 条推定同意

100　　但是 B 并没有表示异议,并且 B 实际上就扩张后的诉进行了言词辩论,所以依照《民事诉讼法》第 267 条,可以视为 B 同意。

101　　根据该观点,诉的追加具有合法性,因此提出进一步的请求同样具有合法性。

3. 结论

102　　由于两种观点结论相同,故无需对观点争议作出评判。根据两

---

[41] BGH NJW 2015, 1296 f. Rn. 14：控诉审中的嗣后的诉至合并；1996, 2869 f.; 1985, 1841 (1842) m. w. N.; NJW- RR 1987, 58。

[42] MüKoZPO/Becker- Eberhard §263 ZPO Rn. 21.

[43] Vgl. Zöller/Greger §264 ZPO Rn. 3.

种观点,诉的追加具有合法性。

(四)问题4

1.《民事诉讼法》第256条第2款规定的中间确认之反诉

B可以依照《民事诉讼法》第256条第2款以提起反诉的方式提起一个中间确认之诉,请求法院确认贷款合同不成立/不存在。

2.《民事诉讼法》第256条第1款规定的消极的确认之反诉

B也可以提起一个消极的确认之反诉,请求法院确认K对以部分之诉的方式主张的部分请求权无权行使贷款偿还请求权。如果法院作出准予确认的判决,则法院从整体上对请求权不存在作出了发生既判力的确认,K将不能因该笔贷款再次起诉。

如果K的普通审判籍不在埃尔福特地方法院,该法院至少可以依照《民事诉讼法》第33条行使管辖权,因为本诉和反诉具有牵连关系。有争议的问题(参见→案例14边码20及以下数段)是,《民事诉讼法》第33条究竟系反诉的合法性要件(联邦普通法院持此观点[44]),还是仅仅规定了一项特别审判籍(此为学界通说[45]),但这一问题对该案例并无影响,因为《民事诉讼法》第33条的诸项要件是齐备的。

---

[44] BGHZ 40, 185 (187) = NJW 1964, 44 f.; BGH NJW 1975, 1228.
[45] Stein/Jonas/Roth §33 ZPO Rn. 3; Thomas/Putzo/Hüßtege §33 ZPO Rn. 1; vgl. auch Huber JuS 2007, 1079 (1080).

案例 6 心爱的传家宝

一、案情

居住于基尔的单身男子 Klaus Kohler（以下简称 K）曾经追求一个女孩 Beatrix Bechtel（以下简称 B），K 对 B 具有一项到期应付的金额为 1000 欧元的贷款债权，当 B 没有回应 K 的示爱时，K 于 2012 年 3 月要求 B 归还贷款。B 对此表示反对，理由是她对 K 也具有债权。她说她曾经将一枚价值连城的戒指借给 K 使用，这枚戒指是她从她亲爱的祖父那里继承而来的，而 K 目前未归还这枚戒指。B 对这件珠宝首饰的估价为 1000 欧元，2012 年 8 月，她为 K 设定了两周的戒指归还期限，但未获归还。之后，B 将该债权与 K 的请求权进行抵销。但 K 主张其早已归还戒指。

B 对此不愿容忍，遂于 2012 年 9 月 22 日向基尔区法院起诉，要求获赔 1000 欧元。但是法院驳回了 B 的诉，虽然法院相信 K 尚未归还戒指，但是 B 的债权已经因抵销被消灭。

K 目前意图使 B 再次败诉，其向 B 的住所地的弗伦斯堡区法院起诉要求 B 返还贷款金额。B 对此异常气愤，她向法官指出，因为基尔区法院已经作出确定判决驳回了她的诉，所以 K 主张的债权也不应获得法院支持，基尔区法院的判决显示了抵销的有效性，故 K 的贷款债权已消灭。

问题 1：K 的诉是否合法？

变体：与原案相同，但是 B 在诉讼前尚未使用其债权进行抵销,也没有起诉主张其债权。K 率先起诉,要求 B 根据贷款合同支付 1000 欧元。

B 对该诉提出异议,并在诉讼中要求使用因自己继承获得、价值为 1000 欧元的戒指未获归还而取得的损害赔偿债权进行抵销。K 在其即将参加第一次司法考试的儿子的建议下,表示该诉讼案件终结。B 认为该表示不合法,请求法院驳回 K 的诉。

法院经审查认为,B 所作的陈述是准确的。

问题 2:法院将如何裁判?

问题 3:B 提出的抵销抗辩被诉讼法院以迟延提出(逾时)为由驳回(《民事诉讼法》第 296 条第 1 款)。法院作出确定判决,判令 B 支付 1000 欧元。B 能否在新的诉讼案件中起诉主张损害赔偿债权并获得胜诉,即使

a)她在诉讼中(如案例变体所述)已经就使用损害赔偿债权进行抵销作出表示?

b)她在诉讼前已经就使用损害赔偿债权进行抵销作出表示?

c)她在另一个针对 K 提起、但尚未产生既判力的诉讼中,已经主张使用损害赔偿债权进行抵销,并以此作为抗辩。

二、思路

(一)问题 1

1. 弗伦斯堡区法院的管辖权 ·········· 2
   (1)事务管辖权 ·········· 3
   (2)地域管辖权 ·········· 4
   ①专属审判籍 ·········· 4
   ②《民事诉讼法》第 12、13 条规定的普通
   审判籍 ·········· 5
   ③《民事诉讼法》第 29 条第 1 款规定的

    履行地的特别审判籍 ················· 6
  2. 不存在与基尔区法院的判决的既判力相矛盾的
    情形 ································ 8
    (1) 直接适用《民事诉讼法》第 322 条第 2 款 ······ 9
    (2) 类推适用《民事诉讼法》第 322 条第 2 款 ······ 11
  3. 结论 ································ 17
(二) 问题 2
  1.《民事诉讼法》第 263、264 条规定的诉的变更的
    合法性 ······························ 19
  2. 发生变更的诉的合法性 ················ 21
    (1) 弗伦斯堡区法院的管辖权 ············ 22
    (2)《民事诉讼法》第 256 条规定的确认之诉的
      特别要件 ························ 23
      ①可确认的法律关系 ·············· 24
      ②确认利益 ···················· 25
    (3) 结论 ·························· 26
  3. 发生变更的诉具有理由 ················ 27
    (1) 诉最初的合法性 ·················· 28
      ①弗伦斯堡区法院的管辖权 ·········· 29
      ②其他实体判决要件 ·············· 30
    (2) 诉最初具有理由 ·················· 31
    (3) 诉讼系属后终结本案的事件 ·········· 32
      ①抵销的重要性 ·················· 33
       a) 诉讼行为要件(当事人能力、诉讼能力、
        诉讼实施能力) ················ 34
       b) 为基于抵销而提出的反对债权提供合法
        的民事诉讼途径 ················ 35
       c) 反对债权的确定性 ·············· 36

②抵销适状 …………………………………… 37
　　a）相互的、同种类的债权 …………………… 38
　　　aa）主债权 …………………………………… 39
　　　bb）反对债权 ………………………………… 40
　　　cc）相互性 …………………………………… 43
　　　dd）同种类 …………………………………… 44
　　b）反对债权到期应付并且具有可实现/
　　　履行性 ……………………………………… 45
　　c）主债权的可偿付性 ………………………… 46
　　d）小结 ………………………………………… 47
③不存在排除抵销的情形 …………………… 48
④抵销表示 …………………………………… 49
⑤《民法典》第 389 条规定的抵销的效力 …… 50
⑥在诉讼系属之后 …………………………… 51
（4）诉嗣后不具有理由 ………………………………… 55
4. 结论 ……………………………………………………… 56
（三）问题 3a 和问题 3b
1. 新诉的合法性 …………………………………………… 58
（1）管辖权 ……………………………………………… 59
①事务管辖权 ……………………………………… 60
②地域管辖权 ……………………………………… 61
　a）专属审判籍 …………………………………… 61
　b）《民事诉讼法》第 12、13 条规定的普通
　　　审判籍 ……………………………………… 62
　c）《民事诉讼法》第 29 条第 1 款规定的
　　　履行地的特别审判籍 ……………………… 63
（2）没有矛盾对立的既判力 …………………………… 65
（3）其他实体判决要件 ………………………………… 68

        (4)结论 ·· 69
    2.诉具有理由 ··· 70
        (1)《民法典》第 280 条第 1、3 款,第 281 条
          第 1 款规定的请求权的产生 ························· 71
        (2)《民法典》第 389 条规定的请求权的消灭 ········· 72
    3.结论 ·· 78
  (四)问题 3c
    1.合法性 ··· 81
        (1)依照《民事诉讼法》第 261 条第 3 款第 1 项
          不存在其他的诉讼系属 ····························· 81
        (2)小结 ··· 85
    2.具有理由 ··· 86

三、解答

(一)问题 1

1　如果实体判决要件齐备,则 K 的诉即为合法。

  1.弗伦斯堡区法院的管辖权

2　诉状被提交至弗伦斯堡区法院。因此应当审查弗伦斯堡区法院是否具有事务管辖权和地域管辖权。

  (1)事务管辖权

3　依照《民事诉讼法》第 1 条的指示,法院的事务管辖权应当根据《法院组织法》第 23、71 条确定。依照《法院组织法》第 23 条第 1 项的规定,区法院对除不考虑诉讼标的额应移送地方法院的案件之外的金钱或者金钱价值不超过 5000 欧元标的的民事诉讼案件具有管辖权。该案例不存在《法院组织法》第 71 条第 2 款规定的不考虑诉讼标的额应移送地方法院的情形,同样也不存在《法院组

织法》第 23 条第 2 项规定的不考虑诉讼标的额应移送区法院的情形。此处 K 主张一项金额为 1000 欧元的请求,因而区法院具有事务管辖权。

(2)地域管辖权

①专属审判籍

是否存在专属审判籍并非显而易见。

②《民事诉讼法》第 12、13 条规定的普通审判籍

依照《民事诉讼法》第 13 条,普通审判籍依被告的住所地确定(《民法典》第 7 条)。B 居住在弗伦斯堡,因此弗伦斯堡区法院依照《民事诉讼法》第 12、13 条具有地域管辖权。

③《民事诉讼法》第 29 条第 1 款规定的履行地的特别审判籍

该案例系因合同关系(贷款合同)而发生的诉讼,因此还可以考虑履行地的特别审判籍(《民事诉讼法》第 29 条第 1 款)。据此,有争议的合同义务的履行地法院对本案具有管辖权。履行地根据实体法确定,也即根据《民法典》第 269 条规定的给付地确定。[1] 偿付请求权的给付地(履行地)为 B 的住所地(《民法典》第 269 条第 1 款),也即弗伦斯堡。依照《民法典》第 270 条第 4 款,前述规则也适用于金钱之债。

因此,弗伦斯堡区法院具有事务管辖权和地域管辖权。

2.不存在与基尔区法院的判决的既判力相矛盾的情形

基尔区法院的判决可能会与 K 的诉的合法性矛盾对立。形成矛盾对立的前提是,在该判决中法院已经就当前的诉的诉讼标的作出发生既判力的裁判。只有在就当事人通过诉或者反诉提起的请求作出裁判后,判决才有可能产生既判力(《民事诉讼法》第 322 条第 1 款)。原则上,裁判理由不在既判力范畴内。在该案例中,第一份判决只就 B 的债权不存在作出了具有拘束力的裁判。但是,根据《民事

---

〔1〕 BGH NJOZ 2016, 771 Rn. 4; Musielak/Voit/Heinrich §29 ZPO Rn. 15.

诉讼法》第 322 条第 2 款,抵销抗辩权存在一个例外情形。根据该项条款,如果被告主张反对债权的抵销,而法院裁判认定反对债权不存在,则既判力也将延伸至相应的裁判内容。在该案例中,B 究竟是在诉讼前已经作出抵销表示,还是在诉讼中才作出抵销表示,并不影响法院判决。[2] 不过《民事诉讼法》第 322 条第 2 款能否适用于该案例中此处情形,是值得怀疑的。一是,如果反对债权由于抵销而被消灭,即已经不存在,既判力是否也能依照《民事诉讼法》第 322 条第 2 款延伸至判决关于反对债权的裁判内容。二是,《民事诉讼法》第 322 条第 2 款是否可以适用于由原告提出的抵销。

(1)直接适用《民事诉讼法》第 322 条第 2 款

9　　从文义上来看,首先可以认为,《民事诉讼法》第 322 条第 2 款的适用限定于被告主张反对债权的抵销而法院确认该债权不存在的情形。然而根据普遍意见,该法律规范同样适用于反对债权曾经存在但依照《民法典》第 389 条经由抵销而被消灭的情形。[3] 这是为了防止主张抵销的一方当事人能够再行主张债权且获得胜诉,因为这将有可能导致当事人被差别对待。[4]

10　　但是应当排除直接适用《民事诉讼法》第 322 条第 2 款的可能性,因为被告在第一次诉讼中未曾使用反对债权进行抵销。更确切地说,原告作为其起诉要求获得偿付之债权的债权人,在诉讼外表示就有争议的债权进行抵销。

(2)类推适用《民事诉讼法》第 322 条第 2 款

11　　有疑问之处在于,《民事诉讼法》第 322 条第 2 款能否准用于该(案例中的)状况。准用的前提是存在违反规划的规制漏洞(不合乎立法目的的法律漏洞)和具有可比性的利益状况。可以认为此处存

---

[2] BeckOK ZPO/Gruber §322 ZPO Rn. 65; MüKoZPO/Gottwald §322 ZPO Rn. 191.

[3] BGH NJW 2002, 900; vgl. BGHZ 36, 316 (319) = NJW 1962, 907; Musielak/Voit/Musielak §322 ZPO Rn. 76.

[4] Vgl. Rosenberg/Schwab/Gottwald §154 Rn. 19.

在一个违反规划的规制漏洞,因为立法者可能未曾考虑到这种情况。争议之处在于案件事实情况是否具有可比性。

根据一种观点[5],《民事诉讼法》第322条第2款可以类推适用于此种情形。该观点认为,根据法律条文文义,《民事诉讼法》第322条第2款并非旨在保护特定的一方当事人。究竟是排除有关反对债权的新辩论,还是排除有关主债权的新辩论,是没有区别的。提起中间确认之诉在当前的情形中极其不具有可行性,否则原告每次都必须在前一个诉讼中预防性地提出诉讼请求,请求法院确认对方享有的债权不复存在。 12

据此,基尔区法院的判决的既判力也将涵盖反对债权,该既判力与K当前提起的诉的合法性相矛盾。 13

根据相反的观点[6],判决在涉及上一次原告表示的抵销时不具有既判力。该观点认为,根据法律条文文义,《民事诉讼法》第322条第2款仅适用于被告的抵销行为。只有当原告采取类似于被告的方式针对诉讼请求进行防御时,例如在《民事诉讼法》第767条规定的执行异议之诉的情形中[7],或者在《民事诉讼法》第256条第1款规定的消极的确认之诉的情形中,才能准用《民事诉讼法》第322条第2款。准用该法律规范的决定性因素在于进行抵销的人应当是构成诉讼之标的的债权的债务人。《民事诉讼法》第322条第2款仅仅旨在保护抵销的对方当事人,使其无须应付新的诉讼请求。这种解决方案更符合德国法对既判力效力的普遍严格限制。 14

在该案例中,B在前一个诉讼中已经从债权人的立场出发作出 15

---

[5] BeckOK ZPO/Gruber §322 ZPO Rn. 72; Musielak/Voit/Musielak §322 ZPO Rn. 82; Stein/Jonas/Althammer §322 ZPO Rn. 168;认为可以扩张适用或者类推适用;Schilken Rn. 442; Foerste NJW 1993, 1183; Zeuner NJW 1992, 2870。

[6] BGHZ 89, 349 (352) = NJW 1984, 1356 (1357); BGH NJW 1992, 982 (983); Thomas/Putzo/Seiler §322 ZPO Rn. 44; Rosenberg/Schwab/Gottwald §154 Rn. 21; Tiedtke NJW 1992, 1473 (1474 f.);表示怀疑的观点参见 Wolf JA 2008, 753 (756)。

[7] BGH NJW 2015, 955 (959 Rn. 48).

抵销表示。前一个诉讼中的驳回(判决),已经保护了被告,使其不用应对他人基于抵销债权提起的新诉讼请求。因此该观点认为既判力并不矛盾对立。

16 两种观点得出了不同的结论。因此应当对争议进行评判。对于将《民事诉讼法》第 322 条第 2 款类推适用于该案例中的情形,应予以否定。在案例的情形中,B 并不值得保护。她根本不必进行第一次诉讼,因为在她看来,她已经有效地进行了抵销,因此她的债权以及 K 的反对债权均已消灭。假如她坐等 K 起诉,然后在诉讼中主张抵销,则法院将会就两个债权作出发生既判力的裁判。起诉在使 B 的债权罹于时效停止方面也不具有必要性,这是因为根据《民法典》第 215 条,时效与抵销并不矛盾对立。此外,在最初的诉讼中,她原本至少可以依照《民事诉讼法》第 256 条第 1 款辅助性地提起一个消极的确认之诉,使法院作出发生既判力的裁判,以确认 K 的请求权已消灭。

3. 结论

17 不得准用《民事诉讼法》第 322 条第 2 款,即对于该债权不存在已经发生既判力的裁判。因此,K 的诉具有合法性,因为没有证据表明其他实体判决要件存在欠缺。

(二)问题 2

18 如果诉合法并且具有理由,则有希望胜诉。

1.《民事诉讼法》第 263、264 条规定的诉的变更的合法性

19 最初 K 请求法院判令 B 返还贷款。但是 K 没有坚持该诉讼请求,而是表示案件终结。[8] B 不同意该终结表示,要求继续进行诉讼,请求法院驳回诉。因此这里存在一个单方的终结表示。这可以

---

[8] 有关民事诉讼和行政诉讼中的终结参见 Bremkamp JA 2010, 207。

被视为诉的变更,且该诉的变更一定合法。

根据通说,单方的终结表示可以被视为诉的变更,诉讼请求被变更为请求法院确认本案已经终结,此处诉的变更具有合法性(对于闭卷考试一定会涉及的有关起诉的法本质和诉的变更合法性的争议→案例 2 边码 73 及以下数段、边码 79 及以下数段)。 20

2. 发生变更的诉的合法性

既然此处诉讼请求已被变更,这实际上就是诉的变更,因为对诉讼请求进行的任何变更都会引起诉讼标的发生变化。但是,此处的变化仍然应当依照《民事诉讼法》第 264 条第 2 项不被视为诉的变更。即便如此,变更后的诉仍然必须满足实体判决要件齐备的条件,因为《民事诉讼法》第 264 条第 2 项只是免除了对《民事诉讼法》第 263 条规定的要件的要求。 21

(1) 弗伦斯堡区法院的管辖权

因为《民事诉讼法》第 261 条第 3 款第 2 项的规定(管辖恒定),对弗伦斯堡区法院的管辖权的审查很可能并不重要,据此,使法院具有管辖权的案件情况在诉讼系属后发生变化的[9],不影响受诉法院的地域管辖权和事务管辖权。虽然该法律规范不能适用于诉的变更的情形,但是主流观点认为,由于《民事诉讼法》第 264 条第 2 项的规定,变更诉讼请求不应当被视为诉的变更,因此《民事诉讼法》第 261 条第 3 款第 2 项(管辖恒定)可以适用于此。[10] 因为根据管辖恒定原则,法院具有管辖权的案件情况在诉讼系属后发生变化,法院的地域管辖权和事务管辖权不受影响,所以可以不审查弗伦斯堡区法院是否具有管辖权。 22

---

[9] BGH NJW 2001, 2477 (2478); MüKoZPO/Becker-Eberhard §261 ZPO Rn. 81.
[10] Vgl. BGH NJW 2001, 2477 (2478) zu §264 Nr. 3 ZPO; Wieczorek/Schütze/Assmann §261 ZPO Rn. 117; Zöller/Greger §261 ZPO Rn. 12.

(2)《民事诉讼法》第 256 条规定的确认之诉的特别要件

23　　依照《民事诉讼法》第 256 条第 1 款,除一般的实体判决要件之外,确认之诉还须具备一些特别要件。

①可确认的法律关系

24　　此处的可确认的法律关系指的是要考虑最初的诉讼法律关系,也即最初合法且有理由的诉是否由于终结事件的发生而在嗣后变得不合法或者变得无理由。对此存在疑虑,因为本案终结也可能是单纯的事实,其不具有可确认性。[11] 当然,只有终结本案的事件本身可以被视为事实,而关于本案是否因此已经终结的这一问题并不能被视为事实。因此,通说观点认为,[12] 可以认定存在可确认的法律关系。

②确认利益

25　　K 在尽快进行确认方面具有法律上的利益,因为这是他从诉讼费用负担中解脱出来的唯一途径。[13]

(3)结论

26　　诉具有合法性,因为在案件事实情况中没有线索表明欠缺其他实体判决要件。

3. 发生变更的诉具有理由

27　　确认之诉是否具有理由最主要取决于本案终结是否已经实际发生。诉最初合法且具有理由,但是诉讼系属后发生的事件使该诉变得不合法或者无理由,即属于此种情形。[14]

(1)诉最初的合法性

28　　K 最初要求返还 1000 欧元的诉很可能具有合法性。

---

[11]　Vgl. Musielak/Voit Grundkurs Rn. 502.

[12]　这一点毫无疑问是建立在存在可确认的法律关系这一判定/假定基础之上的,vgl. nur BGH BGHR 2006, 199; Zöller/Althammer § 91a ZPO Rn. 37。

[13]　这一点,Musielak/Voit Grundkurs Rn. 502 也不愿意承认。

[14]　BGHZ 83, 12 (14) = NJW 1982, 1598; BGH NJW- RR 2004, 1619 (1620).

①弗伦斯堡区法院的管辖权

关于事务管辖权和地域管辖权可以参见上文(→边码2及以下数段)。据此,弗伦斯堡区法院具有管辖权。 29

②其他实体判决要件

有关其他实体判决要件并不存在疑问,因此最初的诉是合法的。 30

(2)诉最初具有理由

依照《民法典》第488条第1款第2句,基于贷款合同,K对B享有金额为1000欧元的返还请求权,因此诉最初具有理由。 31

(3)诉讼系属后终结本案的事件

除此之外,使最初合法且具有理由的诉变得不合法或者不具有理由的终结本案的事件一定要发生在诉讼系属之后。B实施的抵销可以被考虑为终结本案的事件。依照《民法典》第387、389条,通过使用反对债权进行有效的抵销,诉讼债权就将被消灭。 32

①抵销的重要性[15]

前提是要充分考虑B在诉讼中实施的抵销。根据主流观点,诉讼中的首次抵销既是诉讼行为,也是实体法上的意思表示。[16] 因此,除了要具备诉讼行为的要件之外,其还必须具备实体法上的法律行为的诸项要件。[17] 33

a)诉讼行为要件(当事人能力、诉讼能力、诉讼实施能力)

依照《民事诉讼法》第50条及以下数条,B的当事人能力和诉讼能力不存在疑问,B的诉讼实施能力(《民事诉讼法》第79条第1款第1句)也不存在疑问,因此诉讼行为要件齐备。 34

b)为基于抵销而提出的反对债权提供合法的民事诉讼途径

虽然诉讼上的抵销只是一种防御方法,但是若当事人为进行抵 35

---

[15] 参见诉讼上的抵销的一般规则 Musielak JuS 1994, 817 ff.; Huber JuS 2008, 1050。

[16] BGH NJW 1957, 591; MüKoZPO/Fritsche §145 ZPO Rn. 19; Zöller/Greger §145 ZPO Rn. 11; Musielak/Voit/Stadler §145 ZPO Rn. 14.

[17] Huber JuS 2008, 1050.

销而提出反对债权,法院仍将就此作出发生既判力的裁判(《民事诉讼法》第 322 条第 2 款)。因此问题在于,是否必须为反对债权开放民事诉讼途径(《法院组织法》第 13 条)(参见提示部分→案例 2 边码 36)。当然这个问题在此处可以搁置不论,因为 B 享有的损害赔偿债权可通过民事诉讼途径予以保护。

c) 反对债权的确定性

36 　　只有在能够确切指明具体的反对债权时,才能考虑进行抵销,因为依照《民事诉讼法》第 322 条第 2 款,就反对债权作出的裁判也可以发生既判力。该案例此处正是这样的情形。

② 抵销适状

37 　　除此之外,因为抵销是一种实体法上的意思表示,所以应当审查这种意思表示是否有效。抵销有效的要件首先是抵销适状(《民法典》第 387 条)。

a) 相互的、同种类的债权

38 　　抵销适状的要件首先是存在相互的、同种类的债权。

aa) 主债权

39 　　依照《民法典》第 488 条第 1 款第 2 句,基于贷款合同,K 对 B 享有金额为 1000 欧元的偿付请求权。

bb) 反对债权

40 　　依照《民法典》第 280 条第 1、3 款和第 281 条第 1 款,B 对 K 可能享有一项损害赔偿请求权。那么首先 B 就一定应具备《民法典》第 280 条第 1 款规定的要件。

41 　　B 和 K 之间存在一个债之法律关系,即两人之间存在一个《民法典》第 598 条规定的使用借贷合同。由于没有归还使用借贷标的物,K 可能违反了《民法典》第 604 条规定的返还义务。依照《民法典》第 604 条第 3 款,B 可以在任何时候要求 K 归还戒指,所以 K 有义务归还戒指。可以认为 K 尚未归还戒指,因此他违反了归还义务。K 至少应当被谴责为其存在过失(《民法典》第 276 条第 2

款)。无论如何,K 都没有提出任何可以使其免责的事由(《民法典》第 280 条第 1 款第 2 句),因此他必须要对自己不履行义务的行为承担责任。

归还义务是一项给付义务,所以原则上还应当结合《民法典》第 281 条,额外审查《民法典》第 280 条第 3 款规定的要件。B 曾经为 K 设定了一个合理的归还期限,但 K 却放任期限届满。由于戒指未获归还,B 遭受了与戒指的价值相当的损失。戒指的价值计为 1000 欧元,依照《民法典》第 280 条第 1、3 款和第 281 条第 1 款,B 在前述金额范围内有权向 K 行使损害赔偿请求权。 42

cc)相互性

案例中是相互的债权。 43

dd)同种类

各债权也是同种类的,因为其都是针对金钱的债权。 44

b)反对债权到期应付并且具有可实现/履行性

B 的反对债权随着其主张损害赔偿请求权而到期应付,并且该债权具有可实现/履行性(《民法典》第 390 条)。 45

c)主债权的可偿付性

K 的主债权也具有可偿付性(《民法典》第 271 条第 1 款)。 46

d)小结

因此依照《民法典》第 387 条,该案例成立抵销适状。 47

③不存在排除抵销的情形

排除抵销的理由并非显而易见。 48

④抵销表示

B 已经在诉讼中作出了抵销表示(《民法典》第 388 条)。 49

⑤《民法典》第 389 条规定的抵销的效力

因为 B 使用其反对债权进行的抵销是有效的,所以依照《民法典》第 389 条,K 享有的金额为 1000 欧元的债权被消灭,因此终结本案的事件已经发生。 50

⑥在诉讼系属之后

51　然而问题在于,终结本案的事件在诉讼系属后才发生。在该案例中,在诉讼系属前,债权和反对债权就已经适合相互抵销了。因此问题在于,本案终结究竟是以抵销适状的时间点为准,还是以抵销表示的时间点为准。在这一点上是存在争议的。[18]

52　一种观点认为,如果抵销适状先行存在,在这种情况下本案终结在诉讼系属前就已经发生。[19]《民法典》第389条明确规定了(抵销的)溯及力,因而在债权首次可以相互抵销的时间点上,终结本案的事件就已经发生了。

53　相反的观点认为,本案终结随着抵销表示的作出而发生。[20] 只有这样的抵销表示才会产生终结本案的效果。《民法典》第389条的规定产生的效果是:尽管抵销具有溯及力,被抵销的债权仍然伴随抵销表示"发生效力"才被消灭。仅仅是抵销适状尚不足以导致债权被消灭。

54　因为两种观点得出的结论并不相同,所以必须对争议进行评判。应当遵从相反的观点(第二种观点)。该观点更符合(本案)终结这项制度的法律理念,根据该制度,在终结本案的事件不属于原告的责任范围内时,例如当债务人并未根据债权人在诉讼前对其提出的付款要求进行抵销时,就应当保护原告,避免其不得不承担最初具有理由的权利保护要求产生的诉讼费用。[21] 除此之外,因为在诉讼中被作出表示的抵销具有溯及力,在未经被告同意的情况下,即使是原告不能进行抵销,或者原告有可以被理解的原因而不进行抵销,原告也不能被免除诉讼费用负担。[22] 据此,本案终结要在诉讼系属后伴随

---

[18]　有关诉讼上的抵销还参见 Feser JA 2008, 525 (526 ff.)。
[19]　OLG Jena OLG-NL 1996, 236 (237); vgl. OLG Hamm BeckRS 1999, 30085491.
[20]　BGHZ 155, 392 (397 ff.) = NJW 2003, 3134 (3135 f.); Stein/Jonas/Muthorst §91a ZPO Rn. 6; Thomas/Putzo/Hüßtege §91a ZPO Rn. 4a.
[21]　MüKoZPO/Schulz §91a ZPO Rn. 1; Musielak/Voit/Flockenhaus §91a ZPO Rn. 1.
[22]　BGHZ 155, 392 (397 ff.) = NJW 2003, 3134 (3135 f.)

抵销表示的作出才会发生。

(4)诉嗣后不具有理由

最初合法且具有理由的诉在诉讼系属后由于抵销而变得不具有理由。因此具备了终结本案的要件。K发生变更的诉具有理由。

4. 结论

诉合法且具有理由。K变更后的诉应获容许。可以确认本案终结。

(三)问题3a和问题3b

如果诉合法且具有理由,B很可能获得胜诉。

1. 新诉的合法性

如果实体判决要件齐备,关于损害赔偿债权的新的诉即为合法。

(1)管辖权

应当审查哪所法院对B针对K的诉具有管辖权。

①事务管辖权

依照《民事诉讼法》第1条的指示,法院的事务管辖权应当根据《法院组织法》第23、71条确定。依照《法院组织法》第23条第1项,区法院对除不考虑诉讼标的额应移送地方法院的案件之外的,金钱或者金钱价值不超过5000欧元标的的民事诉讼案件具有管辖权。该案例不存在不考虑诉讼标的额应移送地方法院的情形,同样也不存在《法院组织法》第23条第2项规定的不考虑诉讼标的额应移送区法院的情形。此处B主张的是一项金额为1000欧元的请求,因而区法院具有事务管辖权。

②地域管辖权

a)专属审判籍

是否存在专属审判籍并非显而易见。

b)《民事诉讼法》第12、13条规定的普通审判籍

依照《民事诉讼法》第13条,普通审判籍依被告的住所地确定

(《民法典》第 7 条)。K 居住在基尔,因此基尔区法院依照《民事诉讼法》第 12、13 条具有地域管辖权。

c)《民事诉讼法》第 29 条第 1 款规定的履行地的特别审判籍

63 该案例系因合同关系(使用借贷合同)而发生的诉讼,因此还可以考虑履行地的审判籍(《民事诉讼法》第 29 条第 1 款)。据此,有争议的合同义务的履行地法院对本案具有管辖权。履行地应根据实体法确定,也即根据《民法典》第 269 条规定的给付地确定。[23] 损害赔偿请求权的给付地(履行地)为被违反的给付义务的给付地。[24] 通常可以根据债务关系的性质(《民法典》第 269 条第 1 款)推知,返还借用物品应当在出借人的住所地进行。[25] B 居住在弗伦斯堡,所以弗伦斯堡区法院依照《民事诉讼法》第 29 条第 1 款具有管辖权。

64 依照《民事诉讼法》第 35 条,B 可以在能够考虑的审判籍之间进行选择。

(2)没有矛盾对立的既判力

65 弗伦斯堡区法院的判决的既判力可能与该诉构成矛盾对立关系。该案例中,弗伦斯堡区法院很可能已经就 B 的损害赔偿债权作出了具有既判力的裁判。

66 原则上,判决只在就当事人通过诉或者反诉提起的请求作出的裁判内容范围内发生既判力(《民事诉讼法》第 322 条第 1 款)。依照《民事诉讼法》第 322 条第 2 款,在被告进行抵销时,判决反对债权不存在会构成例外。

67 被告为了抵销而提出反对债权,法院依照《民事诉讼法》第 322 条第 2 款就该反对债权作出能够产生既判力的裁判需要一个前

---

[23] BGH NJOZ 2016, 771 Rn. 4; Musielak/Voit/Heinrich §29 ZPO Rn. 15.
[24] BGH NJW- RR 2013, 309 Rn. 14; Zöller/Schultzky §29 ZPO Rn. 25 "损害赔偿"。
[25] BGH NJW- RR 2002, 1027 (1028); MüKoBGB/Häublein §604 BGB Rn. 6.

提,即法院须就本案作出裁判。不仅在从实体法角度就是否具有理由作出裁判时应考虑作出实体裁判,而且基于诉讼法上的原因,尤其是因为逾时提出事实,或者在反对债权相关方面欠缺法律合理性,也应考虑作出实体裁判。[26] 因此,只有当如前所述的此种抵销抗辩获得准许,但是当事人提出的有关反对债权的事实主张被法院依照《民事诉讼法》第 296 条第 1、2 款视为失权时,法院依照《民事诉讼法》第 296 条第 1 款以(相关事实提出)失权为由驳回,才构成实体裁判。[27] 与此相反,如果抵销抗辩本身因逾时提出,被法院依照《民事诉讼法》第 296 条第 1、2 款视为失权,则不存在就反对债权作出能够产生既判力的裁判。[28] 像案例此处这样的抵销抗辩被法院依照《民事诉讼法》第 296 条第 1 款以逾时为由驳回,法院尚未就 B 的反对债权作出具有既判力的裁判(《民事诉讼法》第 322 条第 2 款)。[29] 因此,弗伦斯堡区法院的判决的既判力并不构成矛盾对立关系。

(3)其他实体判决要件

有关其他实体判决要件并不存在疑问。 68

(4)结论

B 的诉是合法的。 69

2. 诉具有理由

如果 B 依照《民法典》第 280 条第 1、3 款和第 281 条有权对 K 行使损害赔偿请求权,并且该请求权尚未被消灭,则诉具有理由。 70

(1)《民法典》第 280 条第 1、3 款,第 281 条第 1 款规定的请求权的产生

B 对 K 的损害赔偿请求权已经产生(→边码 40 及下一段)。 71

---

[26] BGH NJW 2015, 955 (959 Rn. 48).
[27] OLG Stuttgart BeckRS 2000, 30121124; Zöller/G. Vollkommer § 322 ZPO Rn. 18.
[28] Vgl. BGH NJW 2001, 3616; NJW-RR 1991, 971 (972); MüKoZPO/Gottwald § 322 ZPO Rn. 199; Zöller/G. Vollkommer § 322 ZPO Rn. 18.
[29] Vgl. BGHZ 16, 124 (140) = NJW 1955, 497 (498).

(2)《民法典》第389条规定的请求权的消灭

72　　B在诉讼中已经作出抵销表示。这既是一项诉讼行为,也是一项实体法上的表示。《民法典》第387条规定的抵销的诸项要件也都已经齐备(→边码37及以下数段),因此被提出用于抵销的反对债权依照《民法典》第389条原则上可能已被消灭。

73　　但是有疑问之处在于,如果抵销在诉讼中被驳回,其是否还具有实体法上的效力。如果对此问题作出肯定回答,被告将会丧失其债权,即便如此,由于存在相关判决,被告仍须履行偿付原告债权的义务。

提示:抵销在诉讼上不合法的原因可能是多种多样的:①在律师诉讼中由当事人作出表示,依照《民事诉讼法》第296条第1、2款发生失权;②在控诉审中欠缺《民事诉讼法》第533条规定的诸项要件;③依照《民事诉讼法》第767条第2款发生失权;④确定数额程序(Betragsverfahren)中行使抵销抗辩权不具有合法性,因为在对原因进行的辩论(庭审)中就已经可以进行抵销了。

74　　可以考虑用各种不同的方法解决该问题。一种方法[30]是将诉讼上的抵销即在诉讼中首次表示的实体法上的抵销,同诉讼前或者诉讼外的抵销进行区分。对于诉讼上的抵销(**问题3a**),其具有所谓的双重构成要件,应当根据其内容和目的,将实体法上的抵销表示和抵销的主张视为同一(行为)。基于这一原因,可以考虑适用《民法典》第139条的法律理念。如果主张抵销而提起的控诉被法院以在诉讼上不合法为由驳回,则根据抵销行为人的意思,实体法上的抵销也不应当具有效力。也即如果抵销抗辩权被驳回,则抵销在实体法上也无效。

---

[30] Rosenberg/Schwab/Gottwald §104 Rn. 41 ff.; vgl. Musielak/Voit/Huber §296 ZPO Rn. 37; Zöller/Greger §145 ZPO Rn. 15; Wolf JA 2008, 753 f.

但是此处并非诉讼上的抵销,而是当事人在诉讼外作出的抵销表示,之后当事人才在诉讼中主张抵销(**问题 3b**),因而不能适用《民法典》第 139 条。[31] 否则其后果是,虽然抵销在诉讼上未被法院考虑,但是依照《民法典》第 389 条被告由于实体法上有效的抵销而丧失了其反对债权。因此这样的结论是具有正当性的,即没有理由让被告在因自己的过失而不能提出抵销抗辩时,又能获得较其他失权的防御方法——例如逾时提出的支付——更优越的地位或特权。

由于得出这样的结论,有学者提出了另外的解释架构,即被告的默许条件,只有当法院并非因诉讼上的原因驳回抵销抗辩时,才能适用实体法上的抵销。这也同样适用于当事人针对已经发生诉讼系属的债权而在言词辩论之外作出抵销表示的情形。[32]

因为这些观点会得出不同的结论,所以应当对争议进行评判。应当遵从第一种观点,准用《民法典》第 139 条。对诉讼上的抵销和诉讼前的抵销作出不同的处理似乎具有正当性,否则逾时主张诉讼外抵销的当事人就会无正当事由地获得相较于逾时主张债权消灭原因的其他当事人更优越的地位。

3. 结论

对于**问题 3a**,这意味着前诉中法院没有对抵销予以斟酌,因而债权并未被消灭,由于类推适用《民法典》第 139 条,这种抵销没有发生任何实体法上的效力。因此,该诉有希望获得胜利。

而对于**问题 3b**,抵销的表示已经在诉讼前被作出。根据具有代表性的观点,这样的后果是 B 的债权已经依照《民法典》第 389 条被消灭。因此,诉将不具有理由,当事人将胜诉无望。B 必须向 K 付款,因为其已经被法院判决承担付款义务,并且 B 再也无法主张其债

---

[31] Zöller/Greger §145 ZPO Rn. 15; Rosenberg/Schwab/Gottwald §104 Rn. 44.
[32] Musielak/Voit Grundkurs Rn. 563 f. 关于驳回抵销抗辩的第一份判决的既判力效力的诉讼解决方案,参见 Stein/Jonas/Althammer §145 ZPO Rn. 67。

权,因为其已经进行了诉讼前的抵销。

(四)问题 3c

80　　与问题 3a 和问题 3b 相比,此处在合法性的范畴内尚有疑问,即在针对 K 的第二个诉讼中,B 提出抗辩作为防御方法,该诉的诉讼系属[33]是否与在新诉中主张的损害赔偿债权矛盾对立。其他全部审查要点均与前文有关内容相同。

1. 合法性

(1)依照《民事诉讼法》第 261 条第 3 款第 1 项不存在其他的诉讼系属

81　　如果新的诉涉及的仍然是相同的诉讼标的,则存在矛盾对立的其他的诉讼系属。

82　　根据通说[34],诉讼系属并不矛盾对立,因为以抗辩权形式主张的反对债权并不构成诉讼标的,而仅仅是防御方法。受诉法院可以依照《民事诉讼法》第 148 条在就抵销抗辩作出裁判之前中止诉讼。

83　　根据相反的观点[35],诉讼系属存在矛盾对立。抵销可以被类比为反诉,在发生反诉时,诉争案件的诉讼系属是不存在争议的。支持该观点的理由还有,依照《民法典》第 204 条第 1 款第 5 项,抵销使得时效停止,且依照《法院费用法》第 45 条第 3 款,抵销还增加了诉讼标的额。除此之外,针对反对债权所作的裁判,依照《民事诉讼法》第 322 条第 2 款将产生既判力。

84　　因为这些观点得出的结论不同,所以应当对争议进行评判。应当遵从通说观点,反对债权只能被视为防御方法,所以其不是诉讼标

---

〔33〕参见 Kleinbauer JA 2007, 416 f.中有关民事诉讼中的诉讼系属。
〔34〕BGHZ 57, 242 (243 ff.) = NJW 1972, 450 f.; Rosenberg/Schwab/Gottwald §104 Rn. 23; Wolf JA 2008, 753 (754 f.).
〔35〕Zeiss/Schreiber Rn. 395; Blomeyer §60 I 1a.

的。除此之外,如果从其他视角看《民法典》第204条第2款第5项[36]和《民事诉讼法》第322条第2款(该法律规范在诉讼系属和既判力具有同步性的原则上制造了一个例外[37])的规制,将会显得冗余。

(2)小结

诉具有合法性。 85

2. 具有理由

关于诉是否具有理由,可以得出与问题3a和问题3b同样的结论(→边码70及以下数段)。 86

---

[36] Anders/Gehle G Rn. 5; Kleinbauer JA 2007, 416 (417).
[37] Anders/Gehle G Rn. 5; Pohlmann Rn. 529.

案例 7　斗犬贝尔特

一、案情

Gustav Ganther（以下简称 G）居住在施特拉尔松德（Stralsund），在格赖夫斯瓦尔德（Greifswald）经营一家二手车行。他于 2014 年 12 月 19 日以 5000 欧元的价格将一辆轿车卖给了来自格赖夫斯瓦尔德的 Alfred Aal（以下简称 A）。A 最迟应当在 2015 年 3 月 2 日支付购车款，当时 A 尚在等待保险赔付。在支付完成之前，G 保留轿车所有权。在交付车钥匙前不久，由于 A 的挑衅，A 被属于 G 所有的一条名叫贝尔特（Bert）的斗犬攻击，伤势严重，不得不立即被送往医院。G 在白天把贝尔特带到他的车行，因为他不想把贝尔特单独留在他的房中，但贝尔特从它的狗舍里逃了出来。来自施特拉尔松德的 Siegfried Schlender（以下简称 S）是一家小型安保企业的所有人，原本他一直很可靠，但由于严重过失，他没有锁住狗舍，而这是他与 G 签订的安保/监管合同中的一项常规义务。

两周后 A 出院，他通过电话联系 G，表示他现在对这辆轿车不再感兴趣了，因此也不会再支付购买价款。此外，他还主张要求对方赔偿自己因被狗咬伤而产生的医疗费用以及适当的精神损害赔偿金。G 反对这些要求，继续要求 A 就已经交付的轿车按时支付购买价款，并威胁要立即诉诸法律。

G 将此案交给他的律师 Wichtig 博士（以下简称 W），W 想在 2015 年 1 月 12 日向格赖夫斯瓦尔德区法院提起诉讼。由于 W 善于使用电脑和互联网,所以他在储存于电脑里的书状上加上了扫描而成的签名,并将该书状直接从电脑上发到区法院书记科的传真机上。2015年1月12日,书状的传真件到达法院的传真机。W律师在书状中申请法院判令A在2015年3月2日前支付数额为5000欧元的购买价款,并陈述了买卖合同的签订情况、购买价款债权的到期时间以及A最后明确拒绝付款的情况。诉状于2015年1月14日连同先期首次期日为2015年1月29日的传票送达A的同居女性伴侣Traudel Traurig(以下简称T)处。但送达的两天前,A本人开始了为期十周的赴美商务旅行。由于T原则上不(负责)打开A的邮件,也不(负责)通知A关于文件的情况,所以A不知道该诉讼,最终在预定的期日没有到场。W律师在期日向法院申请作出缺席判决。

问题1:法院将如何裁判?

2015年4月1日,A向格赖夫斯瓦尔德区法院起诉,要求G赔偿数额为3000欧元的医疗费用,并支付至少1000欧元的适当的精神损害赔偿金。G的律师W反驳该诉,对A所主张的治疗费用提出抗辩,称A在起诉之前,其医疗保险公司Ultraviolett Private Krankenversicherung AG(紫外线私人医疗保险股份公司,以下简称U)已经全额偿付了治疗费用(该情况属实),A在这方面没有遭受任何损失。关于A对贝尔特进行挑衅一事,W未作任何陈述。

问题2:请您评估该诉的获胜概率!

问题3:U得知A提起诉讼,希望在第一次言词辩论开始时,在A的同意下加入关于治疗费用偿付的诉讼。如果G对此不同意,U有可能加入到诉讼中吗?

变体:不是A,而是U,即A的私人医疗保险公司,起诉要求G偿付治疗费用。由于G担心对U败诉,他将纠纷告知了S。在2015年5月4日对U的诉讼开始时,S收到了诉讼告知书。然而,S放弃以争讼辅助人的身份参加诉讼。G被判令向U支付3000欧元。在2015年6月23日判决生效后,G履行了判决书规定的义务,向U支付了款项。G 向格赖夫斯瓦尔德区法院提起诉讼,要求 S 偿还这笔款项。诉状于 2018 年 1 月 11 日送达 S,但他如实地为自己辩护,称 A 之所以被攻击,是因为其挑衅斗犬贝尔特,构成了共同起了作用的过错。此外,S 提出了时效抗辩。

问题 4:请您评估 G 针对 S 的诉的获胜概率!

编者注:格赖夫斯瓦尔德位于格赖夫斯瓦尔德区法院和施特拉尔松德地方法院的辖区内。

二、思路

(一)问题 1

1. 依照《民事诉讼法》第 331 条第 1 款第 1 句申请作出缺席判决 ·················· 2
2. 《民事诉讼法》第 331 条第 1 款第 1 句规定的被告在言词辩论期日发生迟误 ·················· 3
3. 不存在《民事诉讼法》第 335 条规定的宣判障碍 ······ 4
   (1) 依照《民事诉讼法》第 335 条第 1 款第 2 项进行了合法传唤 ··················
   ① 合法送达 ·················· 6
      a) 向 A 本人送达 ·················· 7
      b) 依照《民事诉讼法》第 178 条向 T 进行补充送达 ·················· 8
         aa) 未遇到 A ·················· 9
         bb) 向《民事诉讼法》第 178 条第 1 款第 1 项提及的人送达 ·················· 10
   ② 依照《民事诉讼法》第 217 条和第 274 条第 3 款符合期间规定 ·················· 11
   (2) 不存在《民事诉讼法》第 335 条规定的其他宣判

  　　障碍 ………………………………………………… 12
  4. 不存在《民事诉讼法》第 337 条规定的依职权
  　延期的情形 ……………………………………… 13
  5. 诉的合法性 ………………………………………… 14
  　（1）格赖夫斯瓦尔德区法院的管辖权 ………… 15
  　　　①事务管辖权 ………………………………… 16
  　　　②地域管辖权 ………………………………… 17
  　　　　a）专属审判籍 …………………………… 17
  　　　　b）《民事诉讼法》第 12、13 条规定的普通
  　　　　　审判籍 ………………………………… 18
  　　　　c）《民事诉讼法》第 29 条第 1 款规定的
  　　　　　履行地的特别审判籍 ………………… 19
  　（2）依照《民事诉讼法》第 253 条合法起诉 ………… 20
  　　　①《民事诉讼法》第 253 条第 2 款第 2 项规定
  　　　　的起诉状的内容 ……………………………… 21
  　　　②《民事诉讼法》第 253 条第 4 款、第 130 条
  　　　　第 6 项规定的起诉状的形式 ………………… 22
  　（3）特别的实体判决要件 ……………………… 28
  　　　①《民事诉讼法》第 257 条 …………………… 29
  　　　　a）给付与特定日期相关联 …………… 30
  　　　　b）给付不依赖于对待给付 …………… 31
  　　　②《民事诉讼法》第 258 条 …………………… 32
  　　　③《民事诉讼法》第 259 条 …………………… 33
  　（4）小结 ………………………………………… 36
  6.《民事诉讼法》第 331 条第 2 款规定的诉的有理性 …… 37
  7. 结论 ……………………………………………… 39
（二）问题 2
  1. 合法性 …………………………………………… 41

         (1)格赖夫斯瓦尔德区法院的管辖权 ·············· 42
            ①事务管辖权 ············ 43
            ②地域管辖权 ················ 44
               a)专属审判籍 ············· 44
               b)《民事诉讼法》第12、13条规定的普通
                  审判籍 ················ 45
               c)《民事诉讼法》第21条规定的营业所的
                  特别审判籍 ················ 46
               d)《民事诉讼法》第29条第1款规定的
                  履行地的特别审判籍 ·············· 47
               e)《民事诉讼法》第32条规定的侵权行为
                  的特别审判籍 ················ 48
            ③小结 ················ 49
         (2)依照《民事诉讼法》第253条合法起诉 ········· 50
         (3)其他实体判决要件 ················ 53
      2.《民事诉讼法》第260条规定的诉之客观合并 ········ 54
         (1)两个以上请求权 ················ 55
         (2)当事人的同一性 ················ 56
         (3)格赖夫斯瓦尔德区法院的管辖权 ·············· 57
         (4)相同的诉讼种类 ················ 58
      3.具有理由 ················ 60
         (1)源自《民法典》第280条第1款、第241条
            第2款的请求权 ················ 61
            ①债务关系 ············· 62
            ②违反义务 ············· 63
            ③依照《民法典》第276、278条必须负责任 ······ 64
            ④法律效果:《民法典》第249条及以下数条
               规定的损害赔偿 ················ 66

　　　　　a）医疗费用 ················· 67
　　　　　b）精神损害赔偿金 ············ 68
　　　　　c）共同起了作用的过错 ········ 69
　　　⑤与医疗费用有关的原告不适格 ······ 70
　　（2）《民法典》第823条第1款 ·········· 72
　　（3）《民法典》第831条 ················ 75
　　（4）《民法典》第833条第1句 ·········· 76
　　　①动物造成身体伤害 ················ 77
　　　②G的动物饲养人资格 ·············· 78
　　　③不能排除《民法典》第833条第2句规定的
　　　　责任 ···························· 79
　　　④法律效果 ························ 80
　　（5）结论 ···························· 82

（三）问题3
　1. 意定原告方当事人更换 ················ 85
　2. 意定原告方当事人扩展 ················ 86
　3. 混合形式 ···························· 87
　　（1）原告方当事人更换的要件 ·········· 89
　　　①新、旧原告的同意 ················ 92
　　　②被告的同意 ······················ 93
　　　③小结 ···························· 97
　　（2）加入成为共同原告的要件 ·········· 98
　　　①到目前为止的原告的同意 ········· 101
　　　②被告的同意 ····················· 102
　　　③《民事诉讼法》第59条及以下数条规定的
　　　　要件 ··························· 104
　　　④小结 ··························· 106
　　（3）结论 ··························· 107

(四)问题 4
  1. 诉的合法性 ································· 109
    (1)格赖夫斯瓦尔德区法院的管辖权 ··········· 110
      ①事务管辖权 ···························· 111
      ②地域管辖权 ···························· 112
        a)专属审判籍 ························ 112
        b)《民事诉讼法》第 12、13 条规定的普通
          审判籍 ···························· 113
        c)《民事诉讼法》第 29 条第 1 款规定的
          履行地的特别审判籍 ··············· 114
        d)《民事诉讼法》第 32 条规定的侵权
          行为的特别审判籍 ················· 115
    (2)小结 ································· 116
  2. 诉具有理由 ································· 117
    (1)源自《民法典》第 280 条第 1 款、第 611 条的
      请求权 ································ 118
      ①债务关系 ······························ 119
      ②违反义务 ······························ 120
      ③必须负责任 ···························· 121
      ④G 受到损害 ··························· 122
      ⑤《民法典》第 254 条规定的共同起了作用的
        过错 ································ 123
        a)《民法典》第 254 条第 1 款规定的在损害
          发生时共同起了作用的过错 ········· 123
        b)《民法典》第 254 条第 2 款规定的在减轻
          损害时共同起了作用的过错 ········· 124
      ⑥时效抗辩权 ···························· 126
        a)合法的诉讼告知 ··················· 128

b)时效计算 ·· 129
（2）源自《民法典》第 426 条第 1 款的请求权 ········· 131
　　①G 和 S 的连带债务 ······························· 132
　　②法律效果 ·· 134
　　③消灭时效 ·· 136
（3）《民法典》第 426 条第 2 款规定的源自继受
　　权利的请求权 ·· 138
　　①《民法典》第 426 条第 2 款规定的要件 ········· 138
　　②U 对 S 的请求权 ·································· 140
　　③A 对 S 的请求权 ·································· 141
　　　a)《民法典》第 823 条第 1 款规定的要件 ······ 141
　　　b)《民法典》第 254 条第 1 款规定的 A 共同
　　　　起了作用的过错 ································· 142
　　　　aa)因 G 与 U 之间的判决的既判力而排除
　　　　　　抗辩 ·· 143
　　　　bb)因《民事诉讼法》第 74、68 条规定的
　　　　　　加入效力而排除抗辩 ····················· 145
　　　　　　aaa)合法的诉讼告知 ····················· 145
　　　　　　bbb)诉讼告知的法律效果 ··············· 147
　　④消灭时效 ·· 149
3.结论 ·· 151

三、解答

（一）问题 1

　　如果《民事诉讼法》第 331 条规定的要件齐备,可以考虑依照该　　1
条对被告作出缺席判决。

2	1. 依照《民事诉讼法》第331条第1款第1句申请作出缺席判决 作出缺席判决的要件首先是原告须提出与此相应的申请(《民事诉讼法》第331条第1款第1句)。本案中,G的律师W在言词辩论中已经(向法院)申请作出缺席判决。
	2.《民事诉讼法》第331条第1款第1句规定的被告在言词辩论期日发生迟误
3	A必须在言词辩论期日没有到场(《民事诉讼法》第331条第1款第1句)。A及其代理人都没有在期日到场。
	3. 不存在《民事诉讼法》第335条规定的宣判障碍
	(1) 依照《民事诉讼法》第335条第1款第2项进行了合法传唤
4	如果A未被合法传唤,则依照《民事诉讼法》第335条第1款第2项,请求法院作出缺席判决的申请应被驳回。
5	期日的传票是依照《民事诉讼法》第214条由法院依职权发出的,而送达也是依照《民事诉讼法》第166条由法院依职权进行的。
	① 合法送达
6	然而有疑问之处在于,此种送达[1]是否合法。
	a) 向A本人送达
7	A本人并未受送达。
	b) 依照《民事诉讼法》第178条向T进行补充送达
8	但是,可以依照《民事诉讼法》第178条第1款第1项对T进行合法的补充送达。
	aa) 未遇到A
9	如果无法在受送达人家中与其相遇,则补充送达即为合法。送达时A在国外,因而不在场。

---

[1] 参见 Stackmann JuS 2007, 634ff. 关于送达的内容。

bb）向《民事诉讼法》第178条第1款第1项提及的人送达

期日的传票已经被送达给T。根据《民事诉讼法》第178条第1款第1项的意义和目的,T作为非婚同居者,可以被视为家庭成员。[2] 无论如何,她是《民事诉讼法》第178条第1款第1项意义上的成年的长期共同居住者,因此补充送达是合法的。

②依照《民事诉讼法》第217条和第274条第3款符合期间规定

此外,《民事诉讼法》第217条、第274条第3款规定的传唤期间和应诉期间得到遵守。由于从送达传票之日到期日之间的时间多于3日,所以依照《民事诉讼法》第217条,适用于当事人诉讼的传唤期间已经得到了遵守。应诉期间也得到了遵守。从送达诉状之日到言词辩论期日,中间有两周的时间(《民事诉讼法》第274条第3款)。

（2）不存在《民事诉讼法》第335条规定的其他宣判障碍

《民事诉讼法》第335条意义上的其他的(裁判)障碍并非显而易见。

4. 不存在《民事诉讼法》第337条规定的依职权延期的情形

如果A非因自己过错受障碍而无法出庭,最多可以考虑延期。然而此处,A是因为自己的过错而无法出庭,因为他在G威胁要诉诸法律的情形下,没有采取任何预防措施(例如指示T负责及时查阅邮件)就开始了如此漫长的商务旅行。[3]

5. 诉的合法性

除此之外,要作出缺席判决,还必须具备实体判决要件。

（1）格赖夫斯瓦尔德区法院的管辖权

因为已经向格赖夫斯瓦尔德区法院提起诉讼,所以必须审查该法院的事务管辖权和地域管辖权。

---

[2] Vgl. BGHZ 111, 1 (4ff.) = NJW 1990, 1666f. zu §181 ZPO a.F.; MüKoZPO/Häublein §178 ZPO Rn. 15.

[3] 参见BVerfG NJW 2007, 3486 (3487f.)关于因度假缺席期间的义务概述。

①事务管辖权

16 依照《民事诉讼法》第1条的指示,法院的事务管辖权应当根据《法院组织法》第23、71条确定。依照《法院组织法》第23条第1项,区法院对除不考虑诉讼标的额应移送地方法院的案件之外的,金钱或者金钱价值不超过5000欧元标的的民事诉讼案件具有管辖权。该案例不存在《法院组织法》第71条第2款规定的,不考虑诉讼标的额应移送地方法院的情形,同样也不存在《法院组织法》第23条第2项规定的不考虑诉讼标的额应移送区法院的情形。由于此处的争议金额正好是5000欧元,所以区法院具有事务管辖权。

②地域管辖权

a)专属审判籍

17 专属审判籍并非显而易见。

b)《民事诉讼法》第12、13条规定的普通审判籍

18 格赖夫斯瓦尔德区法院可能依据《民事诉讼法》第12、13条具有地域管辖权。据此,某人的普通审判籍所在地的法院,对所有对其提起的诉讼具有管辖权。依据《民事诉讼法》第13条,普通审判籍依其住所地确定(《民法典》第7条)。A居住在格赖夫斯瓦尔德,因此格赖夫斯瓦尔德区法院依照《民事诉讼法》第12、13条具有地域管辖权。

c)《民事诉讼法》第29条第1款规定的履行地的特别审判籍

19 此处系因合同关系(买卖合同)而发生的诉讼,因此还可以考虑履行地的特别审判籍。据此,有争议的合同义务的履行地法院对本案具有管辖权。《民事诉讼法》第29条第1款意义上的履行地根据实体法确定,也即——除非法律上有特别规定加以干预——根据《民法典》第269条规定的给付地确定。[4] 依照《民法典》第269条第1款,给付地(履行地)原则上为债务人的住所

---

[4] BGH NJOZ 2016, 771 Rn. 4; Musielak/Voit/Heinrich §29 ZPO Rn. 15.

地,也即格赖夫斯瓦尔德,因此格赖夫斯瓦尔德区法院依照《民事诉讼法》第29条第1款也具有地域管辖权。该规则也适用于金钱之债,因为《民法典》第270条并不包含对给付地进行规制的内容(《民法典》第270条第4款)。[5]

(2)依照《民事诉讼法》第253条合法起诉

诉必须被合法提起。　　　　　　　　　　　　　　　　　　20

①《民事诉讼法》第253条第2款第2项规定的起诉状的内容

依照《民事诉讼法》第253条第2款第2项,有关起诉状的内容没有争议。　　　　　　　　　　　　　　　　　　　　　21

②《民事诉讼法》第253条第4款、第130条第6项规定的起诉状的形式

然而,起诉状的递交是否符合形式规定是存疑的。依照《民事诉讼法》第253条第4款,关于准备书状的一般规定也适用于起诉状,因此必须遵守《民事诉讼法》第130条。依照《民事诉讼法》第130条第6项,书状应包含书状负责人的签名。W只是在其电脑中存储的起诉状上添加了一个扫描的签名,并直接从电脑中发送该书状至法院的传真机。因此,起诉状欠缺手写签名。然而,这可能是无害的,因为《民事诉讼法》第130条只是应该的规定。*　　　22

然而,与《民事诉讼法》第130条的文句相反,判例认为《民事诉讼法》第130条第6项是一项必须的规定。[6]** 对于(产生)确定(效果)的诉状如起诉状,必须明确它不是一个草稿,而是一个诉讼上　23

---

[5] Musielak/Voit/Heinrich §29 ZPO Rn. 25.

* 德国《民法典》严格区分"必须的规定"(Mussvorschrift)和"应该的规定"(Sollvorschrift)。关于"应该的规定"参见陈卫佐译注:《德国民法典》(第5版),法律出版社2020年版,第21页。——译者注

[6] BGHZ 92, 251 (254) = NJW 1985, 328 (329); BGHZ 65, 46 (47) = NJW 1975, 1704; a.A. Zöller/Greger §130 ZPO Rn. 21f.

** 关于"必须的规定"参见陈卫佐译注:《德国民法典》(第5版),法律出版社2020年版,第12页。——译者注

的声明/表示,其源于签名人,签名人对其内容负责。[7]

24　　但是,通过传真和电传复制件转交起诉状是合法的。此处依照《民事诉讼法》第 130 条第 6 项,在复制件中复制签名即为足够。然而,本案中涉及计算机传真,没有像普通的电话传真那样有可供签名的模板。

25　　计算机传真是否满足法律上的形式要求,是存在争议的。[8] 随着联邦最高法院联席审判委员会(des Gemeinsamen Senats der obersten Gerichte des Bundes,以下简称 GmS-OGB)[9]作出裁判,在该判例中法院就争议作出如下裁判:计算机传真满足法律规定。[10] 该判例考虑到技术进步的情况。在使用计算机传真时,书面形式的目的应得到实现,法的安定性也应得到保证,尤其是要确保输入内容的可靠性。

26　　立法者还在修改后的新版《民事诉讼法》第 130 条第 6 项的立法理由说明中,参照 GmS-OGB 的裁判,认为计算机传真被用作电传复制件是合法的。[11]

　　提示:计算机传真应与《民事诉讼法》第 130a 条规定的电子文档区分开来。使用计算机传真时,带有扫描而成的签名的文档通过电话线直接传送到法院的传真机上,而只有在该传真件被打印出来时,法院才能知悉被传真的文书[12]。相反,《民事诉讼法》第 130a 条规定的电子文档必须附有合格的电子签名,并以数字化的方式从计算机传输到计算机[13],因此,只有电子数

---

[7] BGH NJW 2005, 2086 (2087); RGZ 151, 82 (84).
[8] 参见 BGHZ 144, 160 (162ff.) = NJW 2000, 2340 (2341)中的论证内容。
[9] BGHZ 144, 160 (162ff.) = NJW 2000, 2340 (2341).
[10] 现行有效的持久性判例仅参见 BGH BeckRS 2018, 9228 Rn. 8; NJW-RR 2015, 624 Rn. 10; NJW 2006, 3784 (3785 Rn. 8)。
[11] Vgl. BT- Drucks. 14/4987 S. 23.
[12] BGH NJW- RR 2015, 624 (625 Rn. 11).
[13] Vgl. Musielak/Voit/Stadler § 129 ZPO Rn. 11a.

据文件中包含的数据序列才能到达法院[14]。

因此,起诉状的形式要求获得满足。 27

(3) 特别的实体判决要件

特殊之处在于,G 并没有要求到期的给付,而是要求从 2015 年 3 月 2 日开始的未来给付。原则上,这将导致该诉被法院以目前不具有理由为由驳回。然而,在特殊情况下,依照《民事诉讼法》第 257—259 条,如果《民事诉讼法》第 257 条及以下数条规定的特别要件齐备,就可以请求法院判决未来给付。 28

① 《民事诉讼法》第 257 条

依照《民事诉讼法》第 257 条,如果起诉涉及金钱债权,主张该债权与某一日历日有关,且与对待给付无关,则当事人可提起将来给付之诉。 29

a) 给付与特定日期相关联

诚然,给付与日历日有关,因为 A 最迟应在 2015 年 3 月 2 日支付购买价款。 30

b) 给付不依赖于对待给付

然而,给付不应依赖于对待给付。此处,依照《民法典》第 433 条第 1 款第 1 句,必须进行的轿车的交付尚未发生。因此,购买价款的支付仍然取决于对待给付。 31

② 《民事诉讼法》第 258 条

不能考虑依照《民事诉讼法》第 258 条提起将来给付之诉,因为此处不是定期给付。 32

③ 《民事诉讼法》第 259 条

依照《民事诉讼法》第 259 条提起将来给付之诉有可能是合法的。其前提是,在进行将来给付时,存在对债务人将不会及时给付的 33

---

[14] BGH NJW-RR 2015, 624 (625 Rn. 12); NJW 2008, 2649 (2650 Rn. 10).

担忧。

34　　此处系将来给付,因为购买价款的支付2015年3月2日才到期。此处可以假定存在对不及时给付的担忧,因为A严肃地否认了相关请求权。[15] 过错不是必需的要件。

35　　依照《民事诉讼法》第259条,将来给付之诉是合法的。

(4)小结

36　　被提起的诉具有合法性,因为对有关的其他实体判决要件不存在疑虑。

6.《民事诉讼法》第331条第2款规定的诉的有理性

37　　此外,根据G提出的内容,该诉一定具有法律合理性(《民事诉讼法》第331条第2款)。如果当事人提出的与法条有关的事实能够证明诉之申请的正当性,那么该诉具有法律合理性。[16] 本案中,依照《民法典》第433条第2款,存在一项因买卖合同而产生的购买价款支付请求权,该请求权在2015年3月2日到期。W作为G的诉讼代理人在起诉状中陈述了证明该请求权具有理由的事实。诚然,在审查法律合理性的范围内,即便提出的内容不利于原告的诉,也应当被法院斟酌[17],因此,A可能作出的撤回或许会与法律合理性相矛盾。然而,W在起诉状中没有陈述这方面的内容,但这样做是合法的。

38　　因此,可以认为该诉具有法律合理性。

7.结论

39　　法院将会作出缺席判决,判令A于2015年3月2日前向G支付价款。

---

[15]　Vgl. Wieczorek/Schütze/Assmann § 259 ZPO Rn. 17ff.
[16]　BGH NJW 1984, 2888 (2889).
[17]　Zöller/Greger Vor § 253 ZPO Rn. 23.

(二)问题2

如果 A 针对 G 的诉具有合法性且具有理由,则该诉有希望获胜。

40

1. 合法性

如果实体判决要件齐备,则诉具有合法性。

41

(1)格赖夫斯瓦尔德区法院的管辖权

因为已经向格赖夫斯瓦尔德区法院提起诉讼,所以应当审查该法院的管辖权。

42

①事务管辖权

依照《民事诉讼法》第 1 条的指示,法院的事务管辖权应当根据《法院组织法》第 23、71 条确定。依照《法院组织法》第 23 条第 1 项,区法院对除不考虑诉讼标的额应移送地方法院的案件之外的,金钱或者金钱价值不超过 5000 欧元标的的民事诉讼案件具有管辖权。该案例不存在《法院组织法》第 71 条第 2 款规定的不考虑诉讼标的额应移送地方法院的情形,同样也不存在《法院组织法》第 23 条第 2 项规定的不考虑诉讼标的额应移送区法院的情形。此处 A 主张了两个诉讼请求(诉讼标的),即金额为 3000 欧元的医疗费和至少 1000 欧元的精神损害赔偿金。依照《民事诉讼法》第 5 条第 1 半句,以一诉主张两个以上请求时,应合并计算价额,故争议额大约为 4000 欧元,因此区法院具有事务管辖权。

43

②地域管辖权

a)专属审判籍

专属审判籍并非显而易见。

44

b)《民事诉讼法》第 12、13 条规定的普通审判籍

依照《民事诉讼法》第 13 条,普通审判籍依被告住所地(《民法典》第 7 条)确定。G 居住在施特拉尔松德,因此施特拉尔松德区法

45

院依照《民事诉讼法》第 12、13 条具有地域管辖权,而格赖夫斯瓦尔德区法院无法据此具有地域管辖权。

c)《民事诉讼法》第 21 条规定的营业所的特别审判籍

然而,格赖夫斯瓦尔德区法院的地域管辖权可能源于《民事诉讼法》第 21 条第 1 款规定的营业所的特别审判籍。如果一个商业活动由一个稳定经营并且长期设立的业务机构执行,则存在一个营业所。[18] G 在格赖夫斯瓦尔德有一个二手车店铺,也就是一处营业所,该营业所直接完成业务。依照《民事诉讼法》第 21 条第 1 款,所有针对他的、与业务经营有关的诉讼都可以在营业所所在地被提起。虽然此处不是直接因商业交易产生的请求权,但它是在商业交易的过程中产生的请求权。该请求权也可以因违反合同义务而产生(《民法典》第 280 条第 1 款),因而其与营业所的业务运作有关联。[19] 因此,格赖夫斯瓦尔德区法院的管辖权可以从《民事诉讼法》第 21 条第 1 款中推导得出。

d)《民事诉讼法》第 29 条第 1 款规定的履行地的特别审判籍

此外,还可以考虑《民事诉讼法》第 29 条第 1 款规定的履行地的特别审判籍,因为 G 和 A 之间存在买卖合同。依照《民法典》第 280 条第 1 款、第 241 条第 2 款,可能因违反合同的附随义务而产生损害赔偿请求权。据此,有争议的义务的履行地法院对因合同关系产生的纠纷具有管辖权。如果是因违反给付义务或附随义务而产生的损害赔偿,则"有争议的义务"不是支付损害赔偿的义务,而是被违反的给付义务或附随义务。[20] 履行地根据实体法确定,也即根据《民法典》第 269 条确定,除非法律有特殊规定。[21] 在这方面,被违反的附

---

[18] Musielak/Voit/Heinrich § 21 ZPO Rn. 2.
[19] MüKoZPO/Patzina § 21 ZPO Rn. 12.
[20] BGH NJW-RR 2013, 309 Rn. 14; OLG Bamberg BeckRS 2017, 118278 Rn. 20; OLG Schleswig OLGR 2005, 630 (631); Zöller/Schultzky § 29 ZPO Rn. 25"损害赔偿";关于损害赔偿义务的履行地也参见 MüKoBGB/Krüger § 269 BGB Rn. 43。
[21] BGH NJOZ 2016, 771 Rn. 4; Musielak/Voit/Heinrich § 29 ZPO Rn. 15.

随义务的给付地(履行地)与主义务的给付地(履行地)相一致;因此,这种次义务的履行地原则上遵循被违反的有关偿还原始性债务的主义务的履行地。[22] 主义务的给付地是格赖夫斯瓦尔德,因为买卖物应当在此处交付并且(买受人)取得对买卖物的所有权。因此,格赖夫斯瓦尔德也是 G 为了保护 A 的法益而履行附随义务的给付地。依照《民事诉讼法》第 29 条第 1 款,格赖夫斯瓦尔德州区法院具有地域管辖权。

e)《民事诉讼法》第 32 条规定的侵权行为的特别审判籍

此外,《民事诉讼法》第 32 条规定的侵权行为的审判籍也在考虑之列。由于 A 依照《民法典》第 823 条第 1 款、第 831 条、第 833 条主张因侵权行为而产生的请求权并作出了具有法律合理性的陈述,而且前述侵权行为是在格赖夫斯瓦尔德实施的,因此,依照《民事诉讼法》第 32 条,格赖夫斯瓦尔德区法院也具有地域管辖权。

③小结

格赖夫斯瓦尔德区法院具有事务管辖权和地域管辖权。

(2)依照《民事诉讼法》第 253 条合法起诉

除医疗费用外,A 还要求获赔至少 1000 欧元的适当的精神损害赔偿金。有疑问之处在于,该申请是否具有《民事诉讼法》第 253 条第 2 款第 2 项意义上的具体性。原则上必须以数字的形式明确请求法院判决(对方支付)精神损害赔偿金的具体金额。[23] 由于起诉状中标明的是最低数额,此处欠缺一个准确的数字,所以申请不具有具体性。然而,《民事诉讼法》第 253 条第 2 款第 2 项的原则在涉及精神损害赔偿金请求权方面存在一个例外。《民法典》第 253 条第 2 款规定的请求权并不能完全精确量化,因为(当事人)可以要求金钱形式的"公

――――――――

〔22〕 BGH NJW- RR 2013, 309 Rn. 14; 2014, 248 (249 Rn. 13); Zöller/Schultzky §29 ZPO Rn. 25 "附随义务"; Palandt/Grüneberg §269 BGB Rn. 7。

〔23〕 Rosenberg/Schwab/Gottwald §96 Rn. 28。

平赔偿"。赔偿的数额由法院裁量(参见《民事诉讼法》第 287 条)。如果请求权一定要被精确量化,(法院)就不能再行使自由裁量权了。因此,在这些情形中没有必要进行精确的量化。原告可以提出不以具体数字明确要求支付适当数额精神损害赔偿金的申请,但必须在诉之理由说明中,对进行金额计算或估计所需要的事实基础予以说明。[24]

51　　A 已经提出了一个这样的申请,除此之外,他还标明了一个最低数额。[25]

52　　因此,诉已经被合法提出。

(3)其他实体判决要件

53　　鉴于案情中没有相反信息,故而应当认为其他实体判决要件是齐备的。

2.《民事诉讼法》第 260 条规定的诉之客观合并

54　　由于 A 在一个诉中主张了两个以上诉讼请求权(诉讼标的),所以构成诉之客观合并。因此,应当审查《民事诉讼法》第 260 条规定的诉之客观合并的要件。

(1)两个以上请求权

55　　A 主张了两个以上诉讼请求权,包括要求偿还治疗费用的请求权和精神损害赔偿金请求权。这些属于不同的诉讼标的,因为它们是统一的请求权下的若干发票项目。[26]

(2)当事人的同一性

56　　A 向 G 主张了两个请求。

---

[24] Wieczorek/Schütze/Assmann §253 ZPO Rn. 100; Rosenberg/Schwab/Gottwald §96 Rn. 40.

[25] 根据较新的判例(BGHZ 140, 335 [341] = NJW 1999, 1339 [1340]; vgl. auch BGH NJW 2002, 3769 a.E.),指明一定的(数量、金额)等级,不再是合法性要件,vgl. Rosenberg/Schwab/Gottwald §96 Rn. 40; Wieczorek/Schütze/Assmann §253 ZPO Rn. 101f.; Zöller/Greger §253 ZPO Rn. 14,并且仅对于败诉有意义。A.A. BAG NZA 2010, 1412 (1413 Rn. 26); MüKoZPO/Becker-Eberhard §253 ZPO Rn. 120; Stein/Jonas/Roth §253 ZPO Rn. 47.

[26] Vgl. BGHZ 30, 7 (18) = NJW 1959, 1269 (1272) und RGZ 158, 34 (36).

（3）格赖夫斯瓦尔德区法院的管辖权

格赖夫斯瓦尔德区法院对两个请求均具有事务管辖权和地域管辖权(参见→边码42及以下数段)。

（4）相同的诉讼种类

两个请求都是在普通程序中被主张的,也即在相同类型的诉讼中被主张。

因此,《民事诉讼法》第260条规定的诉之客观合并的各项要件齐备。

3. 具有理由

如果A有权向G提出其所主张的请求,则诉具有理由。

（1）源自《民法典》第280条第1款、第241条第2款的请求权

可以考虑依照《民法典》第280条第1款、第241条第2款,A可向G主张损害赔偿请求权。

①债务关系

其要件之一为A和G之间存在债务关系。A和G签订了一份有效的轿车买卖合同。

②违反义务

此外,G必须违反了因债务关系而产生的义务。本案中,G很可能违反了《民法典》第241条第2款意义上的附随义务。依照《民法典》第241条第2款,任何一方当事人都有义务顾及另一方当事人的法益。G在此违反了该义务,因为他没有把他的狗贝尔特锁在狗舍内,使A在G的营业所面临危险。由此,这只狗能够对A造成严重损害。

③依照《民法典》第276、278条必须负责任

假如G无须对违反义务的行为负责,就不存在损害赔偿请求权(《民法典》第280条第1款第2句)。诚然,依照《民法典》第276条,G确实不应该为自己的过错负责,因为他并没有打开狗舍。

65 　　然而,依照《民法典》第 278 条,S 的过错可以归咎于 G。根据 S 与 G 签订的安保/监管合同,S 有义务锁好狗舍。G 雇用 S 来履行他对客户的保护义务,所以 S 应被视为履行辅助人。由于本案中 S 没有锁住狗舍,在安保/监管方面存在严重过失,依照《民法典》第 278 条,G 应当如自己犯错一样,对该过错负责。

　　④法律效果:《民法典》第 249 条及以下数条规定的损害赔偿

66 　　如果该义务的违反也给 A 造成损害,则依照《民法典》第 249 条及以下数条,G 应当对其进行赔偿。

　　a)医疗费用

67 　　治疗费用是否属于 A 遭受的损害是存疑的,因为这些费用由保险公司赔付给他。在第三方根据合同义务进行给付的情形中,如本案中 A 的私人医疗保险公司的赔付,治疗费用的理赔并不能免除造成损害的人(侵权人)的责任。这源于一个事实,即依照《保险合同法》第 194 条第 1 款第 1 句、第 86 条第 1 款第 1 句,投保人的损害赔偿请求权已经依法被转给了保险人,因为治疗费用是根据损害保险的原则支付的。[27] 因此,G 主张 A 没有遭受损害的抗辩,并不是针对请求权的产生,而是要在法律上解释 A 不再是请求权的所有人。因此,在医疗费用方面,A 受到了损害(关于原告适格的问题参见→边码 70),依照《民法典》第 249 条第 2 款第 1 句,G 应当对其进行赔偿。

　　b)精神损害赔偿金

68 　　精神损害赔偿金是对非物质损害的赔偿。只有在法律明确规定的情况下,才可以对此进行金钱补偿(《民法典》第 253 条第 1 款)。依照《民法典》第 253 条第 2 款,当身体受到侵害时,也可以因非财产损害而要求公平的金钱补偿。A 的身体受到了侵害,所以可以要求

---

[27] Vgl. BGH NJW 1969, 2284 (2286); OLG Brandenburg BeckRS 2008, 7466 Rn. 32, 各自对应 § 67 Abs. 1 VVG a.F.

数额为1000欧元的公平补偿,这样的补偿数额对于两周的住院治疗而言是适当的。

c)共同起了作用的过错

应当考虑《民法典》第254条规定的A的可能共同起了作用的任何过错。然而,在诉讼中未提到A对狗的挑衅行为。因此,这不能作为裁判的基础。[28]   69

⑤与医疗费用有关的原告不适格

A最初有权行使有关医疗费用的损害赔偿请求权。然而,一旦U全额赔付了医疗费用,依照《保险合同法》第194条第1款第1句、第86条第1款第1句,前述的请求权就依法被转给了保险人U。由于U在提起诉讼前已经赔付了医疗费用,A在提起诉讼时已不再是债权的所有人,因此A在此时不是适格原告。   70

综上,依照《民法典》第280条第1款、第241条第2款、第253条第2款,A只有权对G行使精神损害赔偿请求权。   71

(2)《民法典》第823条第1款

A已经被狗咬伤了,这种对法益的侵犯本应归咎于G。   72

然而,在本案中,不是G而是S不作为,即S没有合法且适当地锁住狗舍,导致狗能够攻击A。另外,G允许A进入他的车行,从而打开了危险的源头。因此,G必须在原则上确保其车行对第三方的身体和生命没有危险。当然,将对侵权行为的注意义务移交给第三方履行,也是合法的。在这种情况下,第三方在外部关系中承担独立的侵权责任。[29] 然而,关于对侵权行为的注意义务的合法委托,并不会导致注意义务的转让人被完全免除责任。[30] 相反,转让人应在《民法典》第823条第1款指引的方向上以选择义务、指导义   73

---

[28] Vgl. Thomas/Putzo/Seiler §128 ZPO Rn. 6.
[29] BGH NJW 1975, 533 (534); 2017, 2905 (2906 Rn. 9); OLG Hamm NJW 2013, 1375 (1376); MüKoBGB/Wagner §823 BGB Rn. 467 m.w.N.
[30] BGH NJW 2017, 2905 (2906 Rn. 9); MüKoBGB/Wagner §823 BGB Rn. 469.

务和监督义务的形式承担持续的注意义务。[31] 然而,案情并没有提供任何根据表明 G 违反了相应的义务。更确切地说,案情并没有指明 S 的过失,S 在此之前一直表现得很可靠。在这种情况下,G 原则上可以相信 S 会继续合法且适当地执行委托交付给他的任务。[32] 一方面,因为 S 作为保安业务的经营者,其自身拥有必要的专业知识。另一方面,在这些情形中,委托人的监督通常是不必要的。[33]

74 因此,应当排除源自《民法典》第 823 条第 1 款的请求权。

(3)《民法典》第 831 条

75 源自《民法典》第 831 条第 1 款的请求权也是不能考虑的,因为 S 并不受 G 的指令约束,其不是 G 的事务辅助人。

(4)《民法典》第 833 条第 1 句

76 但是 A 可能对 G 拥有《民法典》第 833 条第 1 句规定的请求权。

①动物造成身体伤害

77 其要件是,人的身体受到了动物的侵害。此处,A 是被斗犬贝尔特咬伤的。动物引发危险的结果已经发生。

②G 的动物饲养人资格

78 此外,请求权的相对人一定要是该动物的饲养人。G 是斗犬贝尔特的饲养人。

③不能排除《民法典》第 833 条第 2 句规定的责任

79 然而,不得依照《民法典》第 833 条第 2 句排除动物饲养人的责任。因为适用该条款的要件是:损害是由规定用于动物饲养人的行业、从业活动或生计的家畜引起的,而且动物饲养人在监督动物时尽到了必要的谨慎义务,或者纵使尽此注意义务也会发生损害。斗犬

---

[31] Vgl. BGHZ 110, 114 (121) = NJW 1990, 1361 (1363) m.w.N.; BGH NJW 2006, 3628 (3629 Rn. 11); 1985, 270 (271).
[32] BGH NJW 1985, 270 (271).
[33] Vgl. BGH BeckRS 2013, 19780 Rn. 16; NJW 1971, 2308.

贝尔特是一只家畜。然而,这只狗并不被规定用于 G 的行业,也不被规定用于 G 的从业活动,也没有为 G 的生计提供帮助。最重要的是,这只狗不是用来看守营业场所的,而是由 G 定期带到营业场所居住的。因此,《民法典》第 833 条第 2 句并不适用。无论是否有过错,G 都要对斗犬贝尔特造成的损害承担责任。

④法律效果

关于损害赔偿的范围,可以参考上文(→边码 66 及以下数段)。在《民法典》第 833 条第 1 句规定的危险责任的范围内,还应当考虑《民法典》第 254 条规定的 A 方面的任何可能的共同起了作用的过错。[34] 然而,在诉讼中并没有当事人提出关于 A 对狗的挑衅行为。因此,这不能作为裁判的基础。[35]

A 也有权依照《民法典》第 833 条、第 253 条第 2 款向 G 行使支付公平补偿的请求权,而他不再是医疗费用方面的请求权的所有人(→边码 67)。

(5)结论

A 的诉在精神损害赔偿金方面是具有理由的,但在医疗费用方面是没有理由的。也即,A 只有部分胜诉的机会。

(三)问题 3

如问题 2(→边码 70)所述,依照《保险合同法》第 194 条第 1 款第 1 句、第 86 条第 1 款第 1 句规定的法定债权转移,是 U 而不是 A,有权就医疗费用向 G 主张请求权。因此,必须审查 U 是否可以承继这方面的诉讼。

可以考虑意定当事人更换和当事人扩展。[36]

---

[34] Vgl. BGH NJW 2013, 2661 Rn. 9; Palandt/Sprau § 833 BGB Rn. 13.
[35] Vgl. Thomas/Putzo/Seiler § 128 ZPO Rn. 6.
[36] Vgl. hierzu Musielak/Voit Grundkurs Rn. 405ff.

1. 意定原告方当事人更换

85 在原告方面发生意定当事人更换时,新的原告取代了已经退出诉讼的原来的原告的诉讼地位。此处,在涉及 A 的一个诉讼请求权即医疗费用的赔偿方面,U 想代替 A 承继诉讼。A 将退出这方面的诉讼。在本案中,将有一个意定当事人发生更换。

2. 意定原告方当事人扩展

86 当新的当事人持此前的当事人立场继续诉讼时,就发生了原告方面的意定当事人更换。此处,A 在精神损害赔偿金方面仍然是诉讼当事人,而 U 则在赔偿医疗费用方面加入诉讼,与 A 一起成为诉讼中的当事人。

3. 混合形式

87 本案是一种混合形式。U 承担了对医疗费用的赔偿,并在这方面取代了 A 的诉讼地位;但是,A 仍然在诉讼中,因为他继续主张关于精神损害赔偿金的申请,因此,U 只是在这方面加入了 A 的诉讼。

88 出于这个原因,必须审查当事人更换和加入诉讼成为当事人的要件。

(1)原告方当事人更换的要件

89 原告方的当事人更换具备哪些要件才合法,这一点是具有争议的。

90 联邦普通法院[37]和部分文献[38]认为,对于一审原告方意定当事人更换,应当准用关于诉的变更的法律规范(诉的变更理论),所以诉的变更的要件必须齐备。

---

[37] Vgl. BGHZ 65, 264 (268) = NJW 1976, 239 (240); BGHZ 17, 340 (342) = NJW 1955, 1393; vgl. auch BGH NJW 2016, 53 (54f. Rn. 8).

[38] Meller-Hannich Rn. 217; Schilken Rn. 763.

与此相反,主流学说认为[39],这是一种类型独特的习惯法制度 91
(ein gewohnheitsrechtliches Institut eigener Art)。

①新、旧原告的同意

当然,所有观点都认为[40],需要旧的和新的原告都同意,因为原 92
则上不能强迫任何人放弃自己的诉或提起一个诉。[41] (本案中)A
是同意的。

②被告的同意

然而,在是否必须获得被告同意的问题上,各观点意见不一。 93

主流学说认为[42],只有在言词辩论开始后发生当事人更换,才 94
需要根据《民事诉讼法》第269条第1款的规定,征得被告的同意(限
制:滥用权利)。因此,应类推适用《民事诉讼法》第269条第1款,此
处并不必须获得G的同意,因为当事人更换是在言词辩论之前发
生的。

相比之下,联邦普通法院[43]和部分文献[44]并没有将当事人更 95
换区分为言词辩论之前或之后发生的。依照《民事诉讼法》第263
条,当事人更换必须获得被告同意,或者具有适当性。案件此处欠缺
该观点认为的依照《民事诉讼法》第263条规定的G的同意,但当事
人更换具有适当性,因为这样可以避免发生其他的纠纷,并且可以终
局性地解决纠纷。[45]

---

〔39〕 HK- ZPO/Saenger §263 ZPO Rn. 17; Zöller/Greger §263 ZPO Rn. 3; Musielak/Voit Grundkurs Rn. 414.

〔40〕 BGH GRUR 1996, 865 (866); OLG München NJW-RR 1998, 788; Rosenberg/Schwab/Gottwald §42 Rn. 23.

〔41〕 Musielak/Voit Grundkurs Rn. 409.

〔42〕 HK- ZPO/Saenger §263 ZPO Rn. 30; Zöller/Greger §263 ZPO Rn. 30; Rosenberg/Schwab/Gottwald §42 Rn. 23.

〔43〕 BGHZ 65, 264 (268) = NJW 1976, 239 (240); BGHZ 17, 340 (342) = NJW 1955, 1393; BGH NJW 1988, 128.

〔44〕 Meller- Hannich Rn. 217; Schilken Rn. 763.

〔45〕 Vgl. Wieczorek/Schütze/Assmann §263 ZPO Rn. 64.

96 　　因为两种观点得出的结论相同,所以不必对争议进行评判。
　　③小结
97 　　两种观点都认为,当事人更换的要件齐备,所以原告方的当事人更换具有合法性。
　　(2)加入成为共同原告的要件
98 　　此处还存在的争议是,使意定的加入共同诉讼具有合法性的要件有哪些。
99 　　通说[46]将意定的加入共同诉讼与意定的当事人更换等量齐观,即按照《民事诉讼法》第263条关于诉的变更的法律规范来处理。
100 　　相反的观点[47]认为应当适用关于诉之主观合并的法律规范(《民事诉讼法》第59条及以下数条),并且还需要获得到目前为止所有原告的同意。
　　①到目前为止的原告的同意
101 　　所有的观点都认为,加入共同诉讼也需要得到原先的原告(A)同意。[48] A已明确表示同意。
　　②被告的同意
102 　　此外,根据诉的变更理论,在第一审中必须再次审查诉的变更的要件(《民事诉讼法》第263条),即被告同意或具有适当性。本案此处虽然G没有同意,但存在适当性。
103 　　相反的观点认为,不需要被告同意或具有适当性[49],因为每个人都必须随时面对针对自己提起的诉讼。

---

　　[46] BGHZ 65, 264 (268f.) = NJW 1976, 239 (240); MüKoZPO/Becker-Eberhard §263 ZPO Rn. 84 表达了教义学方面的思考。
　　[47] Wieczorek/Schütze/Assmann §263 ZPO Rn. 112; Musielak/Voit/Foerste §263 ZPO Rn. 23；参照§§59f., 147 ZPO; Rosenberg/Schwab/Gottwald §42 Rn. 22, vgl. auch Jauernig/Hess §86 Rn. 19：依照《民事诉讼法》第147条重新审判并由法院进行诉讼合并。
　　[48] HK-ZPO/Saenger §263 ZPO Rn. 27; Rosenberg/Schwab/Gottwald §42 Rn. 22.
　　[49] HK-ZPO/Saenger §263 ZPO Rn. 27; Rosenberg/Schwab/Gottwald §42 Rn. 22.

③《民事诉讼法》第 59 条及以下数条规定的要件

当事人加入诉讼就产生了共同诉讼,因此,相反的观点认为,应审查《民事诉讼法》第 59 条及以下数条所涉要件,而不是审查适当性。 104

此处为《民事诉讼法》第 59 条规定的简单共同诉讼,因为 A 和 U 的请求权是基于同一事实理由,即狗咬人。 105

④小结

因此所有观点都认为,加入共同诉讼的要件是齐备的,所以不需要就观点争议作出评判。 106

(3)结论

因此,由 U 承继该诉具有合法性。 107

(四)问题 4

如果 G 对 S 的诉合法且具有理由,则其有望胜诉。 108

1. 诉的合法性

如果实体判决要件齐备,诉即合法。 109

(1)格赖夫斯瓦尔德区法院的管辖权

格赖夫斯瓦尔德区法院很可能具有事务管辖权和地域管辖权。 110

①事务管辖权

依照《民事诉讼法》第 1 条的指示,法院的事务管辖权应当根据《法院组织法》第 23、71 条确定。依照《法院组织法》第 23 条第 1 项,区法院对除不考虑诉讼标的额应移送地方法院的案件之外的,金钱或者金钱价值不超过 5000 欧元标的的民事诉讼案件具有管辖权。该案例不存在《法院组织法》第 71 条第 2 款规定的不考虑诉讼标的额应移送地方法院的情形,同样也不存在《法院组织法》第 23 条第 2 项规定的不考虑诉讼标的额应移送区法院的情形。由于 G 主张的是金额为 3000 欧元的金钱债权,所以区法院具 111

有事务管辖权。

②地域管辖权

a)专属审判籍

112　专属审判籍并非显而易见。

b)《民事诉讼法》第 12、13 条规定的普通审判籍

113　格赖夫斯瓦尔德区法院无法根据 S 的普通审判籍获得管辖权,因为 S 的住所地(《民法典》第 7 条)位于施特拉尔松德,故施特拉尔松德区法院依照《民事诉讼法》第 12、13 条具有管辖权。

c)《民事诉讼法》第 29 条第 1 款规定的履行地的特别审判籍

114　依照《民事诉讼法》第 29 条第 1 款,争议义务履行地的法院对因合同关系即安保/监管合同而发生的诉讼有管辖权。这种管辖是根据实体法确定的,也即——除非法律另有特殊规定——根据《民法典》第 269 条规定的给付地确定。[50] S 在安保/监管合同下的义务的履行地是其提供服务的地方。S 必须在格赖夫斯瓦尔德进行安保/监管,因此格赖夫斯瓦尔德区法院具有地域管辖权。

d)《民事诉讼法》第 32 条规定的侵权行为的特别审判籍

115　在《民法典》第 426 条第 2 款的范围内,(当事人)主张了源自《民法典》第 823 条第 1 款且已经依法发生转移的请求权。由于侵权行为发生在格赖夫斯瓦尔德,所以格赖夫斯瓦尔德区法院依照《民事诉讼法》第 32 条具有地域管辖权。

(2)小结

116　其他实体判决要件(合法起诉、当事人能力、诉讼能力、权利保护需求)都已齐备,因为没有证据表明本案案情中缺乏这些要件。G 的诉具有合法性。

2.诉具有理由

117　如果 G 要求 S 支付 3000 欧元的请求权成立,诉即具有理由。

---

[50] BGH NJOZ 2016, 771 Rn. 4; Musielak/Voit/Heinrich § 29 ZPO Rn. 15.

(1)源自《民法典》第280条第1款、第611条的请求权

可以考虑《民法典》第280条第1款、第611条规定的损害赔偿请求权。 118

①债务关系

该请求权的要件首先是存在债权债务关系。G和S之间有一个有效的安保/监管合同,该合同应被定性为《民法典》第611条第1款规定的雇佣合同。 119

②违反义务

此外,S应违反了雇佣合同中规定的义务。S没有合法适当地锁住狗舍,雇佣合同中约定的义务包括锁住斗犬,因此他违反了雇佣合同规定的义务。 120

③必须负责任

根据此处案情,S的行为存在严重过失。因此,他应依照《民法典》第276条第2款对违反义务承担责任。 121

④G受到损害

G受到的损害是,由于2015年6月23日生效的判决,G向U支付了3000欧元。 122

⑤《民法典》第254条规定的共同起了作用的过错

a)《民法典》第254条第1款规定的在损害发生时共同起了作用的过错

在这一请求权基础之下,无法讨论A方面的共同起了作用的过错。一方面,(在适用该请求权基础时)只能考虑应归咎于G的共同起了作用的过错。另一方面,A的共同起了作用的过错不应归咎于G。 123

b)《民法典》第254条第2款规定的在减轻损害时共同起了作用的过错

然而,由于G在实施诉讼时的疏忽,G可能在这方面被认为违反了减轻损害的义务,因为G没有在U针对G的诉讼中以A的共同起 124

了作用的过错为由提出抗辩。

125　　由于此处系 G 的共同起了作用的过错,而这并不是最初诉讼的标的,所以《民事诉讼法》第 68 条第 1 半句规定的参加效力并不能介入适用。然而,认为 G 存在共同起了作用的过错是具有理由的,因为 G 在实施诉讼时存在疏忽。由于《民事诉讼法》第 68 条第 2 半句的规定,S 不能以 G 有瑕疵地实施诉讼为由提出抗辩,因为他本可以在以 A 共同起了作用的过错为由有效地提出抗辩的时候加入最初诉讼。[51] 如果同意 S 有权以实施诉讼有瑕疵为由提出抗辩,就会架空《民事诉讼法》第 68 条规定的加入效力。因此,S 最终不能指责 G 做了 S 自己本可以防止的事情。《民事诉讼法》第 68 条排除了《民法典》第 254 条在这方面的适用。[52]

⑥时效抗辩权

126　　S 可能会提出消灭时效的抗辩。普通消灭时效期间为 3 年(《民法典》第 195 条)。S 违反义务发生在 2014 年 12 月 19 日。这一点 G 也知悉,因此,依照《民法典》第 199 条第 1 款,消灭时效期间自 2014 年的年末起算,到 2017 年 12 月 31 日 24 时届满。

127　　然而,G 于 2015 年 5 月 4 日向 S 进行诉讼告知。依照《民法典》第 204 条第 1 款第 6 项,如果诉讼告知符合《民事诉讼法》第 72 条第 1 款和第 73 条的规定,即具有合法性,则消灭时效期间因诉讼告知书的送达而中止。[53]

a) 合法的诉讼告知[54]

128　　这就要求诉讼告知的原因须符合《民事诉讼法》第 72 条第 1 款的规定,且须依照《民事诉讼法》第 73 条合法进行诉讼告知。此处诉

---

[51] Vgl. Stein/Jonas/Jacoby § 68 ZPO Rn. 14.
[52] BGH BeckRS 1969, 30403940; Stein/Jonas/Jacoby § 68 ZPO Rn. 14.
[53] BGH NJW-RR 2015, 1058 Rn. 21; NJW 2008, 519 (521 Rn. 23ff.); a.A. Althammer/Würdinger NJW 2008, 2620ff.; Schmidt FS Eichele, S. 341 (343ff.).
[54] 参见 Rahlmeyer JA 2014, 202ff.有关诉讼告知的内容。

讼告知的原因可以考虑 G 对 S 的追索请求权,在 G 和 U 的诉讼案件出现负面结果时,G 可能有权对 S 行使追索请求权。《民事诉讼法》第 73 条规定的诉讼告知的形式也得到了遵守,因为诉讼告知书已经送达 S 处,并且可以认为诉讼告知书载有法律要求的全部内容。

b)时效计算

消灭时效的中止始于 2015 年 5 月 4 日,并且依照《民法典》第 204 条第 2 款,消灭时效的中止在裁判发生既判力后经过 6 个月结束,即于 2015 年 12 月 23 日结束。依照《民法典》第 209 条,消灭时效中止的时段不算入消灭时效期间,因此,消灭时效期间获得延长,延长的时间长度就是消灭时效中止的时长。这意味着,在 2018 年 1 月 11 日提起诉讼时,消灭时效还没有届满。 129

基于《民法典》第 280 条第 1 款、第 611 条,G 具有可以向 S 主张金额为 3000 欧元且可以实现的请求权。 130

(2)源自《民法典》第 426 条第 1 款的请求权

G 也可能有权基于《民法典》第 426 条第 1 款向 S 主张请求权。 131

①G 和 S 的连带债务

该请求权基础的要件是 G 和 S 承担连带债务。依照《民法典》第 280 条第 1 款、第 241 条第 2 款和第 833 条,G 对 U 负有责任。根据《民法典》第 823 条第 1 款(→边码 141),S 应承担责任。两人都要对因侵权行为而发生的损害负责,因此依照《民法典》第 840 条第 1 款,G 和 S 是连带债务人。 132

根据《民事诉讼法》第 68 条(→边码 147 及下一段),S 不得提出因 A 的共同起了作用的过错而不存在相应数额内的连带债务的抗辩。 133

②法律效果

依照《民法典》第 426 条第 1 款第 1 句,在存在连带债务的情况下,除非另有规定,连带债务人原则上应承担同等份额的义务。此处,就内部关系中的责任,在《民法典》第 840 条第 2、3 款中存在不同 134

的规制。因此,S在内部关系中单独承担责任,因为G仅依照《民法典》第833条承担责任。关于《民法典》第280条第1款、第241条第2款规定的G的责任,同样要以S在内部关系中单独承担责任为出发点进行思考,这是因为损害的唯一原因是S造成的,类推适用《民法典》第254条第1款,法律规定了不同于等额承担责任的其他内容(参见《民法典》第426条第1款第1句第2半句)。

135　　因此,S仅在与G的法律关系中承担责任。

③消灭时效

136　　有可能请求权已经受到消灭时效限制。然而,情况并非如此,因为补偿请求权只有在连带债务人中的一个人履行了请求权(的请求内容)之后才会产生。G在2015年6月23日之后已经履行了请求权(的请求内容),所以消灭时效期从2015年的年末起算(参见《民法典》第199条)。因此,在2018年年初,三年的时效期间(《民法典》第195条)还没有届满。

137　　依照《民法典》第426条第1款G具有向S主张支付3000欧元的请求权。

(3)《民法典》第426条第2款规定的源自继受权利的请求权

①《民法典》第426条第2款规定的要件

138　　只要一个连带债务人对债权人进行了清偿,并且该债务人能够向另一个连带债务人*要求补偿,债权人对另一个连带债务人的债权就会依照《民法典》第426条第2款被转移给已清偿的债务人。

139　　G已经向U完全清偿了金额为3000欧元的医疗费用,并且可以依照《民法典》第426条第1款、第840条第2款向S要求补偿,因此U对S的这一数额的请求权被依法转移给G。

---

* 德国《民法典》第426条第2款的原文为"Schuldnern",即债务人;本书此处德文原文笔误写为"Gesamtgläubiger",即连带债权人。译者根据所援引的法律条文进行了纠正。——译者注

②U 对 S 的请求权

因此,应当审查 U 是否有权向 S 行使请求权。另外,依照《保险合同法》第 194 条第 1 款第 1 句、第 86 条第 1 款 A 对 S 的请求权被转移给了 U(→边码 70),所以最终应当审查 A 对 S 的请求权。

③A 对 S 的请求权

a)《民法典》第 823 条第 1 款规定的要件

A 是被狗咬伤的。诚然,侵害并不是由 S 的积极作为造成的,而是由于他没有合法适当地锁闭狗舍。然而,如果 S 有义务采取行动(Handeln),那么消极的不作为就等同于积极的作为。根据 S 与 G 签订的安保/监管合同,S 有义务看管狗并锁好狗舍。因此,他承担了交通安全义务。只要第三人自己承担他人——本案此处是狗的饲养人 G——的侵权注意义务,该第三人就在外部关系中承担独立的侵权责任(参见→边码 73)。[55] 此处由于 S 与 G 签订了安保/监管合同,S 对 G 的顾客也有管理的义务,因此存在前述的此种义务。S 也存在违法和过错行为。因此,A 有权依照《民法典》第 823 条第 1 款就医疗费用请求 S 进行赔偿(《民法典》第 249 条)。

b)《民法典》第 254 条第 1 款规定的 A 共同起了作用的过错

当然,A 对其自身所受到的伤害存在共同起了作用的过错,因为他的挑衅行为激起了斗犬对他的攻击。然而有疑问之处在于,S 是否还能依照《民法典》第 254 条第 1 款以 A 的共同起了作用的过错为由提出抗辩。G 和 U 之间的判决的既判力可能会与此相矛盾。

aa)因 G 与 U 之间的判决的既判力而排除抗辩

在 G 和 U 之间的判决中,就 A 的共同起了作用的过错的问题,法院是否已经作出发生既判力的裁判,这一点是有疑问的。

答案是否定的,原因有二。一方面,在主观上既判力的效力仅及

---

[55] BGH NJW 1975, 533 (534); 2017, 2905 (2906 Rn. 9); OLG Hamm NJW 2013, 1375 (1376); MüKoBGB/Wagner §823 BGB Rn. 467 m.w.N.

于诉讼当事人(参见《民事诉讼法》第 325 条)。另一方面,在客观上既判力的效力仅源于裁判的宣告(参见《民事诉讼法》第 322 条第 1 款)。也就不存在所谓先决性(先例拘束)的情形,因为共同起了作用的过错的问题并不属于裁判宣告的内容,只是裁判的基础。

注意:如果在前诉中已经发生既判力的被认定的法律效果会成为后诉的前提要件,则后续诉讼的法院也将受到前诉裁判的拘束。在这种情形下,法院必须以发生既判力的裁判作为自己判决的基础。当然,这种拘束效力仅及于就诉讼请求权所作的裁判,不包括裁判的基础。[56]

bb)因《民事诉讼法》第 74、68 条规定的加入效力而排除抗辩
aaa)合法的诉讼告知

145　　发生加入效力的要件是进行了合法的诉讼告知。[57]

146　　该案例中存在一项符合《民事诉讼法》第 72、73 条规定的合法的诉讼告知(→边码 128)。

bbb)诉讼告知的法律效果

147　　依照《民事诉讼法》第 74 条第 3 款,有效的诉讼告知的法律效果是《民事诉讼法》第 68 条第 1 半句规定的加入效力,并且该效力与第三人是否加入诉讼无关。据此,在第三人与诉讼告知人的关系方面,如果第三人主张先前的诉讼裁判不正确,则法院对此不予听审。此时,拘束效力还包括支撑裁判宣告的裁判理由中的事实基础和法律基础[58],而这是针对诉讼告知的受领人的。随着 G 被法院判决全面败诉,对 A 的共同起了作用的过错的否认也同时被加入效力覆盖,因此 S 不再能对此进行攻击。

148　　只要 S 依照《民事诉讼法》第 68 条第 2 半句以诉讼实施有瑕疵

---

[56]　Vgl. BGH NJW 2003, 3058 (3059).
[57]　参见 Haertlein JA 2007, 10ff.有关第三人加入诉讼的内容。
[58]　Vgl. BGHZ 85, 252 (255) = NJW 1983, 820 (821); BGH NJW 2015, 559 (560 Rn. 20).

为由提出抗辩并获得成功,他就有可能再次消除加入效力。[59] S 可以辩称,G 在 A 针对他的诉讼中没有以 A 对狗进行挑衅为由提出抗辩,所以在原诉讼中法院没有考虑共同起了作用的过错。然而,只有当《民事诉讼法》第 68 条第 2 半句的若干情形之一出现时,提出诉讼实施存在瑕疵的抗辩才可能成立。然而此处,S 当时不会被阻止加入诉讼并作为 G 的同一方当事人,也不会被阻止以 A 的共同起了作用的过错为由有效地提出抗辩。

提示:一审法院所作出的未成为判决基础的事实认定(所谓的溢出的事实认定)不具有加入效力。[60] 此外,诉讼告知的效力只对诉讼告知人有利。[61]

④消灭时效

由于此处系 A 依照《民法典》第 823 条第 1 款因侵权行为而对 S 提出的请求权,且该请求权已被转移给 U,所以应当审查该请求权是否存在消灭时效的情况。由于进行了诉讼告知,消灭时效已经中止[62],所以在 2018 年年初消灭时效尚未届满。关于(消灭时效的)计算,可以参考源自《民法典》第 280 条第 1 款的 G 对 S 的请求权(→边码 122)。

149

因此,S 的抗辩不成立。

150

3. 结论

G 对 S 的诉也具有理由,因此有望获得胜诉。

151

---

[59] Vgl. Stein/Jonas/Jacoby § 68 ZPO Rn. 13; Thomas/Putzo/Hüßtege § 68 ZPO Rn. 9ff.
[60] BGHZ 157, 97 (99) = MDR 2004, 464 (465); BGH NJW 2015, 559 (560 Rn. 20).
[61] BGHZ 100, 257 (260ff.) = NJW 1987, 1894 (1895); BGH NJW 2015, 1824 (1825 Rn. 7); Musielak/Voit/Weth § 68 ZPO Rn. 5; a.A. Wieczorek/Schütze/Mansel § 68 ZPO Rn. 141; Rosenberg/Schwab/Gottwald § 50 Rn. 56; Häsemeyer ZZP 84 (1971), 179 (198f.).
[62] Vgl. Staudinger/Peters/Jacoby (2014) § 204 BGB Rn. 81.

案例 8　寒冷的气候

［根据 BGHZ 175, 253 = NJW 2008, 1810 改编］

一、案情

Moritz Mayer(以下简称 M)是上巴伐利亚行政区(oberbayerischen Gemeinde)普法芬霍芬县(Pfaffenhofen) 290/2 号地的所有权人。直到 2018 年 3 月,相邻的 289/15 号地的所有权人还是 68 岁的女商人 Nadja Schulz(以下简称 N)。她在自己的土地上搭建了一个大厅,在大厅中为她独立经营的超市安装了制冷设备。后来,M 在他自己的土地上建造了一栋多户公寓楼。

M 向管辖该区域的英戈尔施塔特(Ingolstadt)地方法院起诉,该诉于 2018 年 2 月 13 日送达 N,在该诉中,M 要求 N 采取措施,防止其大厅内的冷却装置在夜间持续发出超过《噪音防护技术指导》第 6.2 条规定的 25 加权分贝这一指导值的噪音。N 错误地认为,其设备噪音并未超过法律允许的最大值。2018 年 3 月,按照长期以来的规划,N 将自己的财产转让给儿子 Jochen(以下简称 J),由他继续经营这家超市。J 不知道 N 与 M 有法律纠纷,因为 N 已经忘记了这个诉讼,她认为该诉不具有理由。

问题 1:M 能否继续起诉 N,并有机会胜诉?

2018 年 6 月 15 日,英戈尔施塔特地方法院对 N 作出了一份支持原告之诉的缺席判决。该判决已于 2018 年 7 月 6 日发生既判力。

2018 年 7 月 9 日,M 又将属于他的地产出售给了房地产公司

"巴伐利亚建筑地产股份公司"(Bayerische Bau und Boden AG,以下简称B),并从中获利。在正式达成不动产所有权转让合意后,B于2018年9月11日在土地登记簿上被登记为所有权人。

由于M和B约定,M将排除地产的缺陷,特别是注意(处理)来自邻接地产的噪音,所以M现在仍然想对J进行强制执行。

问题2:如果M获得了针对J的执行名义变更,那么J是否可以对M的强制执行进行抗辩(提出异议)?

问题3:在依照《民事诉讼法》第887条进行的执行程序中,J能否抗辩称其在本案事件发生后,已经将所有的制冷设备换成了更安静的设备?M虽然并不怀疑制冷设备的更换,但是他辩称噪音水平仍然太高。

二、思路

(一)问题1
  1. M对N的诉的合法性 ················· 2
    (1)英戈尔施塔特地方法院的管辖权 ············ 3
      ①事务管辖权 ····················· 4
      ②地域管辖权 ····················· 5
    (2)N的诉讼实施权 ··················· 6
      ①诉讼系属后转让 ·················· 9
      ②系争物 ······················ 10
    (3)特别的实体判决要件 ················ 18
    (4)其他实体判决要件 ················· 19
  2. 针对N的诉具有理由 ················· 21
    (1)所有权被以侵夺或扣留占有以外的方式妨害 ··· 22
    (2)M原告适格 ···················· 23
    (3)N被告适格 ···················· 24

(4)《民法典》第 1004 条第 2 款规定的容忍义务 …… 26
　　3. 结论 ……………………………………………… 27
(二)问题 2
　　1.《民事诉讼法》第 732 条规定的执行条款抗议 ……… 30
　　　(1)合法性 ……………………………………… 31
　　　　①容许性 …………………………………… 31
　　　　②管辖法院 ………………………………… 33
　　　　③形式和期间 ……………………………… 34
　　　　④权利保护需求 …………………………… 36
　　　(2)具有理由 …………………………………… 37
　　　　①形式上的构成要件 ……………………… 38
　　　　　a)债权人申请变更执行名义 …………… 38
　　　　　b)管辖权 ………………………………… 39
　　　　　c)有效的可执行的执行名义 …………… 40
　　　　②《民事诉讼法》第 727 条第 1 款规定的
　　　　　实质性要件 …………………………… 41
　　　　　a)《民事诉讼法》第 325 条第 1 款规定的
　　　　　　既判力的扩张 ………………………… 42
　　　　　b)《民事诉讼法》第 325 条第 2 款规定的
　　　　　　例外 …………………………………… 43
　　　　③权利继受的公示性或者证明 ……………… 52
　　　(3)结论 ………………………………………… 54
　　2.《民事诉讼法》第 768 条规定的反对发给执行条款
　　　之诉 …………………………………………… 55
　　　(1)合法性 ……………………………………… 56
　　　　①容许性 …………………………………… 56
　　　　②管辖权 …………………………………… 57
　　　　③权利保护需求 …………………………… 58

　　　　(2)具有理由 ························· 61
　　3.《民事诉讼法》第767条第1款规定的执行异议
　　　之诉 ······························· 62
　　　　(1)合法性 ························· 63
　　　　　①容许性 ························· 64
　　　　　②管辖权 ························· 65
　　　　　③合法起诉 ······················· 66
　　　　　④权利保护需求 ··················· 67
　　　　(2)具有理由 ························· 69
(三)问题3
　　1.《民事诉讼法》第887条的可适用性 ············ 82
　　2. 依照《民事诉讼法》第887条实施执行 ········· 87
　　　　(1)债权人申请代执行 ················· 87
　　　　(2)管辖权 ························· 88
　　　　(3)在执行程序中考虑履行抗辩? ········· 89

三、解答

(一)问题1

　　如果诉合法且具有理由,则诉有希望获胜。　　　　　　　1

　　1. M 对 N 的诉的合法性
　　如果实体判决要件齐备,M 的诉即为合法。　　　　　　　2
　　(1)英戈尔施塔特地方法院的管辖权
　　因为已经向英戈尔施塔特地方法院提起诉,所以必须对该法院　3
的管辖权予以审查。
　　①事务管辖权
　　依照《民事诉讼法》第1条的指示,法院的事务管辖权应当根据　4

《法院组织法》第23、71条确定。根据该案例案情,地方法院具有事务管辖权。

②地域管辖权

5　　根据案情,英戈尔施塔特地方法院也具有地域管辖权。具体而言,其属于《民事诉讼法》第24条第1款规定的专属管辖权。该诉请求依照《民法典》第1004条排除妨害,系《民事诉讼法》第24条意义上的所有物返还之诉,因为此处是一种基于所有权的诉。[1]《民事诉讼法》第24条以原告的身份为依据,而被告作为所有权人的身份对于《民事诉讼法》第26条则具有决定意义。虽然此处满足了这两条法律规范的要件,但《民事诉讼法》第24条规定的专属审判籍,排除了《民事诉讼法》第26条规定的特别审判籍的适用。

> 提示:《民事诉讼法》第24条是对物权之诉的专属管辖地的规定,因此由规定非自主审判籍的《民事诉讼法》第25条延伸至有牵连的对人之诉。相比之下,《民事诉讼法》第26条规定的是一个针对不动产的所有权人或其占有人提起的、属于对人之诉的、独立的非专属审判籍。

(2) N的诉讼实施权

6　　N在诉讼期间将地产转让给她的儿子J,因此她不再是对他人造成困扰的土地的所有权人。这是否对她的当事人地位有影响,是存疑的。

7　　如果《民事诉讼法》第265条适用于该情形,则应当否认N的诉讼实施权。依照《民事诉讼法》第265条第1款,诉讼系属并不妨碍各方当事人转让系争标的物的权利。此外,依照《民事诉讼法》第265条第2款第1句,转让对诉讼不发生影响,因此可以继续对前手

---

[1] BayObLGZ 1996, 14 (15); MüKoZPO/Patzina §24 ZPO Rn. 7; Zöller/Schultzky §24 ZPO Rn. 8.

权利人实施诉讼。事实上,前手权利人依据他人的权利实施诉讼,因为他在诉讼期间已经将权利转让他人。因此,前手权利人必须有权实施诉讼。这种诉讼实施权源自法律(《民事诉讼法》第 265 条第 2 款)。在本案的情形中,前手权利人以自己的名义继续实施诉讼——此处为被告——并且是法定诉讼担当人。[2]

> **提示**:本案中必须将诉讼实施权和实体法上的当事人适格加以区分。[3] 诉讼实施权是指以自己的名义就自己或他人的权利实施诉讼的权利。它是诉具有合法性的要件之一。相反,实体法上的当事人适格是关于诉是否具有理由的问题。原告适格是指根据实体法原告是否有权提出诉讼请求,被告适格是指根据实体法诉讼请求是否能够对被告提出。因此,如果欠缺诉讼实施权,则法院应以不合法为由驳回诉;如果欠缺实体法上的当事人适格,则法院应当以不具有理由为由驳回诉。[4]

《民事诉讼法》第 265 条规定了诉讼系属后对系争标的物进行转让的要件。　　8

①诉讼系属后转让

N 在诉讼系属发生后,依照《民法典》第 873、925 条,有效地将土地的所有权转让给她的儿子 J(《民事诉讼法》第 261 条第 1 款、第 253 条第 1 款)。　　9

②系争物

如果原告或被告在实体法上的当事人适格是基于与某物的法律关系[5],即如果对该物的占有或所有权有争议,或者关于该物的占　　10

---

[2] 参见 Gottwald JA 1999, 486ff.和 Stadler/Bensching Jura 2001, 433ff.关于转让系争物的内容。
[3] Vgl. Rosenberg/Schwab/Gottwald § 46 Rn. 3.
[4] Zöller/Althammer Vor § 50 ZPO Rn. 16f.; Zöller/Greger Vor § 253 ZPO Rn. 25.
[5] BGH DNotZ 2018, 352 (354 Rn. 9); NJW 2014, 782 (784 Rn. 25); 2006, 1351 (1353 Rn. 21).

有或所有权的物权或针对各自的所有权人或占有人的个人权利被主张,则该物存在系争。[6] 最终,当任何一个标的的转移导致实体法上的当事人适格丧失时,该标的即存在系争。在由物权引起的诉讼中,权利的标的即存在系争。在当事人依照《民法典》第1004条提起排除妨害之诉时,如果权利变更发生在原告一方,则前述观点、内容毫无问题。但是,如果当事人基于所有权受到妨害主张源自《民法典》第1004条的请求权,而这种妨害又是源自被告的土地,而且这块土地在诉讼期间又被转让,那么前述观点内容就值得怀疑。

11   一种观点认为,在针对(对外)发生妨害的土地的所有权人提起排除妨害之诉时,《民事诉讼法》第265条仅于发生状态妨害时方可适用。[7] 在这种情况下,考虑到责任仅源于所有权,土地的转让将导致被告丧失当事人适格,因而可以认为土地存在系争。

12   此处系源自《民法典》第1004条的针对作为状态妨害人(Zustandsstörer)的土地所有权人的排除请求权。根据这种观点,将适用《民事诉讼法》第265条,N的诉讼实施权将得到肯定。

13   联邦普通法院认为[8],是否将这种情形中的产生(污染)的土地视作《民事诉讼法》第265条第1款意义上的存在系争,这点并不重要。更确切地说,《民事诉讼法》第265条第2款第1句的适用源于《民事诉讼法》第266条第1款。这条规定也覆盖了有关相邻关系的法律上的各种权利和义务的纠纷,例如《民法典》第906条所涉及的纠纷。[9] 这可以说是具有理由的,因为在这种情形中,"形象地说,土地似乎才是权利主体或义务主体,而各(土地的)所有权人看起

[6] Wieczorek/Schütze/Assmann §265 ZPO Rn. 35.
[7] KG KGR 2000, 56f.; Stein/Jonas/Roth §265 ZPO Rn. 9 m.w.N.; Rosenberg/Schwab/Gottwald §101 Rn. 5; Schilken Rn. 242;Stadler/Bensching Jura 2001, 433.
[8] BGHZ 175, 253 (257) = NJW 2008, 1810 Rn. 8.
[9] MüKoZPO/Becker-Eberhard §266 ZPO Rn. 9; Musielak/Voit/Foerste §266 ZPO Rn. 3; HKZPO/Saenger §266 ZPO Rn. 4; Thomas/Putzo/Reichold §266 ZPO Rn. 1.

来只是主体的代理人。"[10] 在《民法典》第 906 条第 1 款的适用范围内,根据《民法典》第 1004 条第 1 款,作为可以提出抗辩的依据的各种影响,必须是基于土地被具体使用,或者土地所有权受到妨害的状态。[11] 与此相反,如果是基于一种行动而产生的影响,这种影响就不属于《民法典》第 906 条的调整范围。因此,状态责任(Zustandshaftung)应被视为土地上的一项义务。《民事诉讼法》第 266 条第 1 款因此得以适用。

此处系一个关于上述意义上相邻关系的法律义务的纠纷。此系状态责任,因此,《民事诉讼法》第 266 条第 1 款是相关的。 14

与《民事诉讼法》第 265 条第 2 款相比,《民事诉讼法》第 266 条第 1 款包含了一项特殊规定。根据这一规定,与《民事诉讼法》第 265 条第 2 款第 1 句的规定不同,转让土地的所有权人的权利继受人有权承继诉讼。如果他没有行使这一权利,也没有义务在对方当事人没有提出申请的情况下承继诉讼(《民事诉讼法》第 266 条第 1 款),前手权利人就会根据《民事诉讼法》第 265 条第 2 款继续实施诉讼以处理案件。[12] 通过这样的方式,联邦普通法院依据《民事诉讼法》第 266 条得出了适用《民事诉讼法》第 265 条第 2 款的结论。 15

此处 J 是 N 的权利继受人,所以原则上存在加入权(Eintrittsrecht)。然而,J 并没有利用他的权利来承继诉讼,M 也没有提出申请让 J 承继诉讼,因此,诉讼在原当事人之间继续进行。在这方面,N 依法(《民事诉讼法》第 265 条第 2 款)作为诉讼担当人行使权利。 16

―――――――――

[10] RGZ 40, 333 (337) 并考虑 Hahn/Mugdan, Die gesamten Materialien zu den Reichs-Justizgesetzen, Bd. 2, Abt. 1, 1881 (Neudruck 1983), S. 262。(《帝国司法类法律资料汇编》,第 2 卷,第 1 分卷,1881 年版,1983 年重印,第 262 页。——译者注)
[11] BGHZ 175, 253 (257) = NJW 2008, 1810; BGH NJW-RR 2001, 232.
[12] BGHZ 175, 253 (258) = NJW 2008, 1810 (1811 Rn. 9); Wieczorek/Schütze/Assmann § 266 ZPO Rn. 19; MüKoZPO/Becker-Eberhard § 266 ZPO Rn. 15.

17　　因为各观点得出的结论相同,所以无须对争议进行评判。因此,依照《民事诉讼法》第 265 条第 2 款第 1 句,N 具有诉讼实施权。

(3) 特别的实体判决要件

18　　作为特别的实体判决要件,可能有必要进行诉前调停程序(参见《民事诉讼法施行法》第 15a 条)。巴伐利亚州依照《民事诉讼法施行法》第 15a 条第 1 款的授权,根据是否适用《巴伐利亚州调解法》进行了诉前和解程序判定诉的合法性。根据《巴伐利亚州调解法》第 1 条第 1 项,只要影响不是来自商业经营,那么只有曾经试图友好地解决纠纷,在向区法院提起针对《民法典》第 906 条规定的相邻土地产生的影响主张请求权的诉才合法。然而,由于本案涉及来自商业经营的影响,而且该诉并未向区法院提起,所以无须尝试诉前的争端调停。

(4) 其他实体判决要件

19　　可以认为其他实体判决要件(合法起诉、当事人能力、诉讼能力、权利保护需求)是齐备的,因为案情中并不包含相反的线索。

20　　因此,针对 N 的诉是合法的。

2. 针对 N 的诉具有理由

21　　如果 M 有权向 N 主张《民法典》第 1004 条第 1 款规定的请求权,则 M 对 N 的诉具有理由。

(1) 所有权被以侵夺或扣留占有以外的方式妨害

22　　由于噪音在夜间不断超过合法的标准值,M 对自己的土地的所有权受到妨害。

(2) M 原告适格

23　　受到妨害的土地所有权人有权行使该请求权。在发布判决时,M 仍然是土地的所有权人。因此,他是适格原告。

(3) N 被告适格

24　　该请求权针对的是妨害人。此处只能考虑状态责任,因为噪声来自土地上的设备。通常在状态责任方面,产生噪声的土地的所有权人是正确的被请求人,尽管不能仅仅因为所有权就将妨害归责于所有权人。此外,妨害必须至少是间接地基于所有权人的意思。[13] 此处应当认为,冷却装置的安装和与此相关的妨害产生也应当是间接地基于 N 的意思。然而,N 已将其所有权转让给 J,其相应地不再有任何可能对土地产生影响。在(对外)产生妨害的土地被转让的情况下,如果在新的所有权人起决定性作用的意思之下原有妨害仍然继续维持,则新的所有权人应当被视为状态妨害人。[14] 由于 J 获得了所有权,他现在已经承继了对产生噪声的物的支配权。[15] 此处,J 继续经营超市,包括运行他的土地上产生噪音的制冷设备,也即他对目前产生妨害的状况具有法律上的支配力。因此,依照《民法典》第 1004 条第 1 款,J 作为状态妨害人,有义务排除妨害,因此他是适格被告。

然而,依照《民事诉讼法》第 265 条第 2 款第 1 句,(土地的)转让对诉讼没有影响。这意味着无须考虑该转让。因此,《民事诉讼法》第 265 条排除了以被告不适格为由提出抗辩的可能性。[16] 根据达成普遍共识的无关性理论[17],在被告一方发生权利继受的情况下,不可能在诉之申请中变更新的所有权人,否则判决就将会针对没有参与诉讼的第三人。

提示:在原告方发生权利继受的情况下,情况就不同了。根据主流的相关性理论,此处有权实施诉讼的原告必须将诉之申

---

[13] BGH NJW 2018, 1542 (1543 Rn. 7); NJW-RR 2011, 739 (740 Rn. 12).
[14] Vgl. Palandt/Herrler §1004 BGB Rn. 25; vgl. auch BGH NJW-RR 1996, 659 (660f.).
[15] Vgl. BGH NJW 2007, 2182 (2183).
[16] Wieczorek/Schütze/Assmann §265 ZPO Rn. 93.
[17] MüKoZPO/Becker-Eberhard §265 ZPO Rn. 91; Stadler/Bensching Jura 2001, 433 (440).

请变更为向权利继受人提出给付申请。[18] 根据《民事诉讼法》第265条的含义和目的,应当保护转让人的相对人免受程序上的不利。另外,该法律规范的目的不是要产生一个与事实不符的判决,因此,必须根据变化了的法律状况变更诉之申请。[19]

(4)《民法典》第1004条第2款规定的容忍义务

26　　M的容忍义务源于《民法典》第906条第1款。在这种情况下,噪声必须是对于使用土地而言的一个不显著的妨害。然而在本案中,噪声超过了根据《联邦环境保护法》第48条颁布的行政法规《关于适用〈联邦环境保护法〉的第六部分一般行政条例》(《噪音防护技术指导》)中规定的基准值,因此不能将这种妨害视为不显著(《民法典》第906条第1款第3句)。《民法典》第906条第2款第1句也同样不相关,因为此种妨害可以通过经济上具有期待可能性的措施来预防。因此,依照《民法典》第1004条第2款,M没有容忍义务。

3. 结论

27　　M对N的诉合法且具有理由。因此,其有望胜诉。也即通说所认为的,M可以获得针对N的排除判决,即使N不再是适格的被告(无关性理论)。判决是否也对J发生既判力,是《民事诉讼法》第325条讨论的问题(对此→边码41及以下数段)。

(二)问题2

28　　J可以考虑各种不同的法律救济。

29　　他可以反对M被授予针对他的判决的有执行力的正本(参见《民事诉讼法》第727条第1款)。他可以使用《民事诉讼法》第732

---

[18] BGHZ 158, 295 (303) = NJW 2004, 2152 (2154); Wieczorek/Schütze/Assmann § 265 ZPO Rn. 85.

[19] Stein/Jonas/Roth § 265 ZPO Rn. 21; Thomas/Putzo/Reichold § 265 ZPO Rn. 13.

条规定的执行条款抗议来主张这一抗辩。[20]

1.《民事诉讼法》第732条规定的执行条款抗议

如果执行条款抗议合法且具有理由,则将获得胜利。 30

(1)合法性

①容许性

在债务人对执行条款的合法性提出抗辩的情况下,执行条款抗 31
议具有容许性。既可以提出形式上的抗辩,又可以提出实质上的抗
辩。依照《民事诉讼法》第727条第1款,本案中M接收到可以针对
J变更执行名义的发给执行条款。J可以提出抗辩,认为M诉N案
件的判决不能依照《民事诉讼法》第325条对他发生效力,因此《民事
诉讼法》第727条第1款规定的变更执行名义的执行条款的要件并
不齐备。此系一个反对发给执行条款的抗辩,因而执行条款抗议具
有容许性。

尽管依照《司法辅助官法》第20条第1款第12项,司法辅助官 32
负责发给变更执行名义的执行条款(《民事诉讼法》第727条),但由
于《民事诉讼法》第732条第1款包含一项特殊规定,所以排除了依
照《司法辅助官法》第11条寻求法律救济的可能性。[21]

②管辖法院

依照《民事诉讼法》第732条第1款、第802条,发给执行条款的 33
法院书记处所在的法院具有专属管辖权。因此,在本案中,英戈尔施
塔特地方法院具有管辖权,因为地方法院的司法辅助官负责发给执
行条款(《司法辅助官法》第20条第1款第12项、第26条),在案件

---

[20] 关于发给执行条款程序过程中的法律救济,参见 Hoffmann Jura 1995, 411ff.以及 Jäckel JuS 2005, 610ff.。

[21] OLG Naumburg BeckRS 2002, 30271343; Baur/Stürner/Bruns Rn. 18.9; Brox/Walker Rn. 136 m.w.N.; Thomas/Putzo/Seiler § 732 ZPO Rn. 1; a.A. MüKoZPO/Wolfsteiner § 732 ZPO Rn. 8; Musielak/Voit/Lackmann § 732 ZPO Rn. 2; Gaul/Schilken/Becker-Eberhard § 39 Rn. 6;适用《民事诉讼法》第732条应当参照《司法辅助官法》第11条第1款。

事实中没有其他信息时,应当认为主管机关已经采取行动。

③形式和期间

34　　执行条款抗议应当准用《民事诉讼法》第573条第1款第2句或《民事诉讼法》第569条第2、3款[22]以书面形式提交或者记入法院书记处的笔录。因此,无须律师强制代理(参见《民事诉讼法》第78条第3款)。

35　　无须遵守一定的期间,因为执行条款抗议本就被设定为一种不受期间约束的法律救济。

④权利保护需求

36　　抗议的权利保护需求从发给执行条款时就存在,直到强制执行终结时消失。[23]此处针对J的执行条款已经被发给M,而强制执行尚未终结。

(2)具有理由

37　　如果原本就不应该依照《民事诉讼法》第727条发给合格的执行条款,则执行条款抗议具有理由。因此,必须审查发给(执行条款)是否存在形式上和实质上的程序错误。

①形式上的构成要件

a)债权人申请变更执行名义

38　　需要提出不拘形式的申请,并且依照《民事诉讼法》第78条第3款,该申请不受律师强制代理要求的限制。[24]这一点构成了本案的出发点。

b)管辖权

39　　由于这是一个变更执行名义的执行条款,而不仅仅是一个简单的执行条款,依照《司法辅助官法》第20条第1款第12项,司法辅助

---

[22] Brox/Walker Rn. 137; Lackmann Rn. 763.

[23] Thomas/Putzo/Seiler §732 ZPO Rn. 5.

[24] HK-ZPO/Kindl §724 ZPO Rn. 4.

官负责发给(执行条款)。

c)有效的可执行的执行名义

此外,必须有一个有效的可执行名义。此处 M 已经获得了针对 N 的发生既判力的、具有可执行内容的缺席判决。 40

②《民事诉讼法》第 727 条第 1 款规定的实质性要件

发给针对权利继受人的有执行力的正本,其前提要件是:判决依照《民事诉讼法》第 325 条也对权利继受人有效。 41

a)《民事诉讼法》第 325 条第 1 款规定的既判力的扩张

依照《民事诉讼法》第 325 条第 1 款,确定判决也对在诉讼系属发生后才成为当事人的权利继受人具有效力。N 在诉讼进行过程中将土地转让给 J,因此后者在诉讼系属发生后成为 N 的权利继受人。由此,判决也将对 J 有效。 42

b)《民事诉讼法》第 325 条第 2 款规定的例外

然而,依照《民事诉讼法》第 325 条第 2 款,民法中关于善意取得的法律规范也准用于此。由于 J 不知道该纠纷发生诉讼系属,依照《民事诉讼法》第 325 条第 2 款,该判决可能不对他发生效力。当然,《民事诉讼法》第 325 条第 2 款是否适用于此是有疑问的。[25]《民事诉讼法》第 325 条第 2 款是否只适用于从无权利人处取得权利的情况,还是也适用于从权利人处取得权利的情况,是存在争议的。 43

一种观点认为,《民事诉讼法》第 325 条第 2 款也适用于从权利人处取得权利的情况。[26] 这样处理的理由是,从权利人处取得权利的人不应该比从无权利人处取得权利的人处于更不利的地位。通说认为,《民事诉讼法》第 325 条第 2 款并不包括针对权利继受人的错误判决错误地否定了权利继受人享有权利的情形,因为权利继受人 44

---

[25] 关于该问题参见 Musielak/Voit Grundkurs Rn. 401; v. Olshausen JZ 1988, 584 (585ff.)。

[26] Thomas/Putzo/Seiler § 325 ZPO Rn. 8; Jauernig/Hess § 63 Rn. 35; Schilken Rn. 1037; Stadler/Bensching Jura 2001, 433 (438f.).

实际上已经从权利人处取得了权利。[27]

45　　然而,这种观点认为,善意取得的形式也必须是可以想象的(具有可能性的)。[28] 然而,在实体法中并没有关于土地可以免于《民法典》第1004条规定的索赔请求的善意保护规定。《民法典》第892条及以下数条不适用于此。出于上述原因,该观点认为,在本案中排除《民事诉讼法》第325条第2款的适用。

46　　通说认为[29],《民事诉讼法》第325条第2款只适用于权利继受人从无权利人处取得权利的情况。《民事诉讼法》第325条第2款的意义和目的在于使实体法与程序法相一致。《民事诉讼法》第325条第2款旨在防止按照实体法有可能从非权利人处获得权利这一事宜因既判力的扩张而受到阻碍。也就是说,如果权利继受人是根据实体法善意取得了权利,并且该权利继受人在案件的诉讼系属方面也是善意的,则否定前手权利人的权利的判决既判力就不会扩张到对权利继受人产生拘束力。因此,《民事诉讼法》第325条第2款要求在前手权利人没有权利和案件的诉讼系属这两方面权利继受人要具有双重的善意。[30] 最终将只是提高了对善意取得的要求。[31] 然而,人们也可以依据实体法得出这一结论,至少在存在严重过失的情况下权利继受人就具有恶意。因为如果权利继受人知道案件的诉讼系属,他至少对涉及前手权利人的权利的相关情况有严重过失,所以根据实体法已经排除了善意取得的可能性。

47　　如果立法者原本就不希望在(权利继受人)对案件的诉讼系属为

---

[27] Jauernig/Hess § 63 Rn. 36.
[28] Jauernig/Hess § 63 Rn. 36; vgl. Zeiss/Schreiber Rn. 364.
[29] BGHZ 4, 283 (285) = BeckRS 1951, 31384741; Stein/Jonas/Althammer § 325 ZPO Rn. 40; MüKoZPO/Gottwald § 325 ZPO Rn. 99, 103; Musielak/Voit/Musielak § 325 ZPO Rn. 23f.; Musielak/Voit Grundkurs Rn. 401; HK- ZPO/Saenger § 325 ZPO Rn. 30; Rosenberg/Schwab/Gottwald § 157 Rn. 10.
[30] Musielak/Voit/Musielak § 325 ZPO Rn. 24.
[31] Zöller/G. Vollkommer § 325 ZPO Rn. 46.

善意时既判力仍然发生扩张,则转引/参照民法的法律规范就没有意义了。此外,将根据实体法可以从无权利人处善意取得的情况与不可能善意取得的情况区别对待缺乏正当理由。举例来说,在取得债权的情况下,尽管对案件的诉讼系属具有善意,判决的既判力仍将扩张到权利继受人。而在取得物的情况下,情况就不是这样了。如果立法者原本希望制定这样的规则,则其可以对此作出明确规定而不是规定参照实体法。[32]

这种观点认为,《民事诉讼法》第 325 条第 2 款在此并不适用,因为 J 是从权利人处获得权利。 48

因为两种观点得出的结论相同,所以无须对争议进行评判。 49

据此,《民事诉讼法》第 325 条第 2 款的例外情形与此不相关。因此,依照《民事诉讼法》第 325 条第 1 款,M 对 N 的判决也对 J 具有效力。 50

因此,《民事诉讼法》第 727 条规定的变更执行名义的实体法要件齐备。 51

③权利继受的公示性或者证明

此外,权利继受的事实要么对法院来说显而易见,要么必须通过公文书或公证证书向法院证明。在案情中没有相反证据的情况下,应认为完成了这样的证明。 52

因此,司法辅助官正确地发给了变更执行名义的执行条款。 53

(3)结论

执行条款抗议不具有理由,因为依照《民事诉讼法》第 727 条法院发布变更执行名义的执行条款是合法的。 54

2.《民事诉讼法》第 768 条规定的反对发给执行条款之诉

此外,还可以考虑依照《民事诉讼法》第 768 条提起反对发给执行条款之诉。诉应当合法并具有理由。 55

---

[32] MüKoZPO/Gottwald § 325 ZPO Rn. 99.

(1)合法性
①容许性

56 如果是对合格的执行条款主张实体法上的抗辩,则反对发给执行条款之诉具有容许性。另外,不能用反对发给执行条款之诉来提出形式上的抗辩。此处 J 可以主张抗辩,依照《民事诉讼法》第 325 条第 2 款,主张 M 对 N 的判决对他没有效力,因此《民事诉讼法》第 727 条的实体法要件并不齐备。

②管辖权

57 依照《民事诉讼法》第 768 条、第 767 条第 1 款,一审法院即英戈尔施塔特地方法院具有事务管辖权和地域管辖权。依照《民事诉讼法》第 802 条,这是一个专属管辖权。

③权利保护需求

58 权利保护需求从发给执行条款时就存在,直到强制执行终结时消失。[33] 此处针对 J 的执行条款已经被发给 M,而强制执行尚未终结。

59 有疑问的是,既然也可以用执行条款抗议的方式来主张抗辩,那么诉讼目标是否能以更简单、更公平的方式实现呢？主流的通说观点认为[34],债务人可以自由选择是以执行条款抗议的方式还是以反对发给执行条款之诉的方式来反对发给执行条款。也可以提出累积主张[35],因为抗议是一个略式程序(summarisches Verfahren)。[36] 此外,可以依照《民事诉讼法》第 768 条提出反对发给执行条款之诉,

---

〔33〕 Thomas/Putzo/Seiler §768 ZPO Rn. 4.

〔34〕 BeckOK ZPO/Preuß §768 ZPO Rn. 12. 关于《民事诉讼法》第 732 条规定的对发给执行条款的抗议与类推适用《民事诉讼法》第 767 条提起执行异议之诉之间的关系,参见 BGH NJW- RR 2004, 1718f.。

〔35〕 MüKoZPO/K. Schmidt/Brinkmann §768 ZPO Rn. 4; Zöller/Herget §768 ZPO Rn. 1 建议在提出累积主张时依照《民事诉讼法》第 148 条进行诉的中止。

〔36〕 Baur/Stürner/Bruns Rn. 18.25.

"不影响"债务人依照《民事诉讼法》第732条提出抗议的权限。[37]

据此,该诉具有合法性。

(2)具有理由

如果发给合格的执行条款的实体法要件不齐备,则反对执行条款的诉即具有理由。如前所述(参见→边码41及以下数段),《民事诉讼法》第727条关于发给变更执行名义的执行条款的要件齐备,因此依照《民事诉讼法》第768条提起的诉不具有理由。

3.《民事诉讼法》第767条第1款规定的执行异议之诉

此外,J可以主张根据该判决进行强制执行不合法,因为M不再是适格的原告,M在缺席判决发生既判力后将土地的所有权转让给了B。在这方面,可以考虑《民事诉讼法》第767条规定的执行异议之诉。此类诉必须合法且具有理由。

(1)合法性

如果《民事诉讼法》第767条第1款规定的执行异议之诉的实体判决要件齐备,则该诉合法。

①容许性

就涉及判决所确定的请求权的抗辩来说,执行异议之诉具有容许性。此处J可以主张,M不再是被妨害土地的所有权人,因此M不再有权行使源自《民法典》第1004条第1款的请求权。这是针对已经获得执行名义的请求权的实体法上的抗辩,因此,执行异议之诉具有容许性。

②管辖权

依照《民事诉讼法》第767条第1款,一审法院,即英戈尔施塔特地方法院具有事务管辖权和地域管辖权。依照《民事诉讼法》第802条,这是一个专属管辖权。

---

[37] BeckOK ZPO/Preuß §768 ZPO Rn. 12; MüKoZPO/K. Schmidt/Brinkmann §768 ZPO Rn. 4.

③合法起诉

66　　诉中申请必须说明,请求法院宣布根据英戈尔施塔特地方法院对 M 诉 J 一案所作判决进行的强制执行不合法。

④权利保护需求

67　　一旦强制执行迫在眉睫,也即执行名义在执行结束之前一直存在[38],执行名义被移交给了债务人(参见《民事诉讼法》第 757 条第 1 款),或者债权人不再有任何执行的可能[39],则存在权利保护需求。本案中此时面临基于已经发生既判力的判决对 J 进行的强制执行,所以权利保护需求齐备。

68　　据此,执行异议之诉具有合法性。

(2)具有理由

69　　如果依照《民事诉讼法》第 767 条第 2、3 款,J 有权对执行名义提出实体法上的抗辩,并且 J 这样做并不会被排除法律效力,则该诉具有理由。

70　　此处可以考虑提出 M 并非适格原告的抗辩。

71　　在判决发生既判力后,M 依照《民法典》第 873、925 条将土地的所有权有效地转移给了 B,因此其丧失了源自《民法典》第 1004 条的、受到妨害的土地的所有权人有权行使排除请求权的适格原告资格。这一抗辩针对的是在执行名义中确认的实体请求权。

72　　然而,B 和 M 约定由 M 负责排除噪音产生。这可能构成 B 对 M 的关于实施请求权的实体法上的授权。此处应当认为授权成立,因为 B 并不想亲自实施请求权。

73　　原执行名义债权人是否可以根据权利继受人的授权来实施执行活动,这一点是有争议的。

---

〔38〕　Brox/Walker Rn. 1332.

〔39〕　Musielak/Voit/Lackmann §767 ZPO Rn. 18; Thomas/Putzo/Seiler §767 ZPO Rn. 14, 16; Gaul/Schilken/Becker- Eberhard §40 Rn. 109f.

这个问题将在执行担当的相关问题探讨中被讨论。[40] 74

例如,**联邦普通法院第五审判庭**[41]支持一项执行异议之诉,在 75
该诉中,旧的权利人代表新的权利人(的利益)进行执行,尽管执行
名义(可执行的证书)和执行条款都在旧的权利人名下,而且新的
权利人同意由旧的权利人进行执行。该审判庭对此的裁判理由
是,如果获得执行名义的请求权的债权人并非源自执行名义,并且
前手权利人在执行名义中被表述为债权人,则在这些情形中承认
诉讼担当将与服务于法的安定性和法律明确性的形式严格性要求
相矛盾。

与此相反,**联邦普通法院第八审判庭**[42]裁判认为,在债务人执 76
行异议之诉发生实质性回溯式授权的情形中,其不能获得胜诉。
然而,该审判庭明确指出,这一裁判与它以前的判例并不矛盾,因
为在上述案件中,并不存在实质性授权,只存在执行的授权。

然而,如果银行像第五审判庭裁判的案件那样,为了执行目的 77
而将可执行的书证退回给前手权利人,那么后一种裁判观点就显
得非常可疑。这也构成了可推论的实体法上的关于催收债权的授
权。由于旧的债权人是执行名义上的债权人,所以没有必要作出
执行授权。

然而,本案并不是一个关于执行担当的案例[43],因为强制执行 78
的基础仅仅是执行依据而不是实体权利。这意味着执行权不属于实
质上的权利人,而是属于执行名义上的债权人。因此,只有执行名义
上的债权人地位才能成为执行担当的连接点,所以不能把执行名义

---

[40] 有关执行担当,也参见 Maihold JA 2000, 841ff.。
[41] BGHZ 92, 347 (348ff.) = NJW 1985, 809 (810); BGH NJW-RR 1992, 61; vgl. auch KG FamRZ 1989, 417 (418).
[42] BGHZ 120, 387 (391ff.) = NJW 1993, 1396 (1397ff.).
[43] 关于这个问题参见 Kirsten Schmidt, Vollstreckung im eigenen Namen durch Rechtsfremde, 2001; Petersen ZZP 114 (2001), 485ff.。

上的债权人实施的执行称为执行担当。[44] 因此,只有在执行名义中未被提到的当事人进行执行的情况下才相应存在执行担当。然而,这一点在判例和文献中并没有被提及。在大多数情况下,如果无权享有实体权利的非权利人以自己的名义进行执行,则认为存在执行担当。

79 　　应当区分执行权限和实体法上的当事人适格。执行名义上的债权人或者经执行条款变更执行名义(而获得执行名义)的主体有权获得执行权限。相比之下,当事人适格是实体法决定的。因此,欠缺实体法上的当事人适格,执行是否仍然合法,只能根据实体法来裁判。[45]

80 　　此处存在着对 B 的实体法上的授权。根据通说观点[46],权利所有人进行这种授权是合法的,因此,M 在实体法上有权实施该请求权。

81 　　因此,J 不能主张 M 不是适格原告。执行异议之诉不具有理由。

　　　　提示:依照《民事诉讼法》第 767 条第 2 款,关于欠缺原告适格的抗辩不会失权,因为 M 是在缺席判决发生既判力之后才将所有权转让给 B。因此,该抗辩在关于事实的最后一次言词辩论后才发生,不能再以申诉的方式进行主张。[47]

---

〔44〕 Kirsten Schmidt, Vollstreckung im eigenen Namen durch Rechtsfremde, 2001, S. 18 (93f.). 不同观点参见 Münzberg NJW 1992, 1867, 原文作者希望将形式上有权申请强制执行的名义债权人在实质上不再拥有该权利的情形称之为"执行担当"。针对被联邦普通法院称为"独立的"执行担当,即名义债权人授权第三人以自己的名义执行被给予执行名义的请求权的情形,原书作者基于《民事诉讼法》第 750 条正确地认为此情形不合法。

〔45〕 Vgl. auch BGH BeckRS 2018, 23611 Rn. 18.

〔46〕 BGHZ 4, 153 (164f.) = NJW 1952, 337 (340); vgl. auch Palandt/Grüneberg §398 BGB Rn. 32 m.w.N.

〔47〕 Vgl. Thomas/Putzo/Seiler §767 ZPO Rn. 21a.

(三) 问题 3

1.《民事诉讼法》第 887 条的可适用性

此处是以促成《民事诉讼法》第 883 条及以下数条规定的行为为目的的执行。这究竟是一种可替代行为,还是不可替代行为,是存在疑问的。

从债权人的角度来看,这取决于在经济上和法律上均取得效果是否可以由第三人而不是债务人来实现。[48] 如果可以,则其是一种可替代行为。根据主流观点,如果负有义务的效果可以通过几种不同的方式实现,而且债务人在这方面可以根据执行名义进行选择,那么(是否是可替代行为)在这里就并不重要了。[49] 在这种情况下,为了让债权人免于因采取技术上不充分的措施而带来的风险,根据《民事诉讼法》第 887 条提出的申请不必比作为基础的判决主文更具体[50],至少在无法明确标明的情况下是这样。更确切地说,债权人可以信赖第三人的专业知识以替代执行。[51] 因此,《民事诉讼法》第 887 条在通常情况下也适用于排除妨害。[52]

然而部分学者主张,如果债务人没有义务采取一定的措施,而只是有义务促成一定的结果或者至少是可确定的结果,则不能认为构成可替代行为。[53] 由于债务人可以在不同的履行方式之间进行选择,就构成了《民事诉讼法》第 888 条意义上的不可替代的行为。

---

[48] Musielak/Voit/Lackmann §887 ZPO Rn. 8; Baur/Stürner/Bruns Rn. 40.2; Brox/Walker Rn. 1065.

[49] MüKoZPO/Gruber §887 ZPO Rn. 9 m.w.N.

[50] 不同观点参见 MüKoZPO/Gruber §887 ZPO Rn. 24 m.w.N.,原书作者根据《民法典》第 264 条的法律思想认为需要一个具体的说明。当然,《民法典》第 264 条不"能"强迫债权人这样做。

[51] OLG München NJW-RR 1988, 22 m.w.N.

[52] MüKoZPO/Gruber §887 ZPO Rn. 13; Musielak/Voit/Lackmann §887 ZPO Rn. 12.

[53] OLG Düsseldorf NJW-RR 1988, 63f.

85 　　根据判决，J有义务减少噪音，但（判决）没有具体指出为此需要采取的措施。因此，根据前述观点，存在一个不可替代的行为，该行为应当根据《民事诉讼法》第888条来实施。

86 　　此处是关于排除噪音干扰的问题。也可以由第三方采取措施，将噪声降低到法律允许的水平。为达到此目的而必须进入J的土地和超市的情况，与该行为的可替代性并不矛盾（参见《民事诉讼法》第892条）。可能不支持适用《民事诉讼法》第887条的事实是：进入J的土地和超市排除噪音干扰是一个复杂的行为，其中必要工作的具体范围只有在执行的过程中才会显现出来，而且在行为过程中应当担忧债务人的其他法益有被干涉的风险。[54] 然而，本案的案情并不会让人有理由认为，排除噪音干扰，例如通过隔离或变更制冷装置，对J来说属于不具有期待可能性的范围，并会导致妨害J的其他法益的后果。因此应按照通说观点，《民事诉讼法》第887条可以适用。

　　2. 依照《民事诉讼法》第887条实施执行

　　（1）债权人申请代执行

87 　　应当认为债权人依照《民事诉讼法》第887条提出了替代履行的申请。

　　（2）管辖权

88 　　依照《民事诉讼法》第887条第1款，一审法院即英戈尔施塔特地方法院具有专属管辖权（《民事诉讼法》第802条）。

　　（3）在执行程序中考虑履行抗辩？

89 　　J在此提出抗辩，称他已经通过更换制冷装置履行了关于排除请求权的义务。M认为噪音值仍然太高而对J主张的履行提出异议。

90 　　关于在执行程序中的履行抗辩，究竟是法院可以对其进行考虑，进而依照《民事诉讼法》第887条进行授权，还是其必须以《民事

---

[54] Vgl. OLG München NJW-RR 1992, 768.

诉讼法》第767条规定的执行异议之诉的方式被主张。这个问题是有争议的。

提示:如果人们决定反对可替代行为,赞成根据《民事诉讼法》第888条进行执行,那也必须讨论这个问题。[55]

一种观点认为,债务人必须根据《民事诉讼法》第767条的规定,以执行异议之诉的方式主张履行抗辩。[56] 理由是:《民事诉讼法》第767条是立法者预设的在强制执行程序中主张实体法上的抗辩(例如已经履行)的方式。这是依据《民事诉讼法》第767条第1款的文义得出的("是")。强制执行程序是高度形式化的,正如《民事诉讼法》第775条第4项和第5项所显示的,履行只在有限的范围内/程度上属于执行机构的审查权限。就执行程序中的履行抗辩所作的裁判并未发生既判力。最后,如果债务人在执行程序中遭受失败,之后提起执行异议之诉,就会发生诉讼上不经济的重复审查和相互矛盾的裁判的风险。此外,债务人可以在没有预先给付的情况下不断用新的主张来拖延执行程序。根据这种观点,在依照《民事诉讼法》第887条进行的程序中,不应考虑J的抗辩。

91

折中的观点同样也在原则上倾向于不考虑执行程序中的履行抗辩。但是,一般并不将履行抗辩排除在执行程序之外。更确切地说,《民事诉讼法》第887条的适用前提是债务人未履行义务,故而债权人必须以可理解的方式提出主张且主张内容本身必须具有法律合理性。因此,在执行程序中也可以考虑无争议的或显而易见的履行,因为债权人在这些情况下欠缺权利保护需求。[57] 另外,如果有必要进行证据调查,债权人就会丧失可执行名义的利益。

92

---

[55] BGH NJW-RR 2013, 1336 Rn. 9; MüKoZPO/Gruber §888 ZPO Rn. 11.

[56] OLG München NJOZ 2001, 723; OLG Celle OLGR 1994, 297; OLG Koblenz MDR 1991, 547; Münch JZ 2013, 1057f.

[57] OLG Köln NJW-RR 1988, 1212f.; OLG München NJW-RR 1988, 22f.(无争议的); MüKoZPO/Gruber §887 ZPO Rn. 17; Guntau JuS 1983, 687 (689).

93　　除此之外,部分学者还认为,如果可以使用现有的证据证实履行抗辩,则也应该对该履行抗辩予以考虑。[58]《民事诉讼法》第775条第4项和第5项表明,在强制执行程序中,某些证据也应当被考虑。

94　　据此,同样也不必考虑履行抗辩,因为A对减少噪音提出质疑,即主张未履行。

95　　另一种此类观点认为,只有在债务人无可争议地实施了旨在履行的行为,而唯一有争议的问题是该行为是否满足执行名义的要求时,才应考虑履行抗辩。[59] 在这些情形中,债权人的申请旨在以强制执行的方式迫使债务人在已经实施的行为之外进一步给付。因此,执行法院必须审查债权人的要求是否没有超过他在债务名义下应得的数额。据此,应当考虑到J已经无可争议地更换了制冷设备,法院应当审查是否已经实现了对排除请求权的履行。

96　　主流观点认为[60],原则上在《民事诉讼法》第887条规定的程序中也应当考虑履行抗辩。这一点的适用并不依双方当事人是否在争论根据执行名义需要采取哪种行为,或者所采取的行为是否符合执行名义的要求进而实现了依法合规的履行。这一点从《民事诉讼法》第887条的文义中就已经可以得出。根据该法条文义,债务人未履行义务是授权债权人寻求替代履行的一个事实构成要件。债务人有一个值得保护的利益,即在债权人被授权进行可能毫无意义并且成本高昂的替代履行之前,或者在债权人通过(更新的)替代债务人履行的方式来妨碍债务人对履行的证明之前,(法院应当)对他(债务人)的行为的履行效力(清偿效力)进行审查。该观点认为,应对

---

〔58〕 OLG Köln NJW-RR 1990, 1087; KG NJW-RR 1987, 840 (841); wohl auch Baur/Stürner/Bruns Rn. 40.9.

〔59〕 RGZ 167, 328 (334) zu §888 ZPO; KG NJW 1972, 2093 (2094); OLG Köln OLGR 1993, 95; Schneider MDR 1975, 279 (281); Schuschke EWiR 1994, 935 (936).

〔60〕 BGHZ 161, 67 (71f.) = NJW 2005, 367 (369) 其关于争议之处的详细说明在第368页;BGH NJW-RR 2011, 470 Rn. 11; NZM 2016, 770 (773 Rn. 32); Stein/Jonas/Bartels §887 ZPO Rn. 25f.; Zöller/Seibel §887 ZPO Rn. 7; Bischoff NJW 1988, 1957 (1958)。

抗辩予以考虑,并就噪音是否符合标准值进行证据收集。虽然未履行是一个事实构成要件,但是债务人必须阐述并证明(其已经)履行。[61]

以上这些观点得出了不同的结论,因此必须对争议进行评判。最后一种观点的论证更令人信服。这一观点也得到了诉讼经济性原则的支持。一方面,在这两种情形中受诉法院都有管辖权,如果抗辩在《民事诉讼法》第887条规定的程序中没有得到考虑,就有必要对同一诉因重新提起诉讼。在根据《民事诉讼法》第887条进行的程序中,受诉法院可以穷尽可能的民事诉讼手段来查明案件事实情况。另一方面,与《民事诉讼法》第887条规定的程序相比,执行异议之诉会产生新的费用,而且更加繁琐。

因此,依照《民事诉讼法》第887条,在该程序中,对J的抗辩应予以考虑。

---

[61] Kannowski/Distler NJW 2005, 865 (868) m.w.N.; vgl. auch BGHZ 161, 67 (72) = NJW 2005, 367 (369).

案例9 短 路

[根据 BGHZ 166, 227 = NJW 2006, 1741 改编]

一、案情

原告 Feuerversicherung Kolonia AG(科洛尼亚火灾保险股份公司,以下简称 K)位于波恩,K 由律师代理,要求其投保人 Bernd Breitner(以下简称 B)偿还数额为 30000 欧元的保险赔偿金。由于 B 在柯尼希斯温特(Königswinter)的公寓楼发生火灾,K 向 B 支付了数额为 60000 欧元的保险赔偿金,现在 K 要求 B 归还 50% 的给付金额。K 陈述称,B 因严重过失导致其房屋起火,因此有义务按比例退还一半的保险赔偿金。(K 认为)B 在电气竖井中安装电线不当,之后也没有安排电工检查其房屋内的电气设备,因此发生短路。虽然 B 对自己安装不当没有争议,但 B 主张他在安装和最终检查时曾叫来了电工 Erwin Elta(以下简称 E)进行操作。但是,E 在波恩地方法院组织的辩论中强烈否认了这一点,因为他担心被索赔。于是,B 的律师申请了不同的证人,作为评价 E 的陈述的可信度的证据方法。

相关情况如下:

a)证人 X,女,当 B 将一定数量的钱交给 E 以支付安装工作费用时,她在场,而且 B 的律师在期日上才申请该证人,而不是在书面的准备程序的诉讼答辩期间内申请;

b)B 的父亲 Y,在 B 和 E 进行电话交谈时,Y 在 B 身边听到了 B 要求 E 进行安装和最终检查等通话内容。Y 打开了监听设备,但没有告诉 E。

对证人 X 的讯问需要一个新的期日。然而，及时提出 X——这一点在法院看来并非显而易见——同样需要一个新的期日。

地方法院依照《民事诉讼法》第 296 条第 1 款驳回了 B 提出的有关证人 X 的证据方法，由于证据使用禁止规则，对于证人 Y，地方法院同样驳回了该证据方法。法院支持了 K 的诉讼请求，判令 B 向 K 支付 30000 欧元。

B 随即通过他的律师按期以法定形式向科隆地方高等法院提出控诉。B 的律师在按期提出的控诉理由中再次申请证人 X 和 Y，另外还申请 B 的妻子 Z 作为证人，他在一审中没有让她作证，因为他确信不需要 Z 来作证。此外，他还将 B 的朋友 Quirin(以下简称 Q)列为证人，B 在一审言词辩论结束后偶然从 Q 处得知，Q 曾看到 E 在 B 的房屋里进行电气工作。地方高等法院管辖该案的民事审判庭听取了手工业者 Q 作为证人的证言。他证实了 E 曾经在 B 的房屋里工作。但是，由于证人个人给法院留下的印象(不佳)，法院将 Q 陈述的内容归类为不可信的言词。

请您对控诉的获胜概率进行评判！

二、思路

(一)控诉的合法性 ·· 2
  1. 控诉的容许性 ·· 3
  2. 控诉人的败诉(利益) ·· 5
  3. 被声明不服的标的达到一定价值或者得到法院的
    准许 ·· 6
  4.《民事诉讼法》第 519 条规定的形式 ························· 9
  5.《民事诉讼法》第 517 条规定的控诉期间 ··············· 11
  6. 在《民事诉讼法》第 520 条规定的期间内提出控诉

理由 ……………………………………………………	12
7. 小结 …………………………………………………	13
(二)控诉具有理由 ……………………………………	14
1.《民事诉讼法》第 513 条第 1 款第 1 种可选择情形 规定的判决系基于违法行为作出 ………………	15
(1)一审中的诉的合法性 ………………………	16
①波恩地方法院的管辖权 …………………	17
②《民事诉讼法》第 50 条及以下数条规定的 当事人能力和诉讼能力 …………………	18
③其他实体判决要件 ………………………	20
(2)诉具有理由 …………………………………	21
①《民法典》第 812 条第 1 款第 1 句第 1 种 可选择的情形规定的请求权 ……………	22
a)获得利益 ………………………………	23
b)经由 K 的给付 …………………………	24
c)没有法律上的原因 ……………………	25
2. 基于《民事诉讼法》第 529 条第 1 款所规定的事实 作出的另一裁判的正当化 ………………………	29
(1)依照《民事诉讼法》第 529 条第 1 款第 1 项 第 2 半句,因一审法院认定事实存在程序错误 而进行新的事实认定 …………………………	33
①人证 X ………………………………………	34
a)《民事诉讼法》第 296 条第 1 款 ………	35
b)小结 ……………………………………	44
②人证 Y ………………………………………	45
a)驳回违法取得的证据 …………………	46
b)小结 ……………………………………	51
(2)控诉法院依照《民事诉讼法》第 529 条第 1 款	

第 1 项第 2 半句和第 2 项,并结合《民事诉讼法》
第 531 条第 2 款,基于新的防御方法作出新的
事实认定 ································· 52
①Z 的证人证言 ······················ 54
 a)依照《民事诉讼法》第 531 条第 2 款第 1 项
 准许 ································ 55
 b)依照《民事诉讼法》第 531 条第 2 款第 2 项
 准许 ································ 56
 c)依照《民事诉讼法》第 531 条第 2 款第 3 项
 准许 ································ 58
 d)小结 ······························ 61
②Q 的证人证言 ······················ 62
(3)小结 ································· 67
(4)法律后果 ···························· 68
(三)结论 ······································ 69

三、解答

如果控诉合法且具有理由,则控诉就有希望获胜。 1

(一)控诉的合法性

如果控诉的要件齐备,则控诉即为合法(《民事诉讼法》第 522 条 2
第 1 款)。[1]

1. 控诉的容许性

针对一审作出的终局判决,可以容许提出控诉(《民事诉讼法》 3
第 511 条第 1 款)。

---

[1] 关于《民事诉讼法》的上诉参见 Schreiber Jura 2007, 750ff.。

4　　　　B提出的控诉所针对的裁判,正是波恩地方法院作出的一审终局判决。

2. 控诉人的败诉(利益)

5　　　　如果被告提出了控诉,则根据主流观点[2]适用实质性败诉原则(参见→案例5边码47及下一段)。B因一审判决而遭受赔偿数额为30000欧元的实质性败诉,因为他被法院判令支付K这一数额。即使按照少数意见,基于形式败诉原则,败诉(利益)亦同样存在。

3. 被声明不服的标的达到一定价值或者得到法院的准许

6　　　　依照《民事诉讼法》第511条第2款,只有当被声明不服的标的的价值超过600欧元,或者第一审法院在其判决中许可提出控诉时,控诉方为合法。

7　　　　B在控诉审中的申请确定了被声明不服的标的额没有超出败诉(利益)的范围(《民事诉讼法》第528条)。

8　　　　此处被声明不服的标的额是30000欧元,因为B请求撤销一审判决全部内容。因此,此系《民事诉讼法》第511条第2款第1项规定的争议值控诉。

4.《民事诉讼法》第519条规定的形式

9　　　　控诉状应当载明《民事诉讼法》第519条第2款规定的内容,由律师(《民事诉讼法》第78条第1款第1句)依照《民事诉讼法》第519条第1款递交给有管辖权的控诉法院。依照《法院组织法》第119条第1款第2项,科隆地方高等法院享有对针对波恩地方法院裁判的控诉进行裁判的管辖权。

10　　　　根据本案案情,此处B已经通过律师向科隆地方高等法院以符合要求的形式递交了控诉状。

5.《民事诉讼法》第517条规定的控诉期间

11　　　　依照《民事诉讼法》第517条,控诉应当在判决送达之日起的

---

[2] BGH NJW-RR 2015, 1203 (1204 Rn. 8); OLG Koblenz NJW-RR 1993, 462.

一个月内提出。根据本案案情,B的律师已经在控诉期间内提出了控诉。

6. 在《民事诉讼法》第520条规定的期间内提出控诉理由

依照《民事诉讼法》第520条第2款,必须在判决书送达后的两个月内提出控诉理由,控诉理由的内容应符合《民事诉讼法》第520条第3款的规定。根据案情,可以认为前述内容成立。

7. 小结

控诉具有合法性。

(二)控诉具有理由

如果裁判违反法律(《民事诉讼法》第546条),或者根据《民事诉讼法》第529条作为裁判基础的事实支持作出不同的裁判(《民事诉讼法》第513条第1款),则控诉具有正当理由。

1.《民事诉讼法》第513条第1款第1种可选择情形规定的判决系基于违法行为作出

因此,控诉法院必须依职权审查一审中的诉的合法性。此外,控诉法院还必须从所有的法律角度审查诉是否具有理由。

(1)一审中的诉的合法性

如果实体判决要件齐备,则诉合法。

①波恩地方法院的管辖权

波恩地方法院已经对该诉作出了裁判。由于依照《民事诉讼法》第513条第2款,控诉不能以一审法院错误行使管辖权为理由,所以无须再审查事务管辖权(《民事诉讼法》第1条及《法院组织法》第23条第1项、第71条第1款)和地域管辖权(《民事诉讼法》第12条及以下数条)。

提示:《民事诉讼法》第513条第2款涵盖了地域管辖权、事务管辖权和职能管辖权,但不包括国际管辖权。[3]

②《民事诉讼法》第 50 条及以下数条规定的当事人能力和诉讼能力

18　　依照《民事诉讼法》第 50 条第 1 款、第 51 条及下一条,B 作为自然人,具有当事人能力和诉讼能力。

19　　依照《民事诉讼法》第 50 条第 1 款并结合《股份法》第 1 条第 1 款第 1 句,K 作为法人,具有权利能力,因而具有当事人能力。依照《股份法》第 78 条第 1 款,其由其董事会代表。[4]

③其他实体判决要件

20　　应当认为就案情作出判决的其他实体判决要件齐备,因为没有证据表明本案案情中欠缺这些要件。特别是,该诉是由一名律师合法提起的(《民事诉讼法》第 78 条第 1 款第 1 句)。

(2)诉具有理由

21　　如果 K 向 B 主张的返还请求权成立,则 K 的诉具有理由。

①《民法典》第 812 条第 1 款第 1 句第 1 种可选择的情形规定的请求权

22　　K 对 B 的请求权来自《民法典》第 812 条第 1 款第 1 句第 1 种可选择的情形。在前述法律规则所涉情形中,B 必然在没有法律上的原因的情况下因 K 的给付而获得利益。

a)获得利益

23　　B 已经获得了所有权并占有 30000 欧元。

b)经由 K 的给付

24　　K 一定要是有意识且有目的地使 B 的财产增加。K 为了履行

---

[3] BGHZ 157, 224 (227f.) = NJW 2004, 1456f.; Musielak/Voit/Ball § 513 ZPO Rn. 7. Vgl. auch BGH NJW-RR 2015, 941 (942 Rn. 14, 17); KG BeckRS 2018, 14615 Rn. 11.

[4] 法人和与之地位相当的合伙有无诉讼能力是存在争议的,参见 Zöller/Althammer § 52 ZPO Rn. 2 m.w.N.; Jauernig/Hess § 20 Rn. 5 m.w.N. MüKoZPO/Lindacher § 52 ZPO Rn. 23ff.。正确地指出,这个问题的提出具有误导性,是错误的。

《保险合同法》第 1 条规定的所谓责任,支付了数额为 30000 欧元的保险赔偿金。因此,K 向 B 进行了给付。

c) 没有法律上的原因

此项给付必然是在没有法律上的原因的情况下进行的。如果 K 没有义务依照《保险合同法》第 81 条支付所涉起诉金额,则给付即为没有法律上的原因。依照《保险合同法》第 81 条第 1 款,如果投保人故意导致保险事故发生,则保险人没有义务支付保险赔偿金。在存在严重过失时,保险人可以依照《保险法》第 81 条第 2 款,按照投保人的过错程度相应减少保险赔偿金。K 已经全额支付了保险赔偿金。假如依照《保险合同法》第 81 条第 2 款,K 有理由减免一半保险赔偿金,则数额为 30000 欧元的支付将缺乏法律上的依据。

由于 B 的不当安装是无可争议的,所以保险事故是因严重过失而引起一事已经得到了证明。然而,B 主张是电工 E 介入了安装和最终检查。假设该陈述内容为真,B 在业务交往中就已经遵守了必要的谨慎要求。因此,他不能被指控为存在(严重)过失,因为 E 的任何过错不能被归咎于 B。在《保险合同法》第 81 条的规定中,第三人的行为只归于代表[5],而不是依照《民法典》第 278 条归于其他第三人。[6] 因此,至少 B 是否因严重过失导致保险事故发生的问题取决于 E 是否介入。由于这是一个抗辩,即属于对严重过失这一指控的独立的防御方法,则根据一般证明责任规则,每个人都必须证明于己有利的法律规范的要件事实[7],B 对此应承担证明责任。波恩地方法院驳回了 B 提供的证据,导致 B 没有完成证明。出于这个原因,对 B 的重大过失的证明不能被宣布无效。这是否应当被视为违法,值得商榷。

---

[5] 关于代表的概念参见 BGH NJW- RR 2000, 397 (398)。

[6] BGH NJW 2009, 2881 (2882 Rn. 14) zu §61 VVG a.F.; BGH NJW 2006, 3712 (3714 Rn. 34); Langheid/Wandt/Looschelders §81 VVG Rn. 116.

[7] BGH NJW- RR 2009, 1142 (1144 Rn. 19); NJW 1999, 352 (353).

27   波恩地方法院的裁判的违法之处(《民事诉讼法》第513条第1款所规定的第1种可选择的情形)可能在于其错误地驳回了当事人提供的证据。然而，只要事实的认定受到违法行为的影响，并导致应当对事实进行新的认定，这就应当被视为《民事诉讼法》第513条第1款所规定的第2种可选择的情形。[8] 其他更深层次的违法行为并非显而易见。

28   如果把一审法院确认的事实(《民事诉讼法》第529条第1款第1项第1半句)作为基础，即电工E没有受委托，则波恩地方法院的裁判即为正当。

2. 基于《民事诉讼法》第529条第1款所规定的事实作出的另一裁判的正当化

29   因此应当审查根据《民事诉讼法》第529条作为裁判基础的相关事实是否足以论证另一裁判具有正当性(《民事诉讼法》第513条第1款所规定的第2种可选择情形)。

30   控诉法院原则上受到一审法院所认定的事实的约束(《民事诉讼法》第529条第1款第1项)。

   提示：《民事诉讼法》第529条本身不是失权规定。[9]

31   只有当具体的证据使人对裁判重要的事实确认的真实性或者完整性有疑问，从而需要重新进行确认时，控诉法院才能对事实进行新的认定(《民事诉讼法》第529条第1款第1项第2半句)。

32   待确认的事实是电工E的委托情况。

   (1)依照《民事诉讼法》第529条第1款第1项第2半句，因一审法院认定事实存在程序错误而进行新的事实认定

33   对裁判相关的事实的真实性或者完整性存在疑问的根据可以是

---

[8] Vgl. BGH NJW 2004, 1876 (1877); MüKoZPO/Rimmelspacher §513 ZPO Rn. 7.
[9] BT-Drucks. 14/4722 S. 160; BGHZ 161, 138 (145) = NJW 2005, 291 (293).

一审法院在确认案情时出现的程序瑕疵。这尤其适用于法院错误地收集或评价证据,或者法院无视当事人的事实陈述,或使用了当事人未陈述的事实。[10]

①人证 X

B 在这方面提交的证据是否被正确合法地驳回是存疑的(《民事诉讼法》第 531 条第 1 款)。 34

a)《民事诉讼法》第 296 条第 1 款

依照《民事诉讼法》第 296 条第 1 款,B 的提交可能已经迟延。[11] 此时攻击防御方法一定是在为此指定的期间届满后提出的。此外,允许迟延提出的攻击防御方法一定会导致诉讼迟滞,或者当事人一定没有充分的正当理由来解释这种迟滞。 35

此处,"关于金钱交付的证人陈述"的防御方法是在诉讼答辩期届满之后才提出的。因此,当事人没有遵守《民事诉讼法》第 276 条第 1 款第 2 句规定的期间。 36

对于《民事诉讼法》第 296 条第 1 款第 2 种可选择的情形规定的迟延提出证人 X 的充分的免责事由,B 未能提出。在答辩中提出金钱交付之事是有动因的,因为这是 E 进行电气工程操作的极好证据。 37

然而,依照《民事诉讼法》第 296 条第 1 款规定的第 2 种可选择的情形,诉讼是否会因迟延的提出而发生迟滞,是值得怀疑的。何时可以认为构成诉讼迟滞,是有争议的。 38

部分学者主张绝对迟滞的概念。[12] 根据这一观点,如果在允许迟延的事实陈述时,诉讼进行的时间比驳回陈述时诉讼进行的时间要更长,则构成诉讼迟滞。其理由是,立法者有意识地容忍了法院对迟延提出不予考虑带来的风险,特别是在那些根据相对迟滞概念,法 39

---

[10] BGH NJW-RR 2017, 219 (220 Rn. 10); Musielak/Voit/Ball §529 ZPO Rn. 5.
[11] 关于驳回逾时提出(攻击防御方法)参见 Vietze JA 2003, 235ff.。
[12] BGH NJW 2012, 2808 (2809 Rn. 11); BGHZ 75, 138 (141f.) = NJW 1979, 1988; Thomas/Putzo/Seiler §296 ZPO Rn. 14; Deubner NJW 1979, 337 (339f.).

院应当考虑迟延提出的情况下(不予考虑带来的风险)。只有这样才能有效地遵循《民事诉讼法》的加速原则。此外,很难证明假设的诉讼迟滞。当然,在不作进一步权衡的情况下,如果在及时提出时也会出现同样的迟滞,则失权的合法性将在宪法上存在问题。[13]

40　　根据这种观点,此处构成诉讼迟滞,因为需要重新安排讯问证人 X 的期日。没有令人信服的理由表明,如果及时提交,也会出现同样的迟滞。

41　　根据相反的观点,应当适用相对(假设的/有因的)迟滞的概念。[14] 根据这一观点,假如当事人按期陈述,诉讼程序将花费同样长的时间,则应否认构成诉讼迟滞。否则,失权就会沦为对疏忽的诉讼惩罚。绝对迟滞的概念导致了程序的过度加速。如果适用绝对迟滞的概念,则法定听审请求权会受到威胁。

42　　根据这种观点,应当否定存在诉讼迟滞,因为根据案情可知,即使及时指明、提出,也仍然需要安排新的期日。

43　　由于两种观点都得出了不同的结论,故而有必要对争议作出评判。反对相对迟滞理论的理由是,由于影响因素众多,无法充分地确定假设的诉讼持续时长。[15] 应遵循第一种观点,因为这是有效鼓励当事人推进诉讼的唯一途径。因此,本案构成诉讼迟滞。

　　　　提示:联邦普通法院不允许控诉法院在《民事诉讼法》第 531 条第 1 款的范围内以其自认为可适用的理由变更一审法院的失权理由。[16] 与绝对迟滞的概念相对立的是关于司法照顾义务的严格判例,它鼓励法院也要尽可能考虑到迟滞的提出,因

---

　　[13] BGH NJW 2012, 2808 (2809 Rn. 12); Zöller/Greger §296 ZPO Rn. 22; Pohlmann Rn. 304.

　　[14] OLG Frankfurt NJW 1979, 1715f.; OLG Hamm NJW 1979, 1717; Knöringer NJW 1977, 2336 (2337); Leipold ZZP 93 (1980), 237 (250); Schwarz JA 1984, 458 (461).

　　[15] BGH NJW 1983, 1495f.; MüKoZPO/Prütting §296 ZPO Rn. 78.

　　[16] BGHZ 166, 227 (230ff.) = NJW 2006, 1741f. Rn. 12ff.; BGH NJW 2017, 2288 (2289 Rn. 15); 1999, 2269 (2270); NJW- RR 2013, 655 Rn. 11.

而这样就不构成迟滞。[17]

b) 小结

依照《民事诉讼法》第296条第1款,提出驳回有关证人X的证据是合法的。因此,依照《民事诉讼法》第531条第1款,在控诉裁判中可以不考虑证人X。

② 人证Y

B关于证人Y的证据提出被驳回是否正确合法,是存疑的(《民事诉讼法》第531条第1款)。驳回可能是由于在民事诉讼中,将偷听到的电话谈话内容作为证据是不合法的。[18]

a) 驳回违法取得的证据

对于违法获得的证据在多大程度上受到禁止使用的限制,以及是否因此可以被受诉法院合法地驳回,是有争议的。[19]

此处由于E没有同意(电话交谈可以被旁人监听),依照《德意志联邦共和国基本法》(以下简称《基本法》)第2条第1款和第1条第1款(对于谈话的权利),E的人格权受到了侵犯,不管被偷听的谈话内容涉及私人话题还是纯粹的事务或商业话题。[20]

一种观点[21]认为,违法获得的证据一般仍可以使用。确定实质性真相的利益一定优于违法取证所涉各方当事人的人格权。

另一种观点[22]认为,这种证据是不能使用的。只有普遍否定违法获得的证据的可使用性,才能保持法秩序的一致性,而不至于出现价值断裂。

---

[17] Vgl. Zeiss/Schreiber Rn. 208.
[18] 关于证据使用禁止参见 Balthasar JuS 2008, 35ff.。
[19] Foerste NJW 2004, 262f.; Balthasar JuS 2008, 35ff.
[20] BeckOK ZPO/Bacher §284 ZPO Rn. 21.
[21] Werner NJW 1988, 993 (998ff.).
[22] Baumgärtel ZZP 69 (1956), 89 (103ff.).

50   通说观点[23]主张均衡理论。特别是对于受宪法保护的法益,必须进行均衡考量,因为如果不这样处理,则任何人都可以将违法获得的证据引入诉讼。民事诉讼中单纯的证据利益是不够的。一定要有一些特殊的观点,使得即使存在侵犯人格权的情形,也要保护证据的收集和使用,例如举证人处于正当防卫的情形或类似于正当防卫的状态等。[24] 这一点 B 是不具备的。

b) 小结

51   这些观点得出了不同的结论,因此有必要对争议进行评判。应遵循通说观点,充分考虑到相互冲突的利益。据此,驳回是合法的,因而依照《民事诉讼法》第 531 条第 1 款在控诉裁判中不得考虑证人 Y。

(2) 控诉法院依照《民事诉讼法》第 529 条第 1 款第 1 项第 2 半句和第 2 项,并结合《民事诉讼法》第 531 条第 2 款,基于新的防御方法作出新的事实认定

52   依照《民事诉讼法》第 529 条第 1 款第 1 项第 2 半句对一审法院事实确认的真实性和完整性产生怀疑的具体根据,也可以来自《民事诉讼法》第 529 条第 1 款第 2 项及第 531 条第 2 款意义上的新的攻击防御方法。其前提是,在控诉审中应考虑这些攻击防御方法,因为在一审中,由于法院有责任(《民事诉讼法》第 531 条第 2 款第 1 句第 1 项和第 2 项)或其他非因该当事人的过错(《民事诉讼法》第 531 条第 2 款第 1 句第 3 项)而导致这些攻击防御方法未能被主张。[25] 也即《民事诉讼法》第 529 条第 1 款第 2 项的效力会及于《民事诉讼法》第 529 条第 1 款第 1 项。[26]

---

[23] BVerfGE 106, 28 (48ff.) = NJW 2002, 3619 (3624); BGH NJW 2018, 2883 (2886 Rn. 31); 2003, 1727 (1728); NJW-RR 2010, 1289 (1292 Rn. 28); Rosenberg/Schwab/Gottwald § 111 Rn. 24.

[24] Vgl. BVerfGE 106, 28 (50) = NJW 2002, 3619 (3624); BGHZ 27, 284 (289f.) = NJW 1958, 1344f.

[25] BGHZ 158, 295 (301f.) = NJW 2004, 2152 (2153).

[26] OLG Schleswig OLGR 2005, 8 (9).

此处,事实的真实性——没有委托电工 E——因 Z 和 Q 的证人陈述而变得可疑。

①Z 的证人证言

有疑问之处在于,新的防御方法——Z 的证人陈述——能否获得准许(《刑事诉讼法》第 531 条第 2 款)。

a)依照《民事诉讼法》第 531 条第 2 款第 1 项准许

在这种情况下,一定存在一个观点被一审法院忽视或认为不重要。此处并不存在波恩地方法院显然忽视或认为不重要的情形。

b)依照《民事诉讼法》第 531 条第 2 款第 2 项准许

《民事诉讼法》第 531 条第 2 款第 2 项尤其涉及这样一种情形,即一审法院没有依照《民事诉讼法》第 139 条作出提示,而假如一审法院作出提示,当事人在一审中将能够进行相应的提出行为。[27]

在该案例中,并不能发现一审存在程序瑕疵,尤其是不存在违反提示义务的情形。

c)依照《民事诉讼法》第 531 条第 2 款第 3 项准许

依照《民事诉讼法》第 531 条第 2 款第 3 项,只有在一审时没有提出攻击防御方法而这种没有提出并非出于当事人的疏忽时,才允许提出新的攻击防御方法。但是,如果原告在一审中没有提出与裁判有关的事实情况,尽管在地方法院的言词辩论终结时该原告已经知道或者应当知道这些事实情况及其对诉讼案件结果的重要性,那么这可以被视为疏忽。[28]

因此,只有那些在言词辩论终结后才产生的或为当事人所知的新的防御方法才会在控诉审中得到考虑。注意义务的标准是简单的过失。如果当事人由律师代理,对注意义务的要求就会提高。

---

[27] BGHZ 158, 295 (302) = NJW 2004, 2152 (2153);有关《民事诉讼法》第 139 条规定的法官的提示义务和释明义务参见 Reiter JA 2004, 224ff.。

[28] Vgl. BGHZ 158, 295 (303) = NJW 2004, 2152 (2154); BGH NJW 2019, 80 (82 Rn. 32).

60　　此处,只在控诉案件中提出证据是由于B的律师存在疏忽,依照《民事诉讼法》第85条第2款,这应归咎于B。

　　提示:相比之下,在控诉程序中首次陈述的无争议的事实必须始终得到考虑。《民事诉讼法》第531条第2款与此并不矛盾,即使该法律规范中提到的可准许的理由都不存在,关于处理迟延的攻击防御方法的法律规范只涉及有争议的陈述,因此需要证据证明的提出。[29] 诚然,到目前为止,一些判例将这一原则限制在与决定有关的事项上,而无须特别援引。例如,根据这一观点,即使时效抗辩权是基于无可争议的事实,其本身也不能在控诉审中被提出。[30] 然而,根据民事案件大审判庭的一份裁判[31],在实质意义上,抗辩权和抗辩之间不应有实质意义上的区别。因此,只要它们是基于无可争议的事实,抗辩权就必须始终予以考虑。

d) 小结

61　　新的证据方法——证人Z——不能依照《民事诉讼法》第531条第2款获得准许。

②Q的证人证言

62　　只有依照《民事诉讼法》第531条第2款允许提出时,才能首次考虑控诉中提出的新的防御方法——Q的证人陈述。

63　　B的律师在控诉理由中首次提出,Q曾看到E在B的房子里工作,并以Q的证言为依据。这一证据的提交是新的,因为直至一审言词辩论结束时,该证据都没有被提交。[32]

---

[29] BGHZ 161, 138 (141ff.) = NJW 2005, 291 (292f.); BGH BeckRS 2016, 482 Rn. 11; r+s 2015, 212 Rn. 5; NJW-RR 2005, 437.

[30] BGH GRUR 2006, 401 (404 Rn. 27); anders BGH NJW-RR 2006, 630 Rn. 6.

[31] BGHZ 177, 212ff. = NJW 2008, 3434 (3435 Rn. 11ff.); vgl. auch BGH NJW 2012, 3087 Rn. 7; BGH NJW 2009, 685 (687 Rn. 22).

[32] Vgl. BGH NJW 2004, 2382.

依照《民事诉讼法》第531条第2款第3项,当事人不得因过错而不在一审中提出主张。在一审最后一次言词辩论结束前,Q的证言客观上已经可以用作证据。然而在此处,B在一审言词辩论结束后才偶然得知Q观察到的情况。在不知情的情况下,B在一审时无法援引Q的证言,也不可能知道Q看到了什么。因此,不能责备B有过错。 64

可以允许B提交新的证据。Q将作为证人接受控诉法院讯问。 65

在控诉法院依照《民事诉讼法》第284条及以下数条进行证据调查的基础上,法院已经依照《民事诉讼法》第373条及以下数条将Q视为证人进行讯问。在进行证人讯问时,控诉法院在依照《民事诉讼法》第286条进行证据评价的范围内,根据可以考虑的(证人)个人(给法院留下的)印象,得出了结论:Q的陈述是不可信的,因此新的事实陈述不被视为真实。 66

(3)小结

依照《民事诉讼法》第529条在此作为裁判基础的事实并不支持作出不同的裁判(《民事诉讼法》第513条第1款第2种可选择的情形)。因此,B在没有法律依据的情况下获得了保险赔偿金。 67

(4)法律后果

由于B没有法律依据却因K的给付获得了数额为30000欧元的保险赔偿金,所以他必须向K返还30000欧元(《民法典》第812条第1款第1句第1种可选择的情形、第818条第2款)。 68

(三)结论

控诉不具有理由。科隆地方高等法院将以判决的形式以不具有理由为由驳回合法的控诉。 69

提示:只要合法的控诉累积性地看来显然没有胜算,案件不具有根本的重要性,法律的进一步发展或维护统一的判例不需要控诉法院作出裁决,也不需要进行言词辩论,如果控诉法院(合议庭审判人员)一致认为存在前述情形(之一),法院就应依照《民事诉讼法》第522条第2款以裁定的形式驳回控诉。控诉法院必须预测,即使进行言词辩论,控诉人对一审裁判的攻击是否仍然明显不占上风。[33] 此处,控诉人认为事实确认中存在错误从而提出责问,因此控诉法院随即依照《民事诉讼法》第529条至第532条的标准对控诉人的这些攻击进行审查,判断这些攻击是否以合法的方式对一审裁判的真实性或完整性提出了具有法律合理性的质疑。[34] 此处B涉及的证人X、Y和Z的控诉攻击显然是不具有法律合理性的,该结论无须进行言词辩论即可得出。然而,关于Q的证言,依照《民事诉讼法》第531条第2款,其属于合法的新的证据。由于提交的证据关系重大,所以不能依照《民事诉讼法》第522条第2款以裁定的形式驳回。

---

[33] Musielak/Voit/Ball §522 ZPO Rn. 21; BT- Drucks. 14/4722 S. 97.

[34] Vgl. BGH NJW 2017, 736 (737 Rn. 13f.); MüKoZPO/Rimmelspacher §522 ZPO Rn. 22; Musielak/Voit/Ball §522 ZPO Rn. 21a.

案例 10　无他,仅仅是生这个男人的气

一、案情

来自美因河畔法兰克福的已婚夫妇 Manfred Weber(以下简称 M)和 Berta Weber(以下简称 B)依据法定夫妻财产制生活在一起。2017 年 8 月 10 日,生活消费已经明显超出经济能力的 M 向经营互联网邮购业务的 Karl-Heinz Kroll(以下简称 K)订购了一台 800 欧元的新洗衣机。洗衣机在两周后交付,没有告知可以行使异议权。当 M 被多次催促后仍未支付货款时,K 转向与 M 一起被列入其客户档案的 B,并要求她支付购买价款。B 觉得自己对丈夫的交易没有责任,因此拒绝付款。2018 年 2 月 6 日,K 将 M 和 B 视为连带债务人向有管辖权的法兰克福区法院提起诉讼,要求二人支付 800 欧元。

只有 M 和 K 于先期首次期日到场,而 B 没有出现。法官随后依申请对 M 作出了支持原告诉请的(对席)判决,并对 B 作出缺席判决,两份判决分别判令 M 和 B 作为连带债务人支付 800 欧元。对于 M 在期日所表示的异议,尽管 K 没有作出任何表示,但法院仍然认为异议为迟延提出。

B 现在由 Schusel 律师(以下简称 S)代理,针对缺席判决提出申诉。

只有 K 于随后安排的期日到场。S 没有到场,因为他不久前才聘用的律师助理 Yvonne Neumann(以下简称 Y)还不太熟悉办公室的结构,在提醒律师 S 期日这件事上 Y 发生了迟误。

法官再次对 B 作出了"缺席判决",其判决主文同样为判令 B 作为连带债务人支付 800 欧元。原来的缺席判决在她的脑海中已不复存在。原来的缺席判决于 B 而言也不再存在。

S 以 B 的名义对此提出控诉。在控诉理由方面,他陈述称,他对不出庭没有责任,因为错误不是他犯的,而是他精心挑选的助理 Y 犯的。此外,在首次期日上不得作出缺席判决,因为 B 和 M 是共同被起诉的,只要其中一人出庭就可以了。最后,由于 M 及时行使了撤回权,所以法院也不应该作出这样的判决。

问题 1:请您评判控诉的获胜概率!

问题 2:B 的申诉是否合法?

变体 1:在首次申诉期日上,S 到场了。他援引了 B 的撤回权。当法官似乎要支持他的观点时,K 在 S 的同意下有效地撤回了对 B 的诉讼。

问题 3:谁必须承担因 B 于首次期日缺席而产生的额外费用?

变体 2:B 已经以有效的形式全额承担了由 Frankfurter Garst-Kreditgesellschaft mbH(法兰克福 Garst 贷款有限责任公司,以下简称 G)向 M 提供的金额为 200000 欧元的贷款的自愿偿付债务的保证责任。由于她只做兼职工作,所以她当时的月净收入只有 500 欧元。她没有其他财产。

在 M 拖欠分期还款后,G 解除了贷款合同,并根据保证关系向 B 提出清偿请求。由于 B 没有能力支付,G 经由法院督促程序获得了针对 B 的全部金额的执行决定。

由于 B 没有提出申诉,该执行决定发生法律效力。在法院执达官向 B 表明自己的身份后,她求助于她的律师 S,询问她是否可以为自己辩护以对抗强制执行。

问题 4:为 S 制作一份鉴定式案例分析报告,在报告中给出 B 可以针对强制执行采取哪些法律措施,并讨论这些措施的胜算!

二、思路

(一) 问题 1

  1. 控诉的合法性 …………………………………… 2

    (1) 控诉的容许性 ………………………………… 3

      ① 依照《民事诉讼法》第 514 条第 1 款对第一次缺席判决提起控诉 …………………… 4

      ② 依照《民事诉讼法》第 514 条第 2 款对第二次缺席判决提起控诉 …………………… 5

      ③ 控诉因最有利原则而具有容许性 …………… 9

      ④ 无过错的缺席 ………………………………… 10

        a) 在第二次期日发生缺席 …………………… 11

        b) 在第一次期日发生缺席 …………………… 12

        c) 诉的法律合理性 …………………………… 18

        d) 小结 ………………………………………… 24

    (2) 控诉人的败诉 (利益) ………………………… 25

    (3) 被声明不服的标的达到一定价值或者得到法院的准许 ……………………………………… 26

    (4)《民事诉讼法》第 519 条规定的形式 ………… 27

    (5)《民事诉讼法》第 517 条规定的期间 ………… 30

    (6) 在《民事诉讼法》第 520 条规定的期间内提出控诉理由 ……………………………………… 31

    (7) 小结 …………………………………………… 32

  2. 控诉具有理由 …………………………………… 33

  3. 结论 ……………………………………………… 35

(二) 问题 2

  1.《民事诉讼法》第 338、345 条规定的申诉的容许性 … 37

　　　　(1)《民事诉讼法》第 345 条 ·················· 38
　　　　(2)最有利原则的界限 ······················· 39
　　2. 结论 ······································· 42
(三)问题 3
　　1. 依照《民事诉讼法》第 269 条第 1、2 款有效撤诉 ······ 44
　　2.《民事诉讼法》第 269 条第 3 款第 2 句规定的
　　　诉讼费用负担义务 ···························· 45
　　3.《民事诉讼法》第 344 条规定的 B 的诉讼费用
　　　负担义务 ··································· 46
　　　(1)《民事诉讼法》第 344 条的可直接适用性 ········ 47
　　　(2)《民事诉讼法》第 344 条的可类推适用性 ········ 48
(四)问题 4
　　1.《民事诉讼法》第 767 条规定的执行异议之诉 ········ 54
　　　(1)合法性 ································· 54
　　　　①容许性 ······························· 55
　　　　　a)对执行决定的可适用性 ················ 56
　　　　　b)实体法上的抗辩 ····················· 57
　　　　②管辖权 ······························· 58
　　　　　a)事务管辖权 ························· 59
　　　　　b)地域管辖权 ························· 60
　　　　③《民事诉讼法》第 50 条及以下数条规定的
　　　　　当事人能力和诉讼能力 ················· 62
　　　　④依照《民事诉讼法》第 253 条合法起诉 ········ 65
　　　　　a)《民事诉讼法》第 253 条第 2 款第 2 项
　　　　　　规定的合法的诉讼请求 ················ 65
　　　　　b)诉讼实施能力 ······················· 66
　　　　⑤权利保护需求 ························· 67
　　　(2)具有理由 ······························· 69

①不存在获得执行名义的请求权 ·················· 70
　　a)《民法典》第138条第2款规定的无效
　　　情形 ·· 70
　　b)《民法典》第138条第1款规定的无效
　　　情形 ·· 71
　　　aa)保证人财务状况严重超支 ············· 73
　　　bb)银行以违背善良风俗的方式利用
　　　　　保证人和借款人之间的情感联系 ········ 74
　　　cc)银行对保证没有正当利益 ············· 75
　　　dd)知道/应当知道能够证明存在违背
　　　　　善良风俗情形的情况 ···················· 78
②不存在《民事诉讼法》第767条第2款、
　第796条第2款规定的失权情形 ················ 80
(3)结论 ·· 83
2.《民事诉讼法》第578条及以下数条规定的再审
　程序 ··· 84
　(1)《民事诉讼法》第580条第4项规定的回复
　　　原状之诉的理由 ······························· 85
　(2)其他回复原状之诉的理由 ··················· 86
3. B依照《民法典》第826条向K主张停止执行和
　返还执行名义的请求权 ···························· 88
　(1)《民法典》第826条的可适用性 ············ 88
　(2)执行名义实质上的不正确性 ················ 92
　(3)知道执行名义不正确 ·························· 93
　(4)特别情况 ··· 94
　(5)知道违背善良风俗 ···························· 98
　(6)结论 ··· 100

三、解答

(一) 问题 1

1 如果控诉合法且具有理由,则控诉有希望获胜。

1. 控诉的合法性

2 如果控诉的实体判决要件(《民事诉讼法》第 522 条第 1 款)齐备,则控诉即为合法。

(1) 控诉的容许性

3 原则上,控诉是针对在一审中作出的终局判决(《民事诉讼法》第 511 条第 1 款)。然而,此处存在一个特殊之处,即终局判决是一个缺席判决。

①依照《民事诉讼法》第 514 条第 1 款对第一次缺席判决提起控诉

4 原则上,不允许对缺席判决提起控诉(《民事诉讼法》第 514 条第 1 款)。本案中,可被容许的法律救济系《民事诉讼法》第 338 条规定的异议。

②依照《民事诉讼法》第 514 条第 2 款对第二次缺席判决提起控诉

5 然而,针对依照《民事诉讼法》第 514 条第 2 款作出的缺席判决,申诉本身是不被容许的,但是在某些情况下可以提起控诉。

6 此处,需要考虑第二次缺席判决,依照《民事诉讼法》第 345 条,针对该判决继续提出申诉是不被容许的。

7 然而,此处法院是否有权作出第二次缺席判决是值得怀疑的。[1] 固然,B 在针对第一次缺席判决的申诉期日上再次缺席,由

---

〔1〕 有关缺席审判程序参见 Stadler/Jarsumbek JuS 2006, 34ff. und 134ff.。

于连续两次缺席,实际上确实应该作出第二次缺席判决(《民事诉讼法》第345条)。然而,此处现有的判决并没有被明确为第二次缺席判决。此外,在判决主文中并没有像第二次缺席判决那样写有不得申诉的内容(参见《民事诉讼法》第345条),而是再次判令B付款。由此可见,区法院错误地再次作出了从技术上来看仍属于第一次缺席判决的判决。

与此相反,并非控诉具有容许性,而是《民事诉讼法》第338条规定的申诉具有容许性。 8

③控诉因最有利原则而具有容许性

区法院作出的第二次判决是一个形式上不正确的裁判,因为区法院本应该作出第二次缺席判决而非第一次缺席判决。如果这使得当事人客观上不能确定针对该裁判究竟哪种法律救济手段具有容许性,则适用最有利原则。[2] 根据这一原则,法院方面的错误或不明确,不得成为当事人的负担。因此,如果法院选择了错误形式的裁判,则无论是针对法院选择的错误裁判的上诉,还是针对实际上应当作出的正确裁判的上诉,都是具有容许性的。[3] 因此,如果法院错误地将第二次缺席判决称为第一次缺席判决,则无论是申诉还是控诉都是可以容许的。[4] 9

④无过错的缺席

然而,依照《民事诉讼法》第514条第2款,只有当控诉的理由是案件中并不存在有过错的缺席时,控诉才具有容许性。[5] 对此,必须在控诉理由中完整且具有法律合理性地提出用于证明上诉合法性 10

---

〔2〕 Vgl. Thomas/Putzo/Reichold Vor §511 ZPO Rn. 6ff.; Rosenberg/Schwab/Gottwald §135 Rn. 8ff.

〔3〕 BGH NJW-RR 2012, 753 (754 Rn. 12); Musielak/Voit Grundkurs Rn. 911 m.w.N.; Rosenberg/Schwab/Gottwald §135 Rn. 10f.

〔4〕 BGH NJW 1997, 1448; OLG Brandenburg NJW-RR 1998, 1286;有关相反的情形参见 OLG Frankfurt NJW-RR 2011, 216。

〔5〕 BGH BeckRS 2013, 6021 Rn. 5.

的案件事实主张。[6]

a) 在第二次期日发生缺席

11 至少在 B 主张其对第二个期日的缺席没有过错的情况下,上诉才具有容许性。

b) 在第一次期日发生缺席

12 同样可以想象的是,以第一次期日不存在缺席为由提出控诉。如果依照《民事诉讼法》第 62 条,B 被视为由其丈夫代理,就会出现这种情况。

13 然而,针对第二次缺席判决的控诉是否可以基于发布第一次缺席判决时不存在缺席的情况,是存在争议的。

14 部分学者认为应当允许。[7] 其给出的理由是,让许可控诉取决于发生在第一次缺席判决中还是发生在第二次缺席判决中的错误这一相当偶然的情况,是武断的。在仅仅一次有过错的缺席之后即遭败诉,这是不合比例的。

15 通说认为[8],控诉不能以此为依据。《民事诉讼法》第 514 条第 2 款的文句所规定的缺席判决和缺席之间的关联性表明,导致法院作出缺席判决的缺席仅指法院宣告被声明不服的第二次缺席判决时发生的缺席。两种情形没有可比性。如果当事人已经受到第一次缺席判决的警告,即使该缺席判决是错误作出的,该当事人在诉讼上的过失也会更重。同时必须考虑到对方当事人的利益。对于法定听审请求权(《基本法》第 103 条第 1 款),就案件发表意见的一次性机会就已经足够。

16 因为两种观点得出了不同的结论,则应当对争议作出评判。支

---

[6] BGH BeckRS 2018, 33328 Rn. 10f.; NJW-RR 2017, 638 (639 Rn. 8); NJW 2010, 2440 (2441 Rn. 5).

[7] Vollkommer ZZP 94 (1981), 91ff.; Zöller/Herget § 345 ZPO Rn. 4.

[8] BGHZ 97, 341 (342ff.) = NJW 1986, 2113f.; BGH NJW 2016, 642 (643 Rn. 13); vgl. Rosenberg/Schwab/Gottwald § 135 Rn. 3; Musielak/Voit Grundkurs Rn. 358f., jeweils m.w.N.Vgl. auch BGH BeckRS 2018, 33328 Rn. 12.

持通说观点的理由是:缺席者已经受到了第一次缺席判决的警告,因此不值得保护。

因此通说观点认为,由于 M 在作出第一次缺席判决所基于的第一个期日没有缺席,所以要否定控诉的容许性。   17

提示:如果按照此处的少数意见,那么控诉无论如何都会因不具有理由而失败,因为 B 和 M 被视为连带债务人(因《民法典》第 1357 条),在这种身份下他们只是普通的共同诉讼人,所以《民事诉讼法》第 62 条第 1 款规定的拟制代理并不适用。

c)诉的法律合理性

S 进一步主张,由于 M 依照《民法典》第 312g 条第 1 款、第 355 条进行了撤回,在诉欠缺法律合理性的情况下,(法院)不得作出缺席判决。   18

依照《民事诉讼法》第 514 条第 2 款提出的控诉,是否可以基于因诉不具有法律合理性而提出的原本不得作出第一次缺席判决的责问,是存在争议的。   19

提示:在作出第二次缺席判决之前,是否应再次审查法律合理性问题,也应与此等同[9],因为在这方面,处理申诉的法官的审查范围和审查义务与控诉可能性之间是一致的。[10]

部分学者认为,在欠缺法律合理性时,仍然可以提起控诉。[11] 必须将《民事诉讼法》第 330 条及以下数条中的缺席概念与《民事诉讼法》第 514 条第 2 款中的同名概念加以区分。《民事诉讼法》第 514 条第 2 款中的缺席要从法条机能上进行确定,并且必须与应归于针   20

---

[9] BGHZ 141, 351 (353) = NJW 1999, 2599; a.A. BAG JZ 1995, 523 (524). 关于《民事诉讼法》第 345 条上的争议参见 MüKoZPO/Prütting § 345 ZPO Rn. 9ff.。

[10] 针对在存在过去的执行决定时作出第二次缺席判决,其两者间审查范围存在同步性的问题,反对性观点参见 Adolphsen/Dickler ZZP 125 (2012), 463 (471ff.)。

[11] Braun JZ 1999, 1157ff. m.w.N.; Vollkommer ZZP 94 (1981), 91ff.; vgl. Stein/Jonas/Bartels § 345 ZPO Rn. 8; Zöller/Herget § 345 ZPO Rn. 4.

对第二次缺席判决的控诉的任务相协调。因此，无论是在从申诉法院的角度来看，还是在当事人非因自己的过错而没有出庭时，正确的方式是本就不应该作出缺席判决时，就存在《民事诉讼法》第 514 条第 2 款意义上的有过错的缺席的情形。[12] 直到最后一次事实审查之前，在程序的每一阶段，都应当对法律合理性进行审查。被告没有义务出庭。在颁布执行决定后，对"第二次缺席判决"的审查也必须依照《民事诉讼法》第 700 条第 6 款调查其法律合理性。然而，这样的缺席判决与第一次缺席判决后的缺席判决并无区别。此外，有效权利保护的需求，需要进行法律合理性审查。否则，"法院的重大错误"将被归咎于相关当事人。[13]

21 通说认为[14]，在作出第二次缺席判决时，可以不审查法律合理性，因此，控诉也不能基于此。法律术语"延误（Versäumung）"和"迟误（Säumnis）"是同义的。《民事诉讼法》第 700 条第 6 款并不与此相矛盾，因为督促程序的特点，特别是在支付令发出前并不进行法律合理性审查这一点，论证了这种区别的正当性。相反，有关《民事诉讼法》第 700 条第 6 款的相反结论表明，法律合理性审查只须在督促程序之后进行，而无须在第一次缺席判决之后进行。《民事诉讼法》第 345 条、第 514 条第 2 款因具有制裁性质也被视为论据、理由加以引用。被告受到了第一次缺席判决的警告，因此他非常可能会更加谨慎。

22 因为两种观点得出了不同的结论，所以必须对这一争议作出判断。应遵循通说观点。特别是《民事诉讼法》第 700 条第 6 款，可以通过反面结论的方式加以援引。如果法律合理性审查总是要在第

---

〔12〕 Braun JZ 1999, 1157 (1158f.).
〔13〕 Braun, Lehrbuch des Zivilprozeßrechts, 2014, S. 622f.; vgl. auch Thomas/Putzo/Reichold § 345 ZPO Rn. 4:"有问题的、不理想的结论"。
〔14〕 BGHZ 141, 351 (352ff.) = NJW 1999, 2599f.; BGH BeckRS 2018, 33328 Rn. 14; NJW 2016, 642 (643 Rn. 13); Wieczorèk/Schütze/Gerken § 514 ZPO Rn. 21; Musielak/Voit/Ball § 514 ZPO Rn. 9; Musielak/Voit Grundkurs Rn. 360; MüKoZPO/Prütting § 345 ZPO Rn. 9 及详细理由说明 Rn. 11ff.。

二次缺席判决的范围内进行,则在《民事诉讼法》第 700 条第 6 款中关于《民事诉讼法》第 331 条第 1 款及该条第 2 款第 1 半句的特别提示就没有必要了。

因此通说认为,依照《民事诉讼法》第 514 条第 2 款,控诉不能以诉欠缺法律合理性作为理由。 23

提示:如果遵循少数意见,就会得出结论:控诉有望获胜。M 在第一次缺席判决的期日宣布撤回。这对 B 也发生效力。[15]

d) 小结

只有在第二次期日没有发生迟误这一理由成立的情况下,控诉才可被容许。 24

(2) 控诉人的败诉(利益)

如果被告提出了控诉,根据主流观点[16],适用实质性败诉原则(参见→案例 5,边码 47 及下一段)。B 因缺席判决遭受了实质性败诉,因为她被判令作为连带债务人支付 800 欧元。 25

(3) 被声明不服的标的达到一定价值或者得到法院的准许

被声明不服的标的或者法院的许可与本案无关,因为《民事诉讼法》第 511 条第 2 款不适用于针对缺席判决的控诉(《民事诉讼法》第 514 条第 2 款第 2 句)。 26

(4)《民事诉讼法》第 519 条规定的形式

依照《民事诉讼法》第 519 条第 1 款,应向控诉法院书面提出控诉状。 27

依照《法院组织法》第 72 条第 1 款,地方法院原则上有权管辖针对区法院的终局判决提出的控诉,但属于地方高等法院管辖的除外。地方高等法院在本案没有被赋予管辖权。因此,控诉法院是美因河 28

---

[15] Vgl. MüKoBGB/Roth § 1357 BGB Rn. 34; Staudinger/Voppel (2014) § 1357 BGB Rn. 76 m.w.N.

[16] BGH NJW-RR 2015, 1203 (1204 Rn. 8); OLG Koblenz NJW-RR 1993, 462.

畔法兰克福地方法院。

29　　　控诉状必须由律师提交,因为在地方法院施行律师强制代理制度(《民事诉讼法》第 78 条第 1 款第 1 句)。这一事项在本案已获完成。

(5)《民事诉讼法》第 517 条规定的期间

30　　　控诉必须在控诉期间内,即在判决送达后一个月内提出(《民事诉讼法》第 517 条)。在案件事实情况中没有相反信息的情况下,应当认为控诉系按时提出。

(6)在《民事诉讼法》第 520 条规定的期间内提出控诉理由

31　　　必须在判决书送达后的两个月内提出控诉理由,控诉理由的内容应包括《民事诉讼法》第 520 条第 3 款第 2 句所要求的信息。(此案例中)也可以认为前述内容成立。

(7)小结

32　　　只要 B 的依据是在申诉期日并不存在有过错的缺席情形,针对缺席判决的控诉就是合法的。

2. 控诉具有理由

33　　　如果在第二个期日不存在有过错的缺席情形,则控诉即具有理由。

34　　　B 本人不应该为缺席负责。然而,依照《民事诉讼法》第 85 条第 2 款,S 的过错,应归责于 B 而不是雇员 Y 的过错。因为 S 原本应该监督新雇用的律师助理,所以他自己也应当被责难存在过错[17],这样就不存在无过错缺席的情形。

3. 结论

35　　　控诉没有获胜的希望。控诉虽然合法,但不具有理由。

---

[17]　Vgl. BGH NJW 1996, 319.

(二)问题2

在《民事诉讼法》第341条规定的要件满足的情况下,申诉即为合法。

1.《民事诉讼法》第338、345条规定的申诉的容许性

那么依照《民事诉讼法》第338条,申诉本应当是被容许的。针对第一次缺席判决,申诉是正确的法律救济。

(1)《民事诉讼法》第345条

但是,申诉可能不被容许,因为此处实际上是第二次缺席判决(→边码7)。然而,最有利原则可以再次适用(→边码9),因而针对不正确的裁判的、具有容许性的法律救济也就可以被容许了。针对第一次缺席判决,依照《民事诉讼法》第338条提出的申诉将被容许。

(2)最有利原则的界限

最有利原则只是为了消除不正确的裁判所造成的负面影响,而不是让被告获得比第二次缺席判决正确时更多的利益。[18] 出于这一原因,《民事诉讼法》第514条第2款的限制也必须适用于此处。[19]

由于依照《民事诉讼法》第514条第2款提出的控诉只有在第二个期日没有发生迟误、缺席时方可容许,因此申诉也只可在这个范围内具有容许性。

然而,在第二个期日并不存在无过错迟误、缺席的情况下,申诉也不可能成功。

2. 结论

申诉没有希望获胜。

---

[18] Vgl. BGH MDR 2009, 1000; KG BeckRS 2015, 14577 Rn. 9.
[19] OLG Brandenburg NJW-RR 1998, 1286; Musielak/Voit/Stadler §345 ZPO Rn. 7; Musielak/Voit Grundkurs Rn. 362.

(三)问题 3

43 在撤诉的情况下,谁来承担因 B 的迟误、缺席而可能产生的额外费用,是存疑的。

1. 依照《民事诉讼法》第 269 条第 1、2 款有效撤诉

44 此处应认为撤诉有效,因为 K 已经向法院(《民事诉讼法》第 269 条第 2 款第 1 句)表示撤诉,并且 B 对此表示同意(《民事诉讼法》第 269 条第 1 款)。

2.《民事诉讼法》第 269 条第 3 款第 2 句规定的诉讼费用负担义务

45 依照《民事诉讼法》第 269 条第 3 款第 2 句,原告有义务负担诉讼费用,除非这些费用已得到法律承认或者基于其他事由应当由被告负担。

3.《民事诉讼法》第 344 条规定的 B 的诉讼费用负担义务

46 尽管 K 原则上有义务负担诉讼费用(《民事诉讼法》第 269 条第 3 款第 2 句),但依照《民事诉讼法》第 344 条,B 有可能须承担缺席费用。就这一点,在应当由法院作出的诉讼费用裁判的框架内,是否由于有必要的额外期日而实际产生了其他的费用并不重要。因此,即使在不确定发生额外费用的情况下,也始终有必要依照《民事诉讼法》第 344 条征收诉讼费用。[20]

> 提示:在欠缺因果关系的情况下,缺席费用不是在缺席的期日产生的费用,因为即使没有缺席,也会产生这些费用。相反,缺席费用包括那些由于有必要确定新的期日而产生的费用,如律师于申诉期日产生的旅费或者新产生的证人收益损失费(误工费)。[21]

---

[20] MüKoZPO/Prütting § 344 ZPO Rn. 12; Zöller/Herget § 344 ZPO Rn. 2.
[21] OLG Köln BeckRS 2008, 11052 Rn. 7; BeckOK ZPO/Toussaint § 344 ZPO Rn. 3; Habel NJW 1997, 2357 (2358).

(1)《民事诉讼法》第 344 条的可直接适用性

不可直接适用《民事诉讼法》第 344 条,这是因为法院并未因申诉而作出变更缺席判决的裁判,而是 K 撤诉了。

(2)《民事诉讼法》第 344 条的可类推适用性

然而,如果存在法规漏洞且案情具有可比性,则可以考虑类推适用《民事诉讼法》第 344 条。可以认为,存在着立法规划外的法规漏洞。然而,其可比性是值得怀疑的。

一种观点认为,发生撤诉时,准用《民事诉讼法》第 344 条。[22] 这是因为《民事诉讼法》第 344 条和《民事诉讼法》第 269 条第 3 款第 2 句都明确体现了诱因原则,可以同时适用,因此,(《民事诉讼法》第 344 条)具有理由。《民事诉讼法》第 269 条第 3 款第 2 句明确允许基于其他原因而由被告负担费用。此外,这在程序上更加经济。否则,原告就可能因不愿负担缺席费用而不撤诉,因为就诉争作出(实质性)的裁判在诉讼费用负担方面对原告来说可能更有利。

反对的观点[23]否定了《民事诉讼法》第 344 条对该状况的类推适用性。从法律体系上看,《民事诉讼法》第 269 条第 3 款第 2 句具有优先适用地位,因此排除了《民事诉讼法》第 344 条的类推适用。《民事诉讼法》第 344 条的文义要求有一个变更的裁判,而发生撤诉时并不存在这样的裁判。原告也由于他现在撤诉间接地造成了缺席费用的产生。

因为两种观点得出了不同的结论,则必须对这一争议作出判断。应遵循第一种观点,因为缺席费用的产生是由被告造成的。假如她在第一次期日到场,K 就会在那时撤诉,这样就不会进一步产生其他费用了。

---

[22] BGHZ 159, 153 (155ff.) m.w.N. = NJW 2004, 2309 (2310f.); MüKoZPO/Becker-Eberhard § 269 ZPO Rn. 41f.; Rosenberg/Schwab/Gottwald § 130 Rn. 28.

[23] OLG Brandenburg NJW-RR 1999, 871; OLG Rostock NJW-RR 1996, 832; KG NJW 1970, 1799.

52　　据此,类推适用《民事诉讼法》第344条,B将不得不承担因其缺席而造成的额外费用。

(四)问题4

53　　首先,可以考虑依照《民事诉讼法》(ZPO)第767条提出执行异议之诉。[24] 其次,还可以考虑依照《民事诉讼法》第578条及以下数条申请再审。最后还可以考虑依照《民法典》第826条主张停止强制执行和返还执行名义的请求权。

1.《民事诉讼法》第767条规定的执行异议之诉

(1)合法性

54　　如果执行异议之诉合法且具有理由,那么就有希望获胜。

①容许性

55　　如果债务人主张的抗辩涉及的是判决确认的请求权本身,则执行异议之诉被容许。

a)对执行决定的可适用性

56　　依照《民事诉讼法》第794条第1款第4项,执行决定是一种执行名义,依照《民事诉讼法》第795条,《民事诉讼法》第767条第1款也适用于此种执行名义。

b)实体法上的抗辩

57　　依照《民法典》第138条第1款,保证合同的无效性可以被考虑作为针对获得执行名义的请求权的实体法上的抗辩,因此,该诉的容许性应得到确认。

②管辖权

58　　依照《民事诉讼法》第767条第1款,第一审程序的受诉法院具有事务管辖权和地域管辖权。由于此处存在一项执行决定,故而依照《民事诉讼法》第796条第3款,由在诉讼程序中原本对裁判有管

---

[24] 有关强制执行中的法律救济参见 Preuß Jura 2003, 181ff. und 540ff.。

辖权的法院管辖。

a) 事务管辖权

争议额超过 5000 欧元,因此依照《民事诉讼法》第 1 条并结合《法院组织法》第 71 条第 1 款、第 23 条第 1 项,地方法院具有事务管辖权。 59

b) 地域管辖权

此外,依照《民事诉讼法》第 29 条第 1 款,履行地的特别审判籍也在考虑之列,因为这是一个由保证合同即合同关系引起的纠纷。因此,发生争议的义务的履行地的法院对由合同关系引起的诉讼具有管辖权。履行地根据实体法确定,也即按照《民法典》第 269 条规定的给付地而定。[25] 保证合同债务的履行地应当独立确定,并不根据主债务而定。[26] 依照《民法典》第 269 条第 1 款,给付地(履行地)是债务人 B 的住所地,除非能由情势作出另外的推知。这也适用于金钱之债,因为《民法典》第 270 条没有关于给付地的规定(《民法典》第 270 条第 4 款)。[27] B 居住在美因河畔法兰克福,因此,美因河畔法兰克福地方法院的地域管辖权也可以依照《民法典》第 29 条第 1 款确定。 60

依照《民事诉讼法》第 802 条,无论是事务管辖权还是地域管辖权,均为专属管辖权,因为《民事诉讼法》第 796 条第 3 款最终确定了管辖法院——原本对诉讼程序有管辖权的法院。[28] 61

③《民事诉讼法》第 50 条及以下数条规定的当事人能力和诉讼能力

依照《民事诉讼法》第 50 条第 1 款、第 51 条及下一条,B 作为自 62

---

[25] BGHZ 157, 20 (23) = NJW 2004, 54; BGH NJOZ 2016, 771 Rn. 4; OLG Stuttgart BeckRS 2016, 6620 Rn. 4; Musielak/Voit/Heinrich §29 ZPO Rn. 15.

[26] RGZ 137, 1 (11); BayObLG BeckRS 2003, 30321855.

[27] Musielak/Voit/Heinrich §29 ZPO Rn. 25.

[28] Stein/Jonas/Münzberg §796 ZPO Rn. 5; Thomas/Putzo/Seiler §796 ZPO Rn. 3; Musielak/Voit/Lackmann §796 ZPO Rn. 3; a.A. Zöller/Geimer §802 ZPO Rn. 1 有关事务管辖权的内容。

然人,具有当事人能力和诉讼能力。

63 　　依照《民事诉讼法》第 50 条第 1 款与《有限责任公司法》第 13 条第 1 款,G 作为法人,具有权利能力,因而具有当事人能力。

64 　　依照《有限责任公司法》第 35 条第 1 款,该公司由其总经理代表。[29]

　　④依照《民事诉讼法》第 253 条合法起诉
　　a)《民事诉讼法》第 253 条第 2 款第 2 项规定的合法的诉讼请求

65 　　依照《民事诉讼法》第 253 条第 2 款第 2 项,对诉之申请必须以"基于……的执行决定而强制执行"的表述宣布其不合法。

　　b) 诉讼实施能力

66 　　由于诉是在地方法院提起的,所以必须由律师强制代理(《民事诉讼法》第 78 条第 1 款第 1 句)。因此,诉状必须由律师提交。

　　⑤权利保护需求

67 　　如果执行迫在眉睫,即在强制执行终结之前都具备执行名义[30],并且执行名义被交付给了债务人(参见《民事诉讼法》第 757 条第 1 款),或者债权人不再有任何执行的可能性,则执行异议之诉就存在权利保护需求。[31] 此处执行是迫在眉睫的,因为法院执达官已经进行了登记。

68 　　因此,《民事诉讼法》第 767 条规定的执行异议之诉合法。

　　(2) 具有理由

69 　　如果针对获得执行名义的请求权的实体法上的抗辩成立,并且依照《民事诉讼法》第 767 条第 2 款没有发生失权,则执行异议之诉即为具有理由。

---

〔29〕 法人和与之相当的合伙的诉讼能力问题存在争议,参见 Zöller/Althammer §52 ZPO Rn. 2 m.w.N.; Jauernig/Hess §20 Rn. 5 m.w.N. MüKoZPO/Lindacher §52 ZPO Rn. 23ff.。正确地指出:这个问题的提出本身就是错误的。

〔30〕 Brox/Walker Rn. 1332; MüKoZPO/K. Schmidt/Brinkmann §767 ZPO Rn. 43.

〔31〕 Musielak/Voit/Lackmann §767 ZPO Rn. 18; Gaul/Schilken/Becker - Eberhard §40 Rn. 109f.

①不存在获得执行名义的请求权

a)《民法典》第 138 条第 2 款规定的无效情形

保证合同可能依照《民法典》第 138 条第 2 款而无效。然而,由于保证是一个单方承担义务的合同,因而不是双务合同(Austauschvertrag),故《民法典》第 138 条第 2 款不适用。[32]

b)《民法典》第 138 条第 1 款规定的无效情形[33]

根据当时已经确立的判例[34],依照《民法典》第 138 条第 1 款,如果保证明显地表现出保证人处于结构性劣势,并有理由认为该保证对保证人造成了与他的收入和财产状况不相称的无法忍受的负担,则该保证违背善良风俗。

尤其是对于保证*而言,审查有无违背善良风俗应当基于以下模式:

aa)保证人财务状况严重超支

此处保证人被认为财务状况严重超支。原则上,只有当被涉及人可能甚至无法用其未被扣押的收入和财产来支付主债务的当前利息时,才能被确认为财务状况严重超支。[35] 此处就是这种情况,因为 B 的年收入(6000 欧元)仅相当于主债务的 3%,而且在这种情况下完全不得对其进行扣押(参见《民事诉讼法》第 850c 条第 1 款)。

bb)银行以违背善良风俗的方式利用保证人和借款人之间的情感联系

关于违背善良风俗的假定,仍然需要银行曾以不道德的方式利用了保证人和借款人之间的情感联系。在财务状况严重超支的情况下,可以作出一个可辩驳的推定,认为存在这种不当利用。

---

[32] BGH NJW 1991, 2015 (2017).
[33] Vgl. hierzu Palandt/Ellenberger §138 BGB Rn. 37 m.w.N.
[34] BVerfG NJW 1994, 36ff.; 1994, 2749 (2750); BGH NJW 1994, 1278 (1279ff.).
* 此处原文为"Bürgerschaften(公民、市议会)",但联系上下文,应是"Bürgschaften(保证)"的笔误。——译者注
[35] BGH NJW 2013, 1534 Rn. 9; 2009, 2671 (2672); 2002, 2634f.

cc）银行对保证没有正当利益

75　　然而，如果银行在例外的情形中对保证具有正当利益，则不构成违背善良风俗。

76　　例如，防止财产转移或者对未来财产的期待能够被视为正当利益。[36]

77　　此处最多就是考虑防止配偶之间进行财产转移。然而，联邦普通法院要求在保证合同中应当包含有证明正当利益的各种情况[37]，由于案情中欠缺相关信息，此处并未发生前述情况。因此，不能假定 G 存在正当利益。

dd）知道/应当知道能够证明存在违背善良风俗情形的情况

78　　此外，G 至少对能够证明存在违背善良风俗情形的情况因过失而不知情（参见《民法典》第 122 条第 2 款）——在这方面，获得授权代表它的雇员的认知状况具有决定性——因为它在任何情况下都必须调查了解保证人在这种金额的担保中具有经济方面的给付能力。

79　　这意味着《民法典》第 138 条第 1 款的要件得到了满足，因此保证合同是无效的，不存在获得执行名义的请求权。

②不存在《民事诉讼法》第 767 条第 2 款、第 796 条第 2 款规定的失权情形

80　　依照《民事诉讼法》第 767 条第 2 款，实体法上的抗辩理由在最后一次言词辩论结束后才产生，该实体法上的抗辩合法。由于在执行决定作出时还没有进行言词辩论，故对于执行决定，是否适用《民事诉讼法》第 796 条第 2 款，要根据抗辩的理由是否在执行决定送达后才产生来确定，而且无法再通过申诉的形式再作决定。由于依照《民法典》第 138 条第 1 款，保证合同自始无效，而且抗辩并不是在执

---

[36] Vgl. Emmerich JuS 2000, 494 (495); MüKoBGB/Armbrüster § 138 BGB Rn. 92.
[37] Vgl. BGHZ 151, 34 (40f.) 中的阐述 = NJW 2002, 2228 (2230).

行决定送达后才产生的(《民法典》第796条第2款),所以B的这一抗辩发生失权。

部分人认为,应当否定执行决定具有既判力,或者其既判力应被弱化,因此应当拒绝在执行异议之诉的范围内适用失权规则。[38] 然而,这种观点与《民事诉讼法》第796条第2款的明确规定相矛盾。

因此,B的保证合同违背善良风俗这一事由不再能在执行异议之诉中被提出。因此,该诉不具有理由。

(3)结论

执行异议之诉不具有理由,因此不应提起这样的诉。

2.《民事诉讼法》第578条及以下数条规定的再审程序

依照《民事诉讼法》第578条及以下数条,B可以针对执行决定提起回复原状之诉。(如果他提起此种诉,)就必须存在回复原状之诉的理由。

(1)《民事诉讼法》第580条第4项规定的回复原状之诉的理由

可以考虑《民事诉讼法》第580条第4项作为回复原状之诉的理由。在这种情况下,判决必须通过对方当事人或其代理人实施了犯罪而获得。然而,缔结保证合同并不构成犯罪。另外,(本案)也没有《民事诉讼法》第581条第1款规定的发生既判力的有罪判决。除此之外,由于《民事诉讼法》第582条的规定,回复原状之诉将归于失败,因为B在先前本就可以主张存在违背善良风俗的情况。

(2)其他回复原状之诉的理由

其他回复原状之诉的理由并非显而易见。

因此可以排除依照《民事诉讼法》第580条提起回复原状之诉的可能性。

---

[38] Vgl. dazu Staudinger/Oechsler (2014) § 826 BGB Rn. 521ff. m.w.N.

3. B 依照《民法典》第 826 条向 K 主张停止执行和返还执行名义的请求权

(1)《民法典》第 826 条的可适用性

88　　有疑问之处在于,依照《民法典》第 826 条主张请求权是否可以用来打破既判力。对此存在较大争议。[39]

89　　根据部分文献的观点[40],不能考虑依照《民法典》第 826 条打破既判力,因为《民事诉讼法》第 578 条及以下数条是这方面的特殊法律规则。案件事实方面的不正确本身并不构成打破既判力的理由。最重要的是,《民事诉讼法》第 582 条表明了回复原状之诉的辅助性。此外,这可能构成对《民事诉讼法》第 581 条的规避,因为该条法律要求新的证据方法的明显性和流动性(Liquidität)。个案中的不公平可以通过个案类推适用《民事诉讼法》第 578 条及以下数条来解决。

90　　判例认为[41],根据具有既判力的执行名义实施强制执行可以构成故意违背善良风俗的损害。根据判例,只有在"执行名义债权人无视实质性的法律状况,不当地利用其形式上的权利地位,给债务人造成负担,完全不符合正义思想"的情况下,致力于实现法和平与法的安定性的既判力才会退居次席。[42] 如果满足这些要件,则债务人可以要求停止执行、返还执行名义和损害赔偿。

91　　两种观点得出了不同的结论。因此,有必要对该争议作出评判。应当遵循判例的观点。虽然确实存在规避《民事诉讼法》第 578 条及以下数条的风险,但依据《民法典》第 826 条这样一个灵活的一般条款进行追偿,以防止明显的不法行为和抵御权利的滥用,显然是有必

---

〔39〕 Vgl. hierzu MüKoZPO/Gottwald §322 ZPO Rn. 217ff.
〔40〕 Vgl. BLAH Einf. §§322-327 ZPO Rn. 30ff.; Lüke Rn. 370.
〔41〕 BGH NJW-RR 2012, 304 (305 Rn. 15); NJW 1999, 1257 (1258f.) m.w.N.; 1987, 3256 (3257); zust. MüKoZPO/Braun Vor §578 ZPO Rn. 10; vgl. dazu auch Musielak/Voit Grundkurs Rn. 1075ff.;赞同对《民事诉讼法》第 579 条及下一条进行严格意义上的补充的观点参见 Jauernig/Hess §64 Rn. 12f. m.w.N。
〔42〕 BGH NJW-RR 2012, 304 (305 Rn. 15); NJW 1999, 1257 (1258); 1987, 3256 (3257).

要的。基于《民法典》第826条起诉系法官造法,其要件被判例有意地保持在狭窄的范围内,并由判例明确界定。

(2)执行名义实质上的不正确性

该执行名义必须在实质上不正确。此处即为这种情形,因为依照《民法典》第138条第1款,基于保证的请求权并不是因为违背善良风俗而产生的(→边码71及以下数段)。

(3)知道执行名义不正确

执行债权人一定要对执行名义的不正确性有所知悉。如果执行债权人被法院通知在(此前的)司法程序中基于《民法典》第826条作出的裁判是不正确的,则前句情形肯定存在。[43] 此处即为此种情形。

(4)特别情况

除此之外,还必须具备一些特殊情况,使执行债权人的行为看起来违背善良风俗,在此基础上,可以期待他放弃通过具有既判力的执行名义获得的法律地位。诚然,通常说来,执行名义实质上的不正确性所基于的情况本身并不足以同时说明执行违背善良风俗[44],因而还需要具备其他条件,使执行本身显得违背善良风俗。

在有执行决定的情况下,如果债权人能够认识到,在以诉讼的方式主张请求权时,《民事诉讼法》第331条规定的对法律合理性的司法审查必将导致诉讼请求被驳回,此即存在前述的特别情况。[45]

此处即为这种情况,因为G一定在强行充当信贷机构开展业务,而这根据当时已经确立的最高法院关于保证合同违背善良风俗的判例可知,根据《民法典》第138条第1款,法律合理性审查将暴露

92

93

94

95

96

---

[43] BGH NJW 1987, 3256 (3257); Musielak/Voit/Musielak §322 ZPO Rn. 91.
[44] OLG Nürnberg ZIP 1999, 918f.; OLG Köln WM 1997, 1095 (1096).
[45] BGHZ 151, 316 (328) = NJW 2002, 2940 (2943); BGHZ 101, 380 (387) = NJW 1987, 3256 (3258).

出保证合同的无效性。[46]

97　　因此,可以认为此处具备所需的特别情况。

(5)知道违背善良风俗

98　　对于《民法典》第826条所要求的对违背善良风俗的明知,并不需要加害人自行判断自己的行为违背善良风俗,他只需要知道导致法院作出违背善良风俗判决的事实情况即可。[47] 在本案中,应当以此为出发点。

99　　因此,根据判例,可以依照《民法典》第826条打破既判力,因而B可以依照《民法典》第826条,起诉要求停止执行和返还执行名义,从而阻止执行。

(6)结论

100　　因此,依照《民法典》第826条,此处可以打破既判力。

101　　B可以依照《民法典》第826条要求停止执行和返还执行名义,必要时必须以起诉的方式实现该请求权。

---

[46] Vgl. OLG Nürnberg ZIP 1999, 918 (919).
[47] Staudinger/Oechsler (2014) § 826 BGB Rn. 61.

案例 11 Frieda 家的麻烦

[根据 BGH NJW 2008, 3287 改编]

一、案情

女雕塑家 Frieda(以下简称 F)与她的配偶 Martin(以下简称 M)依据法定夫妻财产制生活在波茨坦,2016 年 5 月她从她的长期生意伙伴 Volker(以下简称 V)处订购了一块重达 10 公斤的天然石头,石头价格为 4000 欧元。交货后,F 和 V 就石头的质量问题发生了争执。之后,F 拒绝支付任何款项。最后,V 向波茨坦区法院提起诉讼,请求法院判决 F 支付 4000 欧元。然而,在和解协商时,V 和 F 达成合意,并在区法院达成了和解。在和解协议中,F 承诺向 V 支付 2000 欧元,而 V 则放弃提出进一步索赔的权利。

尽管 V 一再提出要求,然而 F 在接下来的两个月内没有付款,所以 V 现在想强制执行和解。因此,他提出有执行力的和解协议正本,委托法院执达官(以下简称 G)强制执行。法院执达官在下一个星期一的早上 7 时到达 F 和 M 的家中,并将和解协议的正本交给 F。F 因心存愧疚,所以心甘情愿地让法院执达官进屋,并表示法院执达官可以四处看看。与此相反,被吵醒的 M 抱怨说,他不希望 G 出现在他家。此外(M 还认为),G 在这样一个不合时宜的时间出现是不合理的。G 对此不以为然,在客厅里的一个价值 600 欧元的雕塑上盖上了扣押印章。他还扣押了停在房子大门前的价值 1500 欧元的大众高尔夫汽车。对此,M 完全不同意。前述雕塑是 F 送给他的生日礼物,只属于他个人。他所有的朋友都可以立即证明这一点——事实上这确系属实。他迫切需要驾驶这辆轿车去上班。虽然现在这辆轿车属于 F。然而,她把车托付给了 M,让他在去工作地点的路上使用,他工作的地方是无法乘坐公共交通工具到达的。然而,除此之外,这对夫妇共同使用这辆车。

问题 1:M 能否针对大众高尔夫汽车和雕塑遭扣押而采取法律措施并获得成功?

问题 2:假设被扣押的雕塑系 F 以 600 欧元的价格以所有权保留的方式从雕塑家 August(以下简称 A)处购得的,且已经付清了其中的 300 欧元,并且雕塑没有被交给 M。V 如何能够取得该雕塑?

变体 1:在 M 的刺激下,F 现在也有所醒悟,想为自己辩护以对抗强制执行。在这样做的时候,她想起她仍然对 V 有一个未履行完成的金额为 2000 欧元的购买价款债权,由于 2016 年 4 月她卖给 V 一个雕像,因而她有权行使该债权。因此,她电话通知 V,她将用该债权来抵销他的债权。F 认为,由于 V 的债权现在已经消灭了,所以必须宣布对她的强制执行不合法。

问题 3:针对强制执行,F 可以通过何种途径获得法律救济?该法律救济有获胜的希望吗?

问题 4:如果 F 和 V 没有在区法院达成和解,但 F 被判令向 V 支付 4000 欧元,而她对 V 仍有一项数额为 4000 欧元的未履行债权,那么法律救济是否具有理由?

变体 2:F 在波茨坦的巴伯尔斯贝格(Babelsberg)城区租了一个工作室。在她因经济困难而数次未能支付租金后,房东 Walter(以下简称 W)解除了与 F 的使用租赁合同,并获得了对 F 的已经发生法律效力的迁出房屋的执行名义。根据 W 向法官执达官(以下简称 G)发出的执行委托,同时附上一份可执行的判决正本,F 被通知搬出工作室。在迁出期日前不久,F 与画家朋友 Ullrich(以下简称 U)签订了一份工作室房屋的转租合同。欣喜之余,U 立即占有了这些房间。

G 现在拒绝执行对工作室的强制腾空,因为 U 在执行名义和所附的执行条款中都没有对强制迁出进行说明。W 对此非常愤怒,因为他怀疑(并非没有理由)F 把房间托付给 U 构成了对强制迁出的妨碍。

问题 5:针对 G 拒绝执行强制迁出/腾空的行为,W 可以采取何种法律救济措施? 该法律救济有获胜的希望吗?

二、思路

(一)问题 1
 1.《民事诉讼法》第 766 条第 1 款规定的执行抗议 …… 1
  (1)抗议的合法性 …… 2
   ①《民事诉讼法》第 766 条第 1 款规定的
    容许性 …… 3
   ②《民事诉讼法》第 766 条第 1 款第 1 句、
    第 764 条、第 802 条规定的管辖权 …… 5
   ③形式和期间 …… 7
    a)类推适用《民事诉讼法》第 573 条
     第 1 款第 2 句规定的形式 …… 7
    b)期间 …… 8
   ④抗议权限 …… 9
    a)住宅搜查(《民事诉讼法》第 758a 条
     第 1、3 款) …… 11
    b)《民事诉讼法》第 758a 条第 4 款 …… 12
    c)《民事诉讼法》第 809 条 …… 13
    d)《民事诉讼法》第 811 条第 1 款第 5 项 …… 14
   ⑤权利保护需求 …… 19
   ⑥小结 …… 20

(2) 抗议具有理由 ⋯⋯⋯⋯⋯⋯⋯⋯⋯⋯⋯⋯⋯⋯ 21
　①一般程序要件齐备 ⋯⋯⋯⋯⋯⋯⋯⋯⋯ 23
　②一般执行要件齐备(《民事诉讼法》
　　第750条) ⋯⋯⋯⋯⋯⋯⋯⋯⋯⋯⋯⋯⋯ 24
　　a)执行名义 ⋯⋯⋯⋯⋯⋯⋯⋯⋯⋯⋯⋯ 24
　　b)执行条款 ⋯⋯⋯⋯⋯⋯⋯⋯⋯⋯⋯⋯ 25
　　c)送达 ⋯⋯⋯⋯⋯⋯⋯⋯⋯⋯⋯⋯⋯⋯ 26
　③特别执行要件齐备 ⋯⋯⋯⋯⋯⋯⋯⋯⋯ 27
　④不存在执行障碍 ⋯⋯⋯⋯⋯⋯⋯⋯⋯⋯ 28
　⑤实施具体措施的合法性 ⋯⋯⋯⋯⋯⋯⋯ 29
　　a)违反《民事诉讼法》第758a条第1、3款 ⋯⋯ 29
　　b)违反《民事诉讼法》第758a条第4款 ⋯⋯ 31
　　c)因扣押载客汽车和雕塑而违反《民事诉讼法》
　　　第809条 ⋯⋯⋯⋯⋯⋯⋯⋯⋯⋯⋯⋯⋯ 32
　　d)违反《民事诉讼法》第811条第1款第5项
　　　规定的扣押禁止 ⋯⋯⋯⋯⋯⋯⋯⋯⋯ 37
　　e)小结 ⋯⋯⋯⋯⋯⋯⋯⋯⋯⋯⋯⋯⋯⋯ 39
(3) 结论 ⋯⋯⋯⋯⋯⋯⋯⋯⋯⋯⋯⋯⋯⋯⋯⋯ 40
2.《民事诉讼法》第771条第1款规定的第三人异议
之诉 ⋯⋯⋯⋯⋯⋯⋯⋯⋯⋯⋯⋯⋯⋯⋯⋯⋯⋯ 41
(1) 第三人异议之诉的合法性 ⋯⋯⋯⋯⋯⋯⋯ 42
　①容许性 ⋯⋯⋯⋯⋯⋯⋯⋯⋯⋯⋯⋯⋯⋯ 43
　②管辖权 ⋯⋯⋯⋯⋯⋯⋯⋯⋯⋯⋯⋯⋯⋯ 44
　　a)事务管辖权 ⋯⋯⋯⋯⋯⋯⋯⋯⋯⋯⋯ 44
　　b)《民事诉讼法》第771条第1款、第802条
　　　规定的地域管辖权 ⋯⋯⋯⋯⋯⋯⋯⋯ 46
　③合法起诉 ⋯⋯⋯⋯⋯⋯⋯⋯⋯⋯⋯⋯⋯ 47
　④权利保护需求 ⋯⋯⋯⋯⋯⋯⋯⋯⋯⋯⋯ 48

            a) 时间范围 ·················· 48
            b) 更简便且成本更低的路径 ·········· 49
        ⑤小结 ························ 53
      (2) 第三人异议之诉具有理由 ············ 54
        ①原告的"阻止转让的权利" ············ 55
        ②被诉的债权人无抗辩可主张 ·········· 56
        ③小结 ························ 57
      (3) 结论 ·························· 58
  (二) 问题2
    1. 纯粹的权利扣押之理论 ················ 60
    2. 实物扣押形式的权利扣押之理论 ·········· 61
    3. 双重扣押理论 ······················ 62
    4. 结论 ···························· 63
  (三) 问题3
    1. 执行异议之诉的合法性 ················ 65
      (1) 容许性 ························ 66
      (2) 管辖权 ························ 68
      (3) 合法起诉 ······················ 69
      (4) 权利保护需求 ·················· 70
      (5) 小结 ·························· 71
    2. 具有理由 ························ 72
      (1) 针对被给予执行名义的请求权的实体法上的
          抗辩 ·························· 73
        ①抵销适状 ···················· 74
          a) 相互性 ···················· 75
          b) 相同种类 ·················· 79
          c) 主债权可以履行 ·············· 80
          d) F 的对待债权到期且可以实现 ········ 81

②抵销的表示(《民法典》第 388 条) ⋯⋯⋯⋯ 82
③不具有排除抵销的情形 ⋯⋯⋯⋯⋯⋯⋯ 83
④《民法典》第 389 条规定的法律后果 ⋯⋯⋯ 84
(2)不存在《民事诉讼法》第 767 条第 2 款规定的
抗辩失权的情形 ⋯⋯⋯⋯⋯⋯⋯⋯⋯⋯⋯⋯⋯ 85
(3)不存在《民事诉讼法》第 767 条第 3 款规定的
失权情形 ⋯⋯⋯⋯⋯⋯⋯⋯⋯⋯⋯⋯⋯⋯⋯⋯ 88
(4)小结 ⋯⋯⋯⋯⋯⋯⋯⋯⋯⋯⋯⋯⋯⋯⋯⋯⋯ 89
3. 结论 ⋯⋯⋯⋯⋯⋯⋯⋯⋯⋯⋯⋯⋯⋯⋯⋯⋯⋯⋯ 90

(四)问题 4
1. 针对被给予执行名义的请求权的实体法上的
抗辩 ⋯⋯⋯⋯⋯⋯⋯⋯⋯⋯⋯⋯⋯⋯⋯⋯⋯⋯⋯⋯ 92
2. 不存在《民事诉讼法》第 767 条第 2 款规定的
抗辩失权的情形 ⋯⋯⋯⋯⋯⋯⋯⋯⋯⋯⋯⋯⋯⋯⋯ 93
3. 结论 ⋯⋯⋯⋯⋯⋯⋯⋯⋯⋯⋯⋯⋯⋯⋯⋯⋯⋯ 101

(五)问题 5
1. 执行抗议的合法性 ⋯⋯⋯⋯⋯⋯⋯⋯⋯⋯⋯ 103
(1)容许性 ⋯⋯⋯⋯⋯⋯⋯⋯⋯⋯⋯⋯⋯⋯⋯⋯ 104
(2)《民事诉讼法》第 766 条第 2 款、第 764 条、
第 802 条规定的管辖权 ⋯⋯⋯⋯⋯⋯⋯⋯⋯⋯ 105
(3)形式和期间 ⋯⋯⋯⋯⋯⋯⋯⋯⋯⋯⋯⋯⋯⋯ 106
①类推适用《民事诉讼法》第 573 条第 1 款
第 2 句规定的形式 ⋯⋯⋯⋯⋯⋯⋯⋯⋯⋯⋯ 106
②期间 ⋯⋯⋯⋯⋯⋯⋯⋯⋯⋯⋯⋯⋯⋯⋯⋯ 107
(4)抗议权限 ⋯⋯⋯⋯⋯⋯⋯⋯⋯⋯⋯⋯⋯⋯ 108
(5)权利保护需求 ⋯⋯⋯⋯⋯⋯⋯⋯⋯⋯⋯⋯ 109
(6)结论 ⋯⋯⋯⋯⋯⋯⋯⋯⋯⋯⋯⋯⋯⋯⋯⋯ 110
2. 具有理由 ⋯⋯⋯⋯⋯⋯⋯⋯⋯⋯⋯⋯⋯⋯⋯⋯ 111

         (1)一般程序要件齐备 …………………………… 112
         (2)一般执行要件齐备 …………………………… 113
            ①违反《民事诉讼法》第 750 条第 1 款第 1 句 … 114
            ②依诚实信用原则而存在的例外(《民法典》
              第 242 条) …………………………………… 115
            ③小结 ………………………………………… 121
      3. 结论 ……………………………………………… 122

三、解答

(一)问题 1

1.《民事诉讼法》第 766 条第 1 款规定的执行抗议

可以考虑依照《民事诉讼法》第 766 条第 1 款提出执行抗议。如果执行抗议合法且具有理由,则其有希望获胜。   1

(1)抗议的合法性

执行抗议的合法性要件应当齐备。   2

①《民事诉讼法》第 766 条第 1 款规定的容许性

在涉及强制执行种类和方式或者法院执达官处理抗议应当遵循的程序等有关抗议事项方面,执行抗议可被容许(《民事诉讼法》第 766 条第 1 款)。   3

此处 M 对 G 的处理方式表示反对。他主张,G 违背他的意愿进入房子,并在一个不合适的时刻开始了扣押,并且认为 G 不得扣押雕塑。当然,只有在涉及共同支配的情况下,抗议才被容许。依照《民事诉讼法》第 771 条,该所有权只能通过第三人异议之诉来主张,而不能通过抗议来主张。此外,G 还扣押了载客汽车,而载客汽车可能受到扣押禁止规则的保护。因此,M 对法院执达官实施执行的类型和方式表示反对,执行抗议因而具有容许性。   4

②《民事诉讼法》第766条第1款第1句、第764条、第802条规定的管辖权

5 　　如果执行程序实施地或者曾经实施地的区法院(《民事诉讼法》第764条第2款、第802条)是执行法院(《民事诉讼法》第764条第1款、第766条第1款),其具有就抗议进行裁判的专属管辖权。法官有职能管辖权(《司法辅助官法》第20条第1款第17项第2句)。

6 　　由于扣押在波茨坦进行,所以波茨坦区法院有管辖权。

③形式和期间

a) 类推适用《民事诉讼法》第573条第1款第2句规定的形式

7 　　《民事诉讼法》第766条没有对形式作出规定。然而,准用《民事诉讼法》第573条第1款第2句,抗议应当采用书面形式或者以向法院书记科陈述并记入笔录的形式提出。

　　提示:通说认为[1],此处应准用关于即时抗告的规定,即《民事诉讼法》第569条第2、3款。然而,随着《民事诉讼法》的改革,新增了《民事诉讼法》第573条,该条包含了对受托法官或者受命法官或书记官作出的裁判的抗议,因而《民事诉讼法》第573条第1款第2句更适合类推适用。

b) 期间

8 　　执行抗议不受期间约束。

④抗议权限

9 　　只有根据自身所作的陈述,权利可能因被声明不服的执行措施而受到不利影响的人,才有权提出抗议。

10 　　此处M是一个不直接参与强制执行的第三人。第三人只能对

---

[1] Brox/Walker Rn. 1185; Gaul/Schilken/Becker- Eberhard §37 Rn. 57; Lackmann §18 Rn. 199; HK- ZPO/Kindl §766 ZPO Rn. 9;反对形式要求的不同观点参见 Baur/Stürner/Bruns Rn. 43.12; Jauernig/Berger §11 Rn. 10; Musielak/Voit Grundkurs Rn. 1293。

违反用于保护第三人的程序性规定的行为以抗议的方式进行责问。[2] 因此,M 主张的被违反的程序性规定是否也可以用于保护第三人,是存疑的。

a)住宅搜查(《民事诉讼法》第 758a 条第 1、3 款)

G 违背 M 的意愿搜查了住宅。这可能构成对《民事诉讼法》第 758a 条第 1 款的违反。《民事诉讼法》第 758a 条第 1 款意在保护《基本法》第 13 条规定的住宅不受侵犯的基本权利。除了保护债务人之外,该法律规范也用于保护居住在被搜查的住宅里的第三人(参见《民事诉讼法》第 758a 条第 3 款)。[3] 因此,M 作为 F 的共同居住人,可以援引《民事诉讼法》第 758a 条第 1、3 款,并有权在这个范围内提出抗议。

b)《民事诉讼法》第 758a 条第 4 款

由于 G 在上午 7 点出现在 M 和 F 的住宅内,故可以考虑存在违反《民事诉讼法》第 758a 条第 4 款的情况。依照《民事诉讼法》第 758a 条第 4 款,住宅的共同支配人也受到明确的保护,避免强制执行措施对他形成不可期待的苛刻状况。[4] 除了纯正的债务人之外,他享有的《基本法》第 13 条规定的各项基本权利也会受住宅上的强制执行措施的影响。因此,M 作为 F 的共同居住人,可以援引《民事诉讼法》第 758a 条第 4 款,并有权在该范围内提出抗议。

c)《民事诉讼法》第 809 条

对雕塑和载客汽车的扣押可能违反了《民事诉讼法》第 809 条。依照《民事诉讼法》第 809 条,由第三人(共同)支配的物品只有在第三人愿意交出的情况下才能被扣押。这条法律规范明显是为了保护第三人,在该法律规范被违反时,第三人可以根据《民事诉讼法》第

---

[2] Zöller/Herget §766 ZPO Rn. 12.
[3] MüKoZPO/Heßler §758a ZPO Rn. 15, 73.
[4] Zöller/Seibel §758a ZPO Rn. 36.

766 条以执行抗议的方式进行防御。[5] 因此,M 可以就雕塑和载客汽车援引《民事诉讼法》第 809 条,还有权在该范围内提出抗议。

d)《民事诉讼法》第 811 条第 1 款第 5 项*

14 关于扣押载客汽车,M 主张违反了扣押禁止规则(《民事诉讼法》第 811 条第 1 款第 5 项)。关于《民事诉讼法》第 811 条第 1 款第 5 项是否也适用于家庭成员——特别是配偶,存在争议。[6]

15 部分学者认为,《民事诉讼法》第 811 条第 1 款第 5 项并不保护家庭(成员)。[7] 该法条的文义支持这一观点,因为《民事诉讼法》第 811 条第 5 款——与第 1—4a、10 项和第 11 项不同——没有明确提到家庭(成员),而只是提到债务人。[8] 此外,《民事诉讼法》第 771 条第 1 款充分保护了配偶。另外,《民事诉讼法》第 739 条允许不受限制地扣押那些被推定为由负担债务的配偶支配的配偶(中的另一方)的物品。

16 与此相反,通说观点认为《民事诉讼法》第 771 条第 1 款提供的保护是不充分的。[9] 这首先适用于——正如此处——负担债务的配偶具有所有权的物品或者无法证明所有权的情况。[10] 由《民事诉讼法》第 809 条提供的保护也会因《民事诉讼法》第 739 条而不起作用。《民事诉讼法》第 811 条第 1 款第 5 项保护家庭的生计。[11] 配

---

[5] Zöller/Herget §766 ZPO Rn. 18; Musielak/Voit/Becker §809 ZPO Rn. 8; Musielak/Voit Grundkurs Rn. 1162.

* 2021 年 5 月 7 日,德国立法机构对《民事诉讼法》第 811 条进行了较大幅度的修改,该修改自 2022 年 1 月 1 日起生效,因而此处所述第 811 条第 1 款第 5 项与现行立法内容并不一致。——译者注

[6] Vgl. zum Streitstand Stein/Jonas/Würdinger §811 ZPO Rn. 55 m.w.N.

[7] OLG Stuttgart Die Justiz 1963, 143 (144).

[8] OLG Stuttgart Die Justiz 1963, 143 (144); vgl. auch Stein/Jonas/Würdinger §811 ZPO Rn. 55, der aber der h.M. folgt.

[9] BGH NJW-RR 2010, 642 (643 Rn. 8, 10ff.); Stein/Jonas/Würdinger §811 ZPO Rn. 55 m.w.N.; Zöller/Herget §811 ZPO Rn. 24.

[10] Stein/Jonas/Würdinger §811 ZPO Rn. 55m.w.N.

[11] BGH NJW-RR 2010, 642 (643); Zöller/Herget §811 ZPO Rn. 24.

偶的营利行为也应能使配偶中的另一方受益。因此,如果该物品被用于配偶进行经营、有酬工作等活动,则前述的保护目的也适用。《民事诉讼法》第739条并不排斥防止扣押的保护。

由于两种观点得出了不同的结论,因此要对争议进行评判。《民事诉讼法》第811条第1款第5项的(立法)目的支持通说观点。该法律规范意在保护家庭及其谋生的能力,因此,该法律规范适用于债务人的配偶时是有利的,从而至少也起到保护该配偶的作用。 17

因此,存在着违反保护第三人的规范的可能性,所以要肯定M具有提出抗议的权限。 18

⑤权利保护需求

执行抗议的权利保护需求原则上存在于强制执行的开始[12]和终结之间。但是,如果是以抗议的方式主张某项执行措施不合法,则权利保护需求并非随着整个强制执行的终结而消灭,而是随着被抗议的强制执行措施的终结而消灭。[13] 此处强制执行已经开始,因为G已经扣押了各种物品。强制执行也还没有终结,因为物品的变价尚未发生。因此,存在权利保护需求。 19

⑥小结

执行抗议具有合法性。 20

(2)抗议具有理由

如果法院执达官的执行行为存在程序上的错误,那么执行抗议即具有理由。[14] 21

此处是一种因金钱债权而对动产进行的强制执行(《民事诉讼法》第803条及以下数条)。 22

---

[12] 对于即将被实施执行行为的特殊情形,在发生此种情况之后才提出抗议,并不能确保产生有效的权利保护,参见 BGH BeckRS 2013, 05647 Rn. 19; MüKoZPO/Schmidt/Brinkmann §766 ZPO Rn. 48; Musielak/Voit/Lackmann §766 ZPO Rn. 17。

[13] BGH NJW- RR 2017, 1158 Rn. 5; NZM 2005, 193 (194); Brox/Walker Rn. 1191.

[14] 参见 Schreiber Jura 2006, 742ff.有关法院执达官进行的强制执行的内容。

①一般程序要件齐备

首先,一般程序要件必须齐备,特别是债权人要向作为有管辖权的执行机构的法院执达官提出申请(参见《民事诉讼法》第808条第1款、第753条第1款)。此处V已经提出了相应的申请。

②一般执行要件齐备(《民事诉讼法》第750条)

a)执行名义

依照《民事诉讼法》第794条第1款第1项,强制执行也可以根据在法院达成的和解协议进行。此处V和F之间达成了此类法院和解协议。因此,执行名义是存在的。

b)执行条款

根据案情可知,V获得了一份有执行力的和解协议正本(《民事诉讼法》第795、724条)。《民事诉讼法》第795b条与此并不相关,因为和解协议是否具有有效性并不取决于其他事实是否发生。

c)送达

根据案情可知,G在强制执行开始时将和解协议正本交给了F。因此,《民事诉讼法》第750条第1款第1句的要件得到了满足。

③特别执行要件齐备

该案例中并未发现需要齐备的特别的执行要件。

④不存在执行障碍

该案例中不存在执行障碍。

⑤实施具体措施的合法性

a)违反《民事诉讼法》第758a条第1、3款

可能存在违反《民事诉讼法》第758a条第1款的情况,因为G违背M的意愿搜查了房屋。该房屋是《基本法》第13条意义上的住宅,M也共同支配该房屋。G在该住宅里搜寻了《民事诉讼法》第758a条第1款意义上的可以扣押的物品。然而,F作为债务人已经明确同意了《民事诉讼法》第758a条第1款意义上的搜查。因此,依照《民事诉讼法》第758a条第3款第1句,只要根据《民事诉讼法》第

758a 条第 3 款第 2 句,搜查不构成不当的侵扰,共同支配人 M 就应当容忍这种搜查。然而,在本案中,对 M 来说,并没有明显的不当的侵扰。

因此,不存在违反《民事诉讼法》第 758a 条第 1、3 款的情形。 30

b) 违反《民事诉讼法》第 758a 条第 4 款

可以考虑存在违反《民事诉讼法》第 758a 条第 4 款的情况。M 31
主张,G 在不合适的时刻采取了强制执行措施。依照《民事诉讼法》第 758a 条第 4 款,只有基于区法院法官的特别命令,才能在夜间、星期日或者节假日在住宅内采取强制执行措施。依照《民事诉讼法》第 758a 条第 4 款第 2 句,夜间包括 21 时至次日 6 时的时间。在本案中,扣押是在星期一早上 7 点进行的,所以不需要法官发布命令。因此,不存在违反《民事诉讼法》第 758a 条第 4 款的情况。

c) 因扣押载客汽车和雕塑而违反《民事诉讼法》第 809 条

通过扣押载客汽车和雕塑,G 可能违反了《民事诉讼法》第 809 32
条。《民事诉讼法》第 809 条将扣押有体物的可能性扩大到了包括待扣押物由愿意交出该物品的第三人(共同)支配的情形。[15] 第三人的共同支配只要能被外界识别即为足够。[16]

M 是一个没有直接参与强制执行的第三人。他还明确主张,他 33
不准备交出载客汽车或者雕塑。依照《民事诉讼法》第 808、809
条,M 和 F 对两件物品的共同支配是明显可见的,因为他们二人具有共同对物品实施行为的可能性。

然而,在具有配偶关系的情况下,适用《民事诉讼法》第 739 条的 34
推定,根据该法律规范,如果债务人根据《民法典》第 1362 条被推定为有利于债权人的动产所有权人,则仅债务人单独被视为支配人。前提是存在《民法典》第 1362 条规定的所有权推定。M 和 F 是配

---

[15] MüKoZPO/Gruber §809 ZPO Rn. 1.
[16] Zöller/Herget §809 ZPO Rn. 4.

偶,没有分居(《民法典》第 1362 条第 1 款第 2 句)。载客汽车和雕塑构成配偶双方占有的动产。无论是多数情况下由 M 和 F 共同使用的载客汽车,还是作为住宅内设施的雕塑,都不是《民法典》第 1362 条第 2 款意义上的专属于配偶一方个人使用的物品。因此,无论是涉及载客汽车还是涉及雕塑,《民法典》第 1362 条规定的所有权推定的要件都得到了满足。由此,《民事诉讼法》第 739 条规定的支配推定也适用,故对于实施强制执行,仅债务人 F 被视为支配权持有人。

35　　有疑问之处在于,M 对此是否可以反驳称,他至少可以通过证人证明自己拥有雕塑的所有权。诚然,可以通过证明所有权而将《民法典》第 1362 条的推定推翻[17],但这并不动摇《民事诉讼法》第 739 条的推定。后者是不可反驳的。[18] 只有满足《民法典》第 1362 条的要件才是最重要的。[19] 法院执达官只审查支配,而不审查所有权。由此,《民事诉讼法》第 739 条规定的保管推定在此适用,因而为了 V 的利益,应当将 F 视为独占保管权的权利人。

36　　因此,不存在违反《民事诉讼法》第 809 条的情形。

　　d)违反《民事诉讼法》第 811 条第 1 款第 5 项规定的扣押禁止

37　　由于扣押了不得扣押的物品,所以可以考虑存在违反《民事诉讼法》第 811 条第 1 款第 5 项的情况。在本案中,G 扣押了 F 的载客汽车,即使 M 需要使用该汽车来开车上班。

38　　《民事诉讼法》第 811 条第 1 款第 5 项的作用是保护个人能参加工作,以确保家庭的生计。[20] 然而,有问题的是,在本案中,需要驾驶载客汽车去上班的不是债务人 F,而是她的丈夫 M。不过根据判例和文献中的主流观点,如果债务人的配偶需要使用因债务人而应当被扣押的物品来从事自己的营利行为,以确保家庭的生计,则《民

---

[17] Palandt/Brudermüller §1362 BGB Rn. 7.
[18] Thomas/Putzo/Seiler §739 ZPO Rn. 9.
[19] Musielak/Voit/Lackmann §739 ZPO Rn. 6f.
[20] Zöller/Herget §811 ZPO Rn. 24.

事诉讼法》第 811 条第 1 款第 5 项[21]也适用(参见→边码 14 及以下数段)。本案中就是这样的情况。为了继续从事《民事诉讼法》第 811 条第 1 款第 5 项意义上的营利行为,机动车也可以构成雇员每天从住宅到工作地点往返所需的必要物品。[22] 然而其前提是机动车对于交通运输具有必要性。此处即为这种情况,因为 M 无法以可期待的方式使用公共交通工具。因此,该载客汽车是他继续工作所不可或缺的,依照《民事诉讼法》第 811 条第 1 款第 5 项,不得扣押该汽车。

e)小结

该案例中的载客汽车属于《民事诉讼法》第 811 条第 1 款第 5 项规定的禁止扣押物品,G 违反了该法律规定。

(3)结论

抗议合法,且其在扣押载客汽车方面具有理由,但除此之外在其他方面不具有理由。

2.《民事诉讼法》第 771 条第 1 款规定的第三人异议之诉

关于雕塑的扣押,依照《民事诉讼法》第 771 条第 1 款,M 可以考虑提起第三人异议之诉。如果该诉合法且具有理由,则其有望获胜。

(1)第三人异议之诉的合法性

第三人异议之诉的实体判决要件应当齐备。

①容许性

依照《民事诉讼法》第 771 条第 1 款,如果第三人主张其对强制执行的标的物拥有阻止其被转让的权利,则第三人异议之诉应被容许。此处 M 作为没有参与强制执行的第三人,主张自己的实体权利,即他对雕塑的所有权,并希望以此为由请求法院宣布执行不合

---

[21] BGH NJW-RR 2010, 642ff.; Zöller/Herget §811 ZPO Rn. 24; Musielak/Voit/Becker §811 ZPO Rn. 17a; Musielak/Voit Grundkurs Rn. 1164.

[22] BGH NJW-RR 2010, 642 (643).

法。因此,第三人异议之诉具有容许性。

②管辖权

a)事务管辖权

依照《民事诉讼法》总则部分,也即《民事诉讼法》第 1 条的指示,对于法院的事务管辖权应当结合《法院组织法》第 23、71 条进行确定。由于不存在不考虑诉讼标的额应移送区法院或者地方法院的情形,故而需要根据诉讼标的额来确定。依照《民事诉讼法》第 6 条第 1 句,诉讼标的额原则上根据债权的数额确定。但是,当质权标的物的价额较低时,以物的价额为准(《民事诉讼法》第 6 条第 2 句)。

此处债权的价额是 2000 欧元,雕塑的价值是 600 欧元。因此,依照《民事诉讼法》第 6 条第 2 句,雕塑的价值起决定性作用。因此,根据《法院组织法》第 23 条第 1 项,区法院具有事务管辖权。

b)《民事诉讼法》第 771 条第 1 款、第 802 条规定的地域管辖权

依照《民事诉讼法》第 771 条第 1 款,强制执行实施地的法院具有地域管辖权,在本案中即为波茨坦区法院。地域管辖权属于专属管辖(《民事诉讼法》第 802 条)。

③合法起诉

必须提出一定的申请,具体内容如下:(请求法院)宣布对明确指明的(某个)雕塑进行强制执行不合法。

④权利保护需求

a)时间范围

第三人异议之诉的权利保护需求应当从对物品的强制执行的开始到终结都存在。[23] 强制执行已经开始,因为 G 已经扣押了雕塑。强制执行尚未终结,因为变价尚未完成。[24] 在这个时间范围内,存

---

[23] MüKoZPO/K. Schmidt/Brinkmann §771 ZPO Rn. 58; Thomas/Putzo/Seiler §771 ZPO Rn. 10f.

[24] Vgl. Brox/Walker Rn. 1405.

在权利保护需求。

b) 更简便且成本更低的路径

然而,第三人异议之诉可能欠缺权利保护需求,因为《民事诉讼法》第766条规定的执行抗议是一种可以采取的更简便且成本更低的法律救济措施(无须向法院缴纳裁判费,不实行律师强制代理制度)。在这一点上是存在争议的。

一种观点认为,只有在抗议明显有望获胜且无风险的情况下,第三人异议之诉才缺乏权利保护需求。[25] 此处关于雕塑的抗议并没有获胜。因此该观点认为,存在权利保护需求。

另一种观点认为,权利保护需求并不因抗议的(获胜)可能性而被排除,因为这两种法律救济追求的目标是不同的。[26] 在依照《民事诉讼法》第766条提出执行抗议时因程序瑕疵而确定强制执行不合法,而《民事诉讼法》第771条第1款规定的诉针对的则是对具体的、归入原告财产的物品的强制执行不合法。该观点也认为,应当肯定权利保护需求是存在的。

此处无须进行争议评判,因为两种观点得出的结论相同。即存在权利保护需求。

⑤小结

第三人异议之诉具有合法性。

(2) 第三人异议之诉具有理由

如果M可以就雕塑行使"阻止转让的权利",并且V不能主张任何抗辩,则第三人异议之诉即具有理由。

①原告的"阻止转让的权利"

不能从字面上理解"阻止转让的权利"这一法律表述,因为根本

---

[25] Brox/Walker Rn. 1406; Musielak/Voit/Lackmann §771 ZPO Rn. 10; MüKoZPO/Schmidt/Brinkmann §771 ZPO Rn. 9.

[26] HK-ZPO/Kindl §771 ZPO Rn. 2; Stein/Jonas/Münzberg §771 ZPO Rn. 81; Gaul/Schilken/Becker-Eberhard §41 Rn. 34.

不存在这种权利。[27] 如果系善意取得,甚至所有权也不能阻止转让(《民法典》第 892 条、第 932 条及以下数条)。[28] 如果债务人自己转让执行标的,将会非法干涉第三人的相关权利,第三人因此可以阻止债务人进行转让[29],也即如果债务人(此处为 F)转让雕塑会违法侵害第三人(此处为 M)权益,则存在"阻止转让的权利"。[30] 此处 M 主张他对雕塑的所有权,他也可以通过证人证言来证明这一点。所有权是一种阻止转让的权利。

②被诉的债权人无抗辩可主张[31]

V 的抗辩并非显而易见。扣押质权不会产生对 V 而言更好的权利[32],因为根据混合理论(通说观点)[33],在债务人之外的他人物品之上不会产生扣押质权。但是,即使根据公法上的理论[34]——该理论允许扣押质权仅可基于有效的羁束*而产生——V 也无权获得更好的权利。根据这一理论,扣押质权只是赋予了程序上的变价权,而不是实体法上的受偿权,而这正是此处的关键所在。[35]

③小结

第三人异议之诉具有理由。

---

[27] Musielak/Voit/Lackmann §771 ZPO Rn. 12; Brox/Walker Rn. 1410; Gaul/Schilken/Becker-Eberhard §41 Rn. 36.

[28] Brox/Walker Rn. 1410; Jauernig/Berger §13 Rn. 10.

[29] BGH NJW 1971, 799 (800); Musielak/Voit/Lackmann §771 ZPO Rn. 12; Brox/Walker Rn. 1410.

[30] RGZ 116, 363 (365).

[31] Vgl. hierzu Brox/Walker Rn. 1430ff.

[32] 有关观点争议参见 Brox/Walker Rn. 379ff.; Lippross/Bittmann Rn. 228ff.。

[33] MüKoZPO/Gruber §804 ZPO Rn. 7, 11ff.; ebenso Musielak/Voit/Becker §804 ZPO Rn. 4, 7; Thomas/Putzo/Seiler §804 ZPO Rn. 2; Brox/Walker Rn. 383, 393; Gaul/Schilken/Becker-Eberhard §50 Rn. 50.

[34] Lüke Rn. 611.

* 德文原文为 Verstrickung,它是德国强制执行法中的一个基本概念,指国家机关对财产、债权或其他财产权进行扣押、扣留或封存。现代汉语中目前没有与之完全对应的词汇,大致相当于我国民事强制执行中查封、扣押和冻结的上位概念。——译者注

[35] Lippross/Bittmann Rn. 231.

(3) 结论

M 关于雕塑的第三人异议之诉合法且具有理由。因此该第三人异议之诉有希望获胜。

(二) 问题 2

依照《民事诉讼法》第 857、828 条及以下数条，V 有可能扣押 F 对雕塑的期待权，采取这种措施是为了在期待权成为既得权/完全权利时能够确保对物品本身的优先质权。这种扣押的可能性得到了普遍承认，但形式却存在争议。

1. 纯粹的权利扣押之理论

依照《民事诉讼法》第 857、828 条及以下数条对期待权的有效扣押，债务人被禁止另行处分该期待权。然而，仅仅扣押期待权是没有意义的，因为期待权在实践中几乎无法变价[36]，债务人有权支付剩余的购买价款。因此，条件成就了，债务人成为所有权人，期待权消灭。这样做的结果是，执行债权人对期待权的扣押质权也将消灭。因此，根据纯粹的权利扣押之理论[37]，对物的期待权的质权必须存续下去。这一理论将通过类推适用《民法典》第 1287 条、《民事诉讼法》第 847 条来实现。[38] 但是，这一解决方案与公示原则相矛盾。对物设立扣押质权需要有公示行为（参见《民事诉讼法》第 808 条）。但是，如果期待权已经被执行法院裁定像对待（一般）权利一样进行了扣押，则欠缺前述要件。

2. 实物扣押形式的权利扣押之理论

出于这个原因，根据实物扣押形式的权利扣押之理论[39]，期待

---

[36] Vgl. Musielak/Voit/Becker § 857 ZPO Rn. 7.
[37] Baur/Stürner/Bruns Rn. 32.17; Medicus/Petersen Rn. 486.
[38] Baur/Stürner/Bruns Rn. 32.17.
[39] Brox/Walker Rn. 812ff.; 拟制法（de lege ferenda）Stein/Jonas/Würdinger § 857 ZPO Rn. 88。

权应被扣押,但不是依照《民事诉讼法》第857、828条及以下数条以权利扣押的形式扣押,而是以《民事诉讼法》第808条第1款规定的实物扣押的形式,由法院执达官占有该物并将扣押予以标记。因此要考虑公示原则。所有权保留的买卖合同中的卖方不可能提起第三人异议之诉,因为期待权的扣押并不妨碍所有权人的地位。对这一理论的批评意见认为,该理论混淆了权利扣押和实物扣押的形式,而且必须由执行法院而不是由法院执达官执行权利。[40]

3. 双重扣押理论

62　　因此,通说观点主张双重扣押理论。[41] 由于期待权在成为既得权/完全权利时就消灭了,紧接着对期待权的扣押质权也消灭了,所以必须对物本身进行扣押。这种实物扣押可以在扣押期待权时就进行,以防止在此期间可能出现的其他债权人的扣押质权优先于该债权人的扣押质权。在这种情形下,所有权保留的买卖合同中的卖方将无权提起第三人异议之诉,因为对物进行扣押只是为了将对物的扣押质权的转变进行必要的公示。扣押质权人只能就在扣押期待权时在物上随后产生的扣押质权的顺位方面得到保障。因为只有负有权利负担的标的物随着条件的成就而改变,所以扣押质权的顺位仍然保持不变。

4. 结论

63　　因此,可以建议 V 对 F 的期待权和 A 的雕塑(申请法院)实施双重扣押。

(三)问题3

64　　《民事诉讼法》第767条规定的执行异议之诉被视为一种法律救

---

[40] Jauernig/Berger §20 Rn. 32; Lackmann Rn. 371.
[41] BGH NJW 1954, 1325ff.; MüKoZPO/Smid §857 ZPO Rn. 18ff., 22; Gaul/Schilken/BeckerEberhard §58 Rn. 42; Jauernig/Berger §20 Rn. 24ff., 27, 34.

济。执行异议之诉如果合法且具有理由,则有望获胜。

1. 执行异议之诉的合法性

如果实体判决要件齐备,则执行异议之诉合法。

(1)容许性

如果债务人提出的抗辩涉及判决所确定的请求权本身,则执行异议之诉将被容许(《民事诉讼法》第767条第1款)。然而此处的执行名义不是判决,而是依照《民事诉讼法》第794条第1款第1项达成的诉讼和解协议。依照《民事诉讼法》第795条第1句,《民事诉讼法》第767条也可以准用于根据《民事诉讼法》第794条第1款第1项达成的和解协议而进行的强制执行。

F根据《民法典》第389条主张抵销。这是针对获得了执行名义的请求权的实体法上的抗辩。因此,执行异议之诉具有容许性。

> 提示:执行异议之诉的目的在于通过司法的形成行为剥夺执行名义的可执行性。这是一个诉讼程序性形成之诉。判决并没有对实体法上的请求权的存在与否作出发生既判力的确认。[42]

(2)管辖权

依照《民事诉讼法》第767条第1款,第一审受诉法院,也即波茨坦区法院具有管辖权。依照《民事诉讼法》第767条第1款、第802条,该管辖权为专属的事务管辖权和地域管辖权。

(3)合法起诉

合法起诉的要件为提出一定的申请(《民事诉讼法》第253条第2款第2项)。诉之申请的内容必须是请求法院宣布基于该执行名义的强制执行不合法。

---

[42] BGH NJW-RR 2008, 1512 (1513 Rn. 12).

(4)权利保护需求

70　　一旦强制执行迫在眉睫,也即存在执行名义[43],于执行异议之诉而言即存在权利保护需求,这种权利保护需求将一直存在直到强制执行终结并且执行名义被交付给债务人(参见《民事诉讼法》第757条第1款)或者债权人无疑不再有任何执行的可能性。[44] G已经扣押了不止1件物品,因此强制执行已经开始。强制执行尚未终结,因为除了扣押之外,尚未采取其他进一步措施。因此,F的权利保护需求是存在的。

(5)小结

71　　执行异议之诉合法。

2. 具有理由

72　　如果实体法上的抗辩成立,并且没有依照《民事诉讼法》第767条第2、3款发生失权,则执行异议之诉即为具有理由。根据执行名义确定的债务人,此处为债务人F,是适格原告。

(1)针对被给予执行名义的请求权的实体法上的抗辩

73　　《民法典》第387条及以下数条规定的抵销的各项要件应当齐备。

①抵销适状

74　　抵销适状是(抵销的)要件(《民法典》第387条)。

a)相互性

75　　F和V之间应当相互对对方享有债权。

76　　依照《民法典》第433条第2款,F对V有一个到期应付、可实现的请求权,请求权内容为要求对方根据雕像的买卖合同支付2000欧元。

77　　有疑问之处在于,V有权在多大数额上向F主张请求权。最初,V和F订立了一份买卖合同,根据该合同,F应依照《民法典》第

---

[43] Brox/Walker Rn. 1332.

[44] Musielak/Voit/Lackmann § 767 ZPO Rn. 18; Gaul/Schilken/Becker-Eberhard § 40 Rn. 109f.

433 条第 2 款向 V 支付 4000 欧元。随后,在请求权方面合同双方究竟是已经按照这一数额实现,还是可以考虑减少数额,此处产生了争议。由于在波茨坦区法院达成和解,V 的债权的数额只能是 2000 欧元。诉讼和解协议的特点是具有双重性质。一方面,它是一个诉讼协议,但另一方面,它也是《民法典》第 779 条意义上的实体法上的和解(合同)。[45] 从实体法的角度来看,原始关系只是在有争议或不确定的问题上被给予了新的规制[46],而由法律关系产生的权利和义务则被有约束力地确定了下来。[47] 因此,随着达成和解协议,有约束力的确认,即 V 对 F 享有数额为 2000 欧元的到期且可以实现的请求权,也适用于此。

因此,F 和 V 之间相互享有债权。 78

b) 相同种类

并且这些请求权属于相同种类,因为它们都是金钱债权。 79

c) 主债权可以履行

V 的主债权也是可以履行的。 80

d) F 的对待债权到期且可以实现

关于 F 的对待债权到期且可以实现的问题,并无任何疑虑之处。 81

② 抵销的表示(《民法典》第 388 条)

F 在诉讼外已经有效地对 V 作出了《民法典》第 388 条意义上的抵销的表示。 82

③ 不具有排除抵销的情形

排除抵销的事由并非显而易见。 83

④《民法典》第 389 条规定的法律后果

依照《民法典》第 389 条,经由有效的抵销,V 的债权即被消灭。 84

---

[45] Thomas/Putzo/Seiler §794 ZPO Rn. 3.
[46] BGH NJW 2010, 2652 (2653); Palandt/Sprau §779 BGB Rn. 11.
[47] Vgl. MüKoBGB/Habersack §779 BGB Rn. 31.

(2)不存在《民事诉讼法》第767条第2款规定的抗辩失权的情形

85 然而,是否还能用执行异议之诉来主张抵销,是存疑的。依照《民事诉讼法》第767条第2款,只有当抗辩的理由发生在最后一次言词辩论结束之后,抗辩才合法。对此具有决定性意义的因素是,在先前的程序中主张抗辩具有客观上的可能性。与此相反,(主观上的)知悉无关紧要。[48]

86 在本案中,F和V相互之间的债权在2016年5月首次发生对抗。因此,抵销适状从这个时刻就存在了。相比之下,F的抵销表示是在法院程序结束后通过和解(协议)才作出的。

87 然而,对于《民事诉讼法》第767条第2款而言,究竟是抵销适状的时间点还是作出抵销表示的时间点具有决定性意义,这一争议在此并非至关重要。这是因为《民事诉讼法》第767条第2款并不适用于针对根据诉讼和解协议所作的执行提起的执行异议之诉。更确切地说,这种基于在时间上存在于和解之前的事实所作之抗辩也可以被提出。[49]《民事诉讼法》第767条第2款的作用是保障实质既判力。然而,诉讼和解协议并不具有任何实质性的既判力效力,因而并不会发生《民事诉讼法》第767条第2款规定的抗辩失权。[50]

> 提示:例如,这也同样可以适用于有执行力的证书(参见《民事诉讼法》第797条第4款)。

(3)不存在《民事诉讼法》第767条第3款规定的失权情形

88 由于F在起诉时主张抵销抗辩,所以不存在《民事诉讼法》第767条第3款规定的失权情形。

---

[48] BGH NJW 2001, 231f.; 1961, 1067 (1068); Musielak/Voit/Lackmann §767 ZPO Rn. 33.
[49] Vgl. BGH NJW 1977, 583 (584); Musielak/Voit Grundkurs Rn. 1317.
[50] BGH NJW- RR 1987, 1022 (1023); MüKoZPO/Schmidt/Brinkmann §767 ZPO Rn. 75 m.w.N.

(4) 小结

执行异议之诉具有理由。 89

3. 结论

执行异议之诉合法且具有理由,因此其有希望获胜。 90

(四) 问题 4

如果实体法上的抗辩成立,且不存在《民事诉讼法》第 767 条第 2、3 款规定的失权情形,则《民事诉讼法》第 767 条规定的执行异议之诉即具有理由。 91

1. 针对被给予执行名义的请求权的实体法上的抗辩

《民法典》第 387 条及以下数条规定的抵销的要件应当齐备。此处正是这样的情形(→边码 73 及以下数段)。 92

2. 不存在《民事诉讼法》第 767 条第 2 款规定的抗辩失权的情形

然而,是否还能用执行异议之诉来主张抵销,是存疑的。依照《民事诉讼法》第 767 条第 2 款,只有当抗辩的理由发生在最后一次言词辩论结束之后,抗辩才合法。对此具有决定性意义的因素是,在先前的程序中主张抗辩具有客观上的可能性;(主观上的)知悉无关紧要。[51] 93

关于抵销的问题在于,哪一个时间点具有影响作用,究竟是抵销适状的时间点,还是作出抵销表示的时间点。 94

一种观点认为[52],抵销适状的时间点在原则上具有决定性作用。根据这种观点,F 的抵销抗辩将发生失权,因为在起诉之前,这 95

---

[51] BGH NJW 2001, 231f.; 1961, 1067 (1068); Musielak/Voit/Lackmann §767 ZPO Rn. 33; Zöller/Herget §767 ZPO Rn. 14.

[52] Vgl. BGHZ 155, 392 (396) = NJW 2003, 3134 (3135); BGHZ 34, 274 (279f.) = NJW 1961, 1067 (1068); BGH NJW 2019, 80 (82 Rn. 29); 2014, 2045 (2047 Rn. 17); 2009, 1671 Rn. 11; MüKoZPO/K. Schmidt/Brinkmann §767 ZPO Rn. 80ff.

两个债权就已经可以相互抵销了(→边码73及以下数段)。

96　　执行障碍[53]的限制被当作这一观点的一个理由。各方当事人应尽早提出抗辩。执行要迅速进行,要避免这种类型的拖延。权衡《民事诉讼法》第767条第2款的立法目的——确保实质既判力——与实质性的形成自由,前者更受欢迎。

97　　反对意见(主流学说)认为[54],作出抵销表示的时间点具有决定性意义。

98　　权利变更以及与此相伴的《民事诉讼法》第767条第2款意义上的"理由"发生在作出抵销表示的时候。实体法中没有为抵销规定期间;如果存在期间(例如《民法典》第124条),也必须有用尽这些期间的可能。例如,可以通过审查适当性来预防权利滥用(类推适用《民事诉讼法》第533条)。[55] 除此之外,这种滥用几乎是不可想象的,因为滥用会导致债务人不得不承担先前的诉讼程序的诉讼费用,因此债务人对抵销拥有自己的利益。据此,F提出的抗辩不会遭受失权制裁。

99　　两种观点得出了不同的结论,因此必须对争议作出评判。应当支持主流学说,因为它正确地区分了实体权利和诉讼权利。[56] 由于没有线索表明F一方在行使形成权时构成权利滥用,因此,根据主流学说观点,应拒绝对F课以失权。

> **提示**:这个问题出现在所有的形成权上,但在各个案件中对此的裁判不尽相同。在部分案件中,根据形成权的类型或形成理由(Gestaltungsgrund)的内容来加以区分。例如,联邦普通法院希望关注的是,形成权人选择作出形成表示的时间点的自由是否只是一个附带后果,而不是形成权的目的(如在抵销或撤销

---

[53] RGZ 64, 228 (230); BGHZ 34, 274 (279f.) = NJW 1961, 1067 (1068).
[54] Vgl. Brox/Walker Rn. 1346; Lackmann Rn. 519f.; Musielak/Voit Grundkurs Rn. 1315.
[55] Musielak/Voit/Musielak § 322 ZPO Rn. 42; Lüke Rn. 591; Jauernig/Berger § 12 Rn. 14.
[56] Vgl. Brox/Walker Rn. 1346.

的情形中)。[57] 例如,对于合同授予的一定的选择权、解除权和通知终止权,这些权利都应该是不同的。[58]

对于《民法典》第 355 条意义上的保护消费者的撤回权,也必须有一个例外。否则,赋予消费者实体法上明知的期间将被诉讼法所叠加(überlagern)。这将很难与消费者保护的理念相一致,尤其考虑到欧洲法院经常就 2011/83/EU 指令(消费者权益指令)作出有利于消费者的解释。在此背景下,对消费者提出的抗辩就不得课以失权。[59]

依照《民法典》第 389 条,经由有效的抵销,V 的请求权即被消灭。 100

3. 结论

执行异议之诉具有理由。 101

(五)问题 5

可以考虑将《民事诉讼法》第 766 条规定的执行抗议作为 W 的法律救济措施。如果执行抗议合法且具有理由,其就能够获胜。 102

1. 执行抗议的合法性

执行抗议的合法性要件应当齐备。 103

(1)容许性

如果法院执达官拒绝接受执行委托或者拒绝依照执行委托实施执行行为,或者存在对于法院执达官所计算的费用提出抗议的情况,则容许债权人提出执行抗议(《民事诉讼法》第 766 条第 2 款)。此处 G 拒绝(执行人员)强制腾空工作室房间,因而应当肯定(执行抗议的)容许性。 104

---

[57] Vgl. BGHZ 94, 29 (33ff.) = NJW 1985, 2481 (2482).
[58] BGH NJW-RR 2006, 229 (231 Rn. 19).
[59] LG Bielefeld BeckRS 2014, 14353; LG Darmstadt NJOZ 2011, 644 (645); MüKoZPO/Schmidt/Brinkmann § 767 ZPO Rn. 82; Zöller/Herget § 767 ZPO Rn. 14; Schwab Rn. 374.

(2)《民事诉讼法》第 766 条第 2 款、第 764 条、第 802 条规定的管辖权

105　　执行实施地或者曾经实施地的区法院(《民事诉讼法》第 764 条第 2 款、第 802 条)是执行法院(《民事诉讼法》第 764 条第 1 款、第 766 条第 2 款),具有就抗议进行裁判的专属管辖权。由于强制腾空在波茨坦实施,所以波茨坦区法院具有专属管辖权。法官有职能管辖权(《司法辅助官法》第 20 条第 1 款第 17 项第 2 句)。

(3)形式和期间
①类推适用《民事诉讼法》第 573 条第 1 款第 2 句规定的形式

106　　《民事诉讼法》第 766 条没有对形式作出规定。然而,准用《民事诉讼法》第 573 条第 1 款第 2 句(参见→边码 7),抗议应当采用书面形式或者以向法院书记科陈述并记入笔录的形式提出。

②期间

107　　执行抗议不受期间拘束。

(4)抗议权限

108　　只有根据其自身陈述,可能因被声明不服或被拒绝的执行措施而使其自身权益受到侵害的人,才有权提出抗议。作为执行名义债权人,W 的权益可能因拒绝强制腾空而直接受到侵害。W 的抗议权限应得到肯定。

(5)权利保护需求

109　　在拒绝实施强制执行时,只要如此处一般有执行力的正本已经被发出,债权人就具有权利保护需求。[60]

(6)结论

110　　执行抗议具有合法性。

2. 具有理由

111　　如果是由于法院执达官存在程序上的欠缺导致拒绝迁出/腾空

---

[60] Thomas/Putzo/Seiler §766 ZPO Rn. 22.

房屋,则执行抗议即具有理由。

(1)一般程序要件齐备

首先,必须满足一般的程序要件,尤其是债权人要向有管辖权的执行机构的法院执达官提出申请(参见《民事诉讼法》第753条第1款)。此处W已经提出了相应的申请。法院执达官执行迁出房屋/腾空的管辖权源自《民事诉讼法》第885条第1款。

(2)一般执行要件齐备

一般执行要件(执行名义、执行条款、送达)应当齐备。

① 违反《民事诉讼法》第750条第1款第1句

依照《民事诉讼法》第750条第1款第1句,只有在判决或被附具的执行条款中记载了被执行人的姓名或名称时,才能开始强制执行。[61] 此处的情形并非如此,因为强制执行是针对U的,而在执行名义和执行条款中只提及了F。

② 依诚实信用原则而存在的例外(《民法典》第242条)

然而,此处F和U在收到迁出房屋/腾空的警告后才订立了转租合同。在同一个时间点之后,U才获得了对应被腾空的房屋的占有。此外,还存在相互串通妨碍强制执行的嫌疑;至少此处F的意图正是如此。

因此,将《民法典》第242条规定的诚实信用原则[62]适用于强制执行法作出一个不一样的判决是否具有正当性,是存疑的。此处援引U的占有权在实体法上构成了权利滥用,因为依照《民法典》第546条第2款,U必须将房屋返还给W。此外,对实际上的占有的转让意在防止强制执行迁出房屋/腾空,这同样违背了《民法典》第242条规定的诚实信用原则。

在这些违反诚信的情形中,在某些情况下判例主张,如果占有人

---

[61] BGH NZM 2018, 164 (165 Rn. 8); NJW 2008, 3287 Rn. 9.
[62] BGH NJW 2008, 1959 (1960 Rn. 17).

以欠缺《民事诉讼法》第 750 条规定的执行要件为理由有所主张,则该援引构成权利滥用。[63] 因此,也可以例外性地对(在执行名义或执行条款中)没有记载姓名的占有人强制执行迁出房屋。[64]

118　然而,在联邦普通法院看来,如果法院执达官要考虑这些理由,就不能再依赖他所持有的执行名义,而必须进行广泛的实体法上的考虑。一方面,这是只有在审判程序中才能进行的,另一方面,这将使法院执达官负担过重。[65] 这同样适用于因有嫌疑相互串通而使执行受到妨碍的情况。这些问题无法在严格形式化的强制执行程序中得到澄清。[66] 但是,《民事诉讼法》第 750 条第 1 款的作用不仅在于遵守这种形式化,而且还能防止国家强制力干预未参与(执行程序)的当事人的权利。[67]

119　后一种观点更可取,因为法院执达官在严格形式化的强制执行程序中进行实体法上的考虑是与制度相违背的。法院执达官仅须审查实际的占有情况/占有关系。

120　此外,W 并非毫无还手之力,因为他可以依照《民事诉讼法》第 727 条申请变更执行名义,或者依照《民事诉讼法》第 731 条提出发给执行条款之诉。

③小结

121　因为《民事诉讼法》第 750 条第 1 款第 1 句规定的强制执行的一般要件并不齐备,所以 G 拒绝执行迁出/腾空房屋具有正当性。

122　3. 结论

W 的执行抗议虽然合法,但不具有理由。

---

[63] LG Lübeck BeckRS 2009, 07083; AG Hamburg-St. Georg BeckRS 2007, 08893.
[64] So auch LG Lübeck DGVZ 2008, 172 (173); AG Hamburg-St. Georg DGVZ 2007, 63.
[65] BGH NJW 2008, 3287 (3288 Rn. 13).
[66] BGH NJW 2008, 3287 (3288 Rn. 13); LG Memmingen DGVZ 2007, 126.
[67] BGH NZM 2018, 164 (165 Rn. 14).

案例 12　困境中的护林员

[根据 RGZ 55, 207 以及 BGHZ 155, 63 = NJW 2003, 2673 改编]

一、案情

森林占有人 Emil Fischer(以下简称 F)想扩大他在班贝格(Bamberg)的林业经营活动,为此他在一次强制拍卖中购得了贫穷的伐木工人 Kurt Habenicht(以下简称 H)的相邻土地。Adlerbank AG(阿德勒银行股份公司,以下简称 A)的数额为 100000 欧元的土地债务已经依照《民事诉讼法》第 800 条被登记于土地登记簿上,并且可以强制执行,依照《强制拍卖与强制管理法》第 10 条及以下数段和第 44 条,该土地债务是最低出价的一部分,F 在考虑相关事宜时不考虑该土地债务,因为 H 已经向 A 支付了 70000 欧元用于偿付由土地债务作为担保的借贷债权。H 没有依照《强制拍卖与强制管理法》第 53 条第 2 款在强制拍卖程序中登记 A 对他的债权,因此仍然是借贷债权的债务人。

此外,F 从 Bamberger Forsthandel GmbH(班贝格林业贸易有限责任公司,以下简称 B 公司)处购买了一台有价值的收割机式木材采伐机,供他新的土地上的林业使用。由于木材价格下跌,利润远远低于 F 的预期。因此一段时间后,F 向 B 公司请求贷款。B 公司同意了该贷款请求,要求 F 将木材采伐机(重新)转让给 B 公司作为担保。

不久之后,出乎 F 的意料,A 计划通过强制执行以前属于 H 的土地来实现债权。更糟糕的是,F 的前雇员 Claus Cöster(以下简称 C)手中有一份针对 F 的判决,该判决要求 F 支付 2200 欧元的欠薪,现在 C 也想讨要自己的钱,并让法院执达官 Gustav Grassner (G)扣押了 F 的木材采伐机。

问题 1:针对木材收割机被扣押,A 和 B 可以如何行动?

问题 2:F 针对 A 的强制执行的起诉是否有胜算?他如实辩称,担保事件没有发生,对于土地债务也没有全额确定付息或者付款的日期,因为在此期间 H 的金额为 30000 欧元的贷款已经得到了清偿。A 表示,在存在抽象的土地债务的情况下,不能提出这种抗辩。——假定《民事诉讼法》第 800 条第 1 款第 2 句规定的登记已被完成。

编者注:班贝格是区法院、地方法院和地方高等法院的所在地。

二、思路

(一)问题 1
  1. A 的法律救济 ································· 1
   (1)《民事诉讼法》第 766 条第 1 款规定的执行
   抗议 ······································ 2
    ①合法性 ································ 3
     a)容许性 ···························· 4
     b)《民事诉讼法》第 766 条第 1 款第 1 句、
     第 764 条、第 802 条规定的管辖权 ········ 7
     c)形式和期间 ························ 9
      aa)类推适用《民事诉讼法》第 573 条
      第 1 款第 2 句规定的形式 ··········· 9
      bb)期间 ························ 10

　　　　d)《民事诉讼法》第 50 条及以下数条规定
　　　　　的当事人能力和诉讼能力 …………… 11
　　　　e)抗议权限 ………………………………… 13
　　　　　aa)违反《民事诉讼法》第 811 条第 1 款
　　　　　　 第 4 项 ………………………………… 16
　　　　　bb)违反《民事诉讼法》第 865 条第 2 款
　　　　　　 第 1 句 ………………………………… 17
　　　　f)权利保护需求 …………………………… 19
　　　　g)结论 ……………………………………… 22
　　②具有理由 …………………………………… 23
　　　　a)一般程序要件齐备 ……………………… 25
　　　　b)一般执行要件和特别执行要件齐备 …… 26
　　　　c)不存在执行障碍 ………………………… 27
　　　　d)采取具体措施的合法性 ………………… 28
　　　　　aa)《民法典》第 97 条第 1 款第 1 句、
　　　　　　 第 98 条第 2 项规定的从物 ………… 29
　　　　　bb)《民法典》第 1120 条规定的从物
　　　　　　 的责任 ………………………………… 30
　　　　　cc)法律后果 …………………………… 32
　　③结论 ………………………………………… 36
(2)《民事诉讼法》第 771 条第 1 款规定的
　　第三人异议之诉 ……………………………… 37
　　①第三人异议之诉的合法性 ………………… 38
　　　　a)容许性 …………………………………… 39
　　　　b)管辖权 …………………………………… 41
　　　　　aa)事务管辖权 ………………………… 41
　　　　　bb)地域管辖权 ………………………… 43
　　　　c)合法起诉 ………………………………… 44

　　　　d)《民事诉讼法》第 50 条及以下数条规定的
　　　　　当事人能力和诉讼能力 …………………… 45
　　　　e)权利保护需求 …………………………… 46
　　②第三人异议之诉具有理由 ………………… 51
　　　　a)原告的"阻止转让的权利" ……………… 52
　　　　　aa)作为阻止转让的权利的土地质权/不动产
　　　　　　　质权 ……………………………………… 53
　　　　　bb)木材收割机的土地债务责任 ………… 57
　　　　b)被诉的债权人无抗辩可主张 …………… 62
　　③结论 ………………………………………… 64
2.B 的法律救济 ………………………………… 65
　(1)《民事诉讼法》第 766 条第 1 款规定的
　　　执行抗议 ………………………………… 66
　(2)《民事诉讼法》第 771 条第 1 款规定的第三人
　　　异议之诉 ………………………………… 72
　　①合法性 …………………………………… 73
　　　　a)容许性 ……………………………… 74
　　　　b)管辖权 ……………………………… 75
　　　　　aa)事务管辖权 …………………… 75
　　　　　bb)地域管辖权 …………………… 76
　　　　c)合法起诉 …………………………… 77
　　　　d)《民事诉讼法》第 50 条及以下数条规定的
　　　　　当事人能力和诉讼能力 …………… 78
　　　　e)权利保护需求 …………………… 79
　　②第三人异议之诉具有理由 ……………… 81
　　　　a)原告的"阻止转让的权利" …………… 82
　　　　　aa)B 的担保物所有权 ……………… 82
　　　　　　aaa)作为阻止转让的权利的担保物

　　　　　　所有权 ·················· 83
　　　　　bbb)《民法典》第 929 条第 1 句、第 930 条
　　　　　　　规定的取得担保物所有权············ 87
　　　　bb)作为阻止转让的权利的 B 的间接
　　　　　占有 ·························· 89
　　　　cc)作为阻止转让的权利的债法上的返还
　　　　　请求权 ························ 94
　　b)被诉的债权人没有抗辩可主张 ········· 96
　　③结论 ···························· 97
(二)问题 2
　　1. 执行异议之诉的合法性 ················ 99
　　　(1)容许性 ························ 100
　　　(2)管辖权 ························ 102
　　　　①事务管辖权 ···················· 103
　　　　②地域管辖权 ···················· 104
　　　(3)合法起诉 ······················ 105
　　　　①申请 ························ 105
　　　　②诉讼实施能力 ·················· 106
　　　(4)《民事诉讼法》第 50 条及以下数条规定的当事人
　　　　能力和诉讼能力 ·················· 107
　　　(5)权利保护需求 ·················· 108
　　2. 执行异议之诉具有理由 ················ 111
　　　(1)源自担保合同的抗辩 ·············· 112
　　　(2)结论 ·························· 116

三、解答

(一) 问题 1

1. A 的法律救济

1　A 如果想要获得法律救济,可以考虑《民事诉讼法》第 766 条第 1 款规定的执行抗议,也可以考虑《民事诉讼法》第 771 条第 1 款规定的第三人异议之诉。

(1)《民事诉讼法》第 766 条第 1 款规定的执行抗议

2　如果执行抗议合法且具有理由,则该执行抗议有希望获胜。

① 合法性

3　执行抗议的合法性要件应当齐备。

a) 容许性

4　如果抗议涉及的是强制执行的类型和方式,或者法院执达官应遵守的程序,则执行抗议可以被容许(《民事诉讼法》第 766 条第 1 款第 1 句)。

5　此处 A 可以对法院执达官的处理方式提出异议,理由是法院执达官不得扣押木材收割机。依照《民事诉讼法》第 811 条第 1 款第 4 项,木材收割机可能属于禁止扣押的范畴。此外,如果木材收割机属于土地的从物,则扣押可能违反《民事诉讼法》第 865 条第 2 款第 1 句。

6　抗辩涉及的是法院执达官的行动,因此执行抗议可获容许。

b)《民事诉讼法》第 766 条第 1 款第 1 句、第 764 条、第 802 条规定的管辖权

7　依照《民事诉讼法》第 764 条第 1 款、第 766 条,执行实施地或者曾经实施地的区法院作为执行法院具有就抗议进行裁判的专属管辖权(《民事诉讼法》第 764 条第 2 款、第 802 条)。法官有职能管辖权

(《司法辅助官法》第 20 条第 1 款第 17 项第 2 句)。

因为此处扣押是在班贝格实施的,所以班贝格区法院具有专属管辖权。 8

c) 形式和期间

aa) 类推适用《民事诉讼法》第 573 条第 1 款第 2 句规定的形式

《民事诉讼法》第 766 条没有对形式作出规定。然而,准用《民事诉讼法》第 573 条第 1 款第 2 句(参见→案例 11 边码 7),抗议应当采用书面形式或者以向法院书记科陈述并记入笔录的形式提出。 9

bb) 期间

执行抗议不受期间拘束。 10

d)《民事诉讼法》第 50 条及以下数条规定的当事人能力和诉讼能力

依照《民事诉讼法》第 50 条第 1 款、第 51 条及下一条,C 作为自然人,具有当事人能力和诉讼能力。 11

依照《民事诉讼法》第 50 条并结合《股份法》第 1 条第 1 款第 1 句,A 作为法人,具有权利能力,因而具有当事人能力。依照《股份法》第 78 条第 1 款,该公司由其董事会代表。[1] 12

e) 抗议权限

只有根据其自身陈述,可能因被声明不服的执行措施而使其自身权益受到侵害的人,才有权提出抗议。 13

此处 A 是一个不直接参与 C 的强制执行的第三人。第三人只能对违反用于保护第三人的程序性规定的行为以抗议的方式进行责问。[2] 14

此处 A 主张对多个法律规定的违反。这些法律规定是否都是用 15

---

[1] 法人和与之相当的合伙的诉讼能力问题存在争议,参见 Zöller/Althammer §52 ZPO Rn. 2 m.w.N.; Jauernig/Hess §20 Rn. 5 m.w.N. MüKoZPO/Lindacher §52 ZPO Rn. 23ff.。正确地指出:这个问题的提出本身就是错误的。

[2] Zöller/Herget §766 ZPO Rn. 12.

来保护第三人的,是存疑的。

aa) 违反《民事诉讼法》第 811 条第 1 款第 4 项

16 首先要考虑的是违反《民事诉讼法》第 811 条第 1 款第 4 项的情况,该条款也涉及林业经营活动。[3] 如果要适用该条款,则《民事诉讼法》第 811 条第 1 款第 4 项就必须是保护第三人的规范。但《民事诉讼法》第 811 条第 1 款第 4 项仅保护债务人在其林业经营活动中的利益,以确保其本人、其家庭及其雇员的生计。[4] 而《民事诉讼法》第 811 条第 1 款第 4 项的作用并不在于保护(债务人的)债权人。因此,A 不能以这方面违反法律规定为抗议理由。

bb) 违反《民事诉讼法》第 865 条第 2 款第 1 句

17 相反,A 可以声称违反《民事诉讼法》第 865 条第 2 款第 1 句的规定。《民事诉讼法》第 865 条的作用是维持土地和共同责任标的(mithaftenden Gegenständen)之间的经济联系。[5] 因此,这一法律规定也保护了土地质权人,所以 A 可以作为土地债务权利人援引此种违法行为。

18 因此,由于可能违反《民事诉讼法》第 865 条第 2 款第 1 句,应当确认 A 有权提出抗议。

f) 权利保护需求

19 执行抗议的权利保护需求原则上存在于强制执行的开始[6]和终结之间。

20 此处强制执行已经开始,因为法院执达官已经扣押了木材收割机。变价还没有发生,因而执行尚未终结。因此,存在权利保护需求。

---

[3] MüKoZPO/Gruber §811 ZPO Rn. 30.
[4] BeckOK ZPO/Forbriger §811 ZPO Rn. 16; MüKoZPO/Gruber §811 ZPO Rn. 32.
[5] Zöller/Seibel §865 ZPO Rn. 1.
[6] 对于即将被实施执行行为的特殊情形,在发生此种情况之后才提出抗议,并不能确保产生有效的权利保护,参见 BGH BeckRS 2013, 05647 Rn. 19; MüKoZPO/Schmidt/Brinkmann §766 ZPO Rn. 48; Musielak/Voit/Lackmann §766 ZPO Rn. 17.

权利保护需求与以下事实并不矛盾:可能因违反《民事诉讼法》 21
第865条第2款规定的扣押禁止的情形而导致扣押无效。[7] 抗议
也可以针对无效的执行行为,以便消除其有效扣押的外观。[8]

g) 结论

执行抗议具有合法性。 22

② 具有理由

如果法院执达官扣押木材收割机在程序上存在欠缺,则执行抗 23
议即具有理由。

此处系因金钱债权而对动产进行强制执行(《民事诉讼法》第 24
803条及以下数条)。

a) 一般程序要件齐备

首先,一般程序要件必须齐备,特别是债权人要向作为有管辖 25
权的执行机构的法院执达官提出申请(参见《民事诉讼法》第808条
第1款、第753条第1款)。此处由于没有其他更详细的案情信
息,应当假定C提出了申请。

> 提示:如果有人认为法院执达官在职能上(绝对)没有管辖
> 权,那么《民事诉讼法》第865条第2款第1句(→边码28及以
> 下数段)的问题也可以在这一点上进行讨论。[9]

b) 一般执行要件和特别执行要件齐备

根据案情,存在一个执行名义。在没有相反信息的情况下,应当 26
假定其他的一般执行要件(执行条款、送达)齐备。特别执行要件
(参见例如《民事诉讼法》第751、756、765条)不具有必要性。

c) 不存在执行障碍

---

[7] RGZ 153, 257 (259); anders die h.M., vgl. Zöller/Seibel §865 ZPO Rn. 11; Musielak/Voit/Becker §865 ZPO Rn. 10 m.w.N.:仅限可撤销性。

[8] Vgl. BGH, Urt. vom 6.11.1986-IX ZR 125/85-Rn. 46 (juris); Brox/Walker Rn. 1194.

[9] BLAH §865 ZPO Rn. 13:"扣押无效且违法无法补救"。

执行障碍并非显而易见。

d) 采取具体措施的合法性

28　　此处可以考虑对存在责任负担的从物的扣押可能违反《民事诉讼法》第 865 条第 2 款第 1 句。

aa)《民法典》第 97 条第 1 款第 1 句、第 98 条第 2 项规定的从物

29　　若要上述违法成立,则木材收割机就必须是土地的从物。依照《民法典》第 97 条第 1 款第 1 句,如果动产不是主物的成分且以服务于主物的经济上目的为用途,并和主物处于一个空间关系中,则其为从物。依照《民法典》第 98 条第 2 项,在主物是农场的情况下,用来从事经营的用具尤其属于以服务于主物的经济目的为用途的从物。木材收割机是一个动产,它作为用于林业经营活动的特定设备,以服务于林场的经济用途为目的,并与该土地处于一个空间关系中,因此它是该土地的从物(《民法典》第 97 条第 1 款第 1 句,第 98 条第 2 项)。

bb)《民法典》第 1120 条规定的从物的责任

30　　对附属于依照《民事诉讼法》第 865 条第 1 款进行强制执行的不动产的从物,不得通过动产强制执行的方式进行扣押。适用该规则的要件是,依照《民法典》第 1120 条,抵押责任将会及于从物。

31　　在这种情况下,从物必须在任何时候都受到土地的责任绑定(Haftungsverband)。这意味着,如果土地的所有权人在某个时刻也同时是从物的所有权人,那么从物将按照不动产执行来处置,除非发生了免除责任(《民法典》第 1121 条及下一条)。[10] 此处 F 首先获得了木材收割机的所有权,后来才依照《民法典》第 929 条第 1 句、第 930 条把它让与给 B。因此,木材收割机处于《民法典》第 1120 条规定的责任绑定状态。然而有疑问之处在于,向 B 的让与是否导致了《民法典》第 1121 条及以下数条规定的免除责任。只能考虑《民法

---

[10]　Musielak/Voit/Becker § 865 ZPO Rn. 4.

典》第1121条第1款规定的免除责任。依照《民法典》第929条第1句、第930条,F将木材收割机返回性地让与给B作为担保。然而,木材收割机还没有从该土地上被移走。因此,没有发生免除责任的情况。其他免除责任的构成要件均非显而易见。也就是说,木材收割者仍须承担抵押责任,因此,采用动产执行的方式违反了《民事诉讼法》第865条第2款第1句。

cc) 法律后果

有争议之处在于,违反《民事诉讼法》第865条第2款第1句会引起怎样的法律后果。 32

一种观点认为,由于法院执达官不具有职能管辖权,所以扣押是无效的[11],从物应按个动产执行处置。 33

与此相反,通说认为扣押是有效的,但可以通过抗议声明不服。[12] 由于法院执达官原则上是被任命来扣押动产的,所以此处只能被视为"相对"没有职能管辖权[13]。依照《民事诉讼法》第811条*规定的不得扣押的物品如果被(法院)扣押,(相关权利人)也只能通过抗议的方式声明不服。此外,判断从物的法律归属也很困难。对于原则上不审查所有权情况的法院执达官,所有权情况并非显而易见。将从物从土地的重要成分中区分出来是很困难的,法院执达官无法完成。 34

由于两种观点对抗议具有理由得出了相同的结论,所以没有必要对争议进行评判。 35

③ 结论

因此,A的执行抗议具有理由。 36

---

〔11〕 RGZ 153, 257 (259); OLG München MDR 1957, 428; BLAH § 865 ZPO Rn. 13:"扣押无效且违法无法补救";BeckOK ZPO/Riedel § 865 ZPO Rn. 17。

〔12〕 MüKoZPO/Dörndorfer § 865 ZPO Rn. 63f.; Musielak/Voit/Becker § 865 ZPO Rn. 10 m.w.N.; Zöller/Seibel § 865 ZPO Rn. 11; BGH NJW 1988, 2789 (2790)中有遗留问题。

〔13〕 Vgl. hierzu Gaul NJW 1989, 2509 (2512).

* 本句德语原文存在笔误,将《民事诉讼法》第811条错写为《民法典》第811条,中文译本对此予以纠正。——译者注

(2)《民事诉讼法》第 771 条第 1 款规定的第三人异议之诉

37　此外,还可以考虑《民事诉讼法》第 771 条第 1 款规定的第三人异议之诉。如果该诉合法且具有理由,则其有望获胜。

①第三人异议之诉的合法性

38　第三人异议之诉的合法性要件应当齐备。

a)容许性

39　依照《民事诉讼法》第 771 条第 1 款,如果第三人主张其对强制执行的标的物拥有阻止其被转让的权利,则第三人异议之诉应被容许。

40　此处 A 作为没有参与强制执行的第三人,将其土地质权作为自己的实体权利来主张,并希望法院由此宣布执行不合法,因此第三人异议之诉具有容许性。

b)管辖权

aa)事务管辖权

41　依照《民事诉讼法》总则部分,也即《民事诉讼法》第 1 条的指示,对于法院的事务管辖权应当结合《法院组织法》第 23、71 条来确定。由于不存在不考虑诉讼标的额应移送区法院或者地方法院的情形,故而需要根据诉讼标的额来确定。依照《民事诉讼法》第 6 条第 1 句,诉讼标的额原则上根据债权的价值确定。但是,当质权标的物的价额较低时,以物的价额为准(《民事诉讼法》第 6 条第 2 句)。

42　此处 C 的债权的价值为 2200 欧元,因此,即使木材收割机的价值低于该数额,依照《法院组织法》第 23 条第 1 款,在任何情况下区法院都有管辖权。

bb)地域管辖权

43　依照《民事诉讼法》第 771 条第 1 款,强制执行实施地的法院具有地域管辖权,在本案此处即为班贝格区法院。该地域管辖权属于专属管辖(《民事诉讼法》第 802 条)。

c) 合法起诉

必须提出一定的申请,具体内容如下:(请求法院)宣布对明确指明的(某个)木材收割机进行强制执行不合法。

d)《民事诉讼法》第 50 条及以下数条规定的当事人能力和诉讼能力

各方当事人的当事人能力和诉讼能力均齐备(→边码 11)。

e) 权利保护需求

第三人异议之诉的权利保护需求应当从对物品强制执行的开始到终结都存在。[14]

强制执行已经开始,因为法院执达官已经扣押了木材收割机。强制执行尚未终结,因为变价尚未完成。[15] 因此,存在权利保护需求。

然而,第三人异议之诉可能欠缺权利保护需求,因为有一个更简便且成本更低的方式可以使用,即依照《民事诉讼法》第 766 条提出执行抗议。

关于在有获胜希望的抗议之外,第三人异议之诉是否具有权利保护需求的争议(参见→案例 11,第 49 段及以下数段),必须在此作出评判,因为抗议有望获胜,而且没有任何可察觉的风险。根据这一观点,权利保护需求并不因存在提出抗议的可能性而被排除。只有这样,才能确定对木材收割机的强制执行的不合法性,从而就此作出具有既判力的裁判,即只要事实情况没有改变,同一债权人对同一标的的重复执行是违法的。

因此,第三人异议之诉具有合法性。

② 第三人异议之诉具有理由

如果 A 享有阻止转让的权利,并且 C 不能主张任何抗辩,则第

---

[14] MüKoZPO/K. Schmidt/Brinkmann §771 ZPO Rn. 58.
[15] Vgl. Brox/Walker Rn. 1405.

三人异议之诉即具有理由。[16] 此处如果存在阻止转让的权利,并且将土地债务延伸到作为从物的木材收割机,则 A 可以主张其土地质权。

a) 原告的"阻止转让的权利"

52 不能从字面上理解"阻止转让的权利"这一法律表述,因为根本不存在这种权利。[17] 如果系善意取得,甚至所有权也不能阻止转让(《民法典》第 892 条、第 932 条及以下数条)。[18] 如果债务人自己转让执行标的,将会非法干涉第三人的相关权利,第三人因此可以阻止债务人进行转让,则存在"阻止转让的权利"。[19]

aa) 作为阻止转让的权利的土地质权/不动产质权

53 延伸至土地的从物的土地质权在原则上是否可以成为《民事诉讼法》第 771 条第 1 款规定的阻止转让的权利,是存在争议的。

54 部分学者持否定态度。[20] 其给出的理由是,只要没有发生《强制拍卖与强制管理法》第 23 条规定的扣押,所有权人就可以依照《民法典》第 1192 条第 1 款、第 1121 条第 1 款自由转让各个从物。因此,土地债务不是《民事诉讼法》第 771 条意义上的阻止转让的权利。

55 通说认为,在动产执行的范畴内的土地债务,原则上是一种阻止转让的权利。[21] 这并不取决于所有权人是否具有自由转让的可能性。唯一的决定性因素是与此不同的事实,即土地债务不允许通过强制执行的方式进行转让。依照《民事诉讼法》第 810 条第 2 款提出第三人异议之诉的可能性进一步支持了这一观点,该法律规范也适

---

[16] Vgl. Musielak/Voit Grundkurs Rn. 1344.
[17] Musielak/Voit/Lackmann § 771 ZPO Rn. 12.
[18] Brox/Walker Rn. 1410; Jauernig/Berger § 13 Rn. 10.
[19] BGHZ 55, 20 (26) = NJW 1971, 799 (800); Musielak/Voit/Lackmann § 771 ZPO Rn. 12; Brox/Walker Rn. 1410.
[20] Vgl. RGZ 55, 207 (208); HK - ZPO/Kindl § 865 ZPO Rn. 11; Stein/Jonas/Bartels § 865 ZPO Rn. 36; BLAH § 865 ZPO Rn. 14; Jauernig/Berger § 22 Rn. 10.
[21] Z.B. RGZ 55, 207 (208ff.);适用抵押;Musielak/Voit/Lackmann § 771 ZPO Rn. 22; Gaul/Schilken/Becker- Eberhard § 41 Rn. 90f.; vgl. auch HK - ZV/Noethen § 865 ZPO Rn. 15:并非狭义上的阻止转让的权利,而是适用第 771 条。

用于没有扣押的情况。[22] 此外,由于涉及的财产数额较大,需要适用《民事诉讼法》第 771 条。[23]

两种观点得出了不同的结论,因此必须对争议作出评判。对土地债务,只要它延伸到从物,应按照通说视其为阻止转让的权利,因为通过动产执行的方式将从物变价会干涉土地债务债权人的相关权利。

提示:在不动产执行的范畴内,土地债务并不构成阻止转让的权利,因为土地债务比启动强制执行的债权人的权利具有优先性,在最低出价中应被予以考虑(《强制拍卖与强制管理法》第 44 条),并且依照《强制拍卖与强制管理法》第 52 条第 1 款持续存在。[24]

bb) 木材收割机的土地债务责任

然而,土地债务责任应当延伸至木材收割机(《民法典》第 1192 条第 1 款、第 1120 条及以下数条)。

依照《民法典》第 97 条第 1 款第 1 句、第 98 条第 2 项,木材收割机为从物(→边码 29)。

在土地债务发生后,木材收割机作为从物(→边码 29)由 F 享有所有权,因此,土地债务延伸到该从物(《民法典》第 1120 条)。有疑问之处在于,在此期间,是否有可能发生《民法典》第 1121 条及以下数条规定的免除责任。情况并非如此,因为依照《民法典》第 929、930 条,仅仅向 B 转让机器而不将机器从土地上移走是不够的(参见→边码 31)。

故而木材收割机仍属于土地债务责任范围内。

因此,根据此观点,A 的土地债务构成了《民事诉讼法》第 771 条

---

[22] RGZ 55, 207 (210); vgl. Heiderhoff/Skamel Rn. 573.
[23] HK- ZV/Noethen § 865 ZPO Rn. 15.
[24] Musielak/Voit Grundkurs Rn. 1249.

第 1 款意义上的阻止转让的权利。

b) 被诉的债权人无抗辩可主张

62　　C 的抗辩并非显而易见。

63　　第三人异议之诉具有理由。

③结论

64　　A 的第三人异议之诉有希望获胜，因为该第三人异议之诉合法且具有理由。

2. B 的法律救济

65　《民事诉讼法》第 766 条规定的执行抗议和《民事诉讼法》第 771 条第 1 款规定的第三人异议之诉可以被考虑作为 B 的法律救济措施。

(1)《民事诉讼法》第 766 条第 1 款规定的执行抗议

66　　关于合法性要件，基本上可以参考关于→边码 3 及以下数段的阐述，因为 B 只能与 A 一样主张程序性错误。

67　　然而，在抗议权限方面，两者是不同的。此处取决于用于对违法进行责问的法律规范是否恰恰保护提出执行抗议的第三人。

68　　B 不能比 A 更多地主张存在违反《民事诉讼法》第 811 条第 1 款第 4 项的情形，因为《民事诉讼法》第 811 条第 1 款第 4 项并不保护债权人(担保取得人)(→第 16 段)。

69　　B 最多只能以违反《民事诉讼法》第 865 条第 2 款第 1 句为依据。然而，这一法律规定只是为了保护土地的所有权人和土地质权人。

70　　由于 B 不是土地质权人，其不能援引存在违反保护第三人的情形的法律规范。因此，B 不具有抗议权限。

71　　B 的执行抗议不合法。

(2)《民事诉讼法》第 771 条第 1 款规定的第三人异议之诉

72　　然而也可以考虑《民事诉讼法》第 771 条第 1 款规定的第三人异议之诉。

①合法性

如果第三人异议之诉的实体判决要件齐备,则第三人异议之诉即为合法。

a) 容许性

依照《民事诉讼法》第 771 条第 1 款,如果第三人主张其对强制执行的标的物拥有阻止其被转让的权利,则第三人异议之诉应被容许。此处 B 作为没有参与强制执行的第三人,主张其对木材收割机的所有权,从而主张了自己的实体权利,并希望以此为由请求法院宣布执行不合法。因此,第三人异议之诉具有容许性。

b) 管辖权

aa) 事务管辖权

区法院的事务管辖权根据《民事诉讼法》第 1 条并结合《法院组织法》第 23 条第 1 项确定(参见→边码 41 及下一段)。

bb) 地域管辖权

依照《民事诉讼法》第 771 条第 1 款,强制执行实施地的法院具有地域管辖权,在本案此处即为班贝格区法院。该地域管辖权属于专属管辖(《民事诉讼法》第 802 条)。

c) 合法起诉

必须提出一定的申请,具体内容如下:(请求法院)宣布对明确指明的(某个)木材收割机进行强制执行不合法。

d)《民事诉讼法》第 50 条及以下数条规定的当事人能力和诉讼能力

依照《民事诉讼法》第 50 条第 1 款、第 51 条及下一条,C 作为自然人,具有当事人能力和诉讼能力。依照《民事诉讼法》第 50 条并结合《有限责任公司法》第 13 条第 1 款,B 作为法人,具有权利能力,因此具有当事人能力。在法庭上,该公司由其总经理代表(《有限责任公司法》第 35 条第 1 款)。

e) 权利保护需求

79　　第三人异议之诉的权利保护需求应当从对物品强制执行的开始到终结都存在。[25] 强制执行已经开始,因为法院执达官已经扣押了木材收割机。强制执行尚未终结,因为变价尚未完成。[26] 因此,存在权利保护需求。

80　　因此,第三人异议之诉具有合法性。

②第三人异议之诉具有理由

81　　如果 B 有权行使阻止转让的权利,并且 C 无法主张抗辩,则第三人异议之诉具有理由。[27]

a)原告的"阻止转让的权利"

aa)B 的担保物所有权

82　　B 或许能以其担保物所有权为依据。

aaa)作为阻止转让的权利的担保物所有权

83　　存疑之处在于,担保物所有权是否构成阻止转让的权利,也即债务人(此处为 F)向第三人(此处为 B)转让木材收割机是否违法(参见→边码 52)。[28] 这是存在争议的。

84　　部分人对此持否定态度。[29] 担保物所有权只是托管所有权/信托所有权,与质权相似。因此,依照《民事诉讼法》第 805 条,担保物所有权人只有优先受偿的权利。必须建立与支付不能程序的同步性,因为在支付不能程序中,依照《支付不能法》第 51 条第 1 项,只给予担保物所有权人别除权。由此可以抵消担保物所有权的非从属性产生的影响,并防止在没有债权的情况下发生(诉的)参加。

---

[25] MüKoZPO/K. Schmidt/Brinkmann § 771 ZPO Rn. 58.
[26] Vgl. Brox/Walker Rn. 1405.
[27] HK- ZPO/Kindl § 771 ZPO Rn. 18.
[28] RGZ 116, 363 (366); BGHZ 55, 20 (26) = NJW 1971, 799 (800).
[29] BLAH § 771 ZPO Rn. 25; MüKoZPO/K. Schmidt/Brinkmann § 771 ZPO Rn. 29 m.w. N.; Schuschke/Walker/Raebel § 771 ZPO Rn. 21.

通说认为[30],担保物所有权构成了一种阻止转让的权利。担保物所有权是一项完全产权,即使其受到了信托方式的约束(也不影响该性质)。担保给予人通过其对物的占有而得到免于被扣押的足够保护。担保物所有权人在外部法律关系中受到保护,由此成为了产权的完全所有人。与在支付不能中对担保物所有权的处理有所不同是具有正当性的,因为在那种情形中要进行"现金审查(Kassensturz)",这使得即时结算成为必要。如果只是依照《民事诉讼法》第805条给予担保取得人优先受偿权,银行的放贷意愿将会显著降低。

两种观点得出了不同的结论。因此必须对争议作出评判。应当赞成通说观点,理由是担保取得人自己对担保标的(物)进行变价的权利不得受到限制。因此,担保物所有权构成了一种阻止转让的权利。

提示:在所有权保留的情形中,存在一个类似的问题。部分人因考虑到保留的所有权的信托性质,以及考虑到《民事诉讼法》第805条规定的诉,而不将其视为阻止转让的权利。[31] 期待权将物本身作为所有权的一个片段来攫取,将该物指派成期待权人(候补人/补缺人)的财产。[32] 另一种观点认为[33],应当准用《民事诉讼法》第772条第2句,赋予相关人员针对保留所有权的所有权人的异议权,因为在条件成就,债务人进而获得所有权的情况下,执行债权人对于标的物的扣押产生维护权利优先性的效力具有利益。因此,根据这种观点,保留所有权的所有

---

[30] BGHZ 80, 296 (299) = NJW 1981, 1835; MüKoZPO/Gruber § 805 ZPO Rn. 17; Musielak/Voit Grundkurs Rn. 1335; Jauernig/Berger § 13 Rn. 12ff.

[31] Raiser, Dingliche Anwartschaften, 1961, S. 91ff.; Hübner NJW 1980, 729 (733); zum Teil Marotzke, Das Anwartschaftsrecht-ein Beispiel sinnvoller Rechtsfortbildung?, 1977, S. 94ff.

[32] Raiser, Dingliche Anwartschaften, 1961, S. 91ff.

[33] Marotzke, Das Anwartschaftsrecht-ein Beispiel sinnvoller Rechtsfortbildung?, 1977, S. 94ff.

权人不能反对对物进行扣押,而只能对变价提出异议。通说[34]认为保留的所有权是具有完全价值的所有权,因此将其视为阻止转让的权利。保留所有权的所有权人仅因为其在外部法律关系中是产权的完全所有人而受到保护。保留所有权的所有权人在支付不能中也具有破产取回权(参见《支付不能法》第47条第1句)。[35] 如果保留所有权的所有权人无权将第三人异议之诉作为获得法律救济的措施,则交易者先为给付的意愿就会大大降低。保留所有权的所有权人在解除合同后请求返还物的权利(《民法典》第449条第2款)不应受影响。

bbb)《民法典》第929条第1句、第930条规定的取得担保物所有权

87 依照《民法典》第929条第1款和第930条,F将木材收割机返回性地让与给B,以此作为贷款债权的担保,B从而获得了木材收割机的所有权。

88 只要B以其担保财产为依据,第三人异议之诉就具有理由。

bb) 作为阻止转让的权利的B的间接占有

89 在《民法典》第930条规定的让与担保的范围内,B已成为间接占有人(《民法典》第868条)。通说认为,即使没有进一步的详细阐述,担保约定已经构成了此处所需的具体的占有媒介关系。[36]

90 然而,间接占有本身是否是一种阻止转让的权利,是存在争议的。

91 部分人否认这一点的理由是[37],单纯的间接占有并不能说明

---

[34] Z.B. BGHZ 54, 214 (218) = NJW 1970, 1733 (1735); MüKoZPO/K. Schmidt/Brinkmann §771 ZPO Rn. 20; Zöller/Herget §771 ZPO Rn. 14 "所有权保留"; Prütting/Weth JuS 1988, 505 (509f.)。

[35] Vgl. MüKoInsO/Ganter §47 InsO Rn. 62.

[36] BGH NJW-RR 2005, 280 (281); Palandt/Herrler §930 BGB Rn. 9.

[37] Gaul/Schilken/Becker-Eberhard §41 Rn. 92, 96; Brox/Walker Rn. 1420; MüKoZPO/K. Schmidt/Brinkmann §771 ZPO Rn. 38; 有关直接占有参见 OLG Rostock NJOZ 2005, 253 (254f.)。

一个物的财产权益归属性。

根据目前可能仍是通说的观点[38],间接占有应被视为阻止转让的权利。在这种情况下,《民事诉讼法》第 771 条与《民法典》第 1007 条相当。[39]

无论如何,该争议对间接占有没有实际意义,因为间接占有人有返还请求权,该权利构成阻止转让的权利(参见→边码 95)。最终,这种强制性的返还请求权导致该物虽作为债务人财产的一部分却不具有财产权益归属性[40],这样就没有必要涉及间接占有。因此,应遵循第一种观点,间接占有不应视为阻止转让的权利。

提示:通说认为,对不动产的占有并不产生第 771 条第 1 款意义上的权利,因为它对《民法典》第 891 条规定的物权法律状况没有意义。[41]

cc)作为阻止转让的权利的债法上的返还请求权

B 在债法上的返还请求权是否可以被视为阻止转让的权利,是存在疑问的。

一般认为,债法上的返还请求权原则上使阻止转让的权利成立。[42] 债法上单纯取得请求权,例如《民法典》第 433 条第 1 款规定的买受人的请求权,并不能根据《民事诉讼法》第 771 条第 1 款予以主张,因为该物品在被取得之前没有被分配成为第三人的财产。与此相反,在具有占有媒介关系确立的返还请求权的情况下,执行对象被分配给第三人,这就是为什么在这种情况下,提起第三人异议之诉

---

[38] BGHZ 2, 164 (168); BLAH §771 ZPO Rn. 15; Zöller/Herget §771 ZPO Rn. 14 "占有"。

[39] Vgl. Baur/Stürner/Bruns Rn. 46.11 Fn. 43.

[40] Gaul/Schilken/Becker-Eberhard §41 Rn. 96; Jauernig/Berger §13 Rn. 21.

[41] MüKoZPO/Schmidt/Brinkmann §771 ZPO Rn. 38; Musielak/Voit/Lackmann §771 ZPO Rn. 24.

[42] Vgl. Brox/Walker Rn. 1421; Baur/Stürner/Bruns Rn. 46.12.

显得具有正当性。对于担保物所有权,担保取得人是间接的自主占有人,担保给予人是直接的他主占有人。因此,两者之间存在着一种占有媒介关系。担保取得人有权主张债法上的返还请求权,当然该请求权取决于担保事件的发生。因此,这构成了一种阻止转让的权利。[43]

b) 被诉的债权人没有抗辩可主张

C 的抗辩[44]并不明显。特别是,质押权不会给 C 带来更好的权利[45],因为根据混合理论的通说[46],不属于债务人的物不会产生质押权。但是,即使根据公法上的理论[47],该理论允许质押权仅基于有效的羁束而产生,G 也无权行使更好的权利。根据这一理论,质押权只赋予了程序上的变价权,而不是实体法上的受偿权,而这正是此处的关键所在。

③结论

无论如何,B 的第三人异议之诉都是具有理由的,因为其拥有木材收割机的担保物所有权,因此有希望获得胜诉。

(二)问题 2

依照《民事诉讼法》第 767 条提起的执行异议之诉,可被视为针对 A 的强制执行而寻求的法律救济。如果该诉合法且具有理由,则其可以获胜。

1. 执行异议之诉的合法性

如果实体判决要件齐备,则执行异议之诉即为合法。

---

[43] Baur/Stürner/Bruns Rn. 46.12; 参见 Stein/Jonas/Münzberg § 771 ZPO Rn. 36.中关于尚未期限届满的返还请求权。
[44] Vgl. Musielak/Voit Grundkurs Rn. 1344.
[45] 有关观点争议参见 Brox/Walker Rn. 379ff.; Lippross/Bittmann Rn. 228ff.。
[46] Gaul/Schilken/Becker- Eberhard § 50 Rn. 50; Thomas/Putzo/Seiler § 804 ZPO Rn. 2.
[47] Lüke Rn. 611.

（1）容许性

如果债务人对判决中所确定的请求权本身有异议,则执行异议之诉具有容许性(《民事诉讼法》第767条第1款)。

F关于担保事件尚未发生,土地债务不再承受付款或者付息负担的主张,构成了源于土地债务的担保约定的实体法上的抗辩权,其获得了执行名义的请求权本身。对此,可以通过提起执行异议之诉的方式,交由法院进行裁判。

（2）管辖权

依照《民事诉讼法》第767条第1款,一审程序的受诉法院原则上具有管辖权。然而,此处是一种源于可执行文书的强制执行,因此应当适用《民事诉讼法》第800条第3款、第797条第5款的特别规定。

①事务管辖权

事务管辖权根据法律的一般规定确定,即《民事诉讼法》第1条并结合《法院组织法》第23、71条。此处诉讼标的额在任何情况下都超过5000欧元,因为土地债务的价额为100000欧元,故而地方法院具有管辖权(《民事诉讼法》第1条并结合《法院组织法》第23条第1项、第71条)。

②地域管辖权

依照《民事诉讼法》第800条第3款、第797条第5款,土地所在地的法院即班贝格地方法院具有地域管辖权。依照《民事诉讼法》第802条,这是一个专属管辖权。

（3）合法起诉

①申请

合法起诉的前提是提出具体的请求(《民事诉讼法》第253条第2款第2项)。诉之申请的具体内容必须如下:(请求法院)宣布根据执行名义进行的执行不合法。

②诉讼实施能力

106　　在地方法院进行的诉讼适用律师强制代理制度(《民事诉讼法》第 78 条第 1 款第 1 句),所以该诉状必须由律师提交。

(4)《民事诉讼法》第 50 条及以下数条规定的当事人能力和诉讼能力

107　　依照《民事诉讼法》第 50 条第 1 款、第 51 条及下一条,F 作为自然人,具有当事人能力和诉讼能力。依照《民事诉讼法》第 50 条并结合《股份法》第 1 条第 1 款第 1 句,A 作为法人,具有权利能力,因而具有当事人能力。依照《股份法》第 78 条第 1 款,该公司由其董事会代表。

(5)权利保护需求

108　　一旦存在强制执行的威胁,也即存在执行名义[48],执行异议之诉所需的权利保护需求就存在,直至强制执行终结并且执行名义被交付给债务人(参见《民事诉讼法》第 757 条第 1 款)或者债权人无疑不再拥有任何执行的可能性。[49]

109　　此处强制执行迫在眉睫,因为可执行文书构成了《民事诉讼法》第 794 条第 1 款第 5 项规定的执行名义。强制执行也尚未终结,在本案中甚至还没有开始。因此,存在权利保护需求。

110　　执行异议之诉具有合法性。

2. 执行异议之诉具有理由

111　　如果对获得了执行名义的请求权存在实体法上的抗辩,则执行异议之诉即具有理由。不可以对该抗辩课以失权,因为依照《民事诉讼法》第 797 条第 4 款,《民事诉讼法》第 767 条第 2 款不适用于可执行文书。

---

[48] Brox/Walker Rn. 1332.

[49] Musielak/Voit/Lackmann §767 ZPO Rn. 18; Gaul/Schilken/Becker - Eberhard §40 Rn. 109f.

(1) 源自担保合同的抗辩

此处的问题是,通过强制拍卖的方式获得了土地的所有权人提出了对担保合同的抗辩权,尽管他不是该合同的当事人,他是否可以援引这些抗辩权,这是存在争议的。

一种观点认为,所有权人可以主张源自担保合同的抗辩权。[50]《民法典》第1192条第1a款、第1157条的规定表明,对抗土地债务的抗辩权具有物权性质,因为它们随着土地债务的转让而转移,而不管谁是强制性土地交易的合同当事人。

而反对观点认为,所有权人不能提出源自担保合同的抗辩。[51] 担保合同只是由前手所有权人与土地债务权利人缔结的。然而,由于《强制拍卖与强制管理法》第53条第2款的各要件不获满足,所以该担保合同并没有通过强制拍卖的方式转移给受让人,就如同前手所有权人在债法上的义务一样。应当排除《民法典》第1192条第1a款、第1157条的适用(或者准用),因为在本案中,是土地所有人而不是土地债务权利人发生了变化,所以利益状况是不同的。

两种观点得出了不同的结论,因此必须对争议作出评判。无论如何,在这个以强制拍卖方式获得所有权的特殊情形中,应遵循第二种观点。此处存在《强制拍卖与强制管理法》第53条第2款的特别规定,根据该规定,债务的转移取决于债务人的登记。基于这个原因,在没有登记的情况下,应认定取得人既不能根据债法上的义务主张相应的抗辩,也不能根据担保合同主张抗辩。

(2) 结论

F不能向A主张由A和H之间的担保合同而产生的抗辩。因此,该诉不具有理由,不会获胜。

---

[50] MüKoBGB/Lieder §1157 BGB Rn. 5, 任何情况下都属于信托协议; vgl. auch BGHZ 56, 22 (25) = NJW 1971, 1750 (1751); BGHZ 64, 170 (171)。

[51] BGHZ 155, 63 (64ff.) = NJW 2003, 2673f.; Staudinger/Wolfsteiner (2014) Vor §§1191ff. BGB Rn. 271; Löhnig/Schärtl JuS 2004, 375 (377).

案例 13　干净的东西

[根据 BGH NJW 2008, 2125 以及 BGHZ 142, 253 = NJW 1999, 2903 改编]

一、案情

来自波茨坦的 32 岁单身青年 Hartmut Hoffmann（以下简称 H）在翻阅一本杂志时，看到了来自纽伦堡的 Sauber-GmbH & Co. KG（干净有限责任两合公司，以下简称 S）的一个广告，广告中 S 宣传了他们最新型号的吸尘器"Sauber-Blitz"。H 对这项创新技术非常感兴趣，并于 2016 年 9 月 27 日以 630 欧元的价格向 S 订购了一台"Sauber-Blitz"。这款吸尘器于 2016 年 10 月 11 日被交付给 H。然而，当 H 想用它来吸尘时，他发现这台设备并不能正常工作。他立即与 S 联系，要求更换一台可以正常工作的吸尘器或进行维修。对此，总经理 Günther Grün（以下简称 G）在 2016 年 10 月 27 日的信中告知 H，该设备没有故障，更换或维修是不可能的。H 在翌日收到了这封信。由于 H 还有另外一台可以使用的吸尘器，他对"Sauber-Blitz"不再感兴趣，并将该设备放在他公寓的地下室里。

自 2016 年 11 月底以来，H 一直患有严重的精神疾病，但从外部无法看出其患病。因此，作为照管法院的波茨坦区法院于 2016 年 12 月 15 日作出裁定，指定 Beate Braun（以下简称 B）担任 H 的照管人，该裁定在作出后立即生效，同时法院命令对财产照管及其在官署和法院获得代理等的职责范围作允许之保留。

由于 H 既没有付款,也没有对催讨作出反应,S 在不知道此时 H 已经被指定了照管人的情况下,于 2017 年 1 月 25 日向科堡(Coburg)区法院申请对 H 发出 630 欧元的支付令,该支付令于 2017 年 2 月 7 日通过自动化的程序作出。S 认为波茨坦区法院是诉讼程序的管辖法院。2017 年 2 月 13 日,支付令被送达给 H。由于 H 对支付令置之不理,S 于 2017 年 3 月 6 日基于支付令申请了执行决定,科堡区法院于 2017 年 3 月 9 日颁发了执行决定。执行决定于 2017 年 3 月 13 日即星期一被送达给 H。

2018 年 4 月 9 日星期一,照管人在进行探视时,偶然发现了这份执行决定。H 随即想起了吸尘器的订单,并将 S 和法院送达的未开封信件交给了 B。就在第二天,B 通过传真通知 S,她对程序有异议。毕竟,只有她是 H 的法定代理人,而 H 根本无法到法院出庭。此外,吸尘器从一开始就不能正常工作(该陈述属实),且 H 当时已立即告知了此事。

在 S 于 2018 年 4 月 12 日的答复中,G 表示,到目前为止,其公司还不知道照管和许可之保留的情况。在下单时,H 是有行为能力的,并且 H 收到了一个无故障的设备;因此他的公司认为没有必要采取行动。所有的手续也都齐备。此外,现在还有一个针对 H 的已经发生法律效力的执行决定,所以 H 无论如何都必须付款。如其不同意,B 可以诉诸法律。

B 很愤怒,通知 G 称,H 无论如何都不会付钱。公司可以再次从 H 这里取回有瑕疵的吸尘器。然而,因为有执行决定存在,所以 B 并不放心,于是在 2018 年 4 月 16 日,她联系了律师 Kluge 博士(以下简称 K),向他征求意见。

问题 1:为 K 律师起草鉴定式案例分析报告,在报告中给出 B 可以针对执行决定采取哪些法律措施并讨论这些措施的胜算。

2017 年 9 月,B 在波茨坦市中心为自己租了新的营业场所,随后与来自柏林的房产中介 Matthias Müller(以下简称 M)发生了纠纷。

此后,M 向波茨坦地方法院起诉 B,要求判令其支付 9000 欧元的中介佣金。2018 年 3 月 21 日,双方在波茨坦地方法院民事庭达成和解,B 承诺向 M 支付 7000 欧元以解决诉讼请求。不久后,B 得知她在缔结和解协议时被 M 以欺诈方式欺骗了。之后,B 的律师 K 立即向 M 表示,他要求撤销和解。尽管如此,M 还是试图强制执行和解协议。

在律师不知情的情况下,B 于 2018 年 5 月 31 日向 M 支付了数额为 7000 欧元的和解金,以避免被强制执行,但不久后她就反悔了。2018 年 6 月 6 日,K 律师代表 B 向柏林地方法院提起对 M 的诉讼,申请判令 M 向 B 偿还 7000 欧元。K 在起诉理由中认为和解是不生效的,因此付款是没有法律依据的。

问题 2:该诉是否合法?

编者注:科堡区法院是巴伐利亚州的督促程序中央管辖法院。*

二、思路

(一)问题 1
  1. 针对执行决定的申诉 ……………………………… 2
    (1)申诉的合法性 …………………………………… 3
      ①容许性 ………………………………………… 4
      ②形式与相对人 ………………………………… 5
      ③期间 …………………………………………… 8
      ④恢复原状 ……………………………………… 22
        a)合法性 ……………………………………… 23
          aa)容许性 ……………………………………… 24
          bb)管辖权 ……………………………………… 27

---

* 即巴伐利亚州内集中管辖督促程序案件的法院。——译者注

                cc）形式 ·································· 28
                dd）期间 ·································· 31
            b）小结 ······································ 35
        （2）结论 ·· 36
    2.《司法辅助官法》第 11 条规定的司法辅助官抗议 ··· 37
    3.《民事诉讼法》第 767 条规定的执行异议之诉 ········ 38
        （1）合法性 ······································ 39
            ①容许性 ···································· 40
                a）对执行决定的可适用性 ············· 41
                b）实体抗辩 ···························· 42
            ②管辖权 ···································· 43
                a）事务管辖权 ························· 44
                b）地域管辖权 ························· 45
            ③《民事诉讼法》第 50 条及以下数条规定的
                当事人能力和诉讼能力 ··············· 48
            ④依照《民事诉讼法》第 253 条合法起诉 ······· 50
            ⑤权利保护需求 ························· 51
        （2）具有理由 ···································· 53
            ①不存在被给予执行名义的请求权 ········ 54
                a）解除权 ······························ 55
                b）《民法典》第 349 条规定的合同解除的表示 ··· 58
                c）不存在排除解除的情形 ············· 59
                d）解除不发生效力 ···················· 61
            ②不存在《民事诉讼法》第 796 条第 2 款规定的
                失权情形 ······························ 63
        （3）结论 ·· 72
    4.《民事诉讼法》第 579 条规定的无效之诉 ············ 73
        （1）合法性 ······································ 74

①容许性 …………………………………… 75
　　②管辖权 …………………………………… 77
　　③败诉(利益) ……………………………… 78
　　④《民事诉讼法》第 50 条及以下数条规定的
　　　当事人能力和诉讼能力 ………………… 79
　　⑤《民事诉讼法》第 587、588 条规定的诉状的
　　　形式和内容 ……………………………… 80
　　⑥《民事诉讼法》第 586 条、第 589 条第 2 款
　　　规定的诉的期间 ………………………… 81
　　⑦主张一项合法的无效事由 ………………… 84
　　⑧不存在《民事诉讼法》第 579 条第 2 款、
　　　第 582 条规定的辅助性情形 …………… 85
　　　a)《民事诉讼法》第 579 条第 2 款 ……… 85
　　　b)《民事诉讼法》第 582 条 ……………… 86
(2)具有理由 …………………………………… 87
　　①原告、被告适格 …………………………… 88
　　②《民事诉讼法》第 579 条第 1 款第 4 项
　　　规定的无效事由成立 …………………… 89
(3)小结 ………………………………………… 91
(4)S 针对 H 的诉的合法性及其是否具有理由 …… 92
　　①合法性 …………………………………… 93
　　　a)波茨坦区法院的管辖权 ……………… 94
　　　b)《民事诉讼法》第 50 条及以下数条规定
　　　　的当事人能力和诉讼能力 …………… 96
　　　c)其他实体判决要件 …………………… 97
　　②具有理由 ………………………………… 98
(5)结论 ………………………………………… 99

(二)问题 2
  1. 柏林地方法院的管辖权 ………………………… 101
    (1)事务管辖权 ……………………………………… 102
    (2)地域管辖权 ……………………………………… 103
      ①专属审判籍 …………………………………… 103
      ②《民事诉讼法》第 12 条及以下数条规定的
        普通审判籍 ………………………………… 104
      ③《民事诉讼法》第 29 条第 1 款规定的
        履行地的特别审判籍 ……………………… 105
    (3)《民事诉讼法》第 50 条及以下数条规定的
      当事人能力和诉讼能力 ………………………… 113
    (4)依照《民事诉讼法》第 261 条第 3 款第 1 项
      无另外的诉讼系属 ……………………………… 114
      ①通过诉讼上的和解终结原先的程序 ………… 115
      ②《民法典》第 142 条规定的诉讼上的和解的
        无效性 ……………………………………… 117
        a)《民法典》第 123 条第 1 款第 1 种可选
          情形中的有效撤销 …………………… 118
        b)实体法上的无效性的影响 ……………… 119
      ③同一诉讼标的 ………………………………… 120
    (5)依照《民事诉讼法》第 322 条不存在相对立的
      既判力 …………………………………………… 121
    (6)一般的权利保护需求 …………………………… 122
  2. 结论 ………………………………………………… 133

三、解答

(一) 问题1

1　　首先,可以考虑依照《民事诉讼法》第700条第1款、第338条对执行决定提出申诉。此外,还可以考虑依照《司法辅助官法》第11条提出司法辅助官抗议,依照《民事诉讼法》第767条提出执行异议之诉,以及最后依照《民事诉讼法》第579条提出无效之诉。

1. 针对执行决定的申诉

2　　对执行决定的法定法律救济方式是申诉(《民事诉讼法》第700条第1款、第338条)。因此,必须审查申诉是否合法。

　　提示:依照《民事诉讼法》第700条第3款第1句,作出执行决定的法院无须审查申诉的合法性,可仅因相关人员提出申诉,就依职权将案件移送给依照《民事诉讼法》第692条第1款第1项在支付令中指明的法院。根据S的申请(《民事诉讼法》第690条第1款第5项),此处的受移送法院就是波茨坦区法院。然后,由受移送法院依照《民事诉讼法》第341条第1款第1句审查申诉的合法性。如果申诉合法,在请求理由书到达法院后,法院就需要依照《民事诉讼法》第700条第4款进行常规的诉讼程序,这样紧接着就应当对诉的合法性和诉是否具有理由进行审查。

(1) 申诉的合法性

3　　如果申诉的构成要件齐备,则申诉即为合法(《民事诉讼法》第341条第1款第1句)。

① 容许性

4　　依照《民事诉讼法》第700条第1款,执行决定等同于可假执行的缺席判决(《民事诉讼法》第330条及以下数条)。依此规定被缺席判决的当事人,可以对该判决提出申诉(《民事诉讼法》第338条)。因此,申诉是法律容许的可针对执行决定实施的法律救济措施。[1]

②形式与相对人

申诉可以向作出执行决定的法院提出(参见《民事诉讼法》第700条第3款第1句)[2],也即向科堡区法院提出。

申诉可以依照《民事诉讼法》第340条第1款以书面形式提出,或者依照《民事诉讼法》第702条第1款第1句、第129a条向书记科的书记官提出,由其进行记录。在申诉状中,必须指明(被申诉的)执行决定,并且必须声明对该执行决定提出申诉(《民事诉讼法》第340条第2款)。

无须依照《民事诉讼法》第340条第3款说明申诉的理由,因为根据《民事诉讼法》第700条第3款第3句的要求,《民事诉讼法》第340条第3款并不适用。[3] 在这个时间点,也无须提交请求理由书。

③期间

申诉期间是一个不变期间(《民事诉讼法》第224条第1款第2句),期间长度为两周(《民事诉讼法》第700条第1款、第339条第1款)。依照《民事诉讼法》第339条第1款,该期间从执行决定送达时[4]起算(《民事诉讼法》第699条第4款)。

有疑问之处在于,案件中是否存在有效的送达,以及《民事诉讼法》第339条第1款的期间是否已经开始计算。

此处的问题是,H可能没有诉讼能力,因此不得不依照《民事诉讼法》第170条第1款向法定代理人送达。

---

[1] 关于针对执行决定的申诉也参见 Herr JuS 2002, 1010ff.。
[2] MüKoZPO/Schüler §700 ZPO Rn. 16.
[3] MüKoZPO/Schüler §700 ZPO Rn. 20; Musielak/Voit/Voit §700 ZPO Rn. 5.
[4] 关于送达也参见 Stackmann JuS 2007, 634ff.。

11　　波茨坦区法院作为有管辖权的照管法院(《法院组织法》第 23a 条第 1 款第 2 项并结合第 2 款第 1 项、《家事事件和非讼事件程序法》第 272 条第 1 款第 2 项),已经依照《民法典》第 1896 条第 1 款*为 H 选任了一名照管人,并依照《民法典》第 1903 条第 1 款,命令在司法代理的职责范围内设定允许之保留。因此,H 在这方面没有行为能力,即使他在某些情况下可能具有行为能力,因而依照《民事诉讼法》第 51 条第 1 款,他也还不能被视为具有诉讼能力。[5] 依照《民法典》第 1902 条,在这方面无诉讼能力的 H,由 B 担任其法定代理人。因此,依照《民事诉讼法》第 170 条第 1 款第 1 句,B 是正确的受送达人。

12　　然而,执行决定已经被送达给 H。依照《民事诉讼法》第 170 条第 1 款第 2 句,对无诉讼能力人的送达原则上是不发生效力的。

13　　因此,出现的问题就是,不发生效力的送达是否也能使《民事诉讼法》第 339 条第 1 款的不变期间开始计算。

14　　通说观点认为[6],送达的期间从判决和执行决定完成送达时起算,即使是向无诉讼能力的人——但是从有待送达的执行名义中无法识别出其无诉讼能力——进行了送达。这样处理的理由是,依照《民事诉讼法》第 578 条第 1 款、第 579 条第 1 款第 4 项、第 586 条第 3 款,以未获得代理为由提起无效之诉这种更专业化的选择,足以充分保障无诉讼能力人的利益。《民事诉讼法》第 586 条第 3 款显然认为对无诉讼能力人的送达并不阻碍执行名义发生既判力。鉴于法律交往在法的安定性与法和平方面的利益要求,有必要让裁判产生形

---

* 2021 年 5 月 4 日,德国立法机构对《民法典》第四编"家庭法"中的第三章"监护、法律上的照管、保佐"(第 1773—1921 条)进行了较大幅度的修改,其中第 1889—1921 条被删除。该修改自 2023 年 1 月 1 日起生效,因而该案例中所述《民法典》相关的法律条文现已失效或者内容发生变动。对此敬请读者留意,下文不再赘述。——译者注

[5]　Vgl. BGH BeckRS 2002, 3862; Musielak/Voit/Weth §52 ZPO Rn. 4.

[6]　RGZ 121, 63 (64f.); BGHZ 104, 109 (111f.) = NJW 1988, 2049 m.w.N.; BGH NJW 2014, 937 Rn. 15; 2008, 2125f.; Wieczorek/Schütze/Rohe §170 ZPO Rn. 17.

式上的确定力以尽快结束法律纠纷。[7]

根据该观点,即使送达不发生效力,期间也仍会开始计算,其法律后果是申诉的提出发生迟延,因此应当以不合法为由驳回申诉(《民事诉讼法》第 341 条第 1 款第 2 句)。

15

反对意见认为[8],在不发生效力地送达执行决定的情况下,不变期间不开始计算。督促程序的特殊性不利于期间的进行,因为减少审查时间会带来未识别出(当事人)无诉讼能力的风险。此外,这也会为滥用大开方便之门。将可能很轻易地获得针对无行为能力人的执行名义。与《民事诉讼法》第 185 条规定的公告送达[9]相比,此处这种明显存在瑕疵的命令导致期间未开始计算的情况,将使无行为能力人处于不利地位。无效之诉同样也允许冲破既判力,所以此处也不存在法的安定性方面的问题。即使送达不发生效力但不变期间仍然进行,这样处理将与保护无行为能力人/限制行为能力人的基本理念相矛盾。无效之诉只提供事后保护。《民事诉讼法》第 579 条第 1 款第 4 项规定的无效之诉的构造并不迫使人们得出申诉期间自向无诉讼能力人送达时起算的结论,因为真正的适用范围涉及的是在宣判时发生既判力的裁判。不发生效力的送达不可能引发任何法律后果。

16

根据这种观点,《民事诉讼法》第 339 条第 1 款的期间还没有开始计算,所以仍然可以提出申诉。

17

由于两种观点得出了不同的结论,故而有必要对争议进行评判。

18

---

[7] BGH NJW 2014, 937 Rn. 23; 2008, 2125 Rn. 12; ebenso Stein/Jonas/Roth §170 ZPO Rn. 5.

[8] MüKoZPO/Häublein §170 ZPO Rn. 5; Zöller/Schultzky §170 ZPO Rn. 6; Sujecki NJW 2008, 2126; ebenso Jacoby ZMR 2007, 327 (330); zu §171 Abs. 1 ZPO a.F.(法律状况不应由于《民事诉讼法》新修订的第 170 条而发生变更):AG Hamburg- Harburg NJW- RR 1998, 791f.; LG Berlin MDR 1988, 588f.: 有关缺席判决;LG Frankfurt am Main NJW 1976, 757f.; Niemeyer NJW 1976, 742ff.。

[9] Vgl. BGH NJW 2007, 303 Rn. 12.

	反对通说观点的人尤其认为(按照通说观点去做将)危及对无诉讼能力人的保护。然而,这种保护是由提起无效之诉的可能性来保证的。法律交往对法的安定性的利益起决定性作用。
19	因此,应当遵从通说观点,认为期间自(不发生效力的)送达时起算。
20	然而,依照《民事诉讼法》第 222 条第 1 款和《民法典》第 187 条第 1 款,在计算期间时,不包括事件发生的那一天。因此,期间的计算从 2017 年 3 月 14 日凌晨 0 点开始。[10] 期间在两周后届满,即依照《民事诉讼法》第 222 条第 1 款、《民法典》第 188 条第 2 款,期间于下下周一即 2017 年 3 月 27 日 24 时结束。
21	因此,在 2018 年 4 月 16 日的时间点上,期间已经发生迟误(参见案例问题)。
	④恢复原状
22	但是可以考虑《民事诉讼法》第 233 条及以下数条规定的恢复原状。如果恢复原状的申请合法且具有理由,则其有希望获胜。
	a)合法性
23	如果恢复原状的申请要件齐备,则该申请即为合法。
	aa)容许性
24	只有申请人迟误了不变期间或者《民事诉讼法》第 233 条中提到的其他期间时,才容许申请恢复原状。不变期间是指法律中规定为不可变更的期间(《民事诉讼法》第 224 条第 1 款第 2 句)。
25	依照《民事诉讼法》第 700 条第 1 款、第 339 条第 1 款第 2 半句,申诉期间属于不变期间,而 H 迟误了这一期间。
26	因此,关于恢复原状的申请可以被容许。
	bb)管辖权
27	依照《民事诉讼法》第 237 条,有权对补充实施的诉讼行为进行

---

[10] Vgl. BeckOK ZPO/Jaspersen § 222 ZPO Rn. 2.

裁判的法院,应当对(恢复原状的)申请进行裁判。此处需要补充实施的诉讼行为是提出申诉。有权就申诉的合法性作出裁判的管辖法院不是督促程序管辖法院,而是《民事诉讼法》第 700 条第 3 款、第 692 条第 1 款第 1 项意义上的受领法院[11],即波茨坦区法院。因此,H 应当向波茨坦区法院申请恢复原状。

cc) 形式

依照《民事诉讼法》第 236 条第 1 款,恢复原状申请的形式,适用有待补充实施的诉讼行为的规定,即适用有关申诉的形式的规定。因此,它必须以书面形式向作出执行决定的法院提出,或者向该法院的书记科提出并由其记录下来(参见→边码 5)。28

依照《民事诉讼法》第 236 条第 2 款第 1 句,申请中必须疏明支持恢复原状的事实;应当在提出申请时或者在申请程序中疏明该事实(《民事诉讼法》第 294 条)。29

此外,被迟误的诉讼行为,也即申诉,必须在申请期间内补充实施(《民事诉讼法》第 236 条第 2 款第 2 句)。30

dd) 期间

恢复原状期间为两周(《民事诉讼法》第 234 条第 1 款第 1 句)。依照《民事诉讼法》第 234 条第 2 款,该期间自障碍消除之日起算。及时提出申诉的障碍指的是 B 作为 H 的法定代理人不知道执行决定的存在。随着 B 在 2018 年 4 月 9 日发现执行决定并对该执行决定有所知悉,前述障碍即消除。因此,期间自该日起算。然而,就《民事诉讼法》第 222 条第 1 款和《民法典》第 187 条第 1 款规定的期间计算而言,事件发生的当日不计入期间。因此,期间从 2018 年 4 月 10 日 0 点起算(→案例 3 边码 10 提示)。31

依照《民事诉讼法》第 222 条第 1 款和《民法典》第 188 条第 2 款,期间在下下个星期一即 2018 年 4 月 23 日届满。也就是说,恢复32

---

[11] Zöller/Seibel §700 ZPO Rn. 12.

原状期间在 2018 年 4 月 16 日尚未届满(参见案例问题),因此可以提出恢复原状的申请。

33 然而,为了保护既判力[12]和被申请人,《民事诉讼法》第 234 条第 3 款规定了一个期限为一年的除斥期间。[13] 该除斥期间自被迟误的期间届满时,即 2017 年 3 月 28 日起算,无论申请人是否知道执行决定,由于依照《民事诉讼法》第 222 条第 1 款和《民法典》第 187 条第 1 款,事件(期间届满)发生之日不计入期间之内。依照《民事诉讼法》第 222 条第 1 款和《民法典》第 188 条第 2 款,该除斥期间于 2018 年 3 月 27 日届满。

34 因此,在 2018 年 4 月 16 日除斥期间已经届满(参见案例问题),故而在这个时间点上,恢复原状的可能性是被排除的(即不得申请恢复原状)。

b)小结

35 因除斥期间届满,波茨坦区法院将必须以恢复原状的申请不合法为由驳回申诉。如果迟误除斥期间,就不可能再恢复原状。[14]

(2)结论

36 由于迟误了《民事诉讼法》第 339 条第 1 款的期间,无法恢复原状,波茨坦地区法院将依照《民事诉讼法》第 341 条第 1 款第 2 句以不合法为由驳回该申诉。

2.《司法辅助官法》第 11 条规定的司法辅助官抗议

37 执行决定是由司法辅助官颁布的(参见《司法辅助官法》第 20 条第 1 项)。因此,依照《司法辅助官法》第 11 条,抗议也可以被视为一种法律救济。然而,依照《司法辅助官法》第 11 条第 3 款第 2 句,在《民事诉讼法》第 700 条的情形中,此种抗议不得被提出。

---

[12] BGH NJW-RR 2016, 638 Rn. 7.
[13] Zöller/Greger §234 ZPO Rn. 10.
[14] BGH VersR 1987, 256; NJW 2013, 1684 Rn. 10:如果逾期的原因在法院(裁量/允许)的范围内,则不适用《民事诉讼法》第 234 条第 3 款。

3.《民事诉讼法》第 767 条规定的执行异议之诉

除此之外,还可以考虑《民事诉讼法》第 767 条规定的执行异议之诉。

(1)合法性

如果执行异议之诉的诸项要件齐备,则其具有合法性。

①容许性

如果债务人系对判决中确定的请求权本身有异议,则容许其提出执行异议之诉(《民事诉讼法》第 767 条第 1 款)。

a)对执行决定的可适用性

依照《民事诉讼法》第 794 条第 1 款第 4 项,执行决定是一种执行名义,依照《民事诉讼法》第 795 条,《民事诉讼法》第 767 条第 1 款也适用于此种执行名义。

b)实体抗辩

此处可以考虑的实体法上的抗辩为解除买卖合同。据此,受领的给付必须归还(《民法典》第 346 条第 1 款)。因此,S 无权请求 H 支付购买价款。应肯定(执行异议之诉具有)容许性。

②管辖权

依照《民事诉讼法》第 767 条第 1 款,第一审程序的受诉法院原则上具有事务管辖权和地域管辖权。由于此处是一项执行决定,依照《民事诉讼法》第 796 条第 3 款,由在诉讼程序中原本对裁判有管辖权的法院管辖。

a)事务管辖权

诉讼标的额低于 5000 欧元,因此依照《民事诉讼法》第 1 条并结合《法院组织法》第 23 条第 1 项、第 71 条,区法院具有管辖权。依照《民事诉讼法》第 802 条,此处为专属管辖,因为《民事诉讼法》第 796 条第 3 款终局性地确定了管辖法院——由原本对诉讼程序有管辖权的法院管辖。[15]

b) 地域管辖权

45　　因支付购买价款而产生的纠纷不存在专属审判籍,所以被告的普通审判籍所在地的法院可以成为具有地域管辖权的法院(《民事诉讼法》第 12 条)。依照《民事诉讼法》第 13 条,普通审判籍根据住所地确定(《民法典》第 7 条)。在就购买价款引起的诉讼程序中,H 是被告,因此波茨坦区法院是《民事诉讼法》第 12、13 条规定的普通审判籍所在地的法院,因为 H 在那里有住所。

46　　此外,还可以考虑《民事诉讼法》第 29 条第 1 款规定的履行地的特别审判籍,因为案涉诉讼是基于合同关系即买卖合同提起的。因此,基于合同关系提起的诉讼,发生争议的义务的履行地的法院有管辖权。履行地根据实体法确定,即根据《民法典》第 269 条规定的给付地确定。[16] 除非根据相关情况能得出其他结论,否则给付地(履行地)即为 H 的住所地(《民法典》第 269 条第 1 款)。依照《民法典》第 270 条第 4 款,前述规则也适用于金钱债务。H 住在波茨坦,因此,依照《民事诉讼法》第 29 条第 1 款,波茨坦区法院也有地域管辖权。

47　　因此,波茨坦区法院的地域管辖权来自《民事诉讼法》第 12、13 条和《民事诉讼法》第 29 条第 1 款。依照《民事诉讼法》第 802 条,此处为专属管辖权(→边码 44)。

③《民事诉讼法》第 50 条及以下数条规定的当事人能力和诉讼能力

48　　依照《民事诉讼法》第 50 条第 1 款,H 作为自然人具有当事人能力。在照管的范围内,H 在法院获得的代理的职责范围被法院命令

---

[15] Stein/Jonas/Münzberg §796 ZPO Rn. 5; Thomas/Putzo/Seiler §796 ZPO Rn. 3; Musielak/Voit/Lackmann §796 ZPO Rn. 3;关于事务管辖权的其他观点参见 Zöller/Geimer §802 ZPO Rn. 1。

[16] BGH NJOZ 2016, 771 Rn. 4; Musielak/Voit/Heinrich §29 ZPO Rn. 15。

设置了允许之保留,所以他没有诉讼能力(《民事诉讼法》第 51 条及下一条)。由 B 担任其法定代理人(《民法典》第 1902 条)。

依照《民事诉讼法》第 50 条第 1 款并结合《商法典》第 161 条第 2 款、第 124 条第 2 款,S 作为一个两合公司,具有当事人能力。依照《商法典》第 170 条,S 由合伙人有限责任公司代表,而该有限责任公司依照《有限责任公司法》第 35 条第 1 款由总经理 G 代表。

④依照《民事诉讼法》第 253 条合法起诉

依照《民事诉讼法》第 253 条第 2 款第 2 项,诉之申请必须写明如下内容:请求法院宣告根据 2017 年 3 月 9 日的执行决定进行的强制执行不合法。

⑤权利保护需求

如果强制执行迫在眉睫,也即存在执行名义[17],该执行名义持续存在到执行终结,并且该执行名义被交付给债务人(参见《民事诉讼法》第 757 条第 1 款),或者债权人毫无疑问地不再有任何执行的可能性,则执行异议之诉即存在权利保护需求。[18] 此处存在针对 H 的执行决定,S 在其支付要求中明确提到了该执行决定。

据此,依照《民事诉讼法》第 767 条提起的执行异议之诉具有合法性。

(2)具有理由

如果针对被授予执行名义的请求权的实体法上的抗辩成立,并且依照《民事诉讼法》第 796 条第 2、3 款未发生失权,则执行异议之诉即为具有理由。

①不存在被给予执行名义的请求权

在由 B 代理的情况下,H 可以解除合同——是财产照顾事务;B

---

〔17〕 Brox/Walker Rn. 1332; MüKoZPO/K. Schmidt/Brinkmann § 767 ZPO Rn. 43.
〔18〕 Musielak/Voit/Lackmann § 767 ZPO Rn. 18; Gaul/Schilken/Becker-Eberhard § 40 Rn. 109f.

被选任为 H 在这一职责领域的照管人(《民法典》第 1896 条)——依照《民法典》第 437 条第 3 项和第 323 条解除买卖合同,其法律后果是 S 对支付购买价款的请求权消灭。[19]

a) 解除权

55　　H 享有解除权是前提条件。在《民法典》第 434 条第 1 款第 2 句第 1 项或第 2 款意义上的风险转移时,吸尘器已经存在瑕疵。

56　　交付无瑕疵的新电器或者通过维修进行修复的请求权(《民法典》第 439 条第 1 款)也已到期并且可以实现。

57　　诚然,依照《民法典》第 323 条第 1 款,债权人原则上必须为债务人设定一个事后补充履行的适当期间。在该案中,H 要求 S 提供一台新的吸尘器或者对有故障的吸尘器进行维修是否符合前述法律要求,可以暂且不论。这是因为 S 通过其总经理 G 明确表示,该公司认为不存在任何行动需求,因此表示不会提供新的电器或者进行维修(参见《民法典》第 439 条第 1 款)。然而,该公司有义务事后补充履行。因此,S 的拒绝构成了不正当地、认真地并且最终地拒绝事后补充履行,所以依照《民法典》第 323 条第 2 款第 1 项,无须指定期间。

b)《民法典》第 349 条规定的合同解除的表示

58　　B 作为 H 的法定代理人,并没有明确表示要解除合同。然而,B 向 S 提出 S 可以取回设备的要约,以及她拒绝支付购买价款的行为构成了《民法典》第 349 条规定的(可推论的)合同解除的表示。

c) 不存在排除解除的情形

59　　交付无法使用的设备并非只是微不足道的违反义务,因此不排除依照《民法典》第 323 条第 5 款第 2 句解除合同。

60　　解除合同的要件齐备,因此 S 无权请求 H 支付购买价款。

d) 解除不发生效力

61　　依照《民法典》第 218 条,如果事后补充履行请求权已经完成消

---

[19] BGH NJW 2008, 911 Rn. 10; MüKoBGB/Gaier Vor § 346 BGB Rn. 37.

灭时效,且债务人援用这一情况,则因提供给付不合于合同而进行的合同解除,不发生效力。依照《民法典》第438条第1款第3项,对于事后补充履行请求权,经过两年而完成消灭时效。依照《民法典》第438条第2款,消灭时效在买卖物交付时起算,即从2016年10月11日起算。因此,请求权在2018年4月16日尚未到期,故而解除发生效力。

随着有效地解除合同,S对H的购买价款请求权已经消灭,因此,对被发给执行名义的请求权存在实体法上的抗辩。 62

②不存在《民事诉讼法》第796条第2款规定的失权情形

但是,实质性的异议,仅当其理由是在执行决定送达后产生,而且无法再通过申诉的形式加以主张时,方为合法(《民事诉讼法》第796条第2款)。在这种情况下,有争议的是,产生异议的决定性时间点是执行决定送达时[20]还是申诉期间届满时[21]。在后一种情形中,在执行决定送达后产生异议,但仍可随申诉主张的异议会发生失权。此处这个争议并不重要,因为解除合同的理由在执行决定送达之前就已经存在了,而解除合同的表示则是在申诉期间届满后才作出的。 63

解除权在某个时间点产生,在这个时间点,解除权的构成要件存在,或者解除合同的表示要件存在,否则该时间点为何时仍存在争议(参见→案例11边码94及以下数段关于抵销的内容)。[22] 64

通说认为[23],在嗣后行使形成权的情况下,如解除合同,起决定 65

---

[20] BGH DStR 2016, 546 (550 Rn. 36); MüKoZPO/Wolfsteiner §796 ZPO Rn. 6; vgl. Stein/Jonas/Münzberg §767 ZPO Rn. 40.

[21] Vgl. BGH NJW-RR 2012, 304 (305 Rn. 11); MüKoZPO/K. Schmidt/Brinkmann §767 ZPO Rn. 76, 15; Musielak/Voit/Lackmann §767 ZPO Rn. 38 und §796 ZPO Rn. 3; vgl. auch BerlVerfGH NJOZ 2012, 1539f.

[22] 关于《民事诉讼法》第767条第2款规定之下的形成权的分类参见Thole ZZP 124 (2011), 45 (51ff.)。

[23] BGHZ 34, 274 (278ff.) = NJW 1961, 1067 (1068); BGH NJW 2019, 80 (82 Rn. 29); 1980, 2527 (2528 m.w.N.); Thomas/Putzo/Seiler §767 ZPO Rn. 22a; 关于抵销参见MüKoZPO/K. Schmidt/Brinkmann §767 ZPO Rn. 80, 82; Ernst NJW 1986, 401 (405)。

作用的是形成权的要件存在的时间点,而不是行使形成权的时间点。形成理由而非法律后果才是实质性的异议。也即如果解除权在关键的时间点之前已经存在,则债务人因该形成权而提出的异议即发生失权。

66 解除合同的要件在事后补充履行的期间未能成功届满时产生,或者在无须指定期间的情形中债务人最终拒绝事后补充履行时产生。从这个时间点开始,买方可以解除合同。因此,在 2016 年 10 月 27 日,也就是在 2017 年 3 月 13 日送达执行决定之前,解除合同的要件已经齐备(→边码 63)。因此,根据通说观点,H 提出该异议会发生失权。

67 反对意见认为[24],形成表示的时间点才是决定性的,因此,如果在关键的时间点之后才行使形成权,则异议不发生失权,因为该观点认为,异议只在行使形成权时产生。这种意见的理由主要是,异议的产生受实体法的制约,除了形成适状之外,其要件还包括要有相应的表示。表示的及时性完全由实体法决定,该实体法规范可以不受《民事诉讼法》第 767 条第 2 款规定的限制。在之后主张形成权时,对债务人的滥用或者严重疏忽应当通过准用《民事诉讼法》第 296 条、第 531 条第 2 款(在违反一般的诉讼促进义务的情况下)和《民事诉讼法》第 533 条(在抵销的情况下)来抵制。[25] 然而,此处既看不出在行使解除权方面存在滥用,又看不出存在严重疏忽。

68 该观点认为,实质性的异议不会依照《民事诉讼法》第 796 条第 2 款发生失权,因为是在执行决定送达后、申诉期间届满后才作出解除表示(参见→边码 20)。

69 部分人否定执行决定的既判力,或者将其视为既判力效力减

---

[24] Stein/Jonas/Münzberg § 767 ZPO Rn. 32ff.; Baur/Stürner/Bruns Rn. 45.14; Lüke Rn. 591.

[25] Musielak/Voit/Musielak § 322 ZPO Rn. 42; Lüke Rn. 591; Jauernig/Berger § 12 Rn. 14.

弱,因此在执行异议之诉的范围内拒绝失权的发生。[26] 据此,异议不会发生失权。

这些观点得出了不同的结论,因此,有必要对争议进行评判。后一种观点应被拒绝,因为该观点与《民事诉讼法》第 796 条第 2 款的明确规定相矛盾。支持通说观点的理由是,这可以防止执行中的拖延和债务人的滥用。

因此,H 解除买卖合同的异议不能再以执行异议之诉的方式提出。因此,该诉不具有理由。

(3)结论

执行异议之诉获胜无望,因为根据通说观点,解除合同的异议/抗辩发生失权。

提示:此处——与→案例 11 边码 99 不同——出于考试策略上的考虑,遵循了通说观点,以便仍能审查可以予以考虑的无效之诉。

4.《民事诉讼法》第 579 条规定的无效之诉

此外,还可以考虑依照《民事诉讼法》第 579 条,经由无效之诉启动再审程序。如果无效之诉合法且具有理由,其就有望获胜。

(1)合法性

必须满足《民事诉讼法》第 579 条规定的提起无效之诉的各项要件。法院应当依职权审查要件是否齐备(《民事诉讼法》第 589 条第 1 款)。

①容许性

依照《民事诉讼法》第 578 条第 1 款,再审的前提是存在因发生既判力的终局判决而终结的程序。从《民事诉讼法》第 584 条第 2 款

---

[26] Vgl. dazu Staudinger/Oechsler (2014) §826 BGB Rn. 521ff. m.w.N.

可以得出结论,即《民事诉讼法》假定有可能对执行决定提起无效之诉。[27] 此外,《民事诉讼法》第700条第1款也对此表示赞同,它将执行决定等同于可假执行的缺席判决。这意味着,针对执行决定的无效之诉也是获得容许的。

76　　被攻击的执行名义必须具有形式上的确定力。此处无效之诉针对的是具有形式上的确定力的执行决定,因为申诉期间已经届满。

②管辖权

77　　依照《民事诉讼法》第584条第2款,在诉讼程序中本该对裁判有管辖权的法院,即波茨坦区法院,对针对执行决定提起的无效之诉行使专属管辖权(参见→第43段及以下数段)。

③败诉(利益)

78　　通说观点认为,再审与上诉具有相似性,均以败诉为必要。[28] 此处H受到了执行决定的不利影响,负担加重,因为该执行决定使他有义务向S付款。

④《民事诉讼法》第50条及以下数条规定的当事人能力和诉讼能力

79　　此处可以参考上文(→边码48及下一段)。

⑤《民事诉讼法》第587、588条规定的诉状的形式和内容

80　　再审之诉必须以书面形式提出。必须在诉状中指明执行决定。另外,必须声明对该执行决定提起无效之诉(《民事诉讼法》第587条)。此外,《民事诉讼法》第588条第1款规定的内容也应包括在内。

⑥《民事诉讼法》第586条、第589条第2款规定的诉的期间

81　　该诉必须在一个月的不变期间内提出(《民事诉讼法》第586条

---

[27] BGHZ 104, 109 (112) = NJW 1988, 2049; BGH NJW 2014, 937 (938 Rn. 17); 2008, 2125 Rn. 11; MüKoZPO/Braun §578 ZPO Rn. 25.

[28] BGHZ 39, 179 (180f.) = NJW 1963, 1353 (1354) 关于回复原状之诉;Thomas/Putzo/Reichold Vor §578 ZPO Rn. 7.

第1款)。依照《民事诉讼法》第586条第3款,在当事人无诉讼能力时,期间自向法定代理人送达时起算。也即就期间起算而言,向作为无诉讼能力人H的法定代理人的B送达执行决定具有必要性。

此处执行决定没有送达给B,而是送达给了H。B不是《民事诉讼法》第166条第1款和第182条第2款第1项规定的受送达人,因而依照《民事诉讼法》第170条第1款,执行决定并未向B有效送达。然而,在2018年4月9日,B意外地知道了针对H的执行决定。这可能被视为《民事诉讼法》第189条规定的送达瑕疵的消除/补救,可适用《民事诉讼法》第189条,因为向无诉讼能力的人而不是法定代理人送达违反强制性的送达规则。法院没有安排向B送达,与前述内容并不矛盾。《民事诉讼法》第189条规定的消除/补救措施,其要件只包括存在送达意思,并且有待送达的文书到达根据法律规定送达所指向的人或者"可能指向的"人。[29] 此处B作为法定代理人在2018年4月9日实际获得执行决定。依照《民事诉讼法》第189条,实际到达的时间点,即2018年4月9日,应被视为送达时刻。因此,期间从这一天起算。

然而,依照《民事诉讼法》第222条第1款和《民法典》第187条第1款,在计算期间时,事件发生的当日不予算入。因此,依照《民事诉讼法》第586条第1款、第222条第1款、《民法典》第187条第1款,一个月的期间自2018年4月10日凌晨0时起算。依照《民事诉讼法》第222条第1款、《民法典》第188条第2款,该期间在2018年5月9日24时届满。[30] 因此,提起无效之诉时仍在期间内,因为律师提供咨询意见发生在2018年4月16日。

提示: 只要消除/补救措施被拒绝,即使在没有有效送达的

---

[29] BGH NJW 1984, 926f.; Stein/Jonas/Roth §189 ZPO Rn. 8; Jacoby ZMR 2007, 327 (328).

[30] Vgl. dazu Wieczorek/Schütze/Büscher §586 ZPO Rn. 13.

情况下,也可以提起无效之诉,因为此时《民事诉讼法》第586条第3款规定的期间尚未起算,《民事诉讼法》第586条第2款第2句的5年期间不适用于因未获得代理而提起的无效之诉。[31]

⑦主张一项合法的无效事由

84　　此外,《民事诉讼法》第579条中提及的无效事由,必须依据法律合理性进行主张。[32] 此处由B代理的H可以具有法律合理性地陈述:他在督促程序中未按照法律规定获得代理(《民事诉讼法》第579条第1款第4项)。

⑧不存在《民事诉讼法》第579条第2款、第582条规定的辅助性情形

a)《民事诉讼法》第579条第2款

85　　《民事诉讼法》第579条第2款不适用于《民事诉讼法》第579条第1款第4项的情形。

b)《民事诉讼法》第582条

86　　《民事诉讼法》第582条规定的辅助性也应被否定,因为H在自身无过错的情况下,因无诉讼能力,无法在原先的诉讼程序中主张回复原状之诉的理由。甚至作为法定代理人的B也不存在依照《民事诉讼法》第51条第2款可能归咎于H的过错,因为她是在2018年4月9日才偶然知道执行决定的,而且由于法律救济期间已经届满,再也不可能在原先的诉讼程序中主张回复原状之诉的理由了。

(2)具有理由

87　　如果所主张的再审事由成立,则再审之诉即具有理由。

①原告、被告适格

88　　在再审之诉中,只有原审中的当事人,才是适格的原告、被告。[33]

---

[31] KG NJW-RR 1990, 8; Musielak/Voit/Musielak §586 ZPO Rn. 8f.
[32] Zöller/Greger §589 ZPO Rn. 2.
[33] Thomas/Putzo/Reichold §578 ZPO Rn. 4.

此处作为督促程序中被申请人的 H,由 B 担任法定代理人,对作为督促程序中申请人的 S 提起了再审之诉,因此,原告、被告均适格。

②《民事诉讼法》第 579 条第 1 款第 4 项规定的无效事由成立

再审之诉是基于《民事诉讼法》第 579 条第 1 款第 4 项规定的无效事由而提起的。由于 H 自 2016 年 12 月 15 日以来一直受到允许之保留的限制,他在督促程序中无诉讼能力(参见→边码 48),本应当由 B 作为法定代理人参加程序。由于没有发生这种情况,所以 H 在督促程序中没有根据法律规定获得代理。

无效之诉具有理由。

(3)小结

依照《民事诉讼法》第 579 条提起的无效之诉合法且具有理由。由此产生的后果是,本案将就 S 对 H 所主张的请求权进行辩论(《民事诉讼法》第 590 条第 1 款)。

(4)S 针对 H 的诉的合法性及其是否具有理由

S 对 H 的诉正在进行辩论,如果该诉合法且具有理由,则有望获胜。

①合法性

如果实体判决要件齐备,则诉即为合法。

a)波茨坦区法院的管辖权

波茨坦区法院依照《民事诉讼法》第 1 条,并结合《法院组织法》第 23 条第 1 项、第 71 条第 1 款,可以被认定为具有事务管辖权,因为诉讼标的额为 630 欧元,因此未超过 5000 欧元。

区法院的地域管辖权可能源于《民事诉讼法》第 12、13 条和《民事诉讼法》第 29 条第 1 款,因为专属审判籍并非显而易见。H 在波茨坦有住所(《民法典》第 7 条),因此,波茨坦区法院作为普通审判籍所在地的法院,依照《民事诉讼法》第 12、13 条具有地域管辖权。基于 S 和 H 之间的买卖合同,有关购买价款的履行地也为债务人的住所地波茨坦(《民法典》第 269 条第 1 款),因此,波茨坦区法院依照

《民事诉讼法》第 29 条第 1 款也具有地域管辖权(→边码 46)。

b)《民事诉讼法》第 50 条及以下数条规定的当事人能力和诉讼能力

96 此处可以参考→边码 48 及下一段的论述。尤其是无诉讼能力的 H 现在可以依照《民法典》第 1896、1902 条,由他的法定代理人 B 合法代理。

c)其他实体判决要件

97 鉴于在案件事实情况中没有相反信息,应认为其他实体判决要件已经齐备。

② 具有理由

98 S 的诉不具有理由,因为 B 作为 H 的法定代理人,已经有效地解除了合同,S 的购买价款请求权也因此消灭(参见→边码 62)。

(5)结论

99 因此,波茨坦区法院将以不具有理由为由驳回诉讼,并且如果执行决定在此之前尚未被中间判决撤销,则法院将一并撤销执行决定。[34]

提示:只要 S 在提起无效之诉后仍实施就执行决定的强制执行,由 B 代理的 H 就可以依照《民事诉讼法》第 707 条第 1 款第 1 句第 2 种可选择的情形,申请暂缓执行,以此进行防御。将就无效之诉作出裁决的法院具有管辖权[35],依照《民事诉讼法》第 707 条第 2 款,以裁定形式进行裁判,该裁定不可声明不服。

(二)问题 2

100 如果实体判决要件齐备,则 B 针对 M 的诉即为合法。

---

[34] Vgl. Zöller/Greger § 590 ZPO Rn. 4, 11.
[35] Vgl. Thomas/Putzo/Seiler § 707 ZPO Rn. 5.

1. 柏林地方法院的管辖权

由于该诉是向柏林地方法院提起的,因此必须审查其事务管辖权和地域管辖权。 101

(1) 事务管辖权

依照《民事诉讼法》第 1 条,事务管辖权根据《法院组织法》第 71、23 条确定。据此,全部民事诉讼案件,只要不属于区法院管辖,均由地方法院管辖。《法院组织法》第 23 条第 2 项规定的不考虑诉讼标的额即移送区法院的情形在此并不存在。同样地,区法院对金钱或者金钱价值超过 5000 欧元标的的诉讼并无管辖权(参见《法院组织法》第 23 条第 1 项)。此外 B 主张金额为 7000 欧元的偿付请求权,因此,诉讼标的额超过了 5000 欧元,地方法院具有事务管辖权。 102

(2) 地域管辖权

① 专属审判籍

专属审判籍并非显而易见。 103

②《民事诉讼法》第 12 条及以下数条规定的普通审判籍

柏林地方法院的地域管辖权可能源自《民事诉讼法》第 12、13 条。M 拥有住所(《民法典》第 7 条),因此他的普通审判籍在柏林(《民事诉讼法》第 13 条),所以柏林地方法院依照《民事诉讼法》第 12、13 条具有地域管辖权。 104

③《民事诉讼法》第 29 条第 1 款规定的履行地的特别审判籍

此外,《民事诉讼法》第 29 条第 1 款规定的履行地的审判籍也在考虑之列。B 在有效地对和解提出异议后,以《民法典》第 812 条第 1 款第 1 句为依据提出诉之申请(《民法典》第 123 条、第 142 条第 1 款)。 105

原则上,《民事诉讼法》第 29 条第 1 款不适用于因不当得利而产生的请求权,因为不当得利是一种法定债务关系。[36] 然而,当被提 106

---

[36] Vgl. BGHZ 132, 105 (109) = NJW 1996, 1411 (1412).

出异议的合同恢复到合同订立之前的状态时,《民事诉讼法》第 29 条是否能例外地适用仍是一个存在争议的问题。

107 各类文献[37]赞成在这些情形中适用《民事诉讼法》第 29 条。文献认为,原告特别需要保护,因为无效事由是因被告的行为而产生的。此外,《民事诉讼法》第 29 条的适用得到了《民法典》第 346 条及以下数条规定的解除权在功能上的亲缘关系的支持,而不当得利法上的合同法评估中有关差额说(Saldotheorie)的持续影响也支持适用《民事诉讼法》第 29 条。

108 在适用《民事诉讼法》第 29 条第 1 款时,发生争议义务的履行地的法院有管辖权。在给付型不当得利返还诉请方面,根据具有法律合理性的原告陈述,M 必须向 B 偿付 7000 欧元。履行地根据实体法确定,即根据《民法典》第 269 条规定的给付地确定。[38] 除非情况另有说明,给付地(履行地)为 H 的住所地(《民法典》第 269 条第 1 款)。这也适用于金钱债务,因为《民法典》第 270 条并不包含任何关于给付地的规定(《民法典》第 270 条第 4 款)。[39]

109 在撤销的时间点,M 的居住地在柏林,所以给付地就在柏林。

110 判例[40]反对适用《民事诉讼法》第 29 条第 1 款,因为根据法律规范的文义,它只适用于因合同关系引起的纠纷。但是,由不当得利引发的请求权构成了一种法定债务关系。

111 此处没有必要对争议进行评判,因为柏林地方法院已经因《民事诉讼法》第 12、13 条而具有管辖权。

112 柏林地方法院也具有地域管辖权。

(3)《民事诉讼法》第 50 条及以下数条规定的当事人能力和诉

---

[37] Stein/Jonas/Roth § 29 ZPO Rn. 6; Zöller/Schultzky § 29 ZPO Rn. 6a; Musielak/Voit/Heinrich § 29 ZPO Rn. 7; Spickhoff ZZP 109 (1996), 493 (509f.).
[38] Vgl. BGH NJOZ 2016, 771 Rn. 4; Musielak/Voit/Heinrich § 29 ZPO Rn. 15.
[39] Musielak/Voit/Heinrich § 29 ZPO Rn. 25.
[40] RGZ 49, 421 (423f.); BGH NJW 1962, 739 (Ls.); BayObLG BB 1990, 2442.

讼能力

依照《民事诉讼法》第50条第1款、第51条及下一条,作为自然人,无论是B还是M都具有当事人能力和诉讼能力。

(4)依照《民事诉讼法》第261条第3款第1项无另外的诉讼系属

依照《民事诉讼法》第261条第3款第1项,如果原先的诉讼程序没有经由诉讼上的和解[41]而终结,并且两个诉讼程序中的诉讼标的相同,则B对M的不当得利之诉可能会被M对B的先前诉讼程序所产生的另外的诉讼系属阻止。

①通过诉讼上的和解终结原先的程序

通说认为[42],诉讼上的和解既具有诉讼法上的效力,又具有实体法上的效力(参见《民法典》第779条)。它是一种诉讼行为,因为它终结了诉讼,同时它也是私法法律行为,因为它从实体法上规制了当事人的请求权和义务(诉讼上的和解的双重性质)。在诉讼特征方面,它主要具有终结程序的效力,也即终结诉讼和终结诉讼系属。

如果B以被恶意欺诈为由对诉讼上的和解有效地提出了撤销(《民法典》第123条第1款),则M对B因中介佣金而提起的原先的诉讼程序就不会因为和解的无效性而终结,因此该程序仍处于诉讼系属状态。

②《民法典》第142条规定的诉讼上的和解的无效性

有可能由于依照《民法典》第142条第1款撤销,诉讼上的和解无效,但不会导致诉讼的终结。

a)《民法典》第123条第1款第1种可选情形中的有效撤销

B有效撤销的前提是存在撤销的理由,并且B在撤销期间内向

---

[41] 关于诉讼中的和解也参见 Fischer JuS 2006, 140ff.; Rensen JA 2004, 556ff.。
[42] Vgl. BGHZ 164, 190 = NJW 2005, 3576 (3577); BGHZ 86, 184 (186) = NJW 1983, 996 (997); BGHZ 28, 171 (172) = NJW 1958, 1970; BGH NJW 2019, 310 (311 Rn. 18); 2015, 2965 Rn. 12; 关于其他理论参见 Rosenberg/Schwab/Gottwald § 131 Rn. 34ff.。

合同伙伴表示撤销。M对B实施了恶意欺诈,从而诱使她达成了诉讼上的和解,因此,依照《民法典》第123条第1款第1种可选情形,撤销的理由存在。B也在撤销期间内(《民法典》第124条第1款)向M表示了撤销的意思(《民法典》第143条第1款),因此,诉讼上的和解必须被视为自始无效(《民法典》第142条第1款)。

b) 实体法上的无效性的影响

119　　然而,以实体法上的瑕疵为由的撤销如何对诉讼上的和解发生影响,是值得怀疑的。这取决于诉讼上的和解的法的性质。从诉讼上的和解的双重性质来看(→第115段),和解的无效性不具有终结诉讼的效力。因此,原先的诉讼应当继续进行。在其范围内,还应当澄清诉讼上的和解系有效抑或不发生效力。[43]

③同一诉讼标的

120　　《民事诉讼法》第261条第3款第1项规定的存在对抗关系的诉讼系属要求两个诉讼的诉讼标的具有同一性。然而,此处的情况并非如此。在原先的诉讼中,M要求B根据居间合同支付金额为9000欧元的中介佣金。在当前的诉讼程序中,B依照《民法典》第812条,基于不发生效力的诉讼上的和解,向M主张金额为7000欧元的返还请求权。此处无论是诉之申请还是生活事实情况都不存在同一性,所以《民事诉讼法》第261条第3款第1项与B的诉并不冲突。

(5) 依照《民事诉讼法》第322条不存在相对立的既判力

121　　在诉讼上的和解中,B承担了向M支付7000欧元的义务。如果诉讼上的和解已经发生既判力,这可能会对抗当前的诉。然而,在没有法院裁判的情况下,诉讼上的和解并不发生《民事诉讼法》第322条规定的既判力。[44]

---

　　[43]　H.M., vgl. nur BGHZ 142, 253 (254ff.) = NJW 1999, 2903; BGHZ 28, 171 (172ff.) = NJW 1958, 1970ff.; BGH NJW 2014, 394 (395 Rn. 14); Zöller/Geimer §794 ZPO Rn. 15a m.w.N.
　　[44]　Vgl. BGHZ 28, 171 (175f.) = NJW 1958, 1970 (1971); HK- ZPO/Saenger §322 ZPO Rn. 7.

(6)一般的权利保护需求

然而,B 针对 M 的不当得利之诉可能缺乏一般的权利保护需求。 122

只有就法律实施所必需的诉或者申请才认可存在权利保护需 123
求。[45] 如果存在一种更为简单、于司法和对方当事人而言负担更小
的路径,则没有权利保护需求。

此处 M 有机会在原先的诉讼程序中以反诉的方式主张要求 B 124
进行偿付,而该诉讼程序并没有因为和解的无效性而终结,因此该诉
讼程序应当依申请继续进行。[46]

这种可选择情形是否代表了一种更简单的路径,从而应当否定 125
B 对所提起的诉具有权利保护需求,这一点是有疑问的。

一种观点认为,因诉讼上的和解无效而提起的请求返还之诉不 126
存在权利保护需求。[47] 这是由于诉讼上的和解的双重性质,当实体
法上的合同无效时,原先的诉讼就不(再)会终结,因此当对无效性存
在争议时,就应当在原先的诉讼中对合同加以澄清。诚然,请求返还
之诉在形式上涉及的是一个不同的诉讼标的。然而,新的诉讼只是
原先诉讼的"镜像"。在原始诉讼中继续进行,在诉讼上会更经济,因
为可以避免进行第二次诉讼,同一位法官将再次处理案件,可以使用
目前为止诉讼取得的结果,并可以节省诉讼费用。假如开启一个新
的诉讼,由于原始诉讼和第二次诉讼在内容上高度重合,可能会有法
院双重介入(重复审判)的风险,因为就相同的初始问题,即和解是否
发生效力,将很可能不得不在两个程序中作出裁判。原始诉讼程序
中的原告将具有被剥夺在第二个诉讼中以反诉的方式另行主张原始
诉讼程序中的诉讼请求的可能性,因为此种主张将因原始诉讼程序

---

[45] Grunsky/Jacoby Rn. 280.

[46] Vgl. Becker- Eberhard ZZP 113 (2000), 366ff. (372).

[47] BGHZ 142, 253 (255ff.) = NJW 1999, 2903 f.; Becker- Eberhard ZZP 113 (2000), 366ff.;限制性观点参见 Probst JR 2000, 373f.; vgl. auch BGH NJW 2011, 2141 (2142 Rn. 12) sowie K. Schmidt JuS 2000, 94; Heinrich WuB VII A. § 794 ZPO 1.00 赋予原告选择权,其可以在原程序中或者在新的程序中主张返还请求权。

存在相对立的诉讼系属而归于失败。

127 不得类推适用《民事诉讼法》第 717 条第 2 款,对该法律规范,人们认识到对损害赔偿请求权也可以有选择地在新的诉讼中予以主张。因而两者只有表面上的相似性,因为在《民事诉讼法》第 717 条第 2 款的情形中,执行名义必须是已经被消除了的。

128 根据这种观点,此处欠缺进行回复原状之诉的权利保护需求,因此对该诉应当以不合法为由而驳回。

129 反对观点[48]赞成开启新的程序。与原始诉讼相比,要求返还的请求将构成新的诉讼标的,因此只能通过诉的变更或反诉的方式在原始诉讼中引入诉讼。这也将构成"重复起诉"。此外,请求返还之诉的原告也可以依照《民事诉讼法》第 717 条第 2 款,以新的诉来主张因和解中不合法的执行而产生的损害赔偿请求权。这与《民事诉讼法》第 717 条第 2 款有相似之处,因为此处的争议并非在上诉审级中解决,而是在较低的审级中解决。

130 此外,如果在上诉审级才达成和解,另一种观点就有问题,因为在上诉审级中反诉只能在有限的范围内进行(《民事诉讼法》第 525、533 条或《民事诉讼法》第 559 条第 1 款)。当程序重复时,可以通过依照《民事诉讼法》第 148 条因先决问题而中止或者依照《民事诉讼法》第 147 条合并诉讼来规避作出相互矛盾的裁判的风险。

> **提示**:诚然,联邦普通法院[49]本身就已经指出了依照《民事诉讼法》第 148 条中止的可能性。然而,《民事诉讼法》第 148 条规定的中止,原则上是不能予以考虑的。就中止而言,另一未决诉讼案件中的关键裁判必须在拟中止的程序中的关键裁判之前作出。如果拟中止的程序中的裁判部分或全部取决于另一诉讼案件中的另一法律关系存在或不存在,就属于这种情况。这种

---

[48] MüKoZPO/Wolfsteiner § 794 ZPO Rn. 78; Münzberg JZ 2000, 422 (424).
[49] NJW 1999, 2903 (2904).

法律关系必须构成另一诉讼案件的诉讼标的,而不得只是其中的一个先决问题。[50] 在该案例中欠缺这种情形,因为诉讼上的和解是否有效在两个诉讼中都只是一个先决问题。

只有在依照《民事诉讼法》第 256 条第 2 款提起中间确认之诉,请求法院确认诉讼上的和解有效/无效时,才有可能考虑中止。

然而,依照《民事诉讼法》第 147 条,可以考虑合并诉讼,其后果是发生当事人诉讼地位转换,后发生诉讼系属的返还之诉成为先发生诉讼系属的诉的反诉。[51] 但是,这仍属于法院认真裁量的范围内的事宜。

反对观点认为权利保护需求存在,诉为合法。 131

因为两种观点得出了不同的结论,所以必须对这一争议作出评判。基于联邦普通法院指出的对诉讼经济的考虑,应遵循第一种观点,否定 B 对重新提起之诉具有权利保护需求。 132

2. 结论

B 针对 M 向柏林地方法院提起的偿付之诉因欠缺权利保护需求而不合法。 133

---

[50] Stein/Jonas/Roth §148 ZPO Rn. 23.
[51] BeckOK ZPO/Wendtland §147 ZPO Rn. 12; MüKoZPO/Fritsche §147 ZPO Rn. 9; Musielak/Voit/Stadler §147 ZPO Rn. 5.

案例 14　小农场

[根据 BGH NJW 2007, 1753 和 NJW 2008, 1803 改编]

一、案情

Reinhold Müller(以下简称 R)是一个年轻的个体商人,他的住所地在韦尔德[哈弗尔河,Werder(Havel)],在这里他经营农业机械批发业务。在波茨坦区法院的诉讼中,他以其父亲 Volker Müller(以下简称 V)转让给他的因事故而享有的损害赔偿请求权为依据,要求获得数额为 2000 欧元的赔偿。2018 年 4 月 26 日,同样住在韦尔德(哈弗尔河)并在儿子 R 的生意中协助儿子 R 的 V,在波茨坦一处属于 Gustav-Wimmer-Landwirtschaft-GmbH(古斯塔夫—威默农业经济有限责任公司,以下简称 G 公司)的田地里运送拖拉机时,被这家所在地位于波茨坦的公司的总经理 Gustav Wimmer(以下简称 G)驾驶的联合收割机撞伤。R 在波茨坦区法院同时起诉 G 公司和 G 个人。

在法庭上,G 也同时代表 G 公司,他主张,G 公司仍然有权向 R 主张数额为 4000 欧元的金钱请求权,这是在 R 和 G 公司之间长期的业务关系中尚未解决的问题。因此,他通过 G 公司提起反诉来以前述数额对抗 R 的诉。此外,G 还以 G 公司的名义对 V 提出反诉,要求 V 赔偿 G 公司数额为 1500 欧元的财产损害。他这样做也是为了防止 V 在 R 对他和 G 公司的诉讼中作为证人出庭作证。

问题 1:G 公司针对 R 的反诉是否合法?

问题 2:G 公司针对 V 的反诉是否合法?

问题3:当涉及G公司的剩余债权时,在针对R的诉讼中,G是否可以作为证人出庭作证?

变体:2017年12月,G公司与Fritsche AG(弗里切股份公司,以下简称F公司)签订了一份价值25000欧元的机动车购买合同。根据合同的规定,F公司保留了交付给G公司的机动车的所有权,直到支付完毕全部购买价款。Bayernbank eG(巴伐利亚注册合作社银行,以下简称B)为G公司的购买提供了资金,其方式是,在向F公司付款时,并不消灭购买价款债权,而是将F公司的购买价款债权和被保留的所有权转让给B作为担保。根据2018年5月17日的债务人破产申请,有管辖权的波茨坦区法院即破产法院(支付不能法院)于2018年5月28日就G公司的财产启动了支付不能程序并任命了破产管理人。B现在要求破产管理人Ihlenfeld博士(以下简称I)返还车辆。破产管理人表示反对,称B最多只拥有别除权。

问题4:B针对破产管理人I要求返还已经转让给B的机动车的诉能否成功?

编者注:韦尔德(哈弗尔河)位于波茨坦区法院和波茨坦地方法院的辖区内。

二、思路

(一)问题1
  1. 反诉的合法性 ································· 2
   (1)诉的诉讼系属 ······························ 3
   (2)诉和反诉属于相同诉讼类型 ················ 4
   (3)一般实体判决要件 ·························· 5
    ①管辖权 ···································· 6
     a)事务管辖权 ···························· 7
     b)地域管辖权 ···························· 9

    aa）专属审判籍 …………………………… 9
    bb）《民事诉讼法》第 12、13 条规定的普通
      审判籍 …………………………………… 10
    cc）《民事诉讼法》第 21 条第 1 款规定的
      营业所的特别审判籍 ………………… 11
    dd）《民事诉讼法》第 29 条第 1 款规定的
      履行地的特别审判籍 ………………… 12
    ee）《民事诉讼法》第 33 条规定的反诉的
      特别审判籍 …………………………… 13
   ②《民事诉讼法》第 50 条及以下数条规定的
    当事人能力和诉讼能力 …………………… 16
   ③其他一般实体判决要件 …………………… 18
  （4）当事人的同一性 …………………………… 19
  （5）牵连性 ……………………………………… 20
 2. 结论 ……………………………………………… 24
（二）问题 2
 1. 反诉的合法性 …………………………………… 25
  （1）诉的诉讼系属 ……………………………… 26
  （2）诉和反诉属于相同诉讼类型 ……………… 27
  （3）一般实体判决要件 ………………………… 28
   ①管辖权 …………………………………… 28
    a）事务管辖权 ………………………… 29
    b）地域管辖权 ………………………… 30
     aa）专属审判籍 …………………… 30
     bb）《民事诉讼法》第 12、13 条规定的普通
       审判籍 …………………………… 31
     cc）《民事诉讼法》第 32 条规定的侵权行为
       的特别审判籍 …………………… 32

- dd)《民事诉讼法》第 33 条规定反诉的特别审判籍 ………………………………………… 33
- ②《民事诉讼法》第 50 条及以下数条规定的当事人能力和诉讼能力 ………… 36
- ③其他普通实体判决要件 ……………… 38
- (4) 当事人的同一性 …………………………… 39
- (5) 牵连性 ……………………………………… 49
  2. 结论
(三) 问题 3
(四) 问题 4
  1. 合法性 ……………………………………………… 53
    (1) 管辖权 …………………………………… 54
      ①事务管辖权 …………………………… 54
      ②地域管辖权 …………………………… 55
        a) 专属审判籍 ………………………… 55
        b)《民事诉讼法》第 19a 条规定的普通审判籍 … 56
    (2) I 的诉讼实施权 ………………………… 57
    (3) 其他实体判决要件 ……………………… 58
  2. 具有理由 ………………………………………… 60
    (1) B 的所有权 ……………………………… 62
      ①合意 …………………………………… 63
      ②交付或替代交付 ……………………… 64
      ③F 公司的正当性 ……………………… 65
    (2)《支付不能法》第 47 条第 1 句意义上的权利 …… 67
  3. 结论 ……………………………………………… 74

三、解答

(一)问题1

1　此处G以G公司的名义提出反诉,而不是以他自己的名义提出反诉,因此,只须审查G公司的反诉的合法性。

提示:R同时起诉了G和G公司,请求法院判令二者向其支付损害赔偿。作为被告,他们只形成了一个普通共同诉讼[1](《民事诉讼法》第59、60条)。这并不改变存在两个诉讼法律关系的事实,只会导致对原告的请求权一并进行审理和裁判。这对审查单独的一个诉讼法律关系没有影响。

1. 反诉的合法性

2　如果G公司针对R的反诉的一般实体判决要件和特别实体判决要件齐备,则该反诉即为合法。[2]

(1)诉的诉讼系属

3　提起反诉的前提是已经有一个涉及另一诉讼标的的诉已发生诉讼系属。[3] R对G公司提起了这样的诉。

(2)诉和反诉属于相同诉讼类型

4　诉和反诉必须在相同类型的诉讼中被提起。(在该案例中)诉和反诉都是在普通程序中被提起的。

(3)一般实体判决要件

5　反诉中必须齐备的一般实体判决要件,与本诉相同。

---

[1] 关于普通共同诉讼参见 Gehrlein §7 Rn. 9ff.。
[2] 关于反诉参见 Koch JA 2013, 95ff.; Korte JA 2005, 534ff.。
[3] Vgl. BGH NJW-RR 2001, 60; Zöller/Schultzky §33 ZPO Rn. 20, 22; Schilken Rn. 735.

①管辖权

反诉已经向波茨坦区法院提起,因此应当审查该法院的管辖权。 6

a) 事务管辖权

依照《民事诉讼法》第 1 条的指示,区法院的事务管辖权应当根据《法院组织法》第 23、71 条确定。依照《法院组织法》第 23 条第 1 项,区法院对诉讼标的额不超过 5000 欧元的案件有管辖权,除非它们被分配给区法院,而不考虑诉讼标的价值。该案例不存在《法院组织法》第 71 条第 2 款规定的不考虑诉讼标的额应移送地方法院的情形,同样也不存在《法院组织法》第 23 条第 2 项规定的不考虑诉讼标的额应移送区法院的情形。G 公司主张数额为 4000 欧元的金钱请求权,因而区法院具有事务管辖权。 7

但是此处是反诉,因此本诉和反诉的诉讼标的额可能应当相加。然而依照《民事诉讼法》第 5 条第 2 半句,本诉和反诉的诉讼标的额并不合并计算。 8

b) 地域管辖权

aa) 专属审判籍

专属审判籍并非显而易见。 9

bb)《民事诉讼法》第 12、13 条规定的普通审判籍

依照《民事诉讼法》第 13 条,普通审判籍依被告的住所地确定(《民法典》第 7 条)。R 居住在韦尔德。由于韦尔德(哈弗尔河)位于波茨坦法院辖区内,所以波茨坦区法院依照《民事诉讼法》第 12、13 条具有地域管辖权。 10

cc)《民事诉讼法》第 21 条第 1 款规定的营业所的特别审判籍

除此之外,依照《民事诉讼法》第 21 条第 1 款,也可以考虑营业所的特别审判籍。R 在韦尔德(哈弗尔河)经营一家批发企业,在那里开展业务。据此,其营业所位于韦尔德(哈弗尔河),因此波茨坦区法院依照《民事诉讼法》第 21 条第 1 款也具有管辖权。 11

12　　dd)《民事诉讼法》第 29 条第 1 款规定的履行地的特别审判籍

波茨坦区法院的管辖权也可能源自《民事诉讼法》第 29 条第 1 款。此处存在一个由 G 公司和 R 之间的长期业务关系的合同关系引起的纠纷,因此,履行地法院有管辖权。《民事诉讼法》第 29 条第 1 款意义上的履行地是根据实体法来确定的,即根据《民法典》第 269 条规定的给付地来确定。[4] 除非法律对相关情形另有规定,给付地(履行地)是债务人的营业所在地(《民法典》第 269 条第 2 款)。依照《民法典》第 270 条第 4 款,前述规则同样适用于金钱债务。债务人的工商业营业所位于韦尔德(哈弗尔河),因此波茨坦区法院还可依照《民事诉讼法》第 29 条第 1 款具有地域管辖权。

ee)《民事诉讼法》第 33 条规定的反诉的特别审判籍

13　　《民事诉讼法》第 33 条为反诉开辟了一个特别审判籍,且并不取决于该法律规范是否也构成了反诉的特别的合法性要件。[5] 然而,适用《民事诉讼法》第 33 条的前提条件是,反请求权与在本诉中主张的请求权或者与针对本诉请求权提出的防御方法在法律上相关联。[6] 该情形指的是,请求权和反请求权来自相同的生活事实情况,或者虽然它们源于不同的生活事实情况,但是这些生活事实情况相互之间处于一个条件性关系(Bedingungsverhältnis)之中,或者虽然它们产生于不同的法律关系,但是根据目的和公众的看法(普通观念/一般观念),它们在经济上作为一个整体出现,呈现出内部一致的生活关系。[7] 诉讼请求因 R 父亲的事故产生,并已由 R 受让损害赔偿债权,虽然该债权确实是在拖拉机交付过程中产生的,但该债权与 G 公司对 R 的反对债权没有法律上的关联性。

---

〔4〕　BGH NJOZ 2016, 771 Rn. 4; Musielak/Voit/Heinrich §29 ZPO Rn. 15.
〔5〕　Vgl. hierzu Huber JuS 2007, 1079 (1080).
〔6〕　Musielak/Voit/Heinrich §33 ZPO Rn. 2; Stein/Jonas/Roth §33 ZPO Rn. 26; a. A. Rosenberg/Schwab/Gottwald §97 Rn. 18: 经济上的关联性;Lüke Rn. 237: 事实上的关联性。
〔7〕　So BGH NJW 1975, 1228; BB 1953, 485.

基于该原因,波茨坦区法院的地域管辖权并非源自《民事诉讼法》第 33 条。

但是,依照《民事诉讼法》第 12 条、第 13 条、第 21 条第 1 款和第 29 条第 1 款,波茨坦区法院具有地域管辖权。

②《民事诉讼法》第 50 条及以下数条规定的当事人能力和诉讼能力

依照《民事诉讼法》第 50 条第 1 款、第 51 条及下一条,R 作为自然人,具有当事人能力和诉讼能力。

依照《民事诉讼法》第 50 条并结合《有限责任公司法》第 13 条第 1 款,G 公司作为法人,具有权利能力,因而具有当事人能力。该公司在法庭上由其总经理代表(《有限责任公司法》第 35 条第 1 款)。[8]

③其他一般实体判决要件

关于是否存在其他一般实体判决要件,如合法提起反诉(《民事诉讼法》第 253 条)、法律保护需求等,在本案案件事实没有相反信息的情况下,不存在疑虑。

(4)当事人的同一性

此外,本诉当事人和反诉当事人原则上必须是相同的。[9] 此处恰属该情形。本案本诉的被告对本诉的原告提起了反诉。

(5)牵连性

关于《民事诉讼法》第 33 条是规定了反诉的特别合法性要件,还是仅仅规定了一个特别审判籍,仍存在争议。

联邦普通法院认为[10],反请求权与在本诉中主张的请求权在法律上相关联,是反诉的合法性要件,进而应当相应地将 G 公司的反诉

---

[8] 法人和与之相当的合伙的诉讼能力问题存在争议,参见 Zöller/Vollkommer §52 ZPO Rn. 2 m.w.N.; Jauernig/Hess §20 Rn. 5 m.w.N. MüKoZPO/Lindacher §52 ZPO Rn. 23ff。正确地指出:这个问题的提出本身就是错误的。

[9] Vgl. BGH BeckRS 2018, 40425 Rn. 18; Musielak/Voit/Heinrich §33 ZPO Rn. 18.

[10] BGHZ 40, 185 (187) = NJW 1964, 44f.; BGH NJW 1975, 1228.

视为不合法。其提出的论证理由是,必须保护原告免受毫无关联的讼累,而依照《民事诉讼法》第145条第2款并不能实现充分保护。据此,"如果"反请求权与在本诉中主张的请求权相关联,则"可以"提起反诉的法律文句也被作为论证理由使用。然而,如果原告放弃遵守该法律规范,或者在下一次言词辩论中没有就该瑕疵提出责问,则联邦普通法院依照《民事诉讼法》第295条认可该瑕疵获得了补救。[11]

22 反对意见认为[12],《民事诉讼法》第33条只是对一个审判籍的规定。这一点得到了《民事诉讼法》第33条法律文句的支持。假如牵连性也是反诉的合法性要件,那么这一点就应该在法律中被明确表达,表明反诉"只有"这样才能提起;但是(立法中)缺少"只有"这样的字眼。另一个论据是该条规则在法律中的位置在关于审判籍的规定中。此外,该条第2款中提及管辖权的内容也支持这一观点。[13] 该法条的标题也表明了这一点。此外,原告还可以在诉之客观合并的范围内主张(与已主张的请求权)不相关的请求权,因此,人们也不得不允许被告在其反诉的范围内这样做。根据这一观点,反诉具有合法性。

23 由于两种观点得出了不同的结论,因此要对争议进行评判。应遵循普遍的意见。《民事诉讼法》第145条第2款规定,如果本诉和反诉在法律上不相关联,则可以将两诉分立。由于法院并非必须将诉讼分立,这同时表示,反诉在这些情况下均为合法。

2. 结论

24 G公司针对R的反诉具有合法性。

---

[11] BGH LM Nr. 7 zu § 1025 ZPO.
[12] 这样的主流学说仅参见 Zöller/Schultzky § 33 ZPO Rn. 1 m.w.N.; Rosenberg/Schwab/Gottwald § 97 Rn. 21; Schilken Rn. 738。
[13] Musielak/Voit/Heinrich § 33 ZPO Rn. 3 m.w.N.

(二)问题2

1. 反诉的合法性

如果G公司针对V的反诉的一般实体判决要件和特别实体判决要件齐备,则该反诉即为合法。

(1)诉的诉讼系属

提起反诉的前提是,本诉已经处于诉讼系属状态。[14] 此处只有R和G公司之间的诉处于诉讼系属状态,而V和G公司之间的诉则没有。这和与当事人的同一性有关的其他构成要件密切相关(→边码39及以下数段)。

(2)诉和反诉属于相同诉讼类型

诉和反诉必须在相同类型的诉讼中由当事人提起。(在该案例中)诉和反诉都是由当事人在普通程序中提起的。

(3)一般实体判决要件

①管辖权

反诉已经由G公司向波茨坦区法院提起,因此应当审查该法院的管辖权。

a)事务管辖权

区法院的事务管辖权应当根据《民事诉讼法》第1条并结合《法院组织法》第23、71条确定。依照《法院组织法》第23条第1项,区法院对除不考虑诉讼标的额应移送地方法院的案件之外的金钱或者金钱价值不超过5000欧元标的的民事诉讼案件具有管辖权(《法院组织法》第23条第1项)。不存在《法院组织法》第71条第2款规定的不考虑诉讼标的额应移送地方法院的情形,同样也不存在《法院组织法》第23条第2项规定的不考虑诉讼标的额应移送区法院的情形。此处G公司主张数额为1500欧元的金钱请求权,因此区法院具

---

[14] Zöller/Schultzky §33 ZPO Rn. 20.

有事务管辖权。依照《民事诉讼法》第 5 条第 2 半句,本诉和反诉的诉讼标的额并不合并计算。

b)地域管辖权

aa)专属审判籍

30　　专属审判籍并非显而易见。

bb)《民事诉讼法》第 12、13 条规定的普通审判籍

31　　依照《民事诉讼法》第 13 条,普通审判籍依被告的住所地确定(《民法典》第 7 条)。V 居住在韦尔德,该地属波茨坦区法院的辖区,因此波茨坦区法院依照《民事诉讼法》第 12、13 条具有地域管辖权。

cc)《民事诉讼法》第 32 条规定的侵权行为的特别审判籍

32　　此外,还要考虑《民事诉讼法》第 32 条规定的侵权行为的特别审判籍。据此,行为发生在法院辖区内的,法院即有管辖权。这样的地方,可以是基本的构成要件特征之一变为现实的地方,或者是侵权行为地,或者是受保护的法益受到干涉、干预的结果发生地。[15] 为了说明、论证存在《民事诉讼法》第 32 条规定的审判籍,原告必须主张可以据以产生侵权请求权的诸事实具有法律合理性(参见→案例 2 边码 9 中的提示)。事故发生在波茨坦,因此,波茨坦区法院根据法律规定也具有地域管辖权。

dd)《民事诉讼法》第 33 条规定反诉的特别审判籍

33　　根据联邦普通法院较早的观点[16],《民事诉讼法》第 33 条不适用于第三人反诉。根据这一观点,对于针对第三人而被提起的反诉,只有当该第三人的普通审判籍或者特别审判籍位于本诉法院辖区内时,本诉法院才(对该反诉)具有地域管辖权。而目前,联邦普通

---

[15]　BGH NJW 1996, 1411 (1412f.); OLG Hamm NJW-RR 2019, 186 (187 Rn. 13); Musielak/Voit/Heinrich § 32 ZPO Rn. 15.

[16]　BGH NJW 1993, 2120.

法院[17]也将《民事诉讼法》第 33 条类推适用于独立的第三人反诉（isolierte Drittwiderklage），其适用前提至少是该反诉针对的是之前没有参与诉讼的诉争债权的让与人。这样做的目的是促进程序的集中和实现诉讼上的均衡。[18]

因此，在独立的第三人反诉的情形中，当反请求权与在本诉中主张的请求权在法律上相关联时，也可以向本诉法院提起反诉（→边码 13）。此处 G 的损害赔偿请求权和 R 的损害赔偿请求权是由一种存在内在联系的生活关系导致的，因为这两个请求权都起源于这次事故。因此，波茨坦区法院具有源自《民事诉讼法》第 33 条规定的地域管辖权。 34

波茨坦区法院对反诉具有事务管辖权和地域管辖权。 35

②《民事诉讼法》第 50 条及以下数条规定的当事人能力和诉讼能力

依照《民事诉讼法》第 50 条第 1 款、第 51 条及下一条，V 作为自然人，具有当事人能力和诉讼能力。 36

依照《民事诉讼法》第 50 条并结合《有限责任公司法》第 13 条第 1 款，G 公司作为法人，具有权利能力，因而具有当事人能力。该公司在法庭上由其总经理代表（《有限责任公司法》第 35 条第 1 款）。 37

③其他普通实体判决要件

关于是否存在其他普通实体判决要件，例如合法地提起反诉（《民事诉讼法》第 253 条）、权利保护需求等，在本案案件事实没有相反信息的情况下，不存在疑问。 38

（4）当事人的同一性

除此之外，本诉当事人和反诉当事人原则上必须具有同一性。 39

---

[17] BGH NJW 2011, 460 (461 Rn. 12) m.Anm. Vossler; zust. Musielak/Voit/Heinrich § 33 ZPO Rn. 27.

[18] BGH NJW 2011, 460 (461f.).

40 此处虽然本诉的被告提起了反诉,但本诉的原告并非反诉被告,而是以第三人为反诉被告。这种反诉是否合法,是存在疑问的。原则上,只有先前已经对原告提起反诉或者至少是同时对原告提起反诉的,也即在原告也是反诉被告的情况下,反诉方为合法。[19] 在这些情形中,反诉原告通过对最初之诉的原告(即本诉原告)提起合法的反诉,获得了如同在一个独立的诉中一般的权利地位,因此,在当事人扩展的要件获得满足时,反诉原告也可以如同在一个独立的诉中一般起诉一个未参加诉讼的第三人。[20]

41 因此,联邦普通法院将关于诉的变更的法律规范类推适用于发生当事人扩展的第三人反诉,就如同在一审中发生当事人加入共同诉讼。[21] 因此,如果反诉被告同意或者法院认为第三人反诉适切,第三人反诉即为合法(《民事诉讼法》第263条)。此外,有关作为反诉被告的原告和其他反诉被告成立共同诉讼的要件也必须获得满足(《民事诉讼法》第59、60条)。[22]

42 与此相反,反对意见认为只能适用《民事诉讼法》第59条和第60条的规定。[23] 然而,基本没有必要对此处的争议进行评判,因为如果《民事诉讼法》第59条和第60条的要件获得满足,通常(反诉)就具有适切性。[24]

43 此处G公司对原告R以及第三人V都提起了反诉。然而,针对V的反诉并没有同时对R提起。相反,两个反诉涉及的是两个完全不同的诉讼标的,因此是两个需要独立考虑的反诉。G公司关于损

---

[19] BGHZ 40, 185ff. = NJW 1964, 44f.; BGH NJW 1993, 2120; 1975, 1228f.; 1971, 466f. = MDR 1971, 290; NJW- RR 1992, 383.

[20] BGHZ 40, 185 (189) = NJW 1964, 44 (45).

[21] BGHZ 40, 185 (189) = NJW 1964, 44 (45); zust. Stein/Jonas/Roth §33 ZPO Rn. 42.

[22] BGH NJW 1975, 1228; vgl. auch Stein/Jonas/Roth §33 ZPO Rn. 43.

[23] Wieczorek/Schütze/Assmann §263 ZPO Rn. 112; Thomas/Putzo/Hüßtege §33 ZPO Rn. 12.

[24] Wieczorek/Schütze/Assmann §263 ZPO Rn. 113; vgl. Stein/Jonas/Roth §263 ZPO Rn. 71.

害赔偿请求权的反诉针对新的当事人（V）。因此，此处不构成上文所述的发生当事人扩展的第三人反诉的状况，而是构成独立的第三人反诉的特殊情形。

根据联邦普通法院的判例，如果第三人反诉是专门针对尚未参加诉讼的第三人提出的，原则上此种第三人反诉不合法。然而，在特殊情况下必须对这一原则进行例外处理。[25] 如果像此处一样，被受让人起诉要求付款的债务人仅因其基于相同生活事实情况的请求权而对让与人提出第三人反诉，就可能存在此种例外。

44

这种情形中独立的第三人反诉的合法性，获得了反诉的意义与目的的支持。这种独立的第三人反诉可以避免诉讼的重复和碎片化。[26] 因此，必须安排一种可能的方式，能够对在事实方面和法律方面相关联的请求权统一进行辩论和裁判，即使这一目标只能通过对迄今未参与诉讼的第三人提出反诉来实现[27]，并且反诉被告也不具有与此冲突而又值得保护的利益。[28]

45

因此，此处 V 不是原告，只是因为他把他对 G 公司的损害赔偿债权让与给了他的儿子。假如是他自己提起诉讼（即本诉），则反诉即为合法。在这种情况下，被告同样也会从反诉的好处中受益。V 从一开始就不能被视为证人。不得通过请求权的让与使债务人处于更不利的地位。对于本诉和反诉具有相同程度重要性的有关事故的事实，在法律上和事实上是如此紧密地相关联，以至于诉讼的经济性要求决定了这些事实应当在一个诉讼中得到裁判。

46

反诉被告的值得保护的利益不存在矛盾对立之处。并不存在以

47

---

〔25〕 由于与诉讼程序中未参与的一方相比，被告在反诉原告这个角色上享有不合理的特权，Lüke Rn. 239 对此表达了疑虑。

〔26〕 BGHZ 147, 220 (222) = NJW 2001, 2094; BGH NJW 2019, 1610 (1611 Rn. 19); 2014, 1670 Rn. 16; 2011, 460 (461); 2007, 1753 Rn. 10.

〔27〕 Vgl. BGHZ 91, 132 (135) = NJW 1984, 2104 (2105); BGH NJW 2007, 1753 Rn. 10.

〔28〕 Vgl. BGHZ 40, 185 (190) = NJW 1964, 44 (45); BGH NJW 2019, 1610 (1611 Rn. 19); 2007, 1753 Rn. 10.

阻挠排除证人的方式滥用权利的情况,因为假如 V 没有转让请求权,他就会成为一方当事人,从而不可能作为证人接受法院讯问。如果允许请求权的权利所有人可以以转让请求权的方式获得证人的地位,那么对从该人处夺回该法律地位的同样合法的行为,就不能使用权利滥用的理由进行抗辩。这一行动让诉讼程序在当事人举证的可能性方面发展成为假如由原先的权利所有人起诉时诉讼程序将会发展成的样子。

48 　　基于这样的原因,并且从武器平等的角度来看,在本案此处情形中,独立的第三人反诉应当被例外地视为具有合法性。

(5)牵连性

49 　　此处没有必要就上述争议进行评判(→边码 20 及以下数段),因为反请求权与在本诉中主张的请求权在法律上相关联。存在这样的联系是因为这两个请求权是由同一起事故引起的。

2. 结论

50 　　G 公司针对 V 的反诉具有合法性。

(三)问题 3

51 　　在 G 公司对 R 的诉讼中,G 是否可以作为证人出庭作证是个问题。依照《民事诉讼法》第 373 条及以下数条,在诉讼中作为当事人接受讯问的人,不得再作为证人接受讯问。[29] 由于 G 作为 G 公司的总经理,在诉讼中合法地代表 G 公司(《有限责任公司法》第 35 条第 1 款),依照《民事诉讼法》第 445 条及以下数条,G 必须作为当事人接受讯问(参见《民事诉讼法》第 455 条第 1 款)。[30] 然而与作为证人不同的是,在当事人讯问的范围内,G 没有陈述义务。[31] 如果由

---

[29] Thomas/Putzo/Reichold Vor §373 ZPO Rn. 6; Musielak/Voit Grundkurs Rn. 781.
[30] MüKoZPO/Schreiber §455 ZPO Rn. 1; Musielak/Voit/Huber §373 ZPO Rn. 7.
[31] Grunsky/Jacoby Rn. 568;但是在证据评价中应当考虑拒绝的情形(《民事诉讼法》第 446 条、第 453 条第 2 款、第 454 条)。

于程序上的错误,G 仍然作为证人接受讯问,则对此种违法可以依照《民事诉讼法》第 295 条予以补救。[32]

(四)问题 4

在后者依照《支付不能法》第 148 条第 1 款占有有关车辆后,B 可以考虑对 I 提起别除之诉。这一行动的基础不属于支付不能程序(《支付不能法》第 47 条第 2 句),因此该诉是一种给付之诉。如果该诉合法且具有理由,其就有望获胜。

1. 合法性

如果实体判决要件齐备,则诉即为合法。

(1)管辖权

①事务管辖权

事务管辖权应根据诉讼标的额确定。有待别除的机动车的价值(《民事诉讼法》第 6 条第 1 句)为 25000 欧元。这一价值超过了 5000 欧元,因而地方法院有管辖权(《法院组织法》第 23 条、第 71 条第 1 款)。

> 提示:通说认为,商事案件审判庭的管辖权被认为是法定的事务分工。[33] 这并非一项实体判决要件。[34] 商事案件审判庭获取管辖权需要有《法院组织法》第 95 条意义上的相应的商事案件、原告依照《法院组织法》第 96 条第 1 款提出的申请或者被告依照《法院组织法》第 98 条第 1 款第 1 句提出的移送申请,并且此种管辖权以地方法院根据上述规定具有事务管辖权为构成要件。

---

[32] BGH VersR 1967, 755 (756) = BeckRS 1967, 30392830:讯问被告的一名执行事务合伙人; Wieczorek/Schütze/Assmann § 295 ZPO Rn. 18; Thomas/Putzo/Reichold Vor § 373 ZPO Rn. 9。

[33] OLG München NZG 2007, 947 (948 Rn. 9); Zöller/Lückemann Vor § 93 GVG Rn. 1。

[34] Zöller/Lückemann Vor § 93 GVG Rn. 6。

②地域管辖权

a)专属审判籍

55　　专属审判籍并非显而易见。

b)《民事诉讼法》第 19a 条规定的普通审判籍

56　　该诉针对作为职务上的当事人的破产管理人而提起。破产管理人在与破产财产有关的诉中的普通审判籍根据破产法院所在地确定(《民事诉讼法》第 19a 条)。有管辖权的破产法院位于波茨坦(《支付不能法》第 3 条第 1 款)。

(2)I 的诉讼实施权

57　　作为破产管理人,I 系职务上的当事人,因此有权实施诉讼(《支付不能法》第 80 条第 1 款)。[35] 此系法定诉讼担当的一种情形。[36]

(3)其他实体判决要件

58　　关于其他实体判决要件,在案件事实情况中没有相反证据的情况下,不存在疑问。

59　　因此,取回之诉具有合法性。

2. 具有理由

60　　如果 B 有权行使别除权,则该诉具有理由。由于 B 享有所有权,可以考虑《支付不能法》第 47 条第 1 句规定的别除权。[37] B 可以主张《民法典》第 985 条规定的物的返还请求权。该请求权针对的是破产管理人,依照《支付不能法》第 80 条第 1 款,破产管理人对破产财产有管理和处分权。因此,I 是适格被告。

61　　必须满足《民法典》第 985 条所规定的要件,即 B 必须是所有权人,而 I 是没有占有之本权的占有人。

---

[35] Vgl. MüKoInsO/Ott/Vuia § 80 InsO Rn. 74.

[36] BGH NJW 1984, 739; Zöller/Althammer Vor § 50 ZPO Rn. 19; Musielak/Voit/Weth § 51 ZPO Rn. 19f.

[37] Vgl. Jauernig/Berger § 44 Rn. 3ff.

(1) B 的所有权

F 公司是否已经依照《民法典》第 929、931 条有效地将车辆的所有权转让给了 B,这是存在疑问的。

① 合意

F 公司和 B 已经就所有权的转让达成一致。

② 交付或替代交付

交付被 F 公司将针对 G 公司的返还请求权转让的行为替代,因为两者之间存在占有媒介关系(《民法典》第 868 条)。依照《民法典》第 346 条第 1 款,返还请求权是一种将来的归还请求权,在 F 公司将来不支付购买价款并解除合同时产生。对将来的返还请求权的转让,满足《民法典》第 931 条所规定的要件。[38]

③ F 公司的正当性

F 公司也仍然是权利人,因为该公司并未因依照《民法典》第 929 条向 G 公司交付而丧失所有权。它保留了所有权,直到购买价款全部付清为止(《民法典》第 449 条),因此,有关所有权转移的合意是附条件的(《民法典》第 158 条第 1 款)。不可否认的是,购买价款是由 B 支付的。然而,根据约定,这并不会依照《民法典》第 267、362 条导致购买价款债权消灭,因此,条件——全额支付购买价款——还没有成就。相反,购买价款债权被转让给了 B 作为担保(《民法典》第 398 条)。

因此,依照《民法典》第 929、931 条,B 已经成为了车辆的所有权人。

(2)《支付不能法》第 47 条第 1 句意义上的权利

虽然 B 是车辆的所有权人,但这是否赋予了 B 别除权,是存在疑问的。

原则上,所有权保留的出卖人享有《支付不能法》第 47 条第 1 句

---

[38] MüKoBGB/Oechsler § 931 BGB Rn. 16.

规定的别除权。[39] 然而,此处存在一个特殊之处,即(借款人)向 B 转让所有权是用来为借款请求权提供担保的。因此,B 可能将其财产进行别除,而只能依照《支付不能法》第 51 条第 1 项,像支付不能中的担保物所有权人一样要求单独受偿。[40]

69　　经由前文所述的转让类型,所有权保留可能发生了意义/重要性上的变化。

70　　只要被保留的所有权仍属于出卖人(F 公司),它就专门用于为以附加有解除机动车买卖合同为先决条件的返还请求权提供担保,即对商品信贷提供担保。[41] 在所有权被移转给 B 之后,它不再为这些请求权提供担保。

> **提示**:与联邦普通法院的观点[42]相反,仍然可以选择解除买卖合同。F 公司和 G 公司之间的债务关系继续存在,因为购买价款请求权尚未消灭。依照《民法典》第 346 条,除了将来的返还请求权之外,购买价款请求权也已被转让给 B 用作担保。假如 B 无权行使合同解除权,则担保物所有权和《民法典》第 346 条规定的返还请求权在 B 手中就没有任何价值。《民法典》第 346 条规定的返还请求权只有在行使合同解除权时才会伴随产生,而行使合同解除权的先决条件又是购买价款未获支付。只要不行使合同解除权,G 公司就有权占有,该占有权可对抗《民法典》第 986 条规定的返还请求权。由于 F 公司不再有拖欠的债款,依照《民法典》第 323 条及以下数条,不履行前述债权可被视为给付障碍,F 公司不再有权行使合同解除权。假如按照联邦普通法院的观点,因为 B 没有加入 F 公司和 G 公司之间的

---

[39]　BGH NJW 2014, 2358 (2359 Rn. 13); 2008, 1803 (1806 Rn. 24).
[40]　Vgl. auch Foerste Rn. 349.
[41]　BGH NJW 2014, 2358 (2359 Rn. 15); 2008, 1803 (1806 Rn. 30).
[42]　BGH NJW 2014, 2358 (2359 Rn. 15); 2008, 1803 (1806 Rn. 30).

合同中，所以B也就没有合同撤销权，那么整个担保构造就会崩溃。因此，就形成权方面的正当性而言，该合同存在漏洞。然而，通过对合同进行补充性解释(《民法典》第133、157条)，应当认为对于F公司而言，形成权没有价值，故而F公司将该权利转让给了B。[43]

所有权保留在B手中只用于为货币信贷提供担保，而不是用于担保购买价款债权。[44] 此处购买价款请求权自身只是担保手段。

与典型的保留所有权的当事人不同，B只是一个货币信贷的贷款人，而不是一个商品信贷的贷款人。作为一个货币信贷的贷款人，此类银行比商品信贷的贷款人有更多的担保选择。因此，B与其他融资银行没有什么不同，后者为购置物品提供融资，并要求(借款人)将该物品的期待权转让给他们作为担保。因此，B应被视为担保物所有权人。[45]

因此，B只有权依照《支付不能法》第51条第1款行使别除权，其法律后果是I可以拒绝交付，并且必须根据《支付不能法》第166条及以下数条[46]实施行动。

3. 结论

B要求返还的诉不具有理由，因此没有希望获胜。

---

[43] Vgl. auch Jacoby JZ 2008, 1053 (1055).
[44] BGH NJW 2008, 1803 (1806 Rn. 30).
[45] Vgl. BGH NJW 2014, 2358 (2359 Rn. 15); 2008, 1803 (1806 Rn. 36); zust. Jacoby JZ 2008, 1053 (1056); Grundlach/Frenzel BGHR 2008, 664f.; Lux MDR 2008, 895 (899); abl. Mitlehner EWiR 2008, 439 (440).
[46] Vgl. Foerste Rn. 384ff.

案例 15　鲁莽草率的出租人

［根据 OLG Celle MDR 2008, 445 和
OLG Rostock OLGR 2001, 560 改编］

一、案情

2013 年 9 月,居住在科特布斯(Cottbus)的 Volker Venz(以下简称 V)将他已经放弃经营的企业的营业场所租给了无权利能力社团"Skatspieler in Cottbus"("科特布斯玩斯卡特纸牌的人",以下简称 SC),该社团将这些位置良好的场所专门用于社团活动和社团事项。一段时间后,该社团拖欠了两个多月的租金,拖欠租金共计 4000 欧元,基于这一重要原因,V 于 2018 年 2 月 22 日立即终止了使用租赁关系。经过法律程序,他促使(法院作出了)针对该社团的迁出房屋判决,该判决于 2018 年 7 月 31 日发生既判力。2018 年夏末,该社团仍未从这些营业场所中迁出,社团的全体成员都在放暑假,V 于 2018 年 8 月 31 日夜间拆除了这些场所的门锁。2018 年 9 月 3 日,他把新锁的钥匙交给了他的儿子 Benno(以下简称 B),B 由于要出国几个月,就把自己的家具存放在那里,直到他父亲再次需要使用这些场所。B 实际上并不同意父亲的处理方式,曾建议父亲进行迁出房屋的执行。但是现在 B 已经不再愿意将这些场所交还给社团了。

Mike Milbrandt(以下简称 M)是社团的董事,其于 2018 年 9 月 7 日度假归来,他要求 V 立即恢复社团对经营场所的占有。由于 V 没有照做,同时因为 B 在国外逗留而无法与其取得联系,M 代表社团向

科特布斯地方法院申请假处分,请求法院向 V 发布临时命令,要求其立即恢复社团对该营业场所的占有。在言词辩论之后,(法院)依申请作出了假处分(裁判)。

问题 1:V 能否成功对抗法院的裁判?

变体 1:在 V 对假处分采取措施之前,社团也想对 B 执行该假处分命令。

问题 2:社团能否基于一审裁判也对 B 予以执行?

变体 2:V 还没有已经确定的迁出房屋判决,只是威胁该社团称,一旦社团成员都不在场,就找人把锁拆掉。由于这种威胁,M 代表社团预防性地向科特布斯地方法院申请假处分。V 对此表示反对,提出反申请,要求社团暂时返还营业场所。他陈述称,为了避免遭受根本上的不利益,他迫切需要这些房屋,这一切都是事实。

问题 3:社团的申请会成功吗?

二、思路

(一)问题 1

1. 控诉的合法性 ················· 3
   (1)容许性 ················· 4
   (2)控诉人的败诉(利益) ················· 5
   (3)被声明不服的标的达到一定价值或者得到
       法院的准许 ················· 8
   (4)《民事诉讼法》第 519 条规定的形式 ················· 11
   (5)《民事诉讼法》第 517 条规定的控诉期间 ················· 12
   (6)在《民事诉讼法》第 520 条规定的期间内
       说明控诉理由 ················· 13
   (7)小结 ················· 14
2. 控诉具有理由 ················· 15
   (1)《民事诉讼法》第 513 条第 1 款第 1 种

可选择情形规定的裁判系基于违法行为
而作出的(控诉)基础 …………………… 16
①请求发布假处分的申请的合法性 ………… 17
　　a)当事人能力和诉讼能力、诉讼实施能力…… 19
　　b)处分申请的形式和内容 ……………… 22
　　c)标明处分请求权和处分理由 ………… 23
　　d)权利保护需求 ………………………… 25
　　e)结论 …………………………………… 33
②具有理由 …………………………………… 34
　　a)给付处分 ……………………………… 35
　　b)处分请求权 …………………………… 36
　　　aa)无权利能力的社团的原告适格 ……… 37
　　　bb)《民法典》第861条第1款规定的
　　　　要件 ………………………………… 38
　　　cc)被告适格 ……………………………… 41
　　　dd)请求权的消灭 ……………………… 42
　　c)《民事诉讼法》第940条规定的处分理由 … 47
　　d)处分请求权的疏明 …………………… 48
③结论 ………………………………………… 49
(2)基于《民事诉讼法》第529条第1款规定的
应当作为(辩论和裁判)基础的事实作出
不同裁判的正当性 ……………………………… 50
(3)结论 ……………………………………… 51
(二)问题2
1.《民事诉讼法》第885条规定的执行 ………… 53
(1)程序性普通构成要件 ……………………… 53
①社团依照《民事诉讼法》第753条第1款、
第754条向有管辖权的执行机构提出申请 … 53

②《民事诉讼法》第 50 条及以下数条规定的
当事人能力和诉讼能力 …………………… 54
(2) 强制执行的一般构成要件 ……………… 55
①(执行)名义 ………………………… 56
②对(执行)名义起补充作用的执行条款 ……… 57
2.《民事诉讼法》第 886 条规定的执行 …………… 61
3. 结论 ………………………………………… 62
(三) 问题 3
1. 请求发布假处分的申请的合法性 ………………… 64
(1) 科特布斯地方法院的管辖权 ……………… 65
(2) 标明处分请求权和处分理由 ……………… 68
(3) 权利保护需求 ………………………… 70
(4) 其他合法性构成要件 …………………… 71
2. 请求发布假处分的申请具有理由 ………………… 72
(1) 处分请求权 …………………………… 73
(2)《民事诉讼法》第 940 条规定的处分理由 ……… 74
(3) 依照《民法典》第 864 条第 2 款,因 V 进行
反申请,请求权消灭 …………………… 75
①《民法典》第 864 条第 2 款 …………… 76
②反申请的合法性 ……………………… 81
a) 科特布斯地方法院的管辖权 ………… 82
b) 当事人能力和诉讼能力、诉讼实施能力…… 86
c) 处分申请的形式和内容 ……………… 87
d) 标明处分请求权和处分理由(《民事诉讼法》
第 935 条及第 920 条第 1 款) ……………… 88
e) 权利保护需求 …………………… 90
③请求(法院)作出假处分决定的反申请具有
理由 …………………………………… 91

   a)执行请求权 ································· 91
   b)《民事诉讼法》第940条规定的处分理由 ··· 94
   c)处分请求权和处分理由的疏明 ············ 95
  3. 结论 ··· 96

三、解答

(一)问题1

1   控诉(《民事诉讼法》第511条)或异议(《民事诉讼法》第924条第1款)可被视为针对假处分的法律救济措施。哪种法律救济措施可被容许,取决于裁判的类型(参见《民事诉讼法》第936条并结合《民事诉讼法》第922条第1款第1句)。如果就假处分的申请所作的裁判是基于言词辩论且以判决的形式作出,则控诉可被容许。[1] 如果裁判是以裁定的形式作出的,依照《民事诉讼法》第924条第1款提出异议,方为正确的法律救济措施。

2   由于科特布斯地方法院是在言词辩论后以判决的方式作出了裁判,所以必须对控诉这种法律救济进行审查。

  1. 控诉的合法性

3   如果控诉的要件齐备,则控诉即为合法(《民事诉讼法》第522条第1款)。

  (1)容许性

4   依照《民事诉讼法》第511条第1款,控诉是针对第一审作出的终局判决而提起的。科特布斯地方法院的裁判发生在言词辩论后,因此是以终局判决的裁判形式作出的(《民事诉讼法》第936条、第922条第1款第1句)。因此,控诉是可以被容许的。

---

[1] Lüke Rn. 719, 726.

(2)控诉人的败诉(利益)

败诉(利益)是上诉的合法性要件,对于一审的各当事人而言,确定败诉(利益)各有不同(参见关于控诉人的败诉→案例5边码46及以下数段)。[2]

实质性败诉(利益)原则适用于(假处分的)被申请人。[3] 对此起决定性作用的因素在于判决在多大程度上对假处分的被申请人不利。[4]

假处分给V带来不利益,因为他必须迁出房屋。因此,他受到了该裁判的不利影响。

(3)被声明不服的标的达到一定价值或者得到法院的准许

依照《民事诉讼法》第511条第2款,只有当被声明不服的标的额超过600欧元,或者第一审法院在其判决中许可控诉时,控诉方为合法。

V在控诉审中的申请将被声明不服的标的额确定在败诉(利益)的范围内(《民事诉讼法》第528条)。

V要求完全撤销假处分。因此,此处被声明不服的标的额无论如何都超过了600欧元。这就构成了《民事诉讼法》第511条第2款第1项规定的争议值控诉。

(4)《民事诉讼法》第519条规定的形式

控诉状应由律师(《民事诉讼法》第78条第1款第1句)载明《民事诉讼法》第519条第2款规定的事项,向《民事诉讼法》第519条第1款规定的有管辖权的控诉法院递交。依照《法院组织法》第119条第1款第2项,勃兰登堡地方高等法院具有管辖权,有权就(当事人)针对科特布斯地方法院的裁判(提起)的控诉作出裁判。

---

[2] Kramer Rn. 253ff.
[3] BGH NJW 1955, 545 (546); OLG Koblenz NJW-RR 1993, 462.
[4] Kramer Rn. 275ff.

(5)《民事诉讼法》第 517 条规定的控诉期间

12　　依照《民事诉讼法》第 517 条,控诉应当在判决送达起的一个月内提起。

(6)在《民事诉讼法》第 520 条规定的期间内说明控诉理由

13　　提起控诉的一方,必须依照《民事诉讼法》第 520 条第 2 款,自判决送达起的两个月内,按照《民事诉讼法》第 520 条第 3 款的要求,合法地说明控诉理由。

(7)小结

14　　控诉具有合法性。

2. 控诉具有理由

15　　如果裁判违反法律(《民事诉讼法》第 546 条),或者根据《民事诉讼法》第 529 条作为裁判基础的事实支持作出不同的裁判(《民事诉讼法》第 513 条),则控诉具有理由。

(1)《民事诉讼法》第 513 条第 1 款第 1 种可选择情形规定的裁判系基于违法行为而作出的(控诉)基础

16　　因此,应当审查请求法院发布假处分的申请是否合法以及是否具有理由。[5]

①请求发布假处分的申请的合法性

17　　如果申请是以符合法律规定的形式提交给有管辖权的法院的,则申请即为合法。此外,必须注明假处分请求权和假处分的理由(《民事诉讼法》第 936 条并结合第 920 条第 1 款)。

18　　但是,因为有《民事诉讼法》第 513 条第 2 款的规定,所以在此无须审查管辖权。

a)当事人能力和诉讼能力、诉讼实施能力

19　　因为申请是一项诉讼行为,所以诉讼行为要件必须齐备。

---

〔5〕 关于暂时权利保护参见 Heuer/Schubert JA 2005, 202ff. und Keller Jura 2007, 241ff. (327ff.)。

依照《民事诉讼法》第 50 条第 2 款,作为一个无权利能力的社 20
团,SC 具有当事人能力。[6] 按照《民法典》第 26 条第 1 款第 2
句,该社团由董事会代表。[7]

依照《民事诉讼法》第 78 条第 1 款,在地方法院,原则上都由律 21
师代理进行诉讼,包括出庭。然而,对于假处分的申请可以在法院书
记科的笔录上予以表示[记入笔录,(《民事诉讼法》第 936 条并结合
第 920 条第 3 款],所以依照《民事诉讼法》第 78 条第 3 款,假处分申
请并不要求律师强制代理。

b) 处分申请的形式和内容

依照《民事诉讼法》第 936 条、第 920 条第 3 款,申请应当以书面 22
形式提交,或者在法院书记科的笔录上对其予以表示(记入笔录)。

c) 标明处分请求权和处分理由

与假扣押不同,当事人必须就可以经由假处分获得担保的请求 23
权主张其存在性。[8] 对各种单独给付的请求权,如对各种行为、容
忍和不作为的请求权,可以依照《民事诉讼法》第 935 条进行担
保。[9] 因此,纠纷中的返还请求权在《民事诉讼法》第 935 条的意义
上可以获得担保。

此外,必须写明处分原因。[10] 可以认为,M 描述说 V 未经社团 24
同意就更换了锁。

提示:临时法律保护提供了两种担保措施,即《民事诉讼法》
第 916 条规定的假扣押和《民事诉讼法》第 935 条规定的假处
分。依照《民事诉讼法》第 916 条第 1 款,假扣押的作用在于保

---

[6] 《民事诉讼法》第 50 条第 2 款修改之前的当事人能力已经获得肯定:BGH NJW 2008, 69 (73f.)。
[7] Vgl. MüKoBGB/Arnold §54 BGB Rn. 35.
[8] Thomas/Putzo/Seiler §935 ZPO Rn. 1;关于假扣押参见 Mertins JuS 2008, 692ff.。
[9] MüKoZPO/Drescher §935 ZPO Rn. 6f.
[10] Stein/Jonas/Grunsky §917 ZPO Rn. 2.

全基于金钱债权或者可转化为金钱债权的请求权的强制执行。假处分可以用来确保其他任意的一个单独的请求权的实现(《民事诉讼法》第935条)，或者临时规制一个法律关系(《民事诉讼法》第940条)，或者在特殊情况下，满足——至少是暂时地满足——被担保的请求权(类推适用《民事诉讼法》第940条)。这两种担保措施和方式的分界取决于应当获得担保的请求权的类型。因此，假扣押和假处分在原则上是相互排斥的。[11]

d) 权利保护需求

25　对发布假执行命令的权利保护需求只存在于本案程序进行之前或本案程序进行期间。此处本案尚未处于未决状态。

26　然而，如果SC不能通过针对间接占有人(V)的假处分实现其拿回住房的目标，他可能就缺乏权利保护需求，因为直接占有人拥有对抗间接占有人的占有权。

27　在这些情形中，是否可以通过假处分来实现立即修复占有，是有争议的。

28　一种观点认为[12]，如果当前的直接占有人有权合法行使占有(权)，且不愿意返还，即欠缺必要的权利保护需求。在该案中，假处分不适合实现(申请人)所追寻的同时亦能论证发布假处分命令合理性的假处分成果——立即恢复处分申请人的占有。这种返还处分不能通过《民事诉讼法》第885条规定的执行交付来执行，因为执行交付只针对直接占有人。《民事诉讼法》第886条规定的返还请求权的扣押和转付也是不能考虑的，因为如果直接占有人有权合法行使占有(权)，则处分被申请人就无权行使此种返还请求权。反之，如果直接占有人没有对抗间接占有人的占有权，则针对间接占有人的假处分就必然具有合法性。

---

[11] Thomas/Putzo/Seiler Vor §916 ZPO Rn. 8.
[12] KG MDR 1999, 927.

由此可见,根据这种观点,问题的关键将在于 B 是否有权对抗 V 合法占有房屋。V 出于好意施惠,把这些房屋托付给了他的儿子 B,用于存放 B 的家具。因此,他(即 V)可以在任何时候要求(B)归还这些房屋。即使假设 B 和 V 之间订立了《民法典》第 598 条规定的使用借贷合同,V 也可以随时向 B 主张《民法典》第 604 条第 3 款规定的返还请求权,因此他可以立即消除 B 的占有权。在该案中,《民事诉讼法》第 886 条规定的执行可以获得成功,因此假处分可以达到恢复 SC 的占有的目的。因此,根据这一观点,假处分具有合法性。

另一种观点则认为[13],在将标的继续转让/托付给第三方的情况下,也可以发布假处分命令。《民法典》第 861 条第 1 款规定的针对间接占有人的请求权具有可选择性,要么是请求让与返还请求权,要么是请求返还物。[14] 即使处分被申请人自己无法返还,也并不会排除后一种返还请求权,因为在这种情况下,可以依照《民法典》第 870 条行使请求权获得间接占有。[15] 由此,该请求权可以依照《民事诉讼法》第 886 条执行。处分申请人可以扣押处分被申请人对直接占有人的返还请求权,并要求(直接占有人将标的)交付给自己。这种观点[16]的出发点是,如果直接占有人知道处分申请人没有自愿放弃对房屋的占有,因而当前的直接占有人的占有相对于处分申请人来说有瑕疵,则前文提及的反对意见也一定允许假处分。

根据该观点,针对间接占有人的恢复占有的假处分也总是合法的。

提示: 后一种观点无法令人信服。如果间接占有人无法返还,则可以考虑依照《民法典》第 870 条主张取得间接占有

---

[13] OLG Celle MDR 2008, 445.
[14] Palandt/Herrler § 861 BGB Rn. 8; a.A. Lehmann- Richter NZM 2009, 177 (180).
[15] OLG Celle MDR 2008, 445.
[16] OLG Celle MDR 2008, 445.

的请求权。转让间接占有的请求权使间接占有人有义务转让他的返还请求权,然而,这必须依照《民事诉讼法》第 894 条[17]而不是依照《民事诉讼法》第 886 条执行。如果直接占有人享有对抗间接占有人的占有权,并且间接占有人无权终止占有媒介关系,则这种依照《民法典》第 870 条被转让的或者依照《民事诉讼法》第 886 条被交付的返还请求权就不得被执行。在这种情况下,假处分将不会获得成功。根据第一种观点,就不得不否认权利保护需求。依照《民法典》第 858 条第 2 款第 2 句,直接占有人相对于处分申请人的占有是有瑕疵的,这使得处分申请人可以依照《民法典》第 861 条第 1 款对直接占有人提出直接的请求权,但没有可能执行已被转让、以终结占有媒介关系为条件的间接占有人对直接占有人的返还请求权。

两种观点得出了相同的结论,因此没有必要作出争议评判。因此,请求权可通过假处分得以实现。假处分具有合法性。

提示: 部分人认为,只有存在处分事由,才能认为存在权利保护需求。[18]通说认为,处分事由的存在属于(诉)具有理由之性质的组成部分。[19]然而,该争议并不具有实践意义[20],因而通说认为,在诉具有理由时,仍然应当审查处分事由。

---

[17] Palandt/Herrler § 861 BGB Rn. 8; Baur/Stürner § 11 Rn. 42.

[18] OLG Stuttgart WRP 1997, 355 (357); Jauernig/Berger § 35 Rn. 6 und § 37 Rn. 4; Wieczorek/Schütze/Thümmel § 917 ZPO Rn. 2; 还参见 MüKoZPO/Drescher § 917 ZPO Rn. 2, 虽然该文献将假扣押事由视为一种特殊形式的权利保护需求,但并未将其归入实体判决要件或者合法性要件。

[19] Zöller/G. Vollkommer § 917 ZPO Rn. 3; Stein/Jonas/Grunsky § 917 ZPO Rn. 2; OLG Frankfurt NJW 2002, 903.

[20] Kannowski JuS 2001, 482 (484f.) m.w.N.

e) 结论

处分申请具有合法性。

② 具有理由

如果 SC 完成疏明,证实它有权对 V 行使处分请求权,并且存在处分事由,则请求发布假处分命令的申请具有理由(《民事诉讼法》第 936 条,第 920 条第 1、2 款,第 294 条)。

a) 给付处分

此处为一种不受法律约束的给付处分的特殊情况,因为(申请人)寻求的假处分已经满足了债权人的请求权。随着 V 重新恢复占有,SC 可以依照《民法典》第 861 条第 1 款履行它的占有以获取请求权。这些给付处分一般在《民事诉讼法》第 935、940 条规定内容之外的特殊情况下才被认可。[21] 这尤其适用于占有保护。[22] 在这方面,对给付处分的要求比对担保给付和规制处分的要求更为严格。

b) 处分请求权

在此,需要考虑 SC 对 V 的源自《民法典》第 861 条第 1 款的请求权。

aa) 无权利能力的社团的原告适格

无权利能力的社团的原告适格是存疑的。在联邦普通法院[23]承认民事合伙的权利能力之后,《民法典》第 54 条第 1 句有关民事合伙的规则也补充性地适用于无权利能力的社团,后者也可以被(法院)宣布具有权利能力。[24] 对于积极的当事人能力,联邦普通法院在《民事诉讼法》第 50 条第 2 款修订之前已经明确确认了这种等同性,根据联邦普通法院的观点,无权利能力的社团具有积极的当事人

---

[21] Brox/Walker Rn. 1608; Musielak/Voit Grundkurs Rn. 1373.

[22] OLG Hamm NJW-RR 1991, 1526; vgl. Zöller/G. Vollkommer §940 ZPO Rn. 8 "返还与交托管人保管,迁出房屋与占有保护"。

[23] BGHZ 146, 341ff. = NJW 2001, 1056ff.

[24] Vgl. MüKoBGB/Leuschner §54 BGB Rn. 18f.; Staudinger/Weick (2014) §54 BGB Rn. 14; a.A. Wagner ZZP 117 (2004), 305 (359ff.).

能力。[25] 由于《民法典》第 54 条第 1 款规定参照适用有关民事合伙的法律,这在有关无权利能力的社团的权利能力方面也必须予以适用。[26] 承认积极的当事人能力是成为权利和义务的承担者的能力的直接结果(《民事诉讼法》第 50 条第 1 款),因此与权利能力相一致[27],所以无权利能力的社团亦为原告适格。

bb)《民法典》第 861 条第 1 款规定的要件

38　　依照《民法典》第 861 条第 1 款,因被法律禁止的私力而被剥夺占有的占有人可以向对占有人自己来说有瑕疵地进行占有的人请求恢复占有。

39　　首先,SC 必须是通过法律所禁止的私力被侵夺了直接占有。依照《民法典》第 858 条第 1 款,法律所禁止的私力是指未经直接占有人的意思而侵夺或干涉占有。因此,这包括未经法律许可,对直接所有人行使其实际上应享有的物之支配权而进行的任何干扰。[28]

40　　通过换锁,V 违背 SC 的意思侵夺了 SC 对住房的占有(《民法典》第 858 条第 1 款)。即使 V 手中已经有一份确定的迁出房屋判决,法律也不允许他把 SC 赶出住房。他必须请求法院执达官实施迁出房屋的执行(《民事诉讼法》第 885 条第 1 款第 1 句)。因此,SC 可以要求相对于他来说有占有瑕疵的人停止占有。由于 V 实施了法律所禁止的私力,依照《民法典》第 858 条第 2 款第 1 句,他的占有相对于 SC 而言是有瑕疵的,所以《民法典》第 861 条第 1 款规定的请求权在原则上是成立的。

cc) 被告适格

41　　有问题的地方在于,V 只是间接占有人,不再是直接占有人。如

[25] BGH NJW 2008, 69 (74f.); hierzu Terner NJW 2008, 16ff.
[26] Jauernig NJW 2001, 2231 (2232); K. Schmidt NJW 2001, 993 (1002f.).
[27] BGHZ 146, 341 (347ff.) = NJW 2001, 1056 (1058).
[28] RGZ 55, 55 (57); MüKoBGB/Joost §858 BGB Rn. 2; BeckOGK/Götz §858 BGB Rn. 8.

果间接占有人有瑕疵地获得了直接占有,然后将该直接占有转让给目前的直接占有人,则占有保护请求权原则上也可以针对间接占有人而存在。[29] 该案此处就存在这样的构造。该请求权可以被专用于取得间接占有,即用于转让债务人对直接占有人的返还请求权(《民法典》第 870 条),或者用于占有(物)的返还。[30]

dd) 请求权的消灭

另一个问题是,已经存在针对社团的确定的迁出房屋判决。这可能会导致返还请求权的消灭(《民法典》第 864 条第 2 款)。 42

然而,《民法典》第 864 条第 2 款不能直接适用于此,因为这种判决在法律所禁止的私力被实施之前已经确定(即产生既判力)。然而,可以考虑类推适用《民法典》第 864 条第 2 款。但该观点仍存在争议。 43

类推适用的支持者[31]强调了对事实上的法律状况应予以考虑,以及将等待确定判决的债权人置于更不利地位的危险。根据《民法典》第 864 条第 2 款的意义和目的,如果由于发生既判力的判决已经作出了相应的确认而使得恢复原来的占有变得没有意义,则《民法典》第 864 条第 2 款这个法律规范总是可用于对抗/阻止对法律所禁止的私力进行的制裁。这也适用于在实施法律所禁止的私力之前就存在发生既判力的判决已经作出相应确认的情况。 44

反对意见[32]的主要论据包括私人对判决自力执行的风险以及判决后可能出现的各种新情况。 45

---

[29] OLG Köln WuM 1998, 602; OLG Schleswig SchlHA 1975, 47 (48); MüKoBGB/Joost §861 BGB Rn. 6; Erman/A. Lorenz §861 BGB Rn. 4.

[30] Palandt/Herrler §861 BGB Rn. 8.

[31] RGZ 107, 258f.; Erman/A. Lorenz §864 BGB Rn. 4; MüKoBGB/Joost §864 BGB Rn. 11; Baur/Stürner §9 Rn. 19; Müller/Gruber Rn. 341ff.

[32] BeckOGK/Götz §864 BGB Rn. 41; BeckOK BGB/Fritzsche §864 BGB Rn. 10; Palandt/Herrler §864 BGB Rn. 6; Staudinger/Gutzeit (2014) §864 BGB Rn. 11; Zeising Jura 2010, 248 (251).

46　　后一种观点更为可取。的确,实践中法律的实施情况似乎对该观点不利,因为法院执达官首先要从 V 那里取走物品,把它交给 SC,然后在执行对 V 有利的确定判决时再重新回转。尽管如此,如果《民法典》第 861 条的制裁不能适用,则在类推适用《民法典》第 864 条第 2 款时,将为(当事人)自己执行确定判决开口子,这样的说法更有说服力。然而,这就恰恰违背了《民法典》第 861 条及下一条的保护目的。《民法典》第 859 条规定的占有防卫和占有夺回的可能性并不足以替代,特别是在这样的情况下,占有的侵夺会在占有人不在场的时候发生。因此,不得类推适用《民法典》第 864 条第 2 款从而认为请求权已经消灭。

c)《民事诉讼法》第 940 条规定的处分理由

47　　《民法典》在其关于占有保护请求权的规定中明确指出,《民法典》认为偿付此种请求权属于特别紧急情形。[33] 因此,在处分程序中主张占有保护请求权,而法律规定旨在迅速实现此种请求权获得偿付的,不需要特别证明其急迫性。[34]

d)处分请求权的疏明

48　　该社团必须对处分请求权进行疏明(《民事诉讼法》第 936 条、第 920 条第 2 款、第 294 条),即证明其具有占优势的盖然性。[35] 这里应当以此为出发点。

③结论

49　　因此,假处分合法且具有理由。一审裁判并非基于违法而作出。

---

〔33〕 OLG Celle MDR 2008, 445.

〔34〕 OLG Celle MDR 2008, 445; OLG Saarbrücken MDR 2003, 1198; OLG Stuttgart NJW- RR 1996, 1516; Zöller/G. Vollkommer §940 ZPO Rn. 8 "返还与交托管人保管,迁出房屋与占有保护";MüKoBGB/Joost §861 BGB Rn. 16; Staudinger/Gutzeit (2014) §859 BGB Rn. 24。

〔35〕 Vgl. BGH BeckRS 2017, 107304 Rn. 10; NJW 2015, 3517 (3518 Rn. 13); MüKoZPO/ Drescher §920 ZPO Rn. 15;关于证明标准的一部分问题参见 Huber JuS 2016, 980ff.。

(2) 基于《民事诉讼法》第 529 条第 1 款规定的应当作为(辩论和裁判)基础的事实作出不同裁判的正当性

基于《民事诉讼法》第 529 条第 1 款规定的应当作为(辩论和裁判)基础的事实作出不同裁判,是无法考虑其正当性的。此处,没有任何依据、线索可以让人们对与裁判关系密切的确认内容的正确性或完全性产生怀疑。同时也没有提出新的事实。

(3) 结论

因此控诉没有获胜的希望。

(二) 问题 2

依照《民事诉讼法》第 936、928 条,执行(Vollziehung)应遵循有关强制执行(Zwangsvollstreckung)的法律规范。那么就必须满足强制执行的要件。

1.《民事诉讼法》第 885 条规定的执行

(1) 程序性普通构成要件

①社团依照《民事诉讼法》第 753 条第 1 款、第 754 条向有管辖权的执行机构提出申请

此处 SC 对 V 享有一个要求恢复占有的执行名义。这是促使返还房屋的执行,因此,《民事诉讼法》第 885 条及下一条是相关的。原则上,法院执达官负责执行返还事务(《民事诉讼法》第 885 条第 1 款)。

②《民事诉讼法》第 50 条及以下数条规定的当事人能力和诉讼能力

对于无权利能力社团的当事人能力和诉讼能力,不存在任何疑问(参见→边码 20)。此外,该无权利能力社团已经获得了一个执行名义,因此,如果在假处分发布后没有发生任何变化,则法院执达官也必须认为 SC 具有当事人能力和诉讼能力。但该案并非后一种

情形。

(2) 强制执行的一般构成要件

55　　强制执行的一般构成要件必须齐备,尽管可能存在各种差异(参见《民事诉讼法》第 929 条)。

①(执行)名义

56　　SC 应当具有针对 B 的执行名义。该案例并不属于此种情形。

②对(执行)名义起补充作用的执行条款

57　　依照《民事诉讼法》第 936 条和第 929 条第 1 款,只有在针对处分命令中指定的债务人以外的其他债务人执行假处分时,才需要有执行条款。此处该社团想对 B 强制执行,而 B 在执行名义中没有被指定为债务人。

58　　可能会考虑依照《民事诉讼法》第 727 条第 1 款,将执行名义变更指向 B(为被执行人)。这样处理需要满足的要件是,B 或者是执行名义中指定的债务人的权利承继人,或者是系争物的占有人,并且根据《民事诉讼法》第 325 条,判决的效力及于此人。

59　　儿子是涉讼住房的占有人。依照《民事诉讼法》第 325 条第 1 款,他以债务人也即 V 成为间接占有人的方式获得占有。此处 B 和 V 之间存在《民法典》第 868 条规定的占有媒介关系(使用借贷关系)。此外,针对 V 的判决的效力能够及于其子的前提是在诉讼系属后发生占有承继。在该案中,V 在关于发布假处分的申请提交法院之前已经将房屋的占有转让给了 B,因而排除了这一法律规范的适用。

　　提示:申请提交法院后,暂时权利保护程序即发生诉讼系属。[36]

60　　由于执行名义变更是不可能的,所以《民事诉讼法》第 885 条规

---

[36] MüKoZPO/Drescher Vor §916 ZPO Rn. 15; Musielak/Voit/Huber §916 ZPO Rn. 9.

定的执行被排除。

2.《民事诉讼法》第 886 条规定的执行

《民事诉讼法》第 886 条并没有提供针对 B 的执行法上的直接依据,而只是提供了扣押和转付 V 对 B 的返还请求权的法律依据。由此,以使用借贷关系的终结为条件的返还请求权也可以被扣押。由于 B 不愿意返还,社团必须通过被转付的请求权取得针对 B 的执行名义,只有这样才能依照《民事诉讼法》第 885 条第 1 款第 1 句对 B 执行。

3. 结论

SC 不能依据从一审中获得的针对 V 的执行名义对 B 执行。

(三) 问题 3

如果 SC 请求法院发布假处分的申请合法且具有理由,则其有望获胜。

1. 请求发布假处分的申请的合法性

如果该申请是以符合形式规定的方式提交给管辖法院的,则申请即为合法。此外,必须具体指明处分请求权以及假处分理由(《民事诉讼法》第 936 条及第 920 条第 1 款)。

(1) 科特布斯地方法院的管辖权

依照《民事诉讼法》第 937 条第 1 款,假处分由本案法院管辖。依照《民事诉讼法》第 943 条第 1 款,本案法院为第一审法院。因此,必须审查科特布斯地方法院对本案的第一审诉讼程序是否具有管辖权。

以即将发生占有侵夺为由提起的诉讼的事务管辖权应根据《法院组织法》第 71 条第 1 款、第 23 条第 1 项确定。不应考虑《法院组织法》第 23 条第 2 项第 a 目规定的专属管辖权,因为这条规定只适用于住房的使用租赁关系,而此处并非如此。管辖的诉讼标的额不应根据《民事诉讼法》第 8 条计算,因为并非在使用租赁关系是否存在或者使用租赁关系的期间有多长这些问题上存在争议,而是 SC 希望阻止即将发生的占有侵夺。《民事诉讼法》第 8 条不适用于无争议的已经终止的使用租赁关系被解除后的法律后果。[37] 因此,诉讼标的额应根据《民事诉讼法》第 6 条第 1 句第 1 种可选择情形计算。鉴于承租人在执行迁出房屋一事上甚至可以在终止使用租赁关系后拖延几个月的时间(参见《民事诉讼法》第 721 条第 5 款),而且月租金几乎达到了 2000 欧元,由此可以认为诉讼标的额超过 5000 欧元,因此,认为地方法院对本案(Hauptsache)具有事务管辖权,是具有理由的。

67　　地域管辖权可能源自《民事诉讼法》第 29a 条第 1 款规定的专属审判籍。根据该法律规定,基于住房的使用租赁关系而提起的诉讼,住房所在地的法院具有专属管辖权。该法律规范应作扩大解释,所涉案件也包括与使用租赁关系的清算有关联的诉讼。[38] 此处涉及保护 SC 免受 V 在使用租赁关系的清算中实施自力行为的影响从而被迫迁出房屋,因此依照《民事诉讼法》第 29a 条第 1 款,科特布斯地方法院在本案中具有专属管辖权。

(2)标明处分请求权和处分理由

68　　与假扣押不同,可以经由假处分获得担保的请求权,当事人必须主张其存在。[39] 对个别给付的请求权,例如对行为(Handlungen)、容忍和不作为的请求权,可以依照《民事诉讼法》第 935 条获得担保。[40] 因此,纠纷中的不作为请求权可以获得《民事诉讼法》第 935 条意义上的担保。

---

[37]　OLG Karlsruhe BeckRS 1994, 30972096; Zöller/Herget § 8 ZPO Rn. 4.
[38]　Vgl. MüKoZPO/Patzina § 29a ZPO Rn. 24; Zöller/Schultzky § 29a ZPO Rn. 9.
[39]　Thomas/Putzo/Seiler § 935 ZPO Rn. 1.
[40]　MüKoZPO/Drescher § 935 ZPO Rn. 6f.

此外,还必须指明处分理由。[41] 应当认为 M 已经描述了可以得出处分理由的案件事实情况。 69

(3)权利保护需求

对发布假处分的权利保护需求只存在于本案程序(主案诉讼程序)进行之前或者进行期间。此处本案尚未处于未决状态。 70

(4)其他合法性构成要件

关于当事人能力和诉讼能力以及申请的形式和内容,可以参考问题 1(→边码 17 及以下数段)。 71

2. 请求发布假处分的申请具有理由

如果 SC 成功疏明其有权针对 V 行使处分请求权,并且具备处分理由,则请求法院发布假处分的申请即具有理由(《民事诉讼法》第 936 条,第 920 条第 1、2 款,第 294 条)。此处是给付处分中的一个特殊情形,而给付处分被公认为发生在占有保护的情形中(→边码 35)。 72

(1)处分请求权

此处可以考虑 SC 根据《民法典》第 861 条第 1 款对 V 的请求权。对占有的侵夺虽然还没有发生,但已经迫在眉睫。如果这种妨害在过去已经发生或者由实施妨害的人通知将会发生,则该社团可以要求预防性不作为。[42] 此处的情形属于后者。 73

(2)《民事诉讼法》第 940 条规定的处分理由

在本案案情中,V 尚未侵夺 SC 的占有,而只是威胁要更换锁。但是,即使面对的仅仅是威胁要侵夺占有,也已经可以发出不作为的假处分了。[43] 没有必要等到对占有有威胁的妨害真实发生时才进行(假处分)。 74

---

[41] Stein/Jonas/Grunsky § 917 ZPO Rn. 2.
[42] OLG Rostock OLGR 2001, 560 (562); Staudinger/Gutzeit (2014) § 862 BGB Rn. 6.
[43] OLG Rostock OLGR 2001, 560 (561f.); Zöller/G. Vollkommer § 940 ZPO Rn. 1.

（3）依照《民法典》第 864 条第 2 款,因 V 进行反申请,请求权消灭

75 　　然而,V 依照《民法典》第 864 条第 2 款提出的暂时返还房屋的反申请,有可能对假处分程序中的原告的假处分请求权产生影响。

　　①《民法典》第 864 条第 2 款

76 　　诚然,妨害占有的人原则上不得使用《民法典》第 863 条规定的占有之本权抗辩来对抗占有的占有保护请求权。但是在《民法典》第 864 条第 2 款中规定了一个例外,即在实施法律所禁止的私力之后,确定的判决确认(实施法律所禁止的私力的)行为人享有占有权的情形。在这种情况下,占有保护请求权即消灭。此处《民法典》第 864 条第 2 款规定的各要件未获满足。

77 　　然而,联邦普通法院[44]允许在本案程序中以反诉的方式对基于占有请求权提起的诉提出本权抗辩。在这些情形中,如果同时——甚至只是临时具有执行力地——就本权请求权作出裁判,则占有保护之诉会被驳回。《民法典》第 864 条第 2 款明确承认本权的法律状况在适用范围上优先于占有保护。但是,此处适用该法律规范不能取决于"合乎逻辑的一瞬间",即应当作出裁判的法院被迫对请求权和反请求权都作出裁判。这将是一个形式司法上的结果,其与占有保护规则的意义和目的不一致。

78 　　另外,反对观点强调,未确定的反诉裁判仍然可能被撤销,因此,联邦普通法院的判例法违反了《民法典》第 864 条第 2 款。[45]

79 　　如果赞同联邦普通法院的观点,那么相同的观点、做法也必须适用于就发布假处分而提出的申请及其反申请之间的关系。[46]

80 　　如果反申请合法且具有理由,而且两个申请同时面临裁判时机

---

[44] BGHZ 73, 355 = NJW 1979, 1358; BGH NJW 1979, 1359 (1360).
[45] MüKoBGB/Joost § 863 BGB Rn. 10.
[46] OLG Rostock OLGR 2001, 560 (562); Lehmann- Richter NJW 2003, 1717 (1718); a.A. MüKoBGB/Joost § 863 BGB Rn. 12.

成熟,则必须以不具有理由为由驳回 SC 的申请。

②反申请的合法性

在假处分程序中,反诉类型的反申请原则上也是合法的。[47] 支持该观点主要是出于诉讼经济的考虑,以及基于在其他分离/独立的程序中,可以毫不犹豫地将言词辩论进行联结这一事实。但是,在单独的程序中提出主张将是一种不必要的手续。[48]

a) 科特布斯地方法院的管辖权

依照《民事诉讼法》第 937 条第 1 款,假处分由本案法院管辖。依照《民事诉讼法》第 943 条第 1 款,本案法院为第一审法院。因此,必须审查科特布斯地方法院对本案的第一审诉讼程序是否具有管辖权。

地方法院对因恢复占有而提起的诉讼的事务管辖权源于《法院组织法》第 71 条第 1 款、第 23 条第 1 项,因为诉讼标的额是根据《民事诉讼法》第 6 条第 1 句第 1 种可选择情形确定的,具体到此处即为超过 5000 欧元(→边码 66)。

地域管辖权可能源于《民事诉讼法》第 29a 条第 1 款规定的专属审判籍。根据该款法律规定,基于住房的使用租赁关系而提起的诉讼,住房所在地的法院具有专属管辖权。此处纠纷是关于使用租赁关系终止后(承租人的)返还义务,因此,可以适用《民事诉讼法》第 29a 条第 1 款。

专属审判籍排斥《民事诉讼法》第 33 条规定的反诉的特别审判籍。

b) 当事人能力和诉讼能力、诉讼实施能力

这些诉讼行为要件均得到了满足(参见→边码 19 及以下数段)。

---

[47] OLG Rostock OLGR 2001, 560 (562); Zöller/G. Vollkommer §935 ZPO Rn. 4; Dötsch MDR 2012, 623; a.A. OLG Frankfurt GRUR-RR 2012, 88; OLG Celle NJOZ 2018, 1179 (1180); BeckOK ZPO/Mayer §922 ZPO Rn. 6.

[48] Vgl. OLG Celle NJW 1959, 1833.

c) 处分申请的形式和内容

87　　依照《民事诉讼法》第 936 条及第 920 条第 3 款,申请应当以书面形式提交,或者在法院书记科的笔录上予以表示(记入笔录)。

d) 标明处分请求权和处分理由(《民事诉讼法》第 935 条及第 920 条第 1 款)

88　　除了诉讼中的、由《民法典》第 546 条及第 985 条规定的返还请求权之外,V 还主张存在一个可以通过假处分得到担保的请求权。

89　　V 还应当主张存在处分理由,因为他应当如实陈述他对住房的迫切需求。

e) 权利保护需求

90　　不存在关于权利保护需求的疑虑。

③ 请求(法院)作出假处分决定的反申请具有理由

a) 执行请求权

91　　《民法典》第 546 条第 1 款规定的返还请求权和《民法典》第 985 条规定的所有物返还请求权在此可被视为处分请求权。

92　　根据案件事实情况,依照《民法典》第 543 条第 2 款第 1 句第 3 项 b 目,使用租赁关系已经由于重大原因被终止,因此,V 可以依照《民法典》第 546 条第 1 款向社团主张租赁物返还请求权。

93　　由于 V 是住房的所有权人,而 SC 是由于使用租赁关系终止而无权占有的占有人,依照《民法典》第 985 条,V 也享有返还(原物)请求权。

b)《民事诉讼法》第 940 条规定的处分理由

94　　交付处分是一种给付处分,只有在例外的情况下方为合法,因为处分申请人将由此受偿。只有在为避免对债权人造成重大不利从而有必要的情况下,交付处分方为合法。此处 V 如实陈述了他对住房的迫切需求。

c) 处分请求权和处分理由的疏明

95　　V 必须对处分请求权和处分事由予以疏明(《民事诉讼法》第

936条、第920条第2款、第294条)。此处必须以此为出发点。

3. 结论

由于V的反申请合法且具有理由,同时裁判时机成熟,社团关于假处分的申请即不具有理由,因为类推适用《民法典》第864条第2款,不作为请求权已经消灭。

德文缩略语与中译名

缩略语	全称	中文对译词
a. A.	andere(r) Ansicht	其他观点
abl.	ablehnend	反对的(观点)
Abs.	Absatz	款
Abt.	Abteilung	分卷
a. E.	am Ende	最后,结尾处
a. F.	Alte Fassung	旧版
AG	Aktiengesellschaft; Amtsgericht	股份公司;区法院
AktG	Aktiengesetz	《股份法》
Alt.	Alternative	可选择情形
AnwBl.	Anwaltsblatt	《律师报》
Art.	Artikel	条
Aufl.	Auflage	版本
Az.	Aktenzeichen	案卷号,卷宗号,文件号
BAG	Bundesarbeitsgericht	联邦劳动法院
BayObLG	Bayerisches Oberstes Landesgericht	巴伐利亚州最高法院

(续表)

缩略语	全称	中文对译词
BayObLGZ	Entscheidungen des Bayerischen Obersten Landesgerichts in Zivilsachen (Sammlung)	《巴伐利亚州最高法院民事案件裁判》(合集)
BaySchlG	Bayerisches Schlichtungsgesetz	《巴伐利亚州调解法》
BB	Betriebs- Berater (Zeitschrift)	《企业顾问》(期刊)
BbgSchlG	Brandenburgisches Schlichtungsgesetz	《勃兰登堡州调解法》
Bd. /Bde.	Band/Bände	卷
Bearb.	Bearbeitung	编辑
BeckRS	Beck- Rechtsprechung (Datenbank)	贝克判例(数据库)
BerlVerfGH	Verfassungsgerichtshof des Landes Berlin	柏林州宪法法院
BGB	Bürgerliches Gesetzbuch	《民法典》
BGH	Bundesgerichtshof	联邦普通法院
BGHR	BGH- Rechtsprechung (Sammlung)	《联邦普通法院判例》(合集)
BGHZ	Entscheidungen des Bundesgerichtshofes in Zivilsachen (Sammlung)	《联邦普通法院民事案件裁判》(合集)
BImSchG	Bundes- Immissionsschutzgesetz	《联邦环境保护法》
BT-Drucks.	Bundestags- Drucksache	联邦议院文件
Buchst.	Buchstabe	字母
BVerfG	Bundesverfassungsgericht	联邦宪法法院
BVerfGE	Entscheidungen des Bundesverfassungsgerichts (Sammlung)	《联邦宪法法院裁判》(合集)
BVerwG	Bundesverwaltungsgericht	联邦行政法院

（续表）

缩略语	全称	中文对译词
BVerwGE	Entscheidungen des Bundesverwaltungsgerichts (Sammlung)	《联邦行政法院裁判》（合集）
bzw.	beziehungsweise	或者
dB(A)	Dezibel	分贝（加权声）
ders.	derselbe	同一,同样的
DGVZ	Deutsche Gerichtsvollzieher Zeitung	《德国法院执行员报》
d. h.	das heißt	这意味着
Die Justiz	Amtsblatt des Justizministeriums Baden - Württemberg	《巴登-符腾堡州司法部官方公报》
DNotZ	Deutsche Notar- Zeitschrift	《德国公证人杂志》
DStR	Deutsches Steuerrecht (Zeitschrift)	《德国税法》（期刊）
Ed.	Edition	版本
eG	eingetragene Genossenschaft	已登记的合作社
EGZPO	Gesetz, betreffend die Einführung der Zivilprozeßordnung	《民事诉讼法施行法》
Einf.	Einführung	引言
Einl.	Einleitung	导论
EMRK	Europäische Konvention zum Schutze der Menschenrechte und Grundfreiheiten	《欧洲人权公约》（《保护人权与基本自由欧洲公约》）
EU	Europäische Union	欧盟（欧洲联盟）
EuGH	Europäischer Gerichtshof	欧洲法院

(续表)

缩略语	全称	中文对译词
EUR	Euro	欧元
EWiR	Entscheidungen zum Wirtschaftsrecht (Zeitschrift)	《经济法裁判》(期刊)
f.	folgende	及下一条/段/页；下列，下述
FamFG	Gesetz über das Verfahren in Familiensachen und in den Angelegenheiten der freiwilligen Gerichtsbarkeit	《家事事件和非讼事件程序法》
FamRZ	Zeitschrift für das gesamte Familienrecht	《泛亲属法杂志》
ff.	fortfolgende	及以下数条/段/页
Fn.	Fußnote	脚注
FS	Festschrift	庆贺文集，贺寿文集
GBO	Grundbuchordnung	《土地登记法》
GbR	Gesellschaft bürgerlichen Rechts	民事合伙
GG	Grundgesetz für die Bundesrepublik Deutschland	《德意志联邦共和国基本法》
ggf.	gegebenenfalls	如有必要
GKG	Gerichtskostengesetz	《法院费用法》
GmbH	Gesellschaft mit beschränkter Haftung	有限责任公司
GmbHG	Gesetz betreffend die Gesellschaften mit beschränkter Haftung	《有限责任公司法》

(续表)

缩略语	全称	中文对译词
GmS-OGB	Gemeinsamer Senat der Obersten Gerichtshöfe des Bundes	联邦最高法院共同审判委员会
GRUR	Gewerblicher Rechtsschutz und Urheberrecht (Zeitschrift)	《工业产权保护和著作权》（期刊）
GRUR-RR	GRUR-Rechtsprechungs-Report	《工业产权保护和著作权判例报道》
GS	Gedächtnisschrift	纪念文集
GVG	Gerichtsverfassungsgesetz	《法院组织法》
HGB	Handelsgesetzbuch	《商法典》
h. L.	herrschende Lehre	学界通说，主流学说
h. M.	herrschende Meinung	通说，主流观点
Hs.	Halbsatz	半句
i. d. F.	in der Fassung	该版本中
i. H. v.	in Höhe von	金额/额度为……的
InsO	Insolvenzordnung	《支付不能法》
i. S. d.	im Sinne der/des	在……意义上
i. V. m.	in Verbindung mit	结合
JA	Juristische Arbeitsblätter (Zeitschrift)	《法学工作报》（期刊）
JR	Juristische Rundschau	《法学评论》
Jura	Juristische Ausbildung (Zeitschrift)	《法律培训》（期刊）

(续表)

缩略语	全称	中文对译词
JurBüro	Das Juristische Büro (Zeitschrift)	《法制处》(期刊)
JuS	Juristische Schulung (Zeitschrift)	《法学教育》(期刊)
JZ	Juristenzeitung	《法学家报》
KG	Kammergericht; Kommanditgesellschaft	柏林高等法院；两合公司/两合商事合伙
KGR	KG- Report Berlin	《柏林高等法院报道》
LG	Landgericht	地方法院
LM	Lindenmaier- Möhring, Nachschlagewerk des Bundesgerichtshofes	Lindenmaier 与 Möhring 编《联邦普通法院参考工具书》
LMK	Lindenmaier - Möhring - Kommentierte BGH- Rechtsprechung	Lindenmaier 与 Möhring 编《联邦普通法院判例汇编与评述》
Ls.	Leitsatz	大前提
m. Anm.	mit Anmerkung	附注，附有注解
MDR	Monatsschrift für Deutsches Recht	《德国法月刊》
m. w. N.	mit weiteren Nachweisen	附详细论证
NJOZ	Neue Juristische Online- Zeitschrift	《新法学在线杂志》
NJW	Neue Juristische Wochenschrift	《新法学周刊》

(续表)

缩略语	全称	中文对译词
NJW- RR	NJW - Rechtsprechungs - Report Zivilrecht	《新法学周刊民法判例报道》
Nr(n).	Nummer(n)	项,序号,号数
NVwZ	Neue Zeitschrift für Verwaltungsrecht	《行政法新刊》
NVwZ- RR	NVwZ- Rechtsprechungs- Report	《行政法新刊判例报道》
NZA	Neue Zeitschrift für Arbeitsrecht	《劳动法新刊》
NZA- RR	NZA- Rechtsprechungs- Report	《劳动法新刊判例报道》
NZG	Neue Zeitschrift für Gesellschaftsrecht	《公司法新刊》
NZM	Neue Zeitschrift für Miet- und Wohnungsrecht	《房屋租赁与居住法新刊》
OLG	Oberlandesgericht	地方高等法院
OLG- NL	OLG - Rechtsprechung Neue Länder (Zeitschrift)	《新联邦州地方高等法院判例》(期刊)
OLGR	OLG- Report (Zeitschrift)	《地方高等法院报道》(期刊)
Pkw	Personenkraftwagen	载客汽车,小客车,轿车
RG	Reichsgericht	帝国法院
RGZ	Entscheidungen des Reichsgerichts in Zivilsachen (Sammlung)	《帝国法院民事案件裁判》(合集)
Rn.	Randnummer	边码,页边码
RPflG	Rechtspflegergesetz	《司法辅助官法》

(续表)

缩略语	全称	中文对译词
r+s	recht und schaden (Zeitschrift)	《权利与损害》(期刊)
Rspr.	Rechtsprechung	判例,判决,司法权
s.	siehe	见
S.	Seite	页,第……页
SchlHA	Schleswig- Holsteinische Anzeigen	《石勒苏益格-荷尔斯泰因州报告》(《石勒苏益格-荷尔斯泰因州司法部公告》)
sog.	sogenannt	所谓的
st. Rspr.	ständige Rechtsprechung	持久性判例
StVG	Straßenverkehrsgesetz	《道路交通法》
TA Lärm	Sechste Allgemeine Verwaltungsvorschrift zum Bundes - Immissionsschutzgesetz (Technische Anleitung zum Schutz gegen Lärm)	《关于适用〈联邦环境保护法〉的第六部分一般行政条例》(《噪音防护技术指导》)
UKlaG	Unterlassungsklagengesetz	《不作为之诉法》
Urt.	Urteil	判决
u. U.	unter Umständen	在某些情况下
v.	von	作者/责任人是
VersR	Versicherungsrecht (Zeitschrift)	《保险法》(期刊)

(续表)

缩略语	全称	中文对译词
vgl.	vergleiche	参见
VVG	Versicherungsvertragsgesetz	《保险合同法》
WRP	Wettbewerb in Recht und Praxis (Zeitschrift)	《竞争法与实践》(期刊)
WuB	Entscheidungssammlung zum Wirtschafts- und Bankrecht	《经济法与银行法裁判汇编》
WuM	Wohnungswirtschaft und Mietrecht (Zeitschrift)	《住房经济与租赁权》(期刊)
z. B.	zum Beispiel	例如
Ziff.	Ziffer	数字
ZIP	Zeitschrift für Wirtschaftsrecht	《经济法杂志》
ZMR	Zeitschrift für Miet- und Raumrecht	《租赁法与空间法杂志》
ZPO	Zivilprozessordnung	《民事诉讼法》
zust.	zustimmend	赞同的(观点)
ZVG	Zwangsversteigerungsgesetz	《强制拍卖与强制管理法》
ZZP	Zeitschrift für Zivilprozess	《民事诉讼杂志》

参考文献缩略语与中译名

缩略语	文献全称	中译名
Anders/Gehl	Anders/Gehle, Das Assessorexamen im Zi-vilrecht, 13. Aufl. 2017	Anders/Gehle：《第二次国家考试民法篇》，2017年第13版
Baur/Stürne	Baur/Stürner, Sachenrecht, 18. Aufl. 2009	Baur/Stürner：《物权法》，2009年第18版
Baur/Stümer/Bruns	Baur/Stürner/Bruns, Zwangsvollstreckungsrecht, 13. Aufl. 2006	Baur/Stümer/Bruns：《强制执行法》，2006年第13版
BeckOGK/Bearbeiter	Gsell/Krüger/Lorenz/Reymann, beck-online. GROSSKOMMENTAR, Stand: 1.4.2019	Gsell/Krüger/Lorenz/Reymann：《贝克在线大型评注》，2019年4月1日版
BeckOK BGB/Bearbeiter	Bamberger/Roth/Hau/Poseck, Beckscher Online-Kommentar BGB, Ed. 50, Stand: 1.5.2019	Bamberger/Roth/Hau/Poseck：《贝克民法典在线评注》，2019年5月1日第50版
BeckOK ZPO/Bearbeiter	Vorwerk/Wolf, Beckscher Online-Kommentar ZPO, Ed. 32, Stand: 1.3.2019	Vorwerk/Wolf：《贝克民事诉讼法在线评注》，2019年3月1日第32版
BLAH	Baumbach/Lauterbach/Albers/Hartmann, Zivilprozessordnung, Kommentar, 77. Aufl. 2019	Baumbach/Lauterbach/Albers/Hartmann：《民事诉讼法·评注》，2019年第77版

(续表)

缩略语	文献全称	中译名
Blomeyer	Blomeyer, Zivilprozeßrecht, Erkenntnisverfahren, 2. Aufl. 1985	Blomeyer:《民事诉讼法:审判程序》,1985年第2版
Brox/Walker	Brox/Walker, Zwangsvollstreckungsrecht, 11. Aufl. 2018	Brox/Walker:《强制执行法》,2018年第11版
Erman/Bearbeiter	Erman, Bürgerliches Gesetzbuch, Kommentar, 15. Aufl. 2017	Erman:《民法典:评注》,2017年第15版
Foerste	Foerste, Insolvenzrecht, 7. Aufl. 2018	Foerste:《支付不能法》,2018年第7版
Gaul/Schilken/Becker-Eberhard	Gaul/Schilken/Becker-Eberhard, Zwangsvollstreckungsrecht, 12. Aufl. 2010	Gaul/Schilken/Becker-Eberhard:《强制执行法》,2010年第12版
Gehrlein	Gehrlein, Zivilprozessrecht, 2. Aufl. 2003	Gehrlein:《民事诉讼法》,2003年第2版
Grunsky/Jacoby	Grunsky/Jacoby, Zivilprozessrecht, 16. Aufl. 2018	Grunsky/Jacoby:《民事诉讼法》,2018年第16版
Heiderhoff/Skamel	Heiderhoff/Skamel, Zwangsvollstreckungsrecht, 3. Aufl. 2017	Heiderhoff/Skamel:《强制执行法》,2017年第3版
HK-ZPO/Bearbeiter	Saenger, Zivilprozessordnung, Handkommentar, 8. Aufl. 2019	Saenger:《民事诉讼法便携型评注》,2019年第8版
HK-ZV/Bearbeiter	Kindl/Meller-Hannich/Wolf, Zwangsvollstreckungsrecht, Handkommentar, 3. Aufl. 2015	Kindl/Meller-Hannich/Wolf:《强制执行法便携式评注》,2015年第3版
Jauernig/Bearbeiter	Jauernig, Bürgerliches Gesetzbuch, Kommentar, 17. Aufl. 2018	Jauernig:《民法典:评注》,2018年第17版

(续表)

缩略语	文献全称	中译名
Jauernig/Berger	Jauernig/Berger, Zwangsvollstreckungs-und Insolvenzrecht, 23. Aufl. 2010	Jauernig/Berger:《强制执行法与支付不能法》,2010年第23版
Jauernig/Hess	Jauernig/Hess, Zivilprozessrecht, 30. Aufl. 2011	Jauernig/Hess:《民事诉讼法》,2011年第30版
Kramer	Kramer, Die Berufung in Zivilsachen, 8. Aufl. 2015	Kramer:《民事案件中的控诉》,2015年第8版
Lackmann	Lackmann, Zwangsvollstreckungsrecht, 11. Aufl. 2018	Lackmann:《强制执行法》,2018年第11版
Langheid/Wandt/Bearbeiter	Langheid/Wandt, Münchener Kommentar zum Versicherungsvertragsgesetz, 2. Aufl. 2016 f.	Langheid/Wandt:《慕尼黑保险合同法评注》,2016—2017年第2版
Lippross/Bittmann	Lippross/Bittmann, Zwangsvollstreckungsrecht, 12. Aufl. 2017	Lippross/Bittmann:《强制执行法》,2017年第12版
Lüke	Lüke, Zivilprozessrecht, 10. Aufl. 2011	Lüke:《民事诉讼法》,2011年第10版
Medicus/Petersen	Medicus/Petersen, Bürgerliches Recht, 26. Aufl. 2017	Medicus/Petersen:《民法典》,2017年第26版
Meller-Hannich	Meller-Hannich, Zivilprozessrecht, 2. Aufl. 2016	Meller-Hannich:《民事诉讼法》,2016年第2版
MüKoBGB/Bearbeiter	Säcker/Rixecker/Oetker, Münchener Kommentar zum Bürgerlichen Gesetzbuch, 8. Aufl. 2018f. (Bde. 1-3); 7. Aufl. 2016f. (Bde. 5 und 6)	Säcker/Rixecker/Oetker:《慕尼黑民法典评注》,2018—2019年第8版(第1—3卷);2016—2017年第7版(第5、6卷)

(续表)

缩略语	文献全称	中译名
MüKoInsO/ Bearbeiter	Stürner/Eidenmüller/ Schoppmeyer, Münchener Kommentar zur Insolvenzordnung, 4. Aufl. 2019 (Bd. 1); 3. Aufl. 2013 (Bd. 2)	Stürner/Eidenmüller/ Schoppmeyer：《慕尼黑支付不能法评注》，2019年第4版（第1卷）；2013年第3版（第2卷）
MüKoZPO/ Bearbeiter	Krüger/Rauscher, Münchener Kommentar zur Zivilprozessordnung, 5. Aufl. 2016 f.	Krüger/Rauscher：《慕尼黑民事诉讼法评注》，2016—2017年第5版
Müller/Gruber	Müller/Gruber, Sachenrecht, 2016	Müller/Gruber：《物权法》，2016年版
Musielak/ Voit Grundkurs	Musielak/Voit, Grundkurs ZPO, 14. Aufl. 2018	Musielak/Voit：《民事诉讼法基础教程》，2018年第14版
Musielak/ Voit/ Bearbeiter	Musielak/Voit, Zivilprozessordnung, Kom-mentar, 16. Aufl. 2019	Musielak/Voit：《民事诉讼法：评注》，2019年第16版
Palandt/ Bearbeiter	Palandt, Bürgerliches Gesetzbuch, Kommentar, 78. Aufl. 2019	Palandt：《民法典：评注》，2019年第78版
Pohlmann	Pohlmann, Zivilprozessrecht, 4. Aufl. 2018	Pohlmann：《民事诉讼法》，2018年第4版
Prütting/Gehrlein/ Bearbeiter	Prütting/Gehrlein, ZPO, Kommentar, 10. Aufl. 2018	Prütting/Gehrlein：《民事诉讼法：评注》，2018年第10版
Rosenberg/ Schwab/ Gottwald	Rosenberg/Schwab/Gottwald, Zivilprozessrecht, 18. Aufl. 2018	Rosenberg/Schwab/Gottwald：《民事诉讼法》，2018年第18版
Schellhammer	Schellhammer, Zivilprozess, 15. Aufl. 2016	Schellhammer：《民事诉讼》，2016年第15版

（续表）

缩略语	文献全称	中译名
Schilken	Schilken, Zivilprozessrecht, 7. Aufl. 2014	Schilken：《民事诉讼法》，2014年第7版
Schumann	Schumann, Die ZPO-Klausur, 3. Aufl. 2006	Schumann：《民事诉讼法闭卷考试》，2006年第3版
Schuschke/ Walker/ Bearbeiter	Schuschke/Walker, Vollstreckung und Vorläufiger Rechtsschutz, Kommentar, 6. Aufl. 2016	Schuschke/Walker：《执行和暂时权利保护：评注》，2016年第6版
Schwab	Schwab, Zivilprozessrecht, 5. Aufl. 2016	Schwab：《民事诉讼法》，2016年第5版
Staudinger/ Bearbeiter	v. Staudinger, Kommentar zum Bürgerlichen Gesetzbuch, 13. Bearb. 1993 ff. (mit Jahresangabe)	v. Staudinger：《民法典评注》，1993年及其后数年第13次修订（附年度报告）
Stein/Jonas/ Bearbeiter	Stein/Jonas, Kommentar zur Zivilprozessordnung, 23. Aufl. 2014ff. (Bde. 1—6, 8, 10, 12); 22. Aufl. 2002ff. (Bde. 7, 9, 11)	Stein/Jonas：《民事诉讼法评注》，2014年起第23版（第1—6、8、10、12卷）；2002年起第22版（第7、9、11卷）
Thomas/ Putzo/Bearbeiter	Thomas/Putzo, Zivilprozessordnung, Kommentar, 40. Aufl. 2019	Thomas/Putzo：《民事诉讼法：评注》，2019年第40版
Wieczorek/ Schütze/ Bearbeiter	Wieczorek/Schütze, Zivilprozessordnung und Nebengesetze, Kommentar, 4. Aufl. 2013ff.	Wieczorek/Schütze：《民事诉讼法及其附属相关法律：评注》，2013年起第4版
Zeiss/ Schreiber	Zeiss/Schreiber, Zivilprozessrecht, 12. Aufl. 2014	Zeiss/Schreiber：《民事诉讼法》，2014年第12版

(续表)

缩略语	文献全称	中译名
Zimmermann	Zimmermann, Zivilprozessordnung, Kommentar, 10. Aufl. 2015	Zimmermann:《民事诉讼法:评注》,2015年第10版
Zöller/Bearbeiter	Zöller, Zivilprozessordnung, Kommentar, 32. Aufl. 2018	Zöller:《民事诉讼法:评注》,2018年第32版

术语索引与中译名

加粗的数字表示案例序号,细体数字表示边码。

术语	中译名	案例序号与边码
A		
Absonderungsrecht	别除权	**12** 84;**14** 73
Abtretung	让与	
- des Herausgabeanspruchs	返还请求权的让与	**14** 64;**15** 30f.,41
- Kenntnis von der Abtretung	让与被知悉	**3** 74f., 82f., 86, 93, 110ff.
Aktivlegitimation	原告适格	**7** 70;**8** 7
- bezüglich des Beseitigungsanspruchs	关于排除请求权	**8** 23
- Einwendung der fehlenden Aktivlegitimation	原告不适格的抗辩	**8** 70f.,81
- des nicht rechtsfähigen Vereins	无权利能力的社团	**15** 37
- Verlust	原告适格的丧失	**7** 70f.
Anerkenntnis	认诺	**3** 79ff.
- Anfechtung	撤销认诺,认诺的撤销	**5** 69
- Beschwer	对认诺判决不服	**5** 47f.

(续表)

术语	中译名	案例序号与边码
- Beseitigung gemäß §§313, 346 BGB	排除依照《民法典》第313、346条(所作的认诺)	5 70
- Kosten	存在认诺时的诉讼成本/费用	3 79
- Schuldnerschutz	存在认诺时对债务人的保护	3 82f.
- Widerruf	撤回认诺,认诺的撤回	5 71ff.
Anerkenntnisurteil	认诺判决	5 47f., 63, 66f., 79, 85
Anfechtung	撤销	
- des Anerkenntnisses	撤销认诺,认诺的撤销	见 Anerkenntnis
- einer Prozesshandlung	撤销诉讼行为,诉讼行为的撤销	见 Prozesshandlungen
- des Prozessvergleichs	撤销诉讼上的和解,诉讼上的和解的撤销	见 Prozessvergleich
Angriffs- und Verteidigungsmittel	攻击防御方法	
- Berufung	控诉	9 35, 52, 54, 58ff., 62
- Präklusion	失权	9 35f.
Anhängigkeit	未决状态	1 39; 3 57, 62; 4 16, 58; 13 130; 15 25, 70
Anschlussberufung	附带控诉	见 Berufung
Anspruchsgrund	请求权理由	5 29, 31
Antrag	申请	
- nach §887 ZPO	依照《民事诉讼法》第887条提出的申请	8 83, 87

(续表)

术语	中译名	案例序号与边码
- in der Berufungsinstanz	在控诉审中提出申请	5 51,80;9 7;15 9
- auf einstweilige Einstellung der Zwangsvollstreckung	申请暂时停止强制执行	13 99
- auf einstweilige Verfügung	申请假处分	15 1,16ff.,63ff.
- auf Entlassung aus dem Rechtsstreit	申请退出诉讼	3 88
- auf Erlass eines Versäumnisurteils	申请发布缺席判决	4 2;5 2;7 2
- auf Feststellung	申请确认	2 80,83;4 57;5 103f.;6 12,20
- an den Gerichtsvollzieher	向法院执行员提出申请	11 23,112;12 25
- auf Klageabweisung	申请驳回起诉,申请驳回诉讼	3 78
- Kostenantrag	诉讼费的申请	4 58,60,72ff.,78ff.
- auf Titelumschreibung	申请变更执行名义	8 38
- unbestimmter	未定的申请,不确定的申请	7 50
- auf Verweisung an Kammer für Handelssachen	申请将案件移送商事法庭	14 54
- auf Wiedereinsetzung in den vorigen Stand	申请恢复原状	4 21f.,32ff.;13 22ff.
Anwaltszwang	律师强制代理诉讼,律师诉讼	2 10,33,96;3 24;4 3;5 3,36;8 34,38;9 9,20;10 29,66;12 106;15 11,21
Anwartschaftsrecht	期待权	11 59ff.;12 86
- Doppelpfändungstheorie	双重扣押理论	11 62

(续表)

术语	中译名	案例序号与边码
- Theorie der Rechtspfändung in Form der Sachpfändung	实物扣押形式的权利扣押之理论	11 61
- Theorie der reinen Rechtspfändung	纯粹的权利扣押之理论	11 60
Arglisteinrede	恶意抗辩权	3 69;4 6
Arrest	假扣押	15 23f.,68
Aufhebung des erstinstanzlichen Urteils	一审判决的撤销	5 52;9 8
Aufrechnung	抵销	2 31ff.; 6 32ff.; 11 73ff.
- und anderweitige Rechtshängigkeit	与另外的诉讼系属	2 38ff.;6 80ff.
- Doppeltatbestand	双重构成要件	2 32;6 74
- als erledigendes Ereignis	作为终结（本案/诉讼）的事件	2 105f.;6 32ff.,50ff.
- Eventualaufrechnung	预备抵销	2 32,34,*53f.*
- Präklusion	失权	11 85ff.,93ff.
- im Prozess	在诉讼中	2 32,34,54;6 72ff.
- prozessuale Unzulässigkeit	诉讼上的不合法性	6 73
- mit rechtshängiger Forderung	使用诉讼系属后的债权进行抵销	2 38ff.
- mit rechtswegfremder Gegenforderung	使用尚未进入诉讼的反对债权进行抵销	2 36
- Streitwerterhöhung	诉讼利益值增加	2 40;6 83
- Umfang der Rechtskraft	既判力的范围	6 8ff.,36,66f.
- Zurückweisung als verspätet	因提出迟延而被驳回	6 73ff.

(续表)

术语	中译名	案例序号与边码
- mit zuständigkeitsfremder Gegenforderung	使用法院管辖权限之外的反对债权进行抵销	2 36
Auslegung von Prozesshandlungem	诉讼行为的解释	见 Prozesshandlungen
Aussonderung	(破产法中的)取回	
- Aussonderungsklage	取回之诉	14 52ff.
- Aussonderungsrecht	取回权	12 86;14 60,67ff.
B		
Bedingung, innerprozessuale	诉讼内的条件	2 34
Bedingungsfeindlichkeit von Prozesshandlungen	诉讼行为的不得附条件原则	见 Prozesshandlungen
Berufung	控诉	
- Anschlussberufung	附带控诉	5 21
- gegen einstweilige Verfügung	针对假处分	15 1ff.
- Form	形式	5 53f.;9 9f.;10 27;15 11
- Frist	期限,期间	5 55;9 11;10 30;15 12
- Prüfung von Amts wegen	依职权审查	5 59;9 15
- Prüfungsumfang	审查范围	9 15,29ff.
- Zulassung durch das Gericht	法院的准许,法院准许	5 50;10 26
- Zurückweisung durch Beschluss	裁定驳回	9 69
- gegen zweites Versäumnisurteil	针对第二次缺席判决	10 5ff.
Beschleunigungsgrundsatz	加速原则,迅速原则	见 Verfahrensgrundsätze

(续表)

术语	中译名	案例序号与边码
Beschluss	裁定	4 58,83;9 69;11 60;13 99;15 1
Beschwer	败诉,败诉利益	5 46ff.
- formelle	形式上的	5 48f.;9 5
- materielle	实质上的	5 47;9 5;10 25;15 6
Beschwerde,sofortige	抗告,即时抗告	11 7
Beschwerdegegenstand	被声明不服的标的	5 50ff;9 6ff.;10 26;15 8ff.
Beseitigungsklage	排除妨害之诉	8 10f.
Besitz	占有	
- Besitzschutzansprüche	占有保护请求权	15 30f.,38ff.,76ff.
- einstweilige Verfügung auf sofortige Wiederherstellung	即刻恢复原状的假处分	15 26ff.
- Herausgabevollstreckung	返还的执行	15 53
- mittelbarer Besitz als ein die Veräußerung hinderndes Recht	作为阻止转让的权利的间接占有	见 Veräußerung hinderndes Recht
- sachliche Zuständigkeit	事务管辖,事务管辖权	15 66
- in Streit befangene Sache	系争物	8 10
- verbotene Eigenmacht	法律禁止的不法行为	15 38ff.
Betreuung,rechtliche	法律上的照管	13 10f.,48,96
Beweis	证明	
- in der Berufungsinstanz	在控诉审中的证明	9 54ff.,62ff.,69
- der Erfüllung	关于已履行的证明	8 96
- des Gegenteils	相反事实的证明	3 37ff.
- Parteivernehmung	讯问当事人	3 38;14 51
- Urkundenbeweis	书证	3 33ff.;5 84

(续表)

术语	中译名	案例序号与边码
- Zeugenbeweis	人证	9 34,45,54,62ff.;14 51
- Zurückweisung	驳回	9 34ff.,45ff.
Beweisaufnahme	证据调查	8 92;9 66
Beweislast	证明责任	3 32;9 26
Beweismittel	证据,证据方法	
- in der Berufungsinstanz	控诉审中的证据	9 61,64,69
- fehlerhafte Zurückweisung	有瑕疵的驳回	9 27
- rechtswidrig erlangte Beweismittel	违法取得的证据	见 Beweisverwertungsverbote
- bei Restitutionsklage	发生回复原状之诉时的证据	10 89
- im Zwangsvollstreckungsverfahren	强制执行程序中的证据	8 93
Beweisverwertungsverbote	证据使用禁止	9 45ff.
Bewirkungshandlung	与效行为,直接效力行为	1 52f.,55;4 64
D		
Dispositionsmaxime	处分原则	见 Verfahrensgrundsätze
Doppelpfändungstheorie	双重扣押理论	11 62
Doppelrelevante Tatsache	双重相关事实	2 9
Drittwiderklage	第三人反诉	见 Widerklage
Drittwiderspruchsklage	第三人异议之诉	11 41ff.,61f.;12 37ff.,72ff.
- die Veräußerung hinderndes Recht	阻止转让的权利	见 Veräußerung hinderndes Recht

术语索引与中译名 433

（续表）

术语	中译名	案例序号与边码
- Verhältnis zur Erinnerung	与抗议的关系	11 49ff.；12 48f.
- Verhältnis zur Klage auf vorzugsweise Befriedigung	与优先受偿之诉的关系	12 84ff.
- des Vorbehaltseigentümers	保留所有权人	11 61f.；12 86
Durchbrechung der Rechtskraft	冲破既判力，既判力的破弃	10 88ff.；13 16
E		
Ehegatten	配偶	
- Gewahrsamsfiktion	拟制支配，支配的拟制	11 15f.，34f.
- Sittenwidrigkeit von Bürgschaftsverträgen	保证合同违背风俗	10 70ff.
- Zwangsvollstreckung	强制执行	11 *14ff.*；34 ff.
Eigentumsvorbehalt	所有权保留	12 86；14 68ff.
Einlassungsfrist	应诉期间，答辩期间	7 11
Einreden, materiell- rechtliche	实体法上的抗辩权	9 60；12 101，112ff.
Einspruch	申诉	
- Adressat	相对人	3 4；13 5
- Form	形式	3 4ff.；13 6f.，28
- Frist	期间	3 9ff.；13 8ff.
- gegen ein Versäumnisurteil	针对缺席判决的申诉	3 *1ff.*；5 14；10 *4ff.*，36ff.
- gegen einen Vollstreckungsbescheid	针对执行决定的申诉，针对执行通知书的申诉	10 80；13 *2ff.*
Einstweilige Verfügung	假处分	15 *1*，7，10，23ff.，34ff.，63ff.

(续表)

术语	中译名	案例序号与边码
- Berufung gegen ~	针对假处分的控诉	见 Berufung
- Gegenantrag	反申请	15 75ff.
- Gericht der Hauptsache	本案法院	15 65ff.;82ff.
- Leistungsverfügung	给付处分	15 35,72,94
- Unterlassungsverfügung	不作为处分	15 74
- Vollziehung	执行假处分	15 52,57
- Widerspruch gemäß §924 ZPO	依照《民事诉讼法》第924条提出的异议	15 1
Einwendung	**抗辩**	
- Beweislast	证明责任	9 26
- Erfüllung durch Hinterlegung	以提存方式履行了债务	3 108,114
- fehlende Aktivlegitimation	原告不适格	3 107,110ff.;8 70f.,81
- fehlende Passivlegitimation	被告不适格	8 25
- bei Klauselerinnerung	(执行)条款抗议时	8 29,31,59
- bei Klauselgegenklage	(执行)条款异议之诉时,反对发给执行条款之诉时	8 56
- materiell-rechtliche Einwendung bei der Vollstreckungsabwehrklage	执行异议之诉中的实体法上的抗辩	3 106ff.;8 64,69ff.,89ff.;10 57,69ff.;11 66,72ff.,91ff.;12 100,111ff.;13 40,42,53ff.
- bei Vollstreckungserinnerung	执行抗议时	12 5f.
Einwilligungsvorbehalt	**许可之保留**	13 11,48,89

(续表)

术语	中译名	案例序号与边码
Einziehungsermächtigung	(债权)收取授权,代收款项的授权	8 77
Endurteil	终局判决	5 44f.; 9 3f.; 10 3, 28; 13 75; 15 4
Enthaftung	释放	12 31, 59
Erfüllungseinwand	履行抗辩	3 97, 106, 108, 114; 8 89ff.
Erfüllungsort	履行地,清偿地	1 12; 2 8, 65, 95; 4 15; 6 6, 63; 7 19, 47, 114; 10 60; 13 46, 95, *105ff.*; 14 12
Erinnerung	抗议	见 Vollstreckungserinnerung
Erinnerungsbefugnis	抗议权	11 *9ff.*, 108; 12 *13ff.*, 67ff.
Erledigung der Hauptsache	本案的终结,本案终结	2 78, 87, 90; 3 78; 6 24, 27, 51ff.
Erledigungserklärung	(本案/诉讼)终结表示	
- einseitige	单方的(本案/诉讼)终结表示	2 *73ff.*; 3 78; 4 *57ff.*; 6 *19ff.*
- übereinstimmende	双方一致的(本案/诉讼)终结表示	2 112; 3 78
Ermächtigung	授权	
- gemäß § 887 ZPO	依照《民事诉讼法》第 887 条授权	8 90, 96
- materiell-rechtliche	实体法上的授权	1 33; 8 72ff.
- Prozessführungsermächtigung	诉讼实施的授权	1 24, 27, 33, *48ff.*

(续表)

术语	中译名	案例序号与边码
Ermessen	(法官)裁量,衡量	
- hinsichtlich der Entschädigungshöhe	考虑了补偿/赔偿金额后的裁量	7 50
- hinsichtlich der Kosten	考虑了诉讼费用后的裁量	4 76
Ersatzvornahme	代执行,代履行,代实施	8 87, 96
Ersatzzustellung	补充送达	见 Zustellung
Erwirkungshandlung	取效行为,起因行为	1 52, 54f., 62; 2 76; 4 64
Eventualaufrechnung	预备抵销	2 32, 34, 53f.
F		
Fax	传真	
- Computerfax	计算机传真	7 24ff.
- Telefax	传真,电话传真	3 5ff.; 7 24
Feststellungsinteresse	确认利益	2 88; 6 25
Feststellungsklage	确认之诉	
- Feststellung der Erledigung der Hauptsache	确认本案终结	2 77; 4 57; 6 24, 27
- feststellungsfähiges Rechtsverhältnis	具有确认可能性的法律关系	见 Rechtsverhältnis
- Feststellungswiderklage, negative	消极的确认之反诉	5 27, 104f.
- negative	消极的确认之诉	6 14, 16
- Zwischenfeststellungsklage	中间确认之诉	5 103; 6 12; 13 130
Forderungsinhaberschaft	债权所有人身份	3 89; 7 70
Frist	期间,期限	

(续表)

术语	中译名	案例序号与边码
- Ausschlussfrist	除斥期间	13 33ff.
- Fristablauf	期间届满	3 10；4 37；13 20,32f.,83
- Fristbeginn	期间开始	3 9f.；4 36；13 8ff.,31,81f.
- Fristberechnung	期间计算	3 10；4 36；13 20,31ff.,83
- Fristverlängerung	期间延长	4 40ff.
- Notfrist	（民事诉讼法上的）不变期间	4 *24*；13 8, *13ff.*, 24f.,81
G		
Gegenantrag im einstweiligen Verfügungsverfahren	假处分程序中的反申请	见 Einstweilige Verfügung
Geldschuld	金钱之债,金钱债务	4 15；6 6；7 19；10 60；13 46,108；14 12
Gerichtsstand	审判籍	
- allgemeiner	普通审判籍	1 9f.；2 6, 64, 94；4 14；5 10, 92, 105；6 5,62；7 18,45,113；13 45, 95, 104；14 10,31,33,56
- allgemeiner ~ juristischer Personen	法人的普通审判籍	1 10
- ausschließlicher	专属审判籍	1 8；2 5, 62f., 93；3 23,47f.；4 13；5 9；6 4,61；7 17,44,112；8 5；14 9, 30, 55；15 67,84f.

(续表)

术语	中译名	案例序号与边码
- ausschließlicher dinglicher	不动产上的专属审判籍	8 5
- dinglicher ~ für persönliche Klagen	不动产上对人诉讼的审判籍	8 5
- Erfüllungsort	履行地;清偿地	见该词条
- Niederlassung	营业所,住所地,居住地	1 11f.;2 7;7 46;14 11f.
- unerlaubte Handlung	侵权行为,不法行为	2 9;5 11;7 48,115;14 32
- Wahlrecht	选择权	6 64
- Widerklage	反诉	2 66,70;5 105;14 13f.,20ff.,33;15 85
Gerichtsvollzieher	法院执达官,法院执行员,执行人员	10 67;11 3f.,21,23,35,61,104,111f.,118f.;12 4ff.,20,23,25,33f.,47,49;15 40,46,53f.
Gesamtschuld	连带之债,连带债务	7 132ff.
Gesellschaft bürgerlichen Rechts	民法上的合伙,民法合伙,民事合伙(指不含合伙企业)	1 9ff.;15 37
- Parteifähigkeit	当事人能力/诉讼权利能力	1 14ff.;15 37
- Prozessfähigkeit	诉讼能力/诉讼行为能力	1 19
Gestaltungsrechte	形成权	
- Anfechtung	撤销	4 52ff.,63,66;5 69;11 99;13 109,117ff.
- Aufrechnung	抵销	见该词条

(续表)

术语	中译名	案例序号与边码
- Kündigung	终止，通知终止/解约，终止/解约通知；解除	11 99
- Optionsrecht	选择权	11 99
- Präklusion	失权	11 85ff., 93ff.; 13 63ff.
- Rücktritt	（合同的）解除	4 56；7 37；11 99；13 42，54ff.，107；14 64，70
Geständnis	自认	4 64,66；5 73
Geständnisfiktion	拟制自认，自认的拟制	5 36
Gewahrsam	保管	3 12f.；11 4, 12ff., 29,32ff.
Gewahrsamsvermutung	保管的推定	见 Ehegatten
Gewillkürte Parteierweiterung	意定当事人扩展	7 84, 86, 98ff.；14 40ff.
Gewillkürte Prozessstandschaft	意定诉讼担当，任意诉讼担当	1 23ff.,48ff.
Gewillkürter Parteiwechsel	意定当事人更换	见 Parteiwechsel, gewillkürter
Glaubhaftmachung	疏明	
- beim Antrag auf Erlass einer einstweiligen Verfügung	申请法院发布假处分命令/裁定时的疏明	15 34,48,72,95
- beim Wiedereinsetzungsantrag	申请恢复原状时的疏明	4 34；13 29
Grundsätze	原则	见 Verfahrensgrundsätze
Grundschuld	土地债务	

(续表)

术语	中译名	案例序号与边码
- Haftung des Zubehörs	从物的担保	12 57ff.
- materiell - rechtliche Einwendungen aus dem Sicherungsvertrag	根据担保合同提出的实体法上的抗辩	12 101, 112ff.
Grundstückszubehör	土地从物	12 5, *28ff.*, 58f.
H		
Haftung für Anwaltsverschulden	因律师过错而产生的责任	4 8f., 38; 5 5; 10 34
Haftungsverband	连带责任机制	12 31
Handelssachen	商事案件	见 Kammer für Handelssachen
Heilung	治愈;消除;补正;补救	
- bei fehlender Konnexität der Widerklage	欠缺反诉(与本诉的)牵连性之瑕疵的补正	14 21
- des Zustellungsmangels	送达瑕疵的补正	13 82f.
Hemmung der Verjährung	消灭时效的停止	7 129
Herausgabeanspruch	返还请求权	
- Abtretung	返还请求权的让与/转让	14 64; 15 30f., 41
- künftiger	将来的返还请求权	14 64, 70
- Pfändung und Überweisung	扣押/查封与转付/移交	15 28ff., 61
- als sicherbarer Anspruch	作为能够提供保证的请求权的返还请求权	15 23, 68, 88
- Sicherungsnehmer	对被担保人的返还请求权	12 68, 85f., 95

(续表)

术语	中译名	案例序号与边码
- als ein die Veräußerung hinderndes Recht	作为阻止转让的权利的返还请求权	见 Veräußerung hinderndes Recht
Herausgabevollstreckung	返还的执行	15 28,53
Hilfsgutachten	辅助鉴定	4 31ff.
Hinterlegung	提存	3 74f.,78,88f.,108, 111,113f.
Hinweispflicht	提示义务	9 56f.
I		
Insolvenz	支付不能,破产	12 85f.;14 *68ff.*
- Aussonderungsklage	取回之诉	14 52ff.
Insolvenzgericht	破产法院	14 56
Insolvenzverfahren	破产程序,支付不能程序	12 84;14 52
Insolvenzverwalter	破产管理人	
- Partei kraft Amtes	职务上的当事人	14 56f.
- Passivlegitimation	被告适格	14 60
- Prozessführungsbefugnis	诉讼实施权	14 57
- Verwaltungs- und Verfügungsrecht	经营管理权和处分权	14 60
Interventionswirkung	参加效力	7 125,*145ff.*
Irrelevanztheorie	无关性理论	8 25,27
K		
Kammer für Handelssachen	商事案件审判庭,商事庭	14 54
Klage	诉,诉讼,本诉,诉状	
- Drittwiderspruchsklage	第三人异议之诉	见该词条
- Feststellungsklage	确认之诉	见该词条

(续表)

术语	中译名	案例序号与边码
- Klauselgegenklage	(执行)条款异议之诉,反对发给执行条款之诉	见该词条
- auf künftige Leistung	将来给付之诉	7 28ff.
- Leistungsklage	给付之诉	见该词条
- Nichtigkeitsklage	无效之诉	见该词条
- Restitutionsklage	回复原状之诉	见该词条
- Stufenklage	阶段诉讼,分级诉讼	见该词条
- Teilklage	部分之诉	见该词条
- Vollstreckungsabwehrklage	执行异议之诉	见该词条
- auf vorzugsweise Befriedigung	优先受偿之诉	12 84ff.
- Widerklage	反诉	见该词条
Klageabweisung	**驳回起诉,驳回诉讼**	6 19
- Antrag auf ~	请求驳回起诉/诉讼	3 78
- als „derzeit unbegründet"	以"当前无理由"为由驳回起诉/诉讼	5 *18ff.*,76,85
Klageänderung	**诉的变更**	
- bei einseitiger Erledigungserklärung	单方作出(本案/诉讼)终结表示时	2 73ff.;6 19f.
- Einwilligung	同意	2 82;5 99f.;7 95
- bei gewillkürtem Parteiwechsel auf Klägerseite	在意定原告方当事人更换时	1 65;7 84f.,89ff.,99
- bei nachträglicher Klagenhäufung	在嗣后的诉之合并时	5 86f.,95ff.
- bei Parteierweiterung	在当事人扩展时	7 86,98ff.;14 41
- Zulässigkeit	合法性	2 79ff.;5 98ff.;6 19f.
Klageantrag	**诉之申请,诉讼请求**	

(续表)

术语	中译名	案例序号与边码
- Beschränkung	限制	1 4;2 80,83;5 97
- Drittwiderspruchsklage	第三人异议之诉	11 47;12 44,77
- Klageänderung	诉的变更	1 2ff.;5 97;6 21f.
- Umstellung bei Rechtsnachfolge	发生权利继受/诉讼承继时的(诉之)转换/改定	8 25
- Vollstreckungsabwehrklage	执行异议之诉	10 65;11 69;12 105;13 50
Klageerhebung	起诉,诉的提起,诉的提出	
- durch Computerfax	通过计算机传真起诉	7 24ff.
- fehlerhafte Parteibezeichnung	有瑕疵的当事人名称	3 49ff.
- ordnungsgemäße	符合法律规定的起诉	2 10, 33, 69, 98;3 24, 49ff., 101;7 20ff., 50ff., 116;8 19, 66;10 65f.;11 47, 69;12 44, 77, 105f.;13 50
Klageerwiderungsfrist	答辩期间,应诉期间	9 36
Klagenhäufung	诉之合并	
- nachträgliche	嗣后的诉之合并	5 86f.,95
- objektive	诉的客观合并	5 86ff.;7 54ff.;14 22
- subjektive	诉之主观合并	7 98ff.
Klagerücknahme	撤诉,诉之收回	1 62;2 75, 78;3 17, 69;4 16, 59ff., 80f.;10 43ff.
- Kosten	诉讼费用	2 75, 78;4 59ff., 72ff.;10 *43ff.*

(续表)

术语	中译名	案例序号与边码
- privilegierte	特权撤诉	2 75
- teilweise	部分撤诉	3 17
Klagerücknahmeversprechen	撤诉许诺,诉之收回的承诺	3 69;4 6ff.,16,18
Klägerwechsel	原告更换	见 Parteiwechsel
Klageschrift	起诉状,诉状	3 50ff.; 4 53, 59; 7 22ff.;13 80
Klageverzicht	诉之舍弃	见 Verzichtsurteil
Klausel	(执行)条款	见 Vollstreckungsklausel
Klauselerinnerung	(执行)条款抗议	8 30ff.
Klauselgegenklage	(执行)条款异议之诉,反对发给执行条款之诉	8 55ff.
Konnexität der Widerklage	反诉(与本诉)的牵连性	2 66, 70; 5 105; 14 20ff.,49
Kosten	诉讼费,成本	
- bei Anerkenntnis	发生认诺时	3 79
- nach Erledigung	(本案/诉讼)终结后	2 75f.,78,112
- nach Klagerücknahme	撤诉后	2 75, 78; 4 59ff., 72ff.;10 43ff.
- Risiko der Kostentragung	承担诉讼费用的风险	3 78
- der Säumnis	因迟误产生的诉讼费	10 46ff.
Kostenantrag	诉讼费用申请	4 60,72ff.,78ff.
Kostenentscheidung	诉讼费用裁判	2 76,112;4 77
Kostenerstattung	费用偿还	1 27
Kostengrundentscheidung	诉讼费用裁判	10 46

(续表)

术语	中译名	案例序号与边码
L		
Ladung	传唤；传票	4 5;7 4ff.
Lebenssachverhalt	生活事实情况	1 2,42;2 66;3 61ff.; 5 15,17f.,89,97;13 120;14 13,44
Leistungsklage	给付之诉	14 52
Leistungsverfügung	给付处分	见 Einstweilige Verfügung
M		
Mahnbescheid	支付令	10 21;13 2
Mahnverfahren	督促程序,支付令程序	10 21;13 16,84,88f.
Meistbegünstigungsgrundsatz	最有利原则	10 9,38f.
Mitverschulden	共同起了作用的过错	7 69,80,123ff.,142, 148
Mündliche Verhandlung	言词辩论,口头辩论	1 48,54,56,62;3 18, 109f.,114;4 3,6,8, 61,70;5 3,18,38,63, 100;6 76;7 2f.,11, 94f.;9 58f.,63f.,69;10 80;11 85,93;14 21;15 1f.,4,81
- Beginn	起始	4 61
- Schluss	终结,结束	3 109f.,114;8 81;9 58f.,63f.;10 80;11 85
N		
Nachlässigkeit	疏忽,草率	5 77,84;6 75;7 73, 124f.;9 41,58,60, 64;10 15

(续表)

术语	中译名	案例序号与边码
- grobe	严重疏忽, 重大疏忽	13 67
Nichtigkeitsklage	无效之诉	13 1, 14ff., 73ff.
Nichtverhandeln	不进行辩论, 不为辩论	5 3
Notfrist	不变期间	4 24; 13 8, 13ff., 24f., 81
Novation	更新; 债务更新	3 62ff.
P		
Partei kraft Amtes	依职权的当事人	14 56f.
Parteibeitritt auf Klägerseite	加入共同诉讼中的原告一方, 加入成为共同原告	7 84, 86, 98ff.; 14 41
Parteibezeichnung	当事人名称	见 Klageerhebung
Parteienidentität, entgegenstehende Rechtshängigkeit	当事人的同一性, 相对立的诉讼系属	3 59
Parteierweiterung, gewillkürte	当事人扩展, 意定	7 84, 86, 98ff.; 14 40ff.
Parteifähigkeit	当事人能力, 诉讼权利能力	
- der AG	股份公司	1 38; 3 56, 100; 9 19; 12 12, 107
- der GbR	民事合伙	1 14ff.; 15 54
- der GmbH	有限责任公司	10 63; 12 78; 14 17, 37
- der KG	两合公司/两合商事合伙	13 49
- des nicht rechtsfähigen Vereins	无权利能力的社团	15 20, 54

(续表)

术语	中译名	案例序号与边码
Parteiprozess	当事人诉讼	5 64;7 11
Parteivernehmung, Beweis	讯问当事人,证明	3 38;14 51
Parteiwechsel, gewillkürter	当事人更换,意定	
- Klageänderungstheorie	诉的变更理论	7 90,102
- auf Klägerseite in erster Instanz	发生在一审中原告一方	1 65;7 85,89ff.
Passivlegitimation	被告适格	8 7,11, *24f.*;13 88; 15 41
Perpetuatio fori	管辖延续,管辖恒定	2 85;6 22
Pfändbarkeit	可扣押性	见 Pfändungsverbot
Pfandrecht	质权	11 44,56,59ff.;12 41,84
Pfändung	扣押	
- des Anwartschaftsrechts	对期待权的扣押	11 59ff.
- von Sachen des Ehegatten	扣押配偶的财产	11 14ff.,34ff.
- des Zubehörs	扣押从物	12 5,28ff.,53ff.
Pfändungsgrenzen	扣押限额	见 Pfändungsverbot
Pfändungspfandrecht	质押权	11 56,60ff.
Pfändungsverbot	扣押禁止	10 73;11 4,14ff., 37ff.,50;12 5,21
Postulationsfähigkeit	诉讼实施能力,诉讼行为能力,诉讼能力	3 8,24;5 3;10 56; 12 91;15 16
Präjudizialität	先决性,判决先决效力	2 43;5 25;7 125 f.
Präklusion	失权,排除权利,权利失效	3 109ff.; 5 26f.; 6 73,85;9 26,31ff.; 10 80f.

(续表)

术语	中译名	案例序号与边码
Prätendentenstreit	债权人争议	3 88ff.
Prozessaufrechnung	诉讼上的抵销	2 32,34,54;6 72ff.
Prozessfähigkeit	诉讼能力	
- der AG	股份公司	1 38;3 56,100;9 19;12 12,107
- Betreuter	被照管人	13 48,96
- der GbR	民事合伙	1 19
- der GmbH	有限责任公司	10 64;12 78;14 17,37
- der KG	两合公司/两合商事合伙	13 49
- natürlicher Personen	自然人	1 13;3 55,99;9 18;10 62;12 11,78,107;13 113;14 16,36
- des nicht rechtsfähigen Vereins	无权利能力的社团	15 20,54
Prozessförderungspflicht	诉讼促进义务	9 43;13 67
Prozessführungsbefugnis	诉讼实施权	1 20ff., 38, 48ff.; 8 6ff.;14 57
Prozesshandlungen	诉讼行为	
- Anerkenntnis	认诺	见该词条
- Anfechtung	撤销,声明不服	4 63;5 62
- Aufrechnung	抵销	见该词条
- Auslegung	解释	4 60
- Bedingungsfeindlichkeit	不得附条件	2 34
- Bewirkungshandlung	与效行为,直效行为,直接效力行为	见该词条

(续表)

术语	中译名	案例序号与边码
- Einspruchseinlegung	提起申诉	3 5;13 27ff.
- Erwirkungshandlung	取效行为,起因行为	见该词条
- Klageerhebung	起诉,诉的提起,诉的提出	3 24,50
- Nachholung	追行,补行,补回	4 35;13 30
- Prozessvergleich	诉讼上的和解,诉讼中和解,诉讼和解	见该词条
- Umdeutung	(无效法律行为的)转换	4 61
- Widerruf	撤回	4 64ff.;5 71ff.
Prozessökonomie	诉讼经济(原则)	见 Verfahrensgrundsätze
Prozessstandschaft	诉讼担当	
- gesetzliche	法定诉讼担当	1 22;8 7,16;14 57
- gewillkürte	意定诉讼担当,任意诉讼担当	1 23ff.,48ff.
Prozessvergleich	诉讼上的和解,诉讼中和解,诉讼和解	
- Anfechtung	撤销	4 52ff.;13 109,117ff.
- Doppelnatur	双重性质	4 51;13 115,119,126
- Nichtigkeit	无效性	4 52ff.;13 117ff.,124
- prozessbeendigende Wirkung	终结诉讼的效力	3 58
- Rückforderungsklage bei Nichtigkeit	无效时请求返还之诉	13 126ff.
- Widerruf	撤回	4 26ff.,40ff.

(续表)

术语	中译名	案例序号与边码
Publizitätsprinzip	公示原则	11 60ff.
R		
Räumungsurteil	迁出房屋/腾空判决	15 40,42
Räumungsvollstreckung gemäß §§ 885f. ZPO	依照民事诉讼法第885条及下一条强制执行迁出房屋/腾空	11 112ff.；15 28,40,53ff.
Rechtliches Gehör	法定听审	9 41；10 15
Rechtsbedingung	法定条件,法前提	2 54
Rechtsbehelfe in der Zwangsvollstreckung	强制执行中的法律救济	
- Drittwiderspruchsklage	第三人异议之诉	见该词条
- Klage auf vorzugsweise Befriedigung	优先受偿之诉	见该词条
- Klauselerinnerung	(执行)条款抗议	见该词条
- Klauselgegenklage	(执行)条款异议之诉,反对发给执行条款之诉	见该词条
- Vollstreckungsabwehrklage	执行异议之诉	见该词条
- Vollstreckungserinnerung	执行抗议	见该词条
Rechtshängigkeit	诉讼系属	
- Ende	终结,结束	4 51,66；13 115
- entgegenstehende	相对立的	1 39ff.,65；2 38ff.；3 57ff.；4 50f., 55；6 81ff.；13 114,120,126
- erneute Klage	重提的诉讼	3 68ff.
- fehlende	有欠缺的,有瑕疵的	4 16

(续表)

术语	中译名	案例序号与边码
- als relevanter Zeitpunkt	作为关系重大的时间点	1 22;2 78,85,90,100ff.;3 17,82f.,86;4 59,76;6 27,32,51ff.;8 7ff.,42f.,46f.
- bei Widerklage	发生反诉时	2 58;14 3,26
Rechtskraft	既判力,确定力	
- bei abweisendem Versäumnisurteil	作出驳回性缺席判决时	5 12ff.
- entgegenstehende	相对立的	5 12ff.;6 8ff.,65ff.;7 142ff.;13 121
- formelle	形式上的	5 14;13 14
- materielle	实质上的	5 14f.
- bei Prozessaufrechnung	发生诉讼中的抵销时	见 Aufrechnung
- bei Teilklagen	部分之诉	5 26ff.
- Umfang	范围	5 15ff.
- von Vollstreckungsbescheiden	执行通知书,执行决定	10 81;13 69
Rechtskraftdurchbrechung gemäß § 826 BGB	依照《民法典》第826条冲破既判力	10 88ff.
Rechtskrafterstreckung	既判力的扩张	3 85;8 42ff.
Rechtsmissbrauch	权利滥用,权利不当行使	7 94;10 91;14 47
Rechtsmittel	上诉,法律救济	
- Berufung	控诉	见该词条
- sofortige Beschwerde	即时抗告	见该词条
Rechtsnachfolge	权利继受,权利承继,诉讼承继	8 15f.,25f.,41ff.,52;15 58

(续表)

术语	中译名	案例序号与边码
Rechtspfleger	司法辅助官, 法院辅助员	
- Rechtspflegererinnerung	司法辅助官抗议	13 1, 37
- Zuständigkeit	管辖	8 32f., 39
Rechtsschutzbedürfnis	权利保护需求	
- Drittwiderspruchsklage	第三人异议之诉	11 48ff.; 12 46ff., 79
- einstweilige Verfügung	假处分	15 25ff., 70
- Klauselerinnerung	(执行)条款抗议	8 36
- Klauselgegenklage	(执行)条款异议之诉, 反对发给执行条款之诉	8 58f.
- Rückzahlungsklage	偿还诉讼, 偿付诉讼	13 122f.
- Vollstreckungsabwehrklage	执行异议之诉	3 102; 8 67; 10 67; 11 70; 12 108f.; 13 51
- Vollstreckungserinnerung	执行抗议	11 19, 109; 12 19ff.
Rechtssicherheit	法的安定性, 法的安全性	4 44, 46; 5 20f., 70, 75; 7 25; 8 75; 10 90; 13 14ff.
Rechtsverhältnis	法律关系, 权利关系	1 57; 5 29; 11 77; 13 130; 14 13
- bei Feststellungsklage	进行确认之诉时	2 87; 6 24
- Prozessrechtsverhältnis	诉讼法律关系	3 17
Rechtsweg	法律途径, 诉讼途径	2 36; 6 35
Regelungslücke, planwidrige	规制漏洞, 违反规划的	4 26ff., 65; 6 11; 10 48
Regelungsverfügung	规制处分	15 35

术语索引与中译名 453

(续表)

术语	中译名	案例序号与边码
Relevanztheorie	重要性理论	8 25
Restitutionsgrund	回复原状之诉的事由	10 84ff.
Restitutionsklage	回复原状之诉	10 84ff., 89
Richterliche Fürsorgepflicht	法官的照顾义务	9 43
Rückforderungsklage bei Nichtigkeit des Prozessvergleichs	诉讼上的和解无效时的请求返还之诉	见 Prozessvergleich
S		
Sachdienlichkeit	适切性	2 82; 5 95; 7 95, 102ff.; 11 98; 14 41
Sachlegitimation	当事人适格	8 7, 10, 79
Sachpfändung	实物扣押	11 61f.
Säumnis	迟误,迟延,耽搁	4 3; 5 3
- Begriff	概念	10 20f.
- Flucht in die ~	逃向迟延	5 20, 22
- Kosten	（迟误）成本	10 46ff.
- unverschuldete	无过错的	4 9; 5 5; 10 10ff., 34
- Vertagung von Amts wegen	依职权延期,依职权休庭	4 8f.; 5 5
Schadensersatz	损害赔偿,损坏赔偿	
- Erstattung von Heilungskosten	医疗费用的偿还	7 67
- statt der Leistung	替代给付	6 40ff.
- Tierhalterhaftung	动物饲养人责任	7 76ff.
- wegen Vollstreckung bei Aufhebung des Urteils	判决被撤销时因执行而产生的损害赔偿	13 127
Schlüssigkeitsprüfung	有理性审查,正当性审查,合理性审查	2 9; 4 19; 7 37f.; 10 18ff., 95f.

(续表)

术语	中译名	案例序号与边码
Schmerzensgeld	精神损害赔偿金,痛苦抚慰金	
- Entschädigung	赔偿,损害赔偿,补偿	7 50,68
- prozessualer Anspruch	诉讼请求权	7 43,55
- unbezifferter Klageantrag	未进行估值的诉之申请	7 50f.
Schuldnerschutz	对债务人的保护	3 82f.,111ff.
Sicherungseigentum	担保财产,担保物所有权	12 82ff.,95
Sittenwidrigkeit	背俗,违背风俗,违反良俗	10 71ff.,78,82,85,90,92,94ff.
Sofortige Beschwerde	即时抗告,立即抗告	11 7
Sorgfaltspflichten	注意义务,谨慎义务	
- deliktische	侵权行为的	7 73,141
- bezüglich der Geltendmachung von Tatsachen in der ersten Instanz	涉及在第一审中事实之主张的	9 58ff.
Statthaftigkeit	准许性,容许性,许可性	
- Berufung	控诉	5 44f.;9 3f.;10 3ff.;15 4
- Drittwiderspruchsklage	第三人异议之诉	11 43;12 39f.,74
- Einspruch	申诉	3 3;10 37ff.;13 4
- Klauselerinnerung	(执行)条款抗议	8 31f.
- Klauselgegenklage	(执行)条款异议之诉,反对发给执行条款之诉	8 56
- Nichtigkeitsklage	无效之诉	13 75f.

(续表)

术语	中译名	案例序号与边码
- Vollstreckungsabwehrklage	执行异议之诉	3 97;8 64;10 55ff.; 11 66f.;12 100f.;13 40ff.
- Vollstreckungserinnerung	执行抗议	11 3f.,104;12 4ff.
- Wiedereinsetzung in den vorigen Stand	恢复原状	4 23ff.;13 24ff.
Streitgegenstand	诉讼标的	
- bei Aufrechnung	发生抵销时	2 38ff.;6 82ff.
- Begriff	概念	1 2,42;2 9;3 61
- entgegenstehende Rechtshängigkeit	相对立的诉讼系属	1 41f.; 3 60ff.; 6 81ff.;13 114ff.
- entgegenstehende Rechtskraft	相对立的既判力	5 13ff.;6 8
- Modifikation	更改,修改,变更	1 2,4;2 84f.;3 17;5 86,89,97
- bei der Rückforderungsklage	发生请求返还之诉时	13 126,129
- der Teilklage	部分之诉	5 27ff.
Streitgenossenschaft	共同诉讼	7 104f.;10 17;14 1,41
Streitverkündung	诉讼告知	
- Interventionswirkung	参加效力	7 145ff.
- Parteibeitritt	加入共同诉讼	3 88ff.
- Prätendentenstreit	债权人争议	3 88ff.
- Verjährungshemmung	消灭时效停止,消灭时效不完成	7 129

(续表)

术语	中译名	案例序号与边码
Streitwert	争议值,争议额,诉讼利益值,诉讼标的额	1 7;2 4,40,62,92;3 22,46;7 16,43;11 44f.;12 41,103;13 102;14 7f.,29,54;15 *1* 83
Streitwertberufung	争议值控诉	5 52;9 8;15 10
Stundungsvereinbarung	延期清偿协议	5 83f.
T		
Tatsachenvortrag	事实陈述	9 33,66
Teilklage	部分之诉	5 26ff.
Teleologische Reduktion	目的性限缩	2 54
Theorie der Rechtspfändung in Form der Sachpfändung	实物扣押形式的权利扣押之理论	11 61
Theorie der reinen Rechtspfändung	单纯的权利扣押之理论	11 60
Titel	执行名义,债务名义	
- Herausgabe	返还,交还,交出	10 53, *88ff.*
- Rechtskraft	既判力	13 14,76
- vollstreckbare Urkunde	可执行的证书,具有执行力的文书	8 75;12 109,111
- Vollstreckung	执行	8 71ff.,92ff.;15 53, 61
- Vollstreckungsvoraussetzung	执行要件	11 24,113f.;12 26
Titelumschreibung	执行名义变更	8 38ff.;15 58ff.
U		
Überweisung des Herausgabeanspruchs	返还请求权的移交/转付	15 28ff.,61

术语索引与中译名 457

(续表)

术语	中译名	案例序号与边码
Umdeutung von Prozesshandlungen	(无效)诉讼行为的转换	见 Prozesshandlungen
Unpfändbare Gegenstände	禁止扣押的对象	见 Pfändungsverbot
Unterlassung	不作为	10 53,90,99;15 23,68,73
Unterlassungsverfügung	不作为处分	见 Einstweilige Verfügung
Urkunde	证书,证件,文书,书证	
- Blankettmissbrauch	滥用空白文书	3 36ff.
- Echtheit	真实性	3 34ff.
- Privaturkunde	私文书	3 34;5 76
- Urkundenbeweis	书证	3 33ff.;5 84
- vollstreckbare	可执行的,具有执行力的	8 75,77;12 109,111
Urteil	判决	
- Anerkenntnisurteil	认诺判决	见该词条
- Endurteil	终局判决	见该词条
- Versäumnisurteil	缺席判决	见该词条
- Verzichtsurteil	舍弃判决	见该词条
- Zwischenurteil	中间判决	见该词条
V		
Veräußerung der streitbefangenen Sache	转让涉讼物/系争物	8 7ff.,24f.
Veräußerung hinderndes Recht	阻止转让的权利	
- Begriff	概念	11 55;12 52

(续表)

术语	中译名	案例序号与边码
- Grundpfandrecht	土地质权,不动产质权,土地担保物权,不动产担保物权	12 51ff.
- mittelbarer Besitz	间接占有	12 89ff.
- schuldrechtlicher Herausgabeanspruch	债法上的返还请求权	12 94f.
- Sicherungseigentum	担保财产,担保物所有权	12 82ff.
- Vorbehaltseigentum	保留财产,保留所有权	11 61;12 86
Verbotene Eigenmacht	法律禁止的自力行为	15 38ff.,76
Verfahrensfehler	程序上的欠缺	
- bei der Feststellung von Tatsachen	在事实确认方面	9 33ff.
- bei der Vollstreckungshandlung	在执行行为方面	11 21ff., 51, 111ff.; 12 23ff.
- bei der Zeugenvernehmung	在讯问证人方面	14 51
Verfahrensgebühr	(向律师支付的)诉讼费	3 79
Verfahrensgrundsätze	诉讼程序原则	
- Beibringungsgrundsatz	(当事人)提出主义	5 36
- Beschleunigungsgrundsatz	(程序)加速原则	9 39
- Dispositionsgrundsatz	处分原则	5 33
- Grundsatz der Prozessökonomie	诉讼经济性原则	5 27,29;8 97
- Grundsatz der prozessualen Waffengleichheit	诉讼武器平等原则	5 27,29
Verfügungsanspruch	处分请求权	15 17, 34, *36*ff., 48, 64, 72f., 75, 91ff.

(续表)

术语	中译名	案例序号与边码
Verfügungsgewalt über den Schriftsatz	对书状的支配力	3 12
Verfügungsgrund	处分原因	15 17, 23f., 32, 34, 47, 64, 68f., 72, 74, 88f., 94f.
Vergleich, außergerichtlicher	和解,诉讼外的	3 *58ff.*, 68f.
Verjährungseinrede	时效抗辩权,时效抗辩	2 100ff.; 7 126ff.; 9 60
- erledigendes Ereignis	终结(本案/诉讼)的事件	2 100ff.
Versäumnisurteil	缺席判决	
- Erlasshindernis	宣判障碍,阻碍宣判	4 4ff.; 5 4; 7 4ff.
- erstes Versäumnisurteil	第一次缺席判决	10 7, 9, 15, 37f.
- Rechtsbehelf	法律救济	10 4, 9, 37f.; 13 2, 4, 37, 75
- Rechtskraft	既判力	5 12ff.
- Schlüssigkeit	有理性,正当性,合理性	4 19; 5 35f.; 7 37f.; 10 18ff., 95f.
- zweites Versäumnisurteil	第二次缺席判决	10 5ff., 13, 20, 38
Versäumnisverfahren	缺席诉讼程序	4 1ff.; 5 1ff.; 7 1ff.; 10 3ff.
Verschulden	过错,过失,归咎,归责	
- bezüglich der Fristversäumung	关于迟误期间,关于耽搁期限	4 38
- bezüglich der Geltendmachung des Restitutionsgrundes	关于主张回复原状之诉的事由	13 86

(续表)

术语	中译名	案例序号与边码
- Mitverschulden	共同过错行为	7 69,80,123ff.,142,148
- bezüglich der Pflichtverletzung	关于违反义务	2 18f.;7 64f.
- bezüglich der Säumnis	迟误,迟延,耽搁	4 8f.;7 13;10 20,34
- bezüglich eines Versicherungsfalles	关于保险事故,关于保险索赔事件	9 25f.
- Zurechnung	归入,列入;归责,归罪;归因	2 19;4 9,38;7 65;9 26;10 34;13 86
Vertretung	**代表,代理,代办;代表机构,代理机构**	
- der AG	股份公司	1 38;3 56,100;9 19;12 12,107
- der GbR	民事合伙	1 19
- des Geschäftsunfähigen	无行为能力的人	13 10ff.,48
- der GmbH	有限责任公司	10 64;12 78;14 17,37
- der KG	两合公司/两合商事合伙	13 49
- des nicht rechtsfähigen Vereins	无权利能力的社团	15 20
Vertretungsfiktion	**代理拟制**	10 17
Verweisung	**移交,移送;转引,参照**	5 80,85;14 54
Verwertung	**利用,使用;变现,变价,变卖**	11 19,48,56;12 20,47,56,79,86
Verwirkung	**权利失效,失权;(违约金)发生应支付效力**	5 39
Verzicht	**舍弃,放弃,抛弃**	14 21

(续表)

术语	中译名	案例序号与边码
Verzögerungsbegriff	(诉讼)迟滞的概念	9 39ff.
Vollstreckbare Urkunde	可执行的证书,具有执行力的文书	8 75,77;12 109,111
Vollstreckung	执行	见 Zwangsvollstreckung
Vollstreckungsabwehrklage	执行异议之诉	3 *95ff.*; 6 14; 8 *62ff.*,90f.;10 *53ff.*; 11 *64ff.*,91ff.; 12 *98ff.*;13 *38ff.*
- und Sicherungsvertrag	担保合同	12 112ff.
Vollstreckungsbescheid	执行决定,执行通知书	10 56ff.,80f.,84,95;13 1ff.
- Abgabe in das streitige Verfahren	转换为诉讼程序	13 2
- Rechtskraft	既判力	10 81;13 69
Vollstreckungserinnerung	执行抗议	11 *1ff.*,49ff.,*102ff.*; 12 *1ff.*,48f.,*65ff.*
- Erinnerungsbefugnis	抗议权	11 *9ff.*, 108; 12 *13ff.*,67ff.
- Form	形式	11 7,106;12 9
Vollstreckungsgericht	执行法院	8 95;11 5,60f.,105; 12 7
Vollstreckungsgläubiger	执行债权人	10 93f.;11 60
Vollstreckungsklausel	执行条款	8 31ff.,53ff.,79;11 114;15 57ff.
Vollstreckungsstandschaft	执行担当	8 73ff.

(续表)

术语	中译名	案例序号与边码
Vollstreckungstitel	执行名义	3 101; 8 31ff., 38f., 67, 69ff., 92, 95; 10 56, 67; 11 24, 66f., 70; 12 108; 13 14ff., 41, 51, 76, 127; 15 53ff.
Vollziehung	执行,实施	见 Einstweilige Verfügung
Vorbringen, verspätetes	说明/提出,延迟的/迟延的	6 67, 75; 9 35ff., 60
Vorläufige Vollstreckbarkeit	可假执行	13 4, 75; 15 77
Vorverfahren, schriftliches	准备程序,书面的	9 36
W		
Widerklage	反诉	2 40, 57ff.; 6 8, 66, 83; 13 124ff.; 14 1ff., 25ff.; 15 77ff.
- Drittwiderklage	第三人反诉	14 33f., 39ff.
- Gerichtsstand	审判籍	2 66, 70; 5 105; 14 13f., 20ff., 33; 15 85
- isolierte Drittwiderklage	独立的第三人反诉,孤立的第三人反诉	14 33f., 43ff.
- Konnexität	牵连性	2 66, 70; 5 105; 14 20ff., 49
- negative Feststellungswiderklage	消极的确认之反诉	见 Feststellungsklage
- parteierweiternde	当事人扩展的	14 39ff.
- petitorische	本权的	15 77ff.
- gegen Zedenten	针对(债权)让与人	14 33, 44ff.
- Zulässigkeit	合法性	2 57ff.; 14 1ff., 25ff.

(续表)

术语	中译名	案例序号与边码
- Zwischenfeststellungswiderklage	中间确认之反诉	5 103
Widerruf	**撤回**	
- Anerkenntnis	认诺	5 71ff.
- Klagerücknahmeerklärung	撤诉声明	4 64ff.
- Prozessvergleich	诉讼上的和解	4 26ff.,40ff.
Wiederaufnahme des Verfahrens	**再审,再审程序**	
- bei Anerkenntnis	发生认诺时	5 75f.
- bei Vollstreckungsbescheid	作出执行决定时,发出执行通知书时	10 53, *84ff.*;13 *73ff.*
- Wiederaufnahmeklage	再审之诉	4 67;10 *84ff.*;13 73ff.
Wiedereinsetzung in den vorigen Stand	**恢复原状**	4 21ff.;13 22ff.
Wohnsitz	**住所地,居住地**	2 6,64f.,94f.;4 14f.;5 10;6 5f.,62f.;7 18f.,45,113;10 60;13 45f.,95,104;14 10,31
Wohnungsdurchsuchung	搜查住宅	11 11,29ff.
Z		
Zeugenbeweis	人证,证人证言	9 34,45,54,62ff.;14 51
Zubehör	从物,附件,配件	12 5,28ff.,51ff.
Zulassung neuer Verteidigungsmittel in der Berufungsinstanz	在控诉审中准许提出新的防御方法	9 52ff.
Zurückweisung wegen Verspätung	因迟延而驳回	9 34ff.
Zuständigkeit	管辖	

(续表)

术语	中译名	案例序号与边码
- ausschließliche	专属管辖，专属管辖权	2 62;3 23,47f.,98;8 5,33,57,65,88;10 61;11 5,46,68,105;12 7f.,43,76,104;13 44,47,77;15 66f.,84f.
- funktionelle	职能管辖，职能管辖权	5 61;9 17;11 5,105;12 7,25,33f.
- örtliche	地域管辖，地域管辖权	见 Gerichtsstand
- sachliche	事务管辖，事务管辖权	1 7;2 4,36,62,85,92;3 21f.,46,98;4 12,49;5 8,61,91;6 3,22,29,60;7 16,43,57,111;8 4,57,65;9 17;10 58f.,61;11 44f.,68;12 41f.,75,103;13 43f.,94,102;14 7f.,29,54;15 66,83
Zuständigkeitsstreitwert	管辖争议额	1 7;2 4,62,92;3 22,46;4 12;5 91;6 3,60;7 16,43,111;10 59;11 *44f.*;12 *41f.*,103;13 44,102;14 8,29,54;15 66,83
Zustellung	送达	
- Ersatzzustellung	补充送达	7 8ff.
- der Klageschrift	(起)诉状的送达，送达(起)诉状	3 17;4 53,59;7 11
- Zustellungsadressat	受送达人	13 *10ff.*,82

(续表)

术语	中译名	案例序号与边码
Zwangsversteigerung	强制拍卖	12 112,114f.
Zwangsvollstreckung	强制执行	
- Befugnis	权限,职权	8 73ff.
- in das bewegliche Vermögen wegen einer Geldforderung	因金钱债权而对动产进行强制执行	11 22ff.;12 24ff.
- Drohen	恐吓,威胁	10 67; 11 70; 12 108f.;13 51
- einstweilige Einstellung	暂时停止	13 99
- nicht vertretbare Handlung	不可替代的作为,不可替代的行为/行动	8 82ff.
- in das unbewegliche Vermögen wegen einer Geldforderung	因金钱债权而对不动产进行强制执行	12 30
- Vereitelung	妨碍,妨害,阻碍,破坏	11 115ff.
- Verhinderung	阻碍,阻止,防止,妨碍	10 88ff.
- Verletzung drittschützender Normen	违反保护第三人的法律规范	11 14ff.;12 16,67ff.
- vertretbare Handlung	可以替代的作为,可替代的行为/行动	8 82ff.
- Voraussetzungen	要件,先决条件,前提;假定,假设	11 23ff.,112ff.;12 25ff.;15 53ff.
Zweites Versäumnisurteil	第二次缺席判决	10 5ff.,13,20,38
Zwischenfeststellungsklage	中间确认之诉	见 Feststellungsklage
Zwischenstreit	中间争议	2 76
Zwischenurteil	中间判决	2 76;13 99

译后记

本书作者多萝特娅·阿斯曼教授执教于德国波茨坦大学法学院,任德国和欧洲民法及民事诉讼法教席教授,是德国民事诉讼法学界乃至整个法学研究领域少有的女性终身教授,出版多部专著并参与编写著名的《Wieczorek/ Schütze 民事诉讼法评注》。

本书基本涵盖了民事诉讼法领域的案例分析,既包括审判程序方面的案例,又包括强制执行法方面的案例,所选取的案例内容丰富、来源广泛,对民事诉讼审判程序和强制执行程序的全部基础知识均进行了探讨。与常见的经典教科书不同,本书根据单个案例进行叙述,侧重于助力读者将所学的民事诉讼法学知识应用于实践案例研习中。因此,无论是对于第一次国家司法考试的备考,还是对于通过第一次国家司法考试后的见习期的法学实践,本书均能帮助读者打下较为坚实学习基础。流畅的行文表达、富有逻辑的知识体系架构和详尽的说明与提示,使本书成为各类优秀民事诉讼法学教科书的理想搭档,法学专业本科生尤其有必要阅读。

本书译者并非出身"纯血"的法科生,在北京第二外国语学院学习德语四年后,没有经受住法学的诱惑,考取了武汉大学法学院的研究生,追随恩师占善刚教授学习民事诉讼法六年。在占老师的点拨之下,译者在硕士阶段对德国的民事诉讼法学有了初步的印象,在博士阶段又进一步加强对相关内容的学习。在学习过程中,译者也深感适合法科学生的方法论类专著数量有限,以至于即使已经取得学位并在高校任教,译者仍然觉得自己没有形成一套行之有效的法律理解适用和法学研究的方法,无论是处理理论问题还是解决实践问题,都有一种迷茫的感觉。

感谢我国互联网事业的繁荣,译者在探求法学学习方法的过程中,偶然找到并加入了"中德民法教义学群";在机缘巧合之下,非常有幸与本译丛主编李昊老师和本译丛编委会成员季红明老师等各位老师成为群友。在与赴德深造并学成归来的诸位前辈和同人学习交流过程中,译者第一次知道了德国式的以请求权基础为底色的鉴定式案例分析方法,顿时有一种山重水复疑无路、柳暗花明又一村的感觉,一个正确的前进方向出现在了眼前。

鉴定式案例分析方法被引入我国法学教育体系已有数年之久。部分兄弟院校在应用鉴定式案例分析方法进行教学改革创新的实践中走在前列,并且已经取得了一定的成果。但就我国目前的相关专著来看,其主要聚焦于包括民商法、刑法、行政法等在内的实体法律案例的研习,应用鉴定式分析方法解决诉讼法案例的研习类书籍还存在相当程度的市场缺口。对此,非常感谢李昊老师和季红明老师的盛情邀请与全力帮助,译者很荣幸能够承接本书的翻译工作,为"法律人进阶译丛"成果的不断丰硕、鉴定式案例分析方法的进一步推广,尤其是对科学地分析解决民事诉讼法学案例,作出自己的一份贡献。本书翻译工作肇始于2020年下半年,全过程都离不开北京大学出版社陆建华老师的关怀与帮助及统筹与编校,在此表示特别感谢。另外,译者也要感谢江西理工大学和江西理工大学法学院的支持。本书的翻译工作,运行于江西理工大学本科及研究生教改、质量工程类项目之下,其成果必将对学校法学专业相关教学工作的改进与完善发挥作用。

最后,译者还要感谢同为德语专业出身的同学兼配偶陈佶玲老师。陈老师在肩负物质资料生产和人类自身生产双重重担的同时,在翻译工作和生活上给予我海量的帮助,让我既感且愧。在这收获的甲辰年,译者也希望将本书的出版,献给爱人和我们刚刚收获的爱情结晶马旍扬小朋友。

　　受限于译者的法学和德语水平,本书翻译必然存在很大的进步空间,敬请读者批评指正。

马　龙

2024 年 4 月于虞城八角塘

⊙ 法学启蒙

《法律研习的方法：作业、考试和论文写作（第10版）》，〔德〕托马斯·M.J.默勒斯 著，2024年出版
《如何高效学习法律（第8版）》，〔德〕芭芭拉·朗格 著，2020年出版
《如何解答法律题：解题三段论、正确的表达和格式（第11版增补本）》，〔德〕罗兰德·史梅尔 著，2019年出版
《法律职业成长：训练机构、机遇与申请（第2版增补本）》，〔德〕托尔斯滕·维斯拉格 等著，2021年出版
《法学之门：学会思考与说理（第4版）》，〔日〕道垣内正人 著，2021年出版

⊙ 法学基础

《法律解释（第6版）》，〔德〕罗尔夫·旺克 著，2020年出版
《法律推理：普通法上的法学方法论》，〔美〕梅尔文·A.艾森伯格 著，待出版
《法理学：主题与概念（第3版）》，〔英〕斯科特·维奇 等著，2023年出版
《基本权利（第8版）》，〔德〕福尔克尔·埃平 等著，2023年出版
《德国刑法基础课（第7版）》，〔德〕乌韦·穆尔曼 著，2023年出版
《刑法分则I：针对财产的犯罪（第21版）》，〔德〕伦吉尔 著，待出版
《刑法分则II：针对人身与国家的犯罪（第20版）》，〔德〕伦吉尔 著，待出版
《民法学入门：民法总则讲义·序论（第2版增订本）》，〔日〕河上正二 著，2019年出版
《民法的基本概念（第2版）》，〔德〕汉斯·哈腾豪尔 著，待出版
《民法总论》，〔意〕弗朗切斯科·桑多罗·帕萨雷里 著，待出版
《德国民法总论（第44版）》，〔德〕赫尔穆特·科勒 著，2022年出版
《德国物权法（第32版）》，〔德〕曼弗雷德·沃尔夫 等著，待出版
《德国债法各论（第16版）》，〔德〕迪尔克·罗歇尔德斯 著，2024年出版

⊙ 法学拓展

《奥地利民法概论：与德国法相比较》，〔奥〕伽布里荭·库齐奥 等著，2019年出版
《所有权的终结：数字时代的财产保护》，〔美〕亚伦·普赞诺斯基 等著，2022年出版
《合同设计方法与实务（第3版）》，〔德〕阿德霍尔德 等著，2022年出版
《合同的完美设计（第5版）》，〔德〕苏达贝·卡玛纳布罗 著，2022年出版

《民事诉讼法（第4版）》，〔德〕彼得拉·波尔曼 著，待出版
《德国消费者保护法》，〔德〕克里斯蒂安·亚历山大 著，2024年出版
《公司法的精神：欧陆公司法的核心原则》，〔德〕根特·H. 罗斯 等 著，2024年出版
《日本典型担保法》，〔日〕道垣内弘人 著，2022年出版
《日本非典型担保法》，〔日〕道垣内弘人 著，2022年出版
《担保物权法（第4版）》，〔日〕道垣内弘人 著，2023年出版
《日本信托法（第2版）》，〔日〕道垣内弘人 著，2024年出版
《医师法讲义》，〔日〕大谷实 著，2024年出版

⊙ **案例研习**

《德国大学刑法案例辅导（新生卷·第三版）》，〔德〕埃里克·希尔根多夫著，2019年出版
《德国大学刑法案例辅导（进阶卷·第二版）》，〔德〕埃里克·希尔根多夫著，2019年出版
《德国大学刑法案例辅导（司法考试备考卷·第二版）》，〔德〕埃里克·希尔根多夫著，2019年出版
《德国民法总则案例研习（第5版）》，〔德〕尤科·弗里茨舍 著，2022年出版
《德国债法案例研习I：合同之债（第6版）》，〔德〕尤科·弗里茨舍 著，2023年出版
《德国债法案例研习II：法定之债（第3版）》，〔德〕尤科·弗里茨舍 著，待出版
《德国物权法案例研习（第4版）》，〔德〕延斯·科赫、马丁·洛尼希著，2020年出版
《德国家庭法案例研习（第13版）》，〔德〕施瓦布著，待出版
《德国劳动法案例研习（第4版）》，〔德〕阿博·容克尔 著，待出版
《德国商法案例研习（第3版）》，〔德〕托比亚斯·勒特 著，2021年出版
《德国民事诉讼法案例研习：审判程序与强制执行（第3版）》，〔德〕多萝特娅·阿斯曼著，2024出版

⊙ **经典阅读**

《法学方法论（第4版）》，〔德〕托马斯·M. J. 默勒斯 著，2022年出版
《法学中的体系思维与体系概念(第2版)》，〔德〕克劳斯-威廉·卡纳里斯 著，2024年出版
《法律漏洞的确定（第2版）》，〔德〕克劳斯-威廉·卡纳里斯 著，2023年出版
《欧洲合同法（第2版）》，〔德〕海因·克茨 著，2024年出版
《民法总论（第4版）》，〔德〕莱因哈德·博克 著，2024年出版
《合同法基础原理》，〔美〕麦尔文·A. 艾森伯格 著，2023年出版
《日本新债法总论（上下卷）》，〔日〕潮见佳男 著，待出版
《法政策学（第2版）》，〔日〕平井宜雄 著，待出版